亡き人に逢える――

みみらく

私考

櫻井 隆

丹波
近江
摂津
河内
山城
鞍馬寺
大原
岩倉
上賀茂神社
下鴨神社
横川
延暦寺
比叡山
比叡坂本
琵琶湖
高尾
清滝川
北山
賀茂川
仁和寺
西山
鳴滝
小倉山
雲林院
大内裏
飯室
園城寺（三井寺）
堰川
嵯峨
霊山寺
東山
打出の浜
太秦
平安京
六波羅蜜寺
清水寺
河原院
逢坂山
志賀
嵐山
法輪寺
法性寺
東寺
山科
唐崎
稲荷山
伏見
桂川
石山寺
小塩山
大原野・小塩の原
賀茂川
瀬田川
淀
山崎
宇治川
木津川

京都周辺略図

琵琶湖東岸より霊峰比叡山の夕日を望む

天台浄土教家を多数輩出した横川中堂

良源ゆかりの横川四季講堂（元三大師堂）前にて
宮大工の岡猛君（左）と筆者

恵心僧都源信が幼少の頃みた奈良二上山の夕焼け

智証大師円珍
ゆかりの園城寺大門

長崎県五島列島福江島の岐宿城岳山頂より三井楽半島を望む（右手の島は姫島）

五島福江島三井楽半島柏崎の弘法大師像と本涯碑
遣唐使船はここから大陸を目指す（後方は姫島）

亡き人に逢える――みみらく私考

――伝説成立の背景と伝承の系譜――

はじめに

わが故郷長崎県五島市三井楽町《みいらくちょう》は、今から千年以上の昔から、京都平安朝の貴族・僧侶のあいだで「亡き人に逢える島」として認識されていた。永い間、日本の西のはての故郷が、そこに行けば亡くなった父や母に逢えると、都びとの間で伝承されるようになったのか、と疑問を抱いていた。

まず、最初に、文献にみえるみみらく伝説を整理して提示することから始めたい。

一――古代における伝承

道綱母《みちつなのはは》『蜻蛉日記《かげろう》』

文献上の初出は、『蜻蛉日記』上巻の康保《こうほう》元年〔九六四〕七月の「母の死去」の記事である。

僧《そう》ども念仏《ねぶつ》のひまにものがたりするを聞《き》けば、「このなくなりぬる人の、あらはに見《み》ゆるところなんある。さて近《ちか》くよれば、きえ失《う》せぬなり。遠《とほ》うては見《み》ゆなり」、「いづれの国《くに》とかや」、「みみらくの島となむいふなる」など、口《くち》ぐちかたるを聞《き》くに、いと知らまほしうかなしうおぼえて、かくぞいはるる。

ありとだによそにてもみむなにしおはばわれにきかせよみみらくの山《ママ》

といふを、兄《せうと》なる人ききて、それも泣く泣く、

いづことかおとにのみきくみみらくのしまがくれにし人をたづねん

（傍線―引用者）（新日本古典文学大系24『蜻蛉日記』六九頁、以下日記本文の引用は本書による）

十世紀中ばすぎのことである。この記事の書かれた背景等については、第一篇において詳述する。作者藤原道綱母の異母弟（兄説もある）藤原長能《ながとう》（生没年未詳）が、長保《ちょうほう》・寛弘《かんこう》（九九九～一〇一一）の頃、和歌の作法を教え、和歌師承《ししょう》の始めとされる能因法師《のういんほうし》（九八八～一〇五一？）が、関わってくる。

能因『坤元儀《こんげんぎ》』

能因の『坤元儀』は、歌枕のための地名辞書とされるが、現存していない。幸いなことに、鎌倉時代の学僧顕昭《けんしょう》が、その著『袖中抄《しょうちゅうしょう》』第三の「みみらくのしま」の条に、能因を引用している。

能因坤元儀云、肥前国ちかの島、此嶋にひひらこの崎と云所有。其所には夜となれば死たる人あらはれて父子相見と云々。

（傍線―引用者）（『日本歌学大系別巻二』（久曽神昇編《きゅうそじんひたく》）五一頁）

「肥前国ちかの島」に、「夜となれば死たる人あらはれる」所があると、十一世紀中頃に能因が記録している。みみらく伝説が、長能から能因へ伝承されていたことを確認できるのであるが、地名が「ひひらこ」に書き誤っている。ただ場所は、ちかの島（五島）と正確に記されている。

源俊頼《としより》『散木奇歌集《さんぼくきかしゅう》』

能因の後を継いで、源俊頼（一〇五五～一一二九）は、十二世紀初頭の家集『散木奇歌集』第六「悲歎」の部に、みみらくのことを次のように詠んでいる。

尼上うせ給ひてのちみみらくのしまの事おもひ出でてよめる
みみらくのわが日のもとの島ならばけふも御影にあはましものを
（傍線―引用者）（『群書類従第十五輯和歌部』四〇頁）

この歌の大意は、松田修氏の解釈に従うと、次のようになる。

死者に逢えるというみみらくの島が、日本の値嘉島みみらくであるならば（とくに出むいて）今日だって、なつかしいあのお姿におあいしょうものを、（みみらくは、日本の値嘉島みみらくではないから）

おあいしょう方法もない。
ということになるのではないだろうか。

俊頼の耳には、幻の島、死者再見の霊域みみらくの話がはいっている。一方、実在としての値嘉みみらくの島の所在も知らぬわけではない—この歌は、二つのみみらく情報（知識）が、すれちがい、くいちがう、そのひずみの嘆きを、うたったものというべきだろう。

（「みみらく—非在を求めて」五〇〜一頁）

彼岸と此岸の間隙を知った者の、どうしようもない絶望と悲哀をうちかすめた歌と松田氏は解釈されている。俊頼は、『万葉集』巻十六の「筑前国志賀白水郎《あま》歌十首」の左注に、「肥前国松浦県美禰良《みねら》久埼《くのさき》より発船《ふなだち》して、直《ただ》ちに対馬をさして海を渡る」とあるみみらくの島を知っていて、この歌を詠んだとする松田氏の解釈に従っておきたい。

顕昭《けんしょう》『袖中抄《しょうちゅうしょう》』

顕昭（生没年未詳）は、平安朝末から鎌倉初期にかけての歌道家で、特に和歌の注釈に造詣が深い。『袖中抄』も、萬葉集以下堀川百首に至る歌語三百程を選んで、諸説を引いて考証したもので、十二世紀末に成立した注釈書である。その第三で、「みみらくのしま」を歌枕として取り上げている。

一、みみらくのしま

みみらくのわがひのもとのしまならばけふもみかげにあはまし物を

顕昭云、此は俊頼朝臣歌也。其詞云、尼上うせ給て後みみらくの嶋のことを思てよめると有。今考二能因坤元儀一云、肥前国ちかの島、此嶋にひひらこの崎と云所有。其所には夜となれば死たる人あらはれて父子相見と云々。俊頼我ひのもとの嶋ならばと詠るは、日本には非と存歟。考二萬葉第十六一云、（自二）肥前国松浦縣美彌良久崎一発レ船云々。此国と云事は一定也。能因はひひらこと云たれど、俊頼みみらくと読たるはたがはず。如レ此の事慥考二本文一可レ詠也。不レ然者僻事出来歟。

（『日本歌学大系別巻二』五一〜二頁）

みみらくが、亡き人に逢える所として記されている文献は、十世紀中頃から十二世紀前半にかけての『蜻蛉日記』上巻、『散木奇歌集』、顕昭『袖中抄』（能因の『坤元儀』の記事内容も知ることができる）の三点を数えるのみである。管見によれば、大宰府や五島の地元には、このような伝説は認められず、文献の存在も確認されていない。中央の貴族社会でうまれたみみらく伝説が、今日まで語り継がれているのは、『蜻蛉日記』や『散木奇歌集』のような影響力の大きい作品に取り上げられたためで、地元には無関係の伝承であるようだ。

二――近世における伝承

七百年の時をこえて近世に入っても、みみらくは、澄月《ちょうげつ》『歌枕名寄《うたまくらなよせ》』、木下長嘯子《ちょうしょうし》『挙白集《きょはくしゅう》』、貝原益軒『扶桑記勝《ふそうきしょう》』、『江海風帆草《こうかいふうはんそう》』に、取り上げられている。これら四つの史料全てに、俊頼の歌の影響が認められる点が、特徴といえる。

澄月《ちょうげつ》『歌枕名寄《うたまくらなよせ》』

『歌枕名寄』は、澄月（生没年未詳）によって、十四世紀始め頃に原形が成立したと見られる作家手引書的な本で、古来の歌枕を国別に整理したもので、巻三十六肥前国の項の最後に、「美旀《ママ》良久嶋」の名がみえる。

美旀《ママ》良久嶋

みみらくの我が日の花《如本》の島ならばけふもみかけにあはましものを　俊頼

能因歌枕《ママ》云肥前国ちかの嶋と云所あり其所に夜になれは死人あらはれてあふと云々

万葉十六巻詞云肥前国松浦贈美祢良久崎発舟云々。

（傍線―引用者）（渋谷虎雄編『謌枕名寄本文篇』一二三一頁）

俊頼の歌に、日の花の島という錯誤が見られたり、能因坤元儀が能因歌枕となっていたり、引用はかなりアバウトであるが、「夜になれは死人あらはれてあふ」と、「死者に逢える島」という伝説は伝えられている。

木下長嘯子《ちょうしょうし》『挙白集《きょはくしゅう》』

木下長嘯子（一五六九～一六四九）の没後、門弟によって編まれた『挙白集』（一六四九年）の、亡くなった娘の一周忌に詠まれた長歌に「みみらくの島」が出てくる。部分を抄出して提示する。

…これやこの　ひのもとならで　ありときく　みみらくの嶋　たれかしる　われにをしへよ　なき人に　あふとかいへば　なみぢわけ　たづねもゆきて　はるけえぬ　ありしわかれの　うききはを　いまひとたびは　かたるべく…

（傍線―引用者）（『挙白集』巻第十　四四六～四五一頁）

長嘯子にとっても、みみらくの島は、「なみぢわけ　たづねもゆきて」探す、どこか外つ国にある場所であったようだ。「ひのもとならで」に、俊頼の歌の影響が認められる。

貝原益軒《えきけん》『扶桑記勝《ふそうきしょう》』

江戸前期の儒学者・貝原益軒（一六三〇～一七一四）の晩年の作とされる『扶桑記勝』巻之七「西海道」肥前肥後の条に、みみらくは、次のように記されている。

…其中にみみらくと云所あり。今みらくと云。俊頼の歌に、
　みみらくの我が日の本の国《ママ》ならばけふもみかげにあはまし物を
俗説に、昔は此島に人死して三年にして再生すと云、故にかくよめり。此歌も又みみらくを異邦に属せりとす。（中略）日本の西のはてなり。対馬は其西北にあり。遠し。（以下略）
（傍線―引用者）（『益軒全集』巻之七　五一〇～一頁）

益軒は、俊頼の第三句を、「日の本の国ならば」と詠み変えているが、俊頼が「此島に人死して三年にして再生す」という俗説を信じて、「みみらくを異邦に属せり」としたのは間違いで、みみらくは、「日本の西のはてなり」と地理学者らしく場所を、五島に断定している。

伝承内容に、「三年にして再生す」と変化はみられるものの、死者がふたたび姿をみせるという伝説の核心部分は、近世になっても確実に語り継がれていることがわかる。

『江海風帆草《こうかいふうはんそう》』

宝永《ほうえい》元年（一七〇四）に発行された立花重根《しげもと》の序文のある『江海風帆草』にも、みみらくの島の記事がみえる。

> 肥前国にて方角不ㇾ知名所
> 美彌良久島《みみらくのしま》
> 一、萬葉十六詞曰
> 肥前国松浦県美彌良久の崎より発ㇾ船直射ニ対馬一海を渡ると云々
> 五島深江の沖を俗にみいらくといふ此所なるべしと云々
> みみらくの我日の本の島ならばけふも見かけにあはましものを　俊頼
> （傍線―引用者）（『續々群書類従第九』六六一頁）

『江海風帆草』でも、俊頼の歌との関連で、「みみらくの島」は語り継がれているが、場所は深江

（福江）の沖にある島と認識されて、十八世紀には「みいらく」とよばれていたようである。

古代から近世にかけて、伝承内容に若干の変更はみられるものの、「みみらくの島」は近世においても、亡き人に逢える島として、都びとのあいだで認識されていたようである。

さらに、現代になると、「みみらくの島」の論考も活況を呈してくる。

三――現代における伝承

柳田国男「根の国の話」

柳田国男氏は、みみらくの島を、日本に古くから伝わっている死者の国、それも海の彼方に隔絶して、稀々に生者も往き通うと信じられていた第二の世界、ネノクニとの繋りにおいて捉えている。

それが海上の故郷であるが故に、単に現世において健闘した人々のために、安らかな休息の地を約束するばかりでなく、なおくさぐさの厚意と声援とを送り届けようとする精霊が止住《しじゅう》し往来する拠点でもあると、昔の人たちは信じていたらしいこと。（以下略）

（『海上の道』所収「根の国の話」一五三頁）

また、「知りたいと思う事二・三」のなかでは、みみらくの島を、「何処かの海上の弥勒の浄土」と語る人がいた可能性を示唆している。

さらに、柳田国男氏は、大正十五年（一九二六）の「島の話」のなかで、

福江島の外側に在る三井楽《みゐらく》の里などは、死んだ人に逢はれるという様な奇異なる雑談を以て漸く記憶せられて居たが、実は一千年前の横浜市であった故に、斯んな不可能事も此土地のみには、有りと想像し得られたのかと思ふ。即ち全日本の海岸線を通観して、神を祀らぬ御崎といふものが、一つも無かったといふことと深い関係があるのである。

（傍線―引用者）（定本第二十五巻「島の話」一四八頁）

柳田国男氏は、三井楽を死者に逢える所との伝承をしっかりと受け継ぎ、無動力船時代の風待ち港としての役割を「一千前の横浜市」と大きく評価している。

山中耕作「みみらく考」

山中耕作氏は、「みみらく考」（一九六四年）のなかで、『蜻蛉日記』の作者道綱母にみみらく伝説を伝えた僧を、夫兼家の父九条師輔《もろすけ》と強いつながりのある日延と推測して、日延とその仲間によって、

みやこの人びとに伝えられたとしている（日延については、竹内理三氏の「入呉越僧日延伝釈」（一九五五年）に詳しい）。山中氏はこの伝説の跡をたどって、次のように結んでいる。

歌は三首、道綱母、その兄《ママ》伊賀守長能、俊頼の歌があるだけであるが、能因・顕昭がとりあげているのをみると、あるいは他にも行われていたかもしれない。が、話はいずれも著しく都ぶりになっている。僧侶の説教などにあるいは用いられたためとも考えられるが、もし肥前国値嘉島に同様なものがあったとしても、おそらくよほどかわったものであっただろう。ただ肥前風土記に何も残されなかったことが不思議に思われる。

（「みみらく考」一八頁）

松田修「みみらく―非在を求めて」

松田修氏は、「みみらく―非在を求めて」（一九七八年）のなかで、いかにして死者と出逢う島みみらくとなったのかについて、『肥前風土記』、『万葉集』巻十六の「筑前国志賀白水郎歌十首」の左注、『続日本後紀』、『智証大師伝』に、死者再見伝説、ないしその原型はみうけられず、みみらくが死者再見伝説に結びついたのは『蜻蛉日記』以降のこととし、現実のみみらくについて、各自の体験に基く正確な情報をもっているはずの僧達（日延とそのグループ）が、現実のみみらくについて、知識があるはずの人々が、口を揃えて（「くちくちかたる」）、仙境的、異郷的、無可有郷《むかうのさと》的、聖域みみらくと、現実の福江のみみらくとを結びつけていない、この事実から、おそらく彼らは、ここでは福江（値嘉）みみらくとは別途の、別次元のみみらくをイメージし、語っていたのだと考えてもいいのではないだろうか。

（傍点―松田氏）（「みみらく―非在を求めて」四六頁）

と、死者に逢える島みみらくは、現実の値嘉島のみみらくとは別次元のものとされている。

しかし、松田氏は、「伝承の世界における、みみらくの虚実一如、現実みみらくイコール聖域みみらくの図式を否定するものではない」（五四頁）と注記して、二つのみみらくを結合している。

昭和の高度成長がピークを迎える昭和五〇年代になると、『蜻蛉日記』の研究がさかんになる。女流散文の嚆矢《こうし》としての文学史的な位置や執筆の姿勢・表現等の分析がなされ、「みみらくの島」に関する発表が相次いで行なわれ、多方面からの研究成果が明らかになってくる。

石原昭平「反現実世界への傾動」

石原昭平氏は、『武蔵野文学二十五集―特集「蜻蛉日記」―（昭和五十二年（一九七七）十二月号）』所収の

「反現実世界への傾動―「みみらくの島」「唐崎」「さくな谷」をめぐって―」のなかで、

女性にとって、結婚という持続的な生活する日々の実態や、結婚の崩壊という精神的危機を初めて描きえたことなども、その意味はおもい。それは、死を生活の一部として実感して記したことと共に、以後の文学に生の側面に対する深淵さを加えた。（前掲書一六頁）

と高く評価されたうえで、山中耕作氏、松田修氏の論を援用して、検討を進めて、「みみらくの島」を、異次元の島、まぼろしの島とだけ考えるのはいかがであろうかと疑問を投げかけ、

僧たちが語る「いづくの国」かのひびきには、天竺《てんじく》、震旦《しんたん》に近い西方の島を訪れたい願望を秘めていて、実在するであろうが漠然とした不確定な仙境のごとく意識されたのではないか。（前掲書一八頁）

と、二説のイメージを重ねた結論をだされた後、わが国の極楽浄土論の先駆となった慶滋保胤《よししげのやすたね》と道綱母の対照的な生き方を比較しつつ、道綱母がみみらく伝説に希求したのは、

まったくの異次元の幻の島として絶望だけの悲しみではなく、かすかにしても、彼方にそうしたいまの悲痛を超え、解放する世界があるかも知れぬ、という可能性のある望みが与えられたのでないか。それは現実からの一時の解放であり、日常世界からのひとときの飛翔とはなりえたのではないか、と考えられ、兼家を中心とした京の都や貴族社会から解き放たれた異次元への垣間見であった。それはまた現実を超えた不可思議な世界の瞥見であると同時に霊の行方、魂の世界との伝承における体験ともいえるものである。（前掲書二一〇頁）

とし、「あくまで我に執し、自身を対象化しえない姿勢と、世俗に執し人間的な位置にとどまる煩悩の世界に住む」道綱母の姿勢を浮き彫りにしている。

品川和子「蜻蛉日記における古代性について」

同じ頃、品川和子氏が、「蜻蛉日記における古代性について」（『学苑』一九七八年一月号所収）のなかで、「みみらくの島」の項を設けて、ロマンチックな伝説の地として浮かび上らせている。

「遠いけれども近く見える島」、「死者を見ることができる。しかしそれは遠ければ見えるので、近寄れば消えてしまう」、「日本の国土の島であるなら亡き尼上のお姿を拝したいものだ」、「夜となれば死者があらわれて、父子が相見ることのできる島」というこれらの言葉の中にはそれぞれ互いに共通した概念が感じられる。みみらくの島はわが国の最西端、外国への玄関口で、俊頼の歌も、「異国なら止むを得ないが、この日本の国土のうちなら」といって、死者との再会を望んでいるのであろう。（前掲書三〇頁）

それは上古から平安時代へかけて、この島が当時の外国交通の要衝であるという一面とともに、西方のさいはての地として、死者との交流ができるという夢とロマンを人々が抱いていたということで、『蜻蛉日記』には明らかにこうした古代性の温存が見出せるのである。（前掲書三〇頁）

品川氏は、『蜻蛉日記』における古代性を、「男性に従属し、抑圧された女性こそ、過去から未来へ、古きを承け、新たな創造を次代へ引きつぐ文化の荷い手であったことを証するもの」（前掲書二六頁）とし、家庭婦人であった道綱母が巾広く、自由な立場で『万葉集』、『古事記』、『風土記』等も含め好みのままにとり込み、自由な立場で吸収することができたことに高い評価を与えている。

瀬戸内晴美「みみらく」

瀬戸内晴美（寂聴）さんの「みみらく」（一九七九年）にも、『蜻蛉日記』の一節が引用された後、次のように書かれている。

昔は、みみらくの浜は死んで三年後には再生するとか、ここに行けば、亡き人に逢えるとかいう伝説が伝えられていたらしい。

こうもりが翅《つばさ》をひろげたような福江の町の西北部に、大きく海中に突きだした半島が、今の三井楽町で、昔のみみらくと呼ばれた地点にちがいなかった。

岬の北の突端に柏のとまりがあり、昔の遣唐使はこの沖へ出て東支那海へ出てしまえば、もう故国の島影の見収めになる地点であった。

「できれば、一番はじめにそこへ行きたいんです。夕陽があると尚いいんだけれど」

（「みみらく」二九頁）

「船に乗りたいの、出来れば、沖へ少しでも出してほしいんです。その方が遣唐使の気持がよくわかるでしょう。海のほうから、みみらくを見てみたいの」

（前掲書三〇頁）

「見えてきました。あれが三井楽です」

車はいつかまたひとつの峠を越え、下りの道をたどっていた。車窓の外に、ゆるやかな弧を描く静かな入江が浮んできた。
低く押しつぶされたような家々の屋根が地を這い、海に面してキリシタンの墓地が白く見える。岬の彼方は涯しもなく東支那海が広がり、天と海の境のあたりは、夕陽に染められ、無限の奥まで輝いていた。
（前掲書三五〜六頁）

寂聴さんは、岬の彼方に涯しもなく広がる東シナ海を、夕陽へ向って、亡き人の姿を求めて船出したのである。現代の作家にも、「みみらくの島」は、「死者に逢える島」なのである。

原田敦子「死者に逢える島―みみらく伝承の成立と展開―」

昭和五十五年（一九八〇）九月に発行された『日本古代論集』（土橋寛先生古稀記念論文集刊行会編）所収の原田敦子氏の「死者に逢える島―みみらく伝承の成立と展開―」は、現代における「みみらく伝承」論のひとつの到達点ともいえる力作である。
原田氏は、みみらくに関連する古代から現代にいたる文献・史料を博捜され、「その伝承の現地ではなく、その地を離れた所でその地を幻視しつつ形成されるのではなかろうか」（前掲書三八一頁）と考えられ、「ミミラクもしくはミネラクなる崎の名の前に、ミミラクという島の名称や伝承が成立していたとは考えがたいのではないか。「みみらくの島」はやはり、我国最西端のみみらくの崎の彼方の海上に幻視されたが故に命名されたと考えるべきであろう」（三八四頁）として、その伝承は、奈良朝から平安朝にかけて宮廷に入り込んだ阿曇氏《あずみ》によって、都の貴族社会にもたらされたと推測している。

阿曇氏は宗像氏と異なり各地に移住して行ったが為に、氏族の故地志賀島や、更にそこから西の果にある、一族にとって記念すべき地値嘉島を想う気持も強かったと思われる。特に遣唐船での出発は華々しいだけに、往きて還らぬ人への思いも痛切で、忘れがたいものがあったろう。阿曇氏の栄光の歴史は、裏返せば海での死の歴史であると言っても過言ではない。例の万葉集巻十六の志賀白水郎も、疑いなく阿曇氏の一族である。各地に移住した阿曇氏はその生活の中で、海上他界観や舟葬の習俗に、海での死を恐れる意識と実際に海で愛する人を喪った数々の記憶を重ね合わせて、我国の西の果なる、そして大海への渡海点であると同時に、時として死への渡海点ともなったみみらくの崎の彼方に、死者に逢える島の幻想を生んでいったのではないか。

（傍線―引用者）（前掲書三八九頁）

さらに、康保元年（九六四）に、『蜻蛉日記』に死者に逢える島として登場する必然性を平安貴族社会に於ける西方浄土信仰と結びつけて、次のように書いている。

我国の西端の島であるというおぼろげな認識が、仏教の普及と共に広まりつつあった西方浄土観と結びついて、阿曇氏によってもたらされた死者に逢える島の伝承を受け入れる素地を作ったのであった。師輔《もろすけ》（九〇八〜六〇）の庇護のもとに入唐した日延が、天徳元年（九五七）に『往生西方浄土瑞応伝』を持ち帰った事に象徴される、平安貴族社会に於ける西方浄土観の広まり、西方浄土への思慕の高まりの風潮の中で、死者に逢える島の伝承が初めて文献の中に登場する（蜻蛉日記康保元年〜九六四年条）必然性もここに存する。（傍線—引用者）（前掲書三九〇頁）

みみらくの島は、実在感のある幻視の島であることをやめ、実在非実在定めがたい伝承の島となって行った（傍点—原田氏）。彼等がみみらくの島を幻視するのではなく、幻視は伝承の中にあった。蜻蛉日記作者の「せうとなる人」の歌に、「いづことか音にのみ聞く」とあり、俊頼の散木奇歌集に「みゝらくの我日の本の島ならば」とうたわれているのも、この実在非実在の定めがたさを指してのことではあるまいか。（前掲書三九三頁）

と、他に伝えられ、あてどのない存在となって情趣化の過程を経た後に、はじめて文学の素材となったとしている。そして、この論考を、次のように結んでいる。

平安朝になってこのような土俗的な伝承が貴族的洗練を経てではあるが文学化され、上代への一種の回帰がなされるところに、浄土思想は広まりつつあったものの、死後の不安に怯え、揺れ動いていた平安朝人の心情の一端を見ることができるようである。

（前掲書三九四頁）

岡谷公二『島―水平線に棲む幻たち』

岡谷公二氏の『島―水平線に棲む幻たち』（一九八四年）のなかに、「三井楽」という一節がある。

福江島の北西部には、三井楽という町がある。万葉集に肥前国松浦県美弥良久崎として名が見え、遣唐使の風待ち港として知られ、平安朝の人々には亡き人に会える場所として信じられていた由緒のある土地である。

町の前面には、島には珍らしい広大な白砂の浜が広がっている。この浜には、三年に一度くらいの割りでイルカの大群が押し寄せ、人々に撲殺されて、浜を血で真っ赤に染めるという。（中略）…半島のはずれの柏港を見に行った。しかしこのかっての遣唐使の風待ち港は、何の変哲もない小さな漁港と化していて、昔をしのぶよすがは何もなかった。目につくのは、広い芝地の岬の突っさきに立っている無人燈台だけである。

（前掲書九四～六頁）

岡谷氏が、三井楽でみた幻は急速に過疎化が進み、人影のない離島の荒廃であったようだ。

高城隆『花綵《はなづな》列島―民族と伝承―』

高城隆氏の『花綵《はなづな》列島―民族と伝承―』（一九九五年）のなかでも、「みみらくの島」は、死者に逢える伝説で取りあげられている。

そこへ行けば死者に逢えるという岬がある。
そこへ行けば死者たちと話ができるという浜がある。
そこへ行って見たいと思っていた。日の沈む西の彼方、赤い夕日が煌《かがや》いているだろうその浜へ、思いを馳せていた。
長崎県五島列島福江島三井楽《みいらく》。死者に逢えるという「みみらく伝説」のみみらくは、そこにあるのだという。私を、十年続いた沖縄参りから、五島列島へ眼を向けさせたものは、その「みみらく伝説」であった。沈む夕陽を、どこまでも追いかけていったら、私はどこへいざなわれるのか。この世の果てともいうべきその浜から船出をしたら、その岬を船が通りすぎたら、どんな風景が広がるのか。思いはめぐる岬に立って、夕陽の沈む海を見たいと思っていた。遠い日の父や母たちは、そこで何をしているのか。

（前掲書五八頁）

高城氏は、夕陽の沈む西のかなたに行ってみるが、青い海は西方でなく、南へ向かうという。西方といっても、それは南のことで、「みみらく」が非在の島であったのは、行きつく島がなかったからではないのかとし、幻は、白い砂浜と、青い海のかなたにある、と高城氏は信じて、弥勒の浄土、補陀落《ふだらく》浄土等のユートピアは、南方にあると思っているようである。

山下道代『みみらくの島』

二十一世紀に入ってから発行された、山下道代氏の『みみらくの島』（二〇〇八年）では、和歌に詠まれた「みみらくの島」と、歴史史料の「美弥良久」のイメージがうまく重ならないギャップを、

「みみらくの島」の伝承は、どこか別の土地で語り出された話だったのではないか。「美弥良久というところでは亡くなった人が姿を見せることがあるそうだ」と、それは「美弥良久」の現地が直接関与しないところで発生した風評のようなものではなかったのか。（前掲書二三三〜四頁）

と推測され、現地にその痕跡が存在しなくてもふしぎはないと結論づけられている。

さらに、山下氏は、「みみらくの島伝承の性格」の節で、『蜻蛉日記』の二つの叙述に注目され、詳

細に分析されている。第一点は、「僧ども念仏のひまに物語するを聞けば」に注目されて、

会話にはあきらかに語り手と聞き手の別が認められる。またその語り手にしても、決して確信的な語り方はしていない。内容の真偽などには立ち入らず、ただ伝聞を伝聞として伝えるという口調。若干の用心を感じさせるその語り方は、かえって聞き手の好奇心をそそるものかもしれない。なにか奇異なことが語られているという空気。決して開放的とはいえない雰囲気。

（前掲書二二三八頁）

と、「みみらくの島」伝承自体に、こうした非開放的性格があると指摘された後、第二点は、「この亡くなりぬる人のあらはに見ゆるところなむある。さて、近く寄れば消え失せぬなり。遠うては見ゆなり」の叙述を、伝承の核心部分と捉えて、

死者と生者は幽明その界を異にするという通念からすれば、亡くなった人の姿が「あらは」に見えるとは思いがけないことだが、亡き人に逢いたいという生者の願いからすれば、それは、「みみらくの島」なればこその奇蹟であろう。ただその奇蹟も、「遠うて」のみのことなのだ、という。もしその「あらは」なおもかげに引かれて近づきでもしようものなら、それはたちまちに

消え失せる。「みみらくの島」における死者の姿は、いかに「あらは」に出現しようとも「遠うて」しか見ることができない。生者にとって「みみらくの島」は、やはり容易なところではない。
（前掲書二四〇頁）

と解説されている。そして、次のように結んでいる。

「みみらくの島」の遠さ。さらに「みみらくの島」における死者の遠さ。この伝承のさし示す先にはそれがある。そしておそらく、その「遠さ」の意味を本当に知る者だけが、「みみらくの島」において死者の姿を見ることができる、というのであろう。

「みみらくの島」というこのふしぎな伝承は、人の死のあとに残って生きて行かねばならない生者の、畢竟のかなしみのかたちであるように、私は思われてならない。
（前掲書二四一頁）

土屋文明《ぶんめい》「続青南集《ぞくせいなんしゅう》」「青南後集《せいなんこうしゅう》」

歌人土屋文明（一八九〇〜一九九〇）も、わが故郷のことを詠んでいる。

●「続青南集」唐津呼子（一九六六年）

・憶良らの往き来の海を恋ほしめど三井楽《みゐらく》までも行くをためらふ

・三井楽に柏崎のあるを読みたれど我が思ふ赤榕《あかう》のことは記さず

（『土屋文明全歌集』八一七頁）

●「青南後集」肥前五島三井楽（一九七七年）

・ミミラクは五島三井楽と聞くなれどすでに行くべき我が足ならず

・三井楽の柏崎にアコウ茂るらむさま思ひつつ眠る夜もあり

・アコウをば御綱葉《みつながしは》と信じつつ貰ひし苗は寒さに枯れぬ

（前掲書九八七頁）

●「青南後集」筑紫を思ふ（一九八三年）

・諏訪に住み曽良故郷墓にも触れたりき壱岐島はつひに行くこと無けむ

・ここを日本のはてとし美禰良久を離れけむ遣唐少録山於憶良《やまのうえのおくら》

・三井楽を幾年か心に持ちたりき今は忘れむ九十を過ぎぬ

（前掲書一〇四四～五頁）

以上、『蜻蛉日記』を初出とする亡き人に逢えるみみらく伝説の史料・文献を提示してみたが、これらの資料にあらわれている共通の認識は、本土からみて西のはてに位置する「みみらくの島」へのあこがれであろうか。

第一編で、『蜻蛉日記』に書かれた背景―作者道綱母の家庭環境、時代環境等―をひもとき、作者が知り得たみみらく情報の史料・文献をまとめて提示して、この日記に「みみらくの島」が記載された背景を、整理・分析してみることとする。

次いで、この伝説が、どのような系譜で伝承されてきているのかを、第二編で長能―能因―源俊頼―顕昭―長嘯子らの史料から論ずることとする。

なお、本文中にみえる人名（読み方に異説が多い）、書名、地名、年号、行事等については、先学の文献を博捜して、極力ルビを振るように努めたが、浅学非才ゆえ、多くの誤りをおかしていることを危惧している。

参考・引用文献（敬称略）

- 新日本古典文学大系24『蜻蛉日記』（今西祐一郎校注）岩波書店　一九八九年
- 顕昭「袖中抄第三」（久曽神昇《きゅうそじんひたく》編）（『日本歌学大系　別巻二』風間書房　一九五八年所収）
- 源俊頼「散木奇歌集第六悲歎」（『群書類従　第十五輯和歌部』一九八〇年所収）
- 松田修「みみらく―非在を求めて」（『日本逃亡幻譚―補陀落世界への旅―』朝日新聞社　一九七八年所収）
- 澄月『歌枕名寄』（渋谷虎雄編）桜楓社　一九七七年
- 木下長嘯子「挙白集巻第十」（『校註挙白集』（藤井乙男編輯）文献書院　一九三〇年所収）
- 貝原益軒「扶桑記勝」（『益軒全集　巻之七』益軒会編集　一九一一年所収）
- 「江海風帆草」（『続々群書類従　第九』国書刊行会編纂　一九六九年所収）

・柳田国男『海上の道』岩波文庫 二〇〇四年
・柳田国男「島の話」（一九二六年）（『定本柳田国男第二十五巻』筑摩書房 一九八〇年所収）
・山中耕作「みみらく考」（『国学院雑誌』（第六十五巻第十二号）一九六四年十二月号所収）
・石原昭平「反現実世界への傾動―「みみらくの島」「唐崎」「さくな谷」をめぐって―」（『武蔵野文学二十五集―特集「蜻蛉日記」―』一九七七年十二月号所収）
・品川和子「蜻蛉日記における古代性について」（『学苑』（四百五十七号）一九七八年一月号所収）
・瀬戸内晴美「みみらく」（一九七九年）（『幸福』講談社 一九八〇年所収）
・原田敦子「死者に逢える島―みみらく伝承の成立と展開―」（『日本古代論集』（土橋寛先生古希記念論文集刊行会編）笠間書院 一九八〇年所収）
・岡谷公二『島―水平線に棲む幻たち』白水社 一九八四年
・高城隆「みみらくの島」（『花綵《はなづな》列島―民族と伝承―』木犀社 一九九五年所収）
・山下道代『みみらくの島』青簡舎 二〇〇八年
・『土屋文明全歌集』石川書房 一九九三年

亡き人に逢える——みみらく 私考 目次

第五章　道綱母が知り得た五島とみみらく情報（正史）――246

写真・川端久志

装丁・横井恒紀

第一編

みみらく伝説成立の背景

第一章　『蜻蛉日記』成立の背景

亡き人に逢えるみみらく伝説は、文献上では、『蜻蛉日記』上巻、康保《こうほう》元年（九六四）七月条を初出とする。今西祐一郎氏校注の本文を提示する（宮内庁書陵部蔵桂宮本を底本とする）。

康保元年七月　みみらくの島

かくて、とかう物《もの》することなど、いたつく人おほくて、みなしはてつ。今《いま》はいとあはれなる山寺《でら》につどひて、つれづれとあり。（中略）

かくて十よ日になりぬ。僧《そう》ども念仏《ねぶつ》のひまにものがたりするを聞《き》けば、「このなくなりぬる人の、あらはに見《み》ゆるところなんある。さて近《ちか》くよれば、きえ失《う》せぬなり。遠《とほ》うては見ゆなり」、「いづれの国《くに》とかや」、「みみらくの島となむいふなる」など、口《くち》ぐちかたるを聞《き》くに、いと知《し》らまほしうかなしうおぼえて、かくぞいはるる。

ありとだによそにてもみむなにしおはばわれにきかせよみみらくの山《ママ》

といふを、兄《せうと》なる人ききて、それも泣くなく、
　いづことかおとにのみきくみみらくのしまがくれにし人をたづねん（注）
（傍線―引用者）（新日本古典文学大系24、六九～七〇頁）

■現代語訳

こうして、あれこれ母の葬儀万端など、とり計らってくれる人が大ぜいいて、すべて滞りなくすませた。今は、たいそう悲しい思いのする山寺で、みないっしょに喪に服して、所在ない気持で過ごしていた。（中略）

こうして十日余りにもなった。僧侶たちが念仏の合間によもやま話をするのを聞いていると、「この亡くなった人の姿が、はっきり見える所がある。そのくせ、近寄っていくと、消え失せてしまうそうだ。遠くからなら、亡者の姿が見えるということだ」、「それは何という国だね」、「みみらくの島という所だそうだ」などと、口々に語っているのを聞くと、とてもその島のありかを知りたくて、すっかり悲しい気持になって、こんな歌が自然と口ずさまれる。

亡き母上の姿が見える、そんなうれしい話で耳を楽しませるというその名のとおりのみみらくの島《ママ》（底本の相異―引用者）なら、どこにあるのか私に聞かせてほしい。せめて遠くからでも母上の姿を見たいから

と言うのを、兄にあたる人が聞いて、その兄も泣きつづけながら、

亡者が行く所と、話にだけ聞いているみみらくの島に隠れてしまった母上を、いったいどこにおいでかと尋ねて行けばよいのだろうか

（傍線―引用者）（上村悦子氏『蜻蛉日記（上）』一五六～七頁）

（注）品川和子氏の『蜻蛉日記の世界形成』の出典探索一覧によると、この二首は次の三歌をふまえて、詠まれたとされている（四二六〜七頁）。（傍線—引用者）。

・古今和歌集巻十七、雑歌上　藤原忠房

君を思ひおきつの浜に鳴くたづの尋ね来ればぞありとだに聞く

・後撰和歌集、恋五

有りとだにきくべき物を相坂の関のあなたぞはるけかりける

・古今和歌集巻九、羇旅歌《きりょのうた》　柿本人麻呂

ほのぼのとあかしの浦の朝霧に島がくれゆく舟をしぞ思ふ

また、僧達の言う「近くよれば、きえ失せぬなり云々」については、延喜《えんぎ》五年（九〇五）四月二十八日の平定《たいらのさだ》文家歌合《ぶんけのうたあわせ》で、坂上是則《さかのうえのこれのり》（生没年未詳）が、

園原《そのはら》や伏屋《ふせや》に生《お》ふる帚木《ははきぎ》のありとてゆけどあはぬ君かな

（古今和歌六帖第五）

と詠んだ帚木伝説を思わせるものがあるが、第七章第三節で詳述することとする。

作者道綱母の母親が亡くなったのは、作者が二十八、九才の頃で、上村氏によると、

時代を越えて女の子にとって母親は絶対的な存在である。まして一夫多妻の通い婚の風習下、さらに男親（倫寧《ともやす》―引用者）は県《あがた》歩きで京を留守がちであった作者の場合、母親は何よりの心の支えであったであろう。古風で律義な母であり、身分違いの娘婿、兼家にも遠慮がちで、批判がましいことや恨みがましいことはいっさい口にしなかった。（前掲書一五九頁）

このかけがえのない母の死去の記事に、死者に逢えるみみらく伝説を取り上げたのは、「勘考に勘考を重ね、語句を精選し縁語、掛詞を駆使してソツのない知的、巧緻《こうち》な歌を作り上げる努力肌である」（上村悦子氏前掲書一一四頁）作者の「みみらくの島」に対する計算された深い蘊蓄《うんちく》があると考えて、注意深く読んでいく必要がありそうである。

本章では、最初に、『蜻蛉日記』の作者が、どのような家柄に生まれたかということから始め、第二節で日記の執筆の契機となった夫兼家の家系と人物像に迫り、第三節で『蜻蛉日記』が書かれた背景を考察した後、第四節で上巻が執筆された時期を検討することとしたい。

第一節　作者道綱母《みちつなのはは》の家系

作者道綱母

『蜻蛉日記』は、摂政太政大臣として位人臣をきわめた藤原兼家《かねいえ》（九二九〜九〇）の妻で、藤原倫寧《ともやすの》女《むすめ》の、勅撰和歌集の詞書きでは、右大将道綱母（九三六？〜九五）と称される女性の作品である。十一世紀後半の成立とされる『大鏡』の太政大臣兼家の条に、

> 二郎君、陸奥守《みちのくにのかみ》倫寧《ともやす》ぬしの女《むすめ》のはらにおはせしきみなり。道綱ときこえし。大納言までなりて、右大将かけたまへりき。この母君、きはめたる和歌の上手におはしければ、この殿（兼家―引用者）のかよはせたまひけるほどのこと、歌などかきあつめて、『かげろふの日記《にき》』となづけてよにひろめたまへり。（傍線―引用者）（日本古典文学大系21『大鏡』一七四頁）

とあり、歌人として高く評価されている。勅撰集には三十七首も入り、中古《ちゅうこ》歌仙《かせん》三十六人にも加えられ、さらに百人一首にも、

嘆きつつひとりぬる夜のあくるまはいかに久しきものとかは知る

（あなたのおいでもなく寝返りを打ちつづけて嘆きながらひとり寝をする夜の明けるまでが、どんなにつらく長く感じられるものかご存じでしょうか。イヤイヤ門の戸を開けるのさえ待ちきれず、しびれをきらしてお帰りになるあなたではおわかりにならないでしょうね）

（上村悦子氏訳前掲書（上）六一頁）

の歌がとられている。さらに、寛和《かんわ》二年（九八六）の内裏《だいり》の歌合《うたあわせ》で詠んだ、

都人《みやこびと》寝で待つらめやほととぎす今ぞ山べを鳴きて過ぐなる

（都の人は、ほととぎすの声を聞きたいと、ずっと起きて待っていることであろう。当のほととぎすが、今ちょうど、この山のあたりを鳴きながら飛んでゆくようだ）

（上村悦子氏訳前掲書（下）三四三頁）

は、藤原清輔《きよすけ》（一一〇四〜七七）の歌学書『袋草紙《ふくろぞうし》』（一一五九年頃成立）に、『時鳥《ほととぎす》秀歌五首』（注）の一つに数えられているし、

薪《たきぎ》こることはきのふに尽きしをいざをのの柄《え》はここに朽《く》たさむ

（苦しい仏法の行事は昨日で終ったので、さあ、今日はこの小野の仙境で、心ゆくまで花を賞美することにしましょう）

（上村悦子氏訳前掲書（下）三四〇頁）

は、清少納言の『枕草子』第二九〇段「小原の殿の」の条に、次のように見えている。

小原の殿の御母上こそは、普門《ふもん》といふ寺にて八講しける聞きて、またの日、小野殿に、人々いと多く集りて、遊びし、詩《ふみ》作りけるに、

薪《たきぎ》こることは昨日に尽《つ》きにしをいざ斧《おの》の柄《え》はここに朽《く》たさむ

と詠《よ》み給ひたりけんこそ、いとめでたけれ。ここもとは打《う》ち聞《ぎ》きになりぬなめり。

（上坂信男、神作光一氏他全訳注『枕草子』二六三〜四頁）

（注）他の時鳥《ほととぎす》秀歌は、『袋草紙』によれば、以下の四首である。

・紀貫之《つらゆき》（八七一？〜九四六？、従五位上土佐守、『土佐日記』作者）

夏の夜の臥《ふ》すかとすればほととぎす鳴くひとこゑに明くるしののめ

（この夏の夜、ちょっと横になるとすぐにほととぎすの一声が聞こえて、それに催されるかのように東の空がしらじらと明け始める）

（『古今和歌集』巻三、夏一五六）（『袋草紙注釈（上）』二七三頁）

・源公忠《きみただ》（八八九〜九四八、従四位下近江守、三十六歌仙の一人）

行きやらで山路くらしつほととぎす今ひとこゑのきかまほしさに

（私は山路を行き過ぐることができないで日を暮れさせてしまった。さっき鳴いたほととぎすのもう一声が聞きたいばかりに）　（『拾遺和歌集』、夏一〇六）（『袋草紙注釈（上）』二七三頁）

・平兼盛《かねもり》（?〜九九〇、従五位上駿河守、三十六歌仙の一人）

み山いでて夜はにやきつる郭公《ほととぎす》暁かけてこゑのきこゆる

（あのほととぎすは奥山を出て夜になってからわが家の庭に来たのだろうか。この晩までずーっと声が聞こえ続けているよ）　（『拾遺和歌集』、夏一〇一）（『袋草紙注釈（上）』二七三頁）

・藤原実方《さねかた》（?〜九九八、従四位上陸奥守、中古三十六歌仙の一人）

さ月やみくらはし山の郭公おぼつかなくもなきわたる哉

（五月の闇夜なので、その名も暗い倉橋山のほととぎすが、不安そうに鳴き続けているではないか）　（『拾遺和歌集』、夏一二四）（『袋草紙注釈（上）』二七四頁）

また、道綱母は、美貌の持ち主でもあった。南北朝の著名な学者・洞院公定《とういんきんさだ》（一三四〇〜九九）が編した『尊卑分脈第一篇《そんぴぶんみゃく》』の道綱母の注に、「本朝第一美人三人之内也」（四一頁）とみえる。

さらに、江戸前期に活躍した細川幽斎《ゆうさい》（一五三四～一六一〇）によって、二条家流の諸注、諸説を集大成して述作された注釈書で、それ以降における百人一首注釈の中心として重要な位置を占めてきた、慶長《けいちょう》元年（一五九六）成立の『百人一首（幽斎抄）』にも、道綱母は、「本朝古今美人三人之内也」（荒木尚氏編『百人一首注・百人一首（幽斎抄）』一八九頁）と注記されている。なお、幽斎抄より以前に成立している永青文庫蔵『百人一首注』では、「本朝美人三人内」（六六頁）という表現になっている。

同じ、二条派和歌の正統な継承者とされる後水尾院《ごみずのおいん》（一五九六～一六八〇、在位一六一一～二九）が、寛文《かんぶん》元年（一六六一）に第八皇子の後西《ごさい》天皇（一六三七～八五、在位一六五四～六三）に対して行った百人一首の講釈に関わる著述とされる『後水尾天皇百人一首抄』（島津忠夫・田中隆裕氏編）にも、細川幽斎の、道綱母を「本朝美人三人之内也」とする注記が引用されているのに加えて、後水尾院自らの、「日本天下第一番ノ美人ト也。サレトモ前ハ幸ナキ人ニテ有ツルガ、石山ノ観音ニ祈誓シテ幸ヲ引レタルト申伝タル也」（一六五頁）との注記がみえる。

『蜻蛉日記』執筆から約七百年後の江戸時代における道綱母は、美人の歌人として高く評価されていたようである。後述するように、夫兼家も長身でイケメンの御曹司であったようだから、美男美女の理想のカップルの誕生と、平安貴族社会で評判になったことであろう。

『蜻蛉日記』の作者と兼家は、天暦《てんりゃく》八年（九五四）の秋、結婚した。兼家二十六歳、作者の年齢は不明であるが、二十歳頃と考えられている。二人の間には、道綱が生まれ、大納言まで進んでいるが、入内《じゅだい》させることのできる女子を産めなかったことが、作者の不運であった。

兼家には、この時点で、時姫《ときひめ》というもう一人の妻がいた。摂津守藤原中正《なかまさ》の女《むすめ》で、三人の男子、道隆（摂政関白内大臣）、道兼（関白右大臣）、道長（摂政太政大臣）と、二人の后《きさき》、超子《ちょうし》（冷泉女御、三条天皇母）、詮子《せんし》（円融天皇后、一条天皇母）を産み、その権勢は他の妻妾とは比較にならない程強く、道綱一人しか子宝に恵まれなかった作者も、一目を置いた存在であった。

作者は、兼家の妻となったことで「一族からは格別な「幸人《さいはひびと》」と見られていた」（増田繁夫氏『右大将道綱母』三六頁）のだが、一夫多妻の社会で望んでいた北の方の地位は得られなかった。その口惜しさが、彼女に『蜻蛉日記』を執筆させたとする見方が多くの研究者から指摘されている。

「三十日三十夜《みそかみそよ》はわがもとに」と願いながらも、夫兼家が多くの妻に通うのを嘆き、兼家を自分一人のものにしたい、愛情を独占したいという願いが、思うようにならぬ苦悩を、日記文学として書き始めたのであろうか。諸説がある。本章第三節で検討することとする。

有能な中流官僚の父倫寧《ともやす》

倫寧（?～九七七）は、平安時代の藤原氏の主流である藤原北家《ほっけ》の一員につらなってはいるが、父惟岳《これたけ》の代には、ほぼ五位《ごい》を極位とする受領《ずりょう》層（諸国の長官）と呼ばれる家柄として、身分が固定しかけていた。倫寧も、生涯を受領として終わった人で、正四位下《しょうしいのげ》伊勢守《いせのかみ》として没している。

この日記では、「県《あがた》歩き」と表現されている、権力の中枢からはじき出された典型的な中流官僚で、陸奥守《みちのくのかみ》、河内守、丹波守などを歴任した温厚・実直な、有能な実務家であったことが、日記の記事からは推測できる。

倫寧が記録に現れる最初は、平安末期に少納言入道信西《しんぜい》（藤原通憲《みちのり》）（一一〇六〜五九）によって編まれた『本朝世紀《ほんちょうせいき》』天慶《てんぎょう》四年（九四一）十一月五日の条である。平将門《まさかど》・藤原純友《すみとも》の「天慶の乱」を平定したので、それを祝って石清水《いわしみず》八幡に初めて歌舞を奉ることとなり、その歌人《かじん》十人の筆頭に、「中務少丞《なかつかさのしょうじょう》藤原倫寧」（『国史大系第九巻本朝世紀第五』七〇頁）の名がみえる。歌人というのは神楽歌《かぐらうた》を唱う役で、倫寧は歌を唄うのが巧みだと認められていたのだろうか。中務少丞というのは、従六位上相当で、宮中の女官の勤務評定などの事務にあたる官である。

天暦《てんりゃく》八年（九五四）には、陸奥守になり赴任している。任期の五年間精勤し、規定通りの金を納めたうえに、前任者が滞納していた三千

道綱母関係家系略図

（藤原北家）冬嗣―長良―高経―惟岳《これたけ》―倫寧《ともやす》（正四位下 伊勢守）父

- 理能《まさとう》（従五位上肥前守 母主殿頭《とのものかみ》春道女《むすめ》）
- 長能《ながとう》（中古歌仙三十六人の一人 従五位上伊賀守 母源認《みとむ》女）
- 女子（為雅妻 中清母）
- 女子（作者道綱母 本朝第一美人三人之内也 母主殿頭春道女）
- 女子（菅原孝標《たかすえ》妻 更級日記作者母）*

＊『尊卑分脈』にはみえない

両まで国庫に納めたと、藤原実資《さねやす》（九五七〜一〇四六、小野宮流の祖）の『小右記《しょううき》』長元《ちょうげん》五年（一〇三二）八月二十五日条（『史料大成小右記三』三〇五頁）に記されている。

『蜻蛉日記』上巻天暦《てんりゃく》八年十月の条「父の離京」に、倫寧《ともやす》の歌がみえる。陸奥守赴任時に、兼家に宛てた歌で、『後拾遺《ごしゅうい》和歌集』（巻八別）に入集している。

きみをのみたのむたびなるこころにはゆくすゑとほくおもほゆるかな

（あなただけを娘の庇護者として頼りにして旅立つ私には、あなたの庇護がこれからの旅の道のりのように末長いものであることを願う）

（新日本古典文学大系24、四四頁）

さらに、天延《てんえん》二年（九七四）には、源順《したごう》（九一一〜八三、平安中期の歌人・学者。三十六歌仙の一人）や娘婿の藤原為雅《ためまさ》、橘伊輔《これすけ》と連名で、受領の任命方法について、経験者と新任を半々ずつ任ぜられたいという意見書を提出して、それが平安後期の漢詩文集で、藤原明衡《あきひら》（?〜一〇六六）の撰になる『本朝文粋《もんずい》』巻六に収められている。倫寧が代表して名を記している。

●史料（『本朝文粋』）

散位従四位上藤原朝臣倫寧《ともやす》等誠惶誠恐謹言《せいこうせいきょうきんげん》

請フ下特ニ蒙リテ二天恩ヲ一諸国ノ受領ノ吏秩満、并ニ臨時ノ闕旧吏新叙相半シテ被レン中拝任セ上状

右倫寧等、謹ンデ検スルニ二旧史ヲ一、比スルハ二聖明ヲ於日月ニ一、以テレ無キヲレ所レ不ルレ照サ也、喩フルハ二皇恩ヲ於雨露ニ一、以テレ無キヲレ所レ不ルレ

潤《サ》也。上能《ク》施《セバ》二均一之徳《ヲ》一、下必《ズ》尽《ス》二無弐之節《ヲ》一。而《ルニ》七八年来、正月叙位之外、頻《ニ》有《リ》二践祚大嘗会等臨《ノ》時之叙位一。新叙已《ニ》積《ミテ》、旧吏自《ラ》滞《レリ》。其旧吏之《ノ》中、昇沈不レ一《ナラ》。或《ハ》殊功不レ聞《エ》、早《ク》有《リ》下蒙《ムル》二抽賞《ヲ》一者上、或《ハ》愚忠徒《ニ》疲《レ》、久《ク》有下被《ル》二棄置《セ》一者上。（中略）

非《ズ》下敢《テ》塞《ギ》二賢路《ヲ》一争《フニ》中吏途《ヲ》上、只令《メン》三天下之耳目《ヲシテ》、知《ラ》二聖徳之平均《ヲ》一也。望《ミ》請《フ》、天恩殊《ニ》垂《レ》二矜照《ヲ》一、諸国受領之吏、秩満臨時之闕、若《シ》可《クハ》レ補《ス》二十人《ヲ》一者、旧吏新叙相半《シテ》、各《々》補《シ》二五人《ヲ》一、将《ニ》レ均《セント》二労逸《ヲ》一。抑《々》国《ニ》有《リ》二大小一、亦有《リ》二興亡一、功《ニ》有《リ》二優劣一、亦有《リ》二先後一。随《ヒ》レ国《ニ》論《ジ》レ功《ヲ》、依《リテ》レ次《ニ》加《ヘバ》レ賞《ヲ》、則《チ》苟《モ》成《シ》二其功《ヲ》一者、待《チテ》二次第《ヲ》一而不レ愁《ヘ》不レ歎《カ》、適《々》趣《ク》二其《ノ》任《ニ》一者《ハ》、慕《ヒテ》二循良《ヲ》一以《テ》尽《シ》レ節《ヲ》尽《サン》レ忠《ヲ》。外《ニハ》弥《々》扇《キ》二襲黄之風《ヲ》一、内《ニハ》何《ゾ》憂《ヘン》二閑素之日《ヲ》一乎。伏《シテ》録《ス》二事状《ヲ》一、倫寧等誠惶誠恐謹言。

天延二年十二月十七日

散位源朝臣順

藤原朝臣為雅

橘朝臣伊輔

藤原朝臣倫寧

（傍線―引用者）（新日本古典文学大系27『本朝文粋巻六』、二一八〜九頁）

また、前田家本藤氏系図には、倫寧に文章生《もんじょうしょう》（詩賦の試験に合格した者）の注記があり、源順らと共に大学寮の文章道（文学科）からの出身者だったようである。作者道綱母の歌才と文才は、父倫寧から引き継いだ素質が大きかったのではないかと思われる。

　倫寧は、その官歴から見ても有能な受領であったと推測できるが、次々と大国の守に任命されたのは、娘婿の兼家を中心とする九条家の除目《じもく》（官職を与えること）に対する大きな発言力があったればこそであろう（この項、増田繁夫氏前掲書一九〜二九頁を参照）。

母と兄弟姉妹

　倫寧には、二人の妻と、男二人、女三人の子供がいたようである（『尊卑分脈第一編』四一頁他）。二人の妻は、主殿頭春道女《とのものかみはるみちのむすめ》（理能《まさとう》、道綱母の母）と、源認女《みとむ》（長能《ながとう》の母）であり、作者の母である春道女は、律義で昔気質《かたぎ》の人として、日記に書かれている（康保元年「母の死去」参照）。

兄理能《まさとう》は、従五位上肥前守となり、作者と同年の長徳《ちょうとく》元年（九九五）八月二十五日に没しているほかはわからない。亡くなった母の法事にこもっていた「せうとなる人」は、理能と、増田繁夫、上村悦子氏らは推定しているが、長能とする異説も多い。残された歌から長能とする説もすてがたい。

　異母弟の長能《ながとう》（ながよしとも）は、一条朝（九八六〜一〇一一）の頃の歌人として有名である。勅撰集に五十六首の歌が採られ、中古歌仙三十六人の一人に選ばれている。歌集に『長能集』一巻がある。

　長能には「すき者」（風流な人）と呼ばれる性格があったらしく、公任が「春は三十日やある」といったのを聞いて物を食わずに一年後に亡くなったという話や、歌道に執着した能因法師を弟子にした話が『袋草紙』に残されている。

長能、能因を、歌道上の師弟関係の先蹤《せんしょう》とすることが多い。『袋草紙』の訓み下し文を提示する。

●史料（『袋草紙』）

能因とその師長能のこと

和歌は昔より師なし。而して能因、始めて長能《ながとう》（伊賀守なり）を師となす。当初《そのかみ》肥後進士《ひごのしんじ》と云ひける時、物へ行く間、長能が宅《いえ》の前にて車の輪を損じぬ。乃《すなは》ち車取りに遣すの間に、かの家に入りて始めて面会す。参仕《さんし》の志有りといへども、自然に過ぐるの間、幸ひにかくの如き事有り。その由を談じて相互に契約す。能因云はく、「和歌は何様に読むべきや」と。長能云はく、「山ふかみ落ちてつもれる紅葉葉《もみぢば》のかわける上にしぐれ降るなり。かくの如く詠むべし」と云々。これより師となす。仍《よ》りて玄々集に多く長能が歌を入るるなり。予これを案ずるに、件《くだん》の歌は嘉言《よしとき》の歌なり。何ぞ後進の歌をもって証となせるや。もし口伝の僻事《ひがごと》か。賀陽院一宮《かやのゐんいちのみや》歌合に、能因の歌に云はく、

はるがすみしがの山ごえせし人にあふ心ちする花ざくらかな

時の人、意を得ざるの由を称すと云々。ある人能因に問ひて云はく、「この御歌、世もって不審となせり。その趣《おもむき》如何」と。能因答ふることなし。仍りて興違《たが》ひして座を起ちて退去せし時、能因窃《ひそ》かに云はく、「故守《こかみ》は、歌をばかやうによめとこそありしか」とつぶやくと云々。故守は伊賀守長

能なり。

（新日本古典文学大系29『袋草紙』一一七〜八頁）

長能が、歌人道綱母を後世に認識させた功績は大きいものがある。特に亡き人に逢える「みみらくの島」は、長能―能因―俊頼と続く歌道の師弟関係を軸に継承されているように思われるので、第二篇第一章において詳述することとする。

姉は、為雅《ためまさ》に嫁し、中清《なかきよ》を産んだ人で、作者が頼りにしていると日記にみえる。妹の一人は、菅原孝標《たかすえ》に嫁して、『更級日記』の作者を産んでいる。

この他に、安和《あんな》二年（九六九）に、「はらからとおぼしき人」、天禄《てんろく》元年（九七〇）に、「わが同じやるなる人」、同二年に「わがはらから一人」とみえる妹が一人いるが、よくわからない。

このように、道綱母の兄弟たちは、父倫寧と同じく諸国の守になるのが、最終官であり、位も五位どまりで、官人としては父よりかなり格がおちている。また姉妹たちの結婚相手も、作者以外はやはり受領《ずりょう》層の人々であり、このような社会的地位の低下していく傾向は、増田氏によると、

これは当時の一般的な傾向であり、その点でもほぼ典型的な受領層であった。ただ、この一家には学問や特に和歌の方面に活躍した人々が関係していることは、道綱母の身を置いた環境として注意すべき点であろう。

（前掲書三六頁）

と、歌の資質に恵まれた一族であり、この人たちが、道綱母に影響を及ぼしたと考えられる。

第二節　九条家の御曹司　兼家

夫兼家（九二九〜九〇）は、父右大臣師輔《もろすけ》（九〇八〜六〇）の三男として、その将来は可能性に満ち、道綱母と結婚した天暦《てんりゃく》八年（九五四）は、二十六歳で、従五位下右兵衛佐《うひょうえのすけ》であった。兼家は、父の政治家としての資質を兄弟のなかでも、最もよく受け継いでいるように思われ、花山《かざん》天皇（九六八〜一〇〇八、在位九八四〜六）を欺いて出家させ、外孫一条《いちじょう》天皇（九八〇〜一〇一一、在位九八六〜一〇一一）を即位させ、摂政となる辣腕の持ち主でもあった。

また、兼家は、容姿も立派な人であったらしく、道綱母が、下巻の天禄《てんろく》三年（九七二）二月条に、

> 榻《しぢ》もてよりたれば、おりはしりて、紅梅《こうばい》のただ今《いま》さかりなる下《した》よりさし歩《あゆ》みたるに、にげなふもあるまじううち見《み》あげつつ、「あなおもしろ」といひつつあゆみのぼりぬ。
>
> （新日本古典文学大系24、一八二頁）

■現代語訳

供の者が榻《しぢ》（乗り降りの踏み台—引用者）を持って近寄ると、あの方はさっと下車して、紅梅がちょうどまっ盛りの

下を悠然《ゆうぜん》と足を運ぶが、その姿はいかにも盛りの花に似つかわしく、声をはりあげて、「あなおもしろ」と言いながら、部屋へ上って来た。

（上村悦子氏前掲書（下）七七頁）

と書き、夫兼家の姿を、今花盛りの紅梅にも劣らないと、その容姿の美しさをほめたたえている。古代の都びとも、まずは外見で評価したのである。兼家は、資産家のイケメンであったのだ。兼家の父師輔も、関白忠実《ただざね》（一〇七八〜一一六二、師通《もろみち》の長男）の話の記録である「富家語談《ふけごだん》」に、

九条殿は、御長高御座《おんたけたかくおはしまし》ければ、御装束なゆらかにて御《おはす》。小野宮殿長《たけ》かきに御《おはし》ければ物をばこはく被着《きらると》云々。

（巻九三四）（『続群書類従第三十二輯上雑部』一七六頁）

とみえるように、長身で、装束姿の見映えのする美男子であった。その容姿を、兼家は受け継いでいたようである。九条家の有識故実を書いた『貞信公記』や『九暦』などの日記・記録だけでなく、外見も宰相にふさわしく立派な容姿をも引き継いだ貴公子・兼家が、道綱母の夫なのである。

兼家の略歴を、上村悦子氏の解説から引用する。

藤原北家《ほっけ》の系統で右大臣師輔《もろすけ》の三男で延長《えんちょう》七年（九二九）の生誕である。母は武蔵守藤原経邦《つねくに》の娘、贈正一位盛子《せいし》で、同腹には村上天皇の后《きさき》安子《あんし》や尚侍《ないしのかみ》登子《とうし》、伊尹《これまさ》、兼通《かねみち》などがある。四歳年長の兄兼通より器量が秀《すぐ》れ、陽の当る出世街道を驀進《ばくしん》していたが、途中兼通が弟兼家に追い越されることを予想したのか妹安子皇后に「関白は次第のままにせさせ給へ、ゆめゆめたがへさせ給ふな」のお墨付をもらっておき、伊尹薨去《こうきょ》の際に持ち出し孝心厚い円融《えんゆう》天皇の御心を動かし、一躍して関白に、やがて太政《だじょう》大臣にもなり、陰に陽に兼家を圧迫し、薨去直前、関白に（小野宮家）頼忠《よりただ》を推挙し、兼家を治部卿《じぶきょう》に落したという。兼通生存中は苦境に呻吟《しんぎん》したが、頼忠のもとに右大臣になり、次女詮子《せんし》腹の皇子懐仁《やすひと》親王（後の一条天皇—引用者）が花山《かざん》天皇譲位出家（この時道兼を指図してかなり悪辣《あくらつ》なことをしたと云われる—上村氏）のあと践祚《せんそ》（天皇の位を受け継ぐこと—引用者）されると摂政太政大臣となり我が世の春を謳歌したが、正暦《しょうりゃく》元年（九九〇）五月五日、摂政から関白に転じ、病のため関白を道隆に譲り、やがて七月二日薨《こう》じた。享年六十二歳。彼を一言で評すると器量抜群の男性で、豪放、磊落《らいらく》で明朗闊達《かったつ》な人物であった。

（上村悦子氏前掲書（下）三八一～二頁）

このような文学者の評価だけでは、兼家の全体像は把握できない。彼の政治家としての凄さを示す記録が、鎌倉初期に一門の慈円《じえん》（一一五五～一二二五）の書いた史論『愚管抄《ぐかんしょう》』巻三に残されている。

兼家は、よろづにつけて押《お》しがらのかちたる人にて、蔵人頭《くろうどのとう》も中納言までかけておはしけり
（日本古典文学大系86、一六一頁）

と、押し強い兼家が四一歳で参議をとびこえて正三位中納言になってまで、役得の多い蔵人頭を続けていたことを、慈円に二百数十年後に書かれるほど、彼の押し強さは有名であったのだ。

このような兼家の押しの強さは、道綱母との家庭生活のなかでも当然発揮されたであろうし、日記の執筆に際しても、彼の強い要請があったことを想像させる性格ではないだろうか。

辣腕《らつわん》政治家兼家

摂関政治は、実際は良房《よしふさ》（八〇四～七二）から始まるが、冬嗣《ふゆつぐ》が娘の順子《じゅんし》を仁明《にんみょう》天皇（八一〇～五〇、在位八三三～五〇）の後宮に入れて文徳《もんとく》天皇をもうけて、藤原北家のために外戚《がいせき》の道を開いたことから記述することが定説である（次頁の略系図参照）。

冬嗣の二男良房が、初めて太政大臣になり、幼帝にかわって政務を執り行なう摂政に就任する。

次いで良房の養嗣子《ようしし》の基経《もとつね》（八三六～九一）が陽成《ようぜい》天皇（八六八～九四九、在位八七六～八四）の摂政となる。

その後基経は、光孝《こうこう》天皇（八三〇～八七、在位八八四～八七）の関白となる。関白とは、成人した天皇にかわって、一切の政務を取りしきる職のことである。

三代目の忠平《ただひら》（八八〇～九四九）は、基経の四男で、幼主朱雀《すざく》天皇（九二三～五二、在位九三〇～四六）を補佐して摂政すべきことを命ぜられ、成人の後は関白に任命される。ここに、天皇幼少の間は摂政を、成人の後は関白を置く慣例が成立し、明治維新で廃止されるまで、連綿として千年近く続いていくのである。

忠平のあとは、実頼《さねより》（小野宮家）（九〇〇～七〇）が摂政関白の職を継ぐのだが、北家の主流は、二男の師輔《もろすけ》（右大臣、九条家）（九〇八～六〇）の娘安子《あんし》が、村上《むらかみ》天皇（九二六～六七、在位九四六～六七）の後宮に入って次々に皇子をもうけ、その兄たちが外戚《がいせき》として摂関に就任する

藤原北家略系図（数字は摂関就任順）

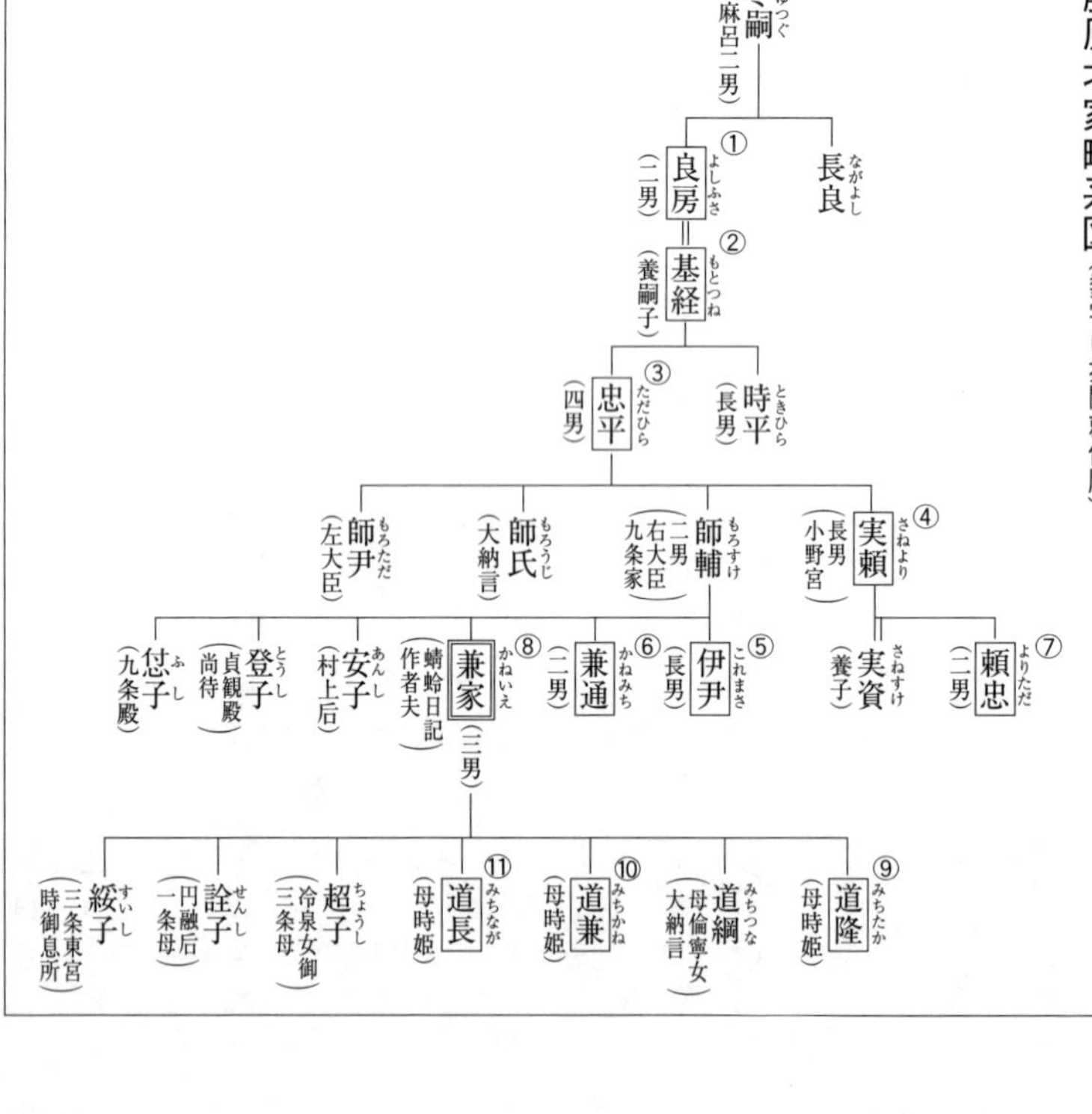

順序を遺言で残すほどの権勢の持ち主であったために、九条家となってくる。

この師輔の子どものなかで、早くから頭角をあらわしたのが、道綱母の夫である三男の兼家であった。実頼の後は、師輔の長男伊尹《これまさ》（これただとも）（九二四〜七二）が就任。その後を安子の遺命を盾にとる二男の兼通《かねみち》（九二五〜七七）が、関白、太政大臣となり、兼家を徹底的に抑えつけ、次の関白を小野宮家の頼忠《よりただ》（九二四〜八九）に譲る。二人の仲の悪さは有名である。しかし兼通は貞元《ていげん》二年（九七七）十一月、五十三歳の生涯を閉じる。

兼家が、持ち前の辣腕をふるう事件が、寛和《かんわ》二年（九八六）六月おこる。花山《かざん》天皇出家事件である。兼家は、天皇に年齢の近かった三男の道兼《みちかね》と相談し、天皇を出家させる計画を実行。山科にある元興《がんぎょう》寺《じ》（花山寺《かざんじ》のこと）へ誘い出す。天皇がだまされたと気づいた時はすでに遅く出家するほかはなかった。

●史料（『大鏡』）

帝記花山院（六十五代）

さやけき影を、まばゆく思し召しつるほどに、月のかほにむら雲のかかりて、すこしくらがりゆきければ、「わが出家は成就《じょうじゅ》するなり」とおぼされて、歩み出でさせたまふほどに、弘徽殿《こきでん》の御文《ふみ》の日比《ひごろ》やりのこして御めもえはなたず御覧じけるを思し出でて、「しばし」とて、とりにいらせおはしましほどぞかし、粟田殿の、「いかに思し召しならせおはしましぬるぞ。ただ今過ぎば、お

のづから障《さは》りも出でまうできなむ」と、そら泣きしたまひけるは。（中略）

花山寺《かざんじ》（元慶寺《がんぎょうじ》のこと）におはし着きて、御ぐしおろさせたまひて後《のち》にぞ、粟田殿は、「まかり出でて、大臣《おとど》にも、かはらぬ姿、いま一度見え、かくと案内《あない》申して、かならずまゐりはべらむ」と申したまひければ、「我をば謀《はか》るなりけり」とてこそ泣かせたまひけれ。あはれにかなしきことなりな。日頃、よく、御弟子にてさぶらはむと契りて、すかしまうしたまひけむがおそろしさぞ。東三条殿《とうさんでうどの》は、もしさることやしたまふと、あやふさに、さるべくおとなしき人々、なにがしかがしといふいみじき源氏の武者《むさ》たちをこそ、御送りに添へられたりけれ。

■現代語訳

天皇は、澄みわたった月光を気がひけるように思《おぼ》し召して躊躇《ちゅうちょ》していらっしゃるうちに、月の面《おもて》にむら雲がかかって、少し暗くなっていきましたので、「これで、私の出家の望みは成就《じょうじゅ》するのだなあ」と仰せられて、お歩き出しなされましたが、そのときに、つねづね、破り捨てもせず残しておいて、お目も離さぬほど繰り返し御覧になっていた弘徽殿《こきでん》の女御《にょうご》のお手紙のことを思い出しになって、「ちょっと待て」とおっしゃって、それを取りにおはいりになりましたが、そのときですよ、粟田殿が「どうしてこんな未練《みれん》なお心になられたのだろうか。今この機会をおはずしになったら、ひょっとして御出家の邪魔も出てまいるであろう」と、そら泣きをなさいましたのは。（中略）

目的地の花山寺にお着きになりまして、天皇が御剃髪《ていはつ》なさいましたが、その後に初めて粟田殿は、「退出いたしまして、父の大臣《おとど》にも出家前の姿をもう一度見せ、天皇の御出家のお供をいたします事情を告げまして、きっと戻ってまいりましょう」

と申しあげなさつて、家へ帰ったので、天皇は、「さては私をだましたのであったなあ」とおっしゃってお泣きになりました。なんともおいたわしいことでしたよ。これはつねづね粟田殿が天皇御出家の節は私も剃髪し、御弟子としてお仕えいたしましょうとお約束して、うまくおだまし申しなされたのだとかいいますが、なんとまあ恐ろしいことですよ。父の東三条殿兼家公《とうさんじょうどのかねいえこう》は、ひょっとしてわが子が剃髪するはめになりはしまいかと、気遣った結果、ちゃんとした思慮分別ある人々や、誰それという武力のすぐれた源氏の武者たちを御警護として添えられたのでした。

（傍線―引用者）（保坂弘司氏現代語訳『大鏡』三八～四二頁）

語り手に「おそろしさよ」と批判される兼家親子の謀略ぶりである。兼家の政治家としての力量の凄さをみせつけられる逸話である。

兼家は、即刻外孫の懐仁《やすひと》親王（のちの一条天皇）を皇位につけ、待望の摂政の座を手中にした。ところが、兼家は摂政の就任と同時に、右大臣を辞している。彼の上席に、太政大臣藤原頼忠《よりただ》と左大臣源雅信《まさのぶ》がいたので、律令制的な官職秩序から離脱し、太皇太后《たいこうたいごう》・皇太后・皇后に準じる「准三宮《じゅさんぐう》」という新しい肩書きを求め、朝廷は兼家に准三宮の詔《みことのり》を下す。ここにおいて、摂政・関白は、太政大臣・左大臣・右大臣を超える存在として位置づけられるようになる（一座《いちざ》の宣旨《せんじ》という）。

この結果、摂政・関白の地位について、次の三つの重要な変化をもたらすことになる。

その第一は、摂政・関白が、律令官職を超越した独自最高の地位を確立したこと。この兼家から始まる新たな摂政制は、以後「寛和《かんな》の例《れい》」として先例化するのである。

第二は、太政大臣と摂政・関白との分離である。太政大臣の地位が、相対的に下落し、名誉官的な色彩が強くなったということである。

第三は、摂政・関白と、藤原氏の氏長者《うじのちょうじゃ》との一体化である。摂関が廟堂《びょうどう》最高の地位になった兼家以降は、摂関が藤原氏長者の座を占めるようになった。道綱母の夫兼家は、藤原氏の氏長者という当時の最高権力者の地位にある人であったのだ（橋本義彦氏『平安の宮廷と貴族』四七〜九頁参照）。

兼家は、その強引な性格もあり、自分の子供たちを前例のないスピードで出世させている。そのなかに、作者の一子道綱の名前がみえないのは、他の息子に比べて才能がなかったのであろうか。

歌人兼家

『蜻蛉日記』には、兼家の歌は四十二首入っている。山口博氏は、「歌人兼家と蜻蛉日記」のなかで、天徳《てんとく》元年（九五七）八月の「野分の後」の、

こちといへばおほぞふなりし風にいかがつけてはとはんあたらなだてに

（「此方《こち》」とだけではどこへ吹くのかわからぬいいかげんな風に托して、どうして手紙を届けられようか。別人の所へ散って行って、口惜しい浮名を立てられるのがおちだ）

（新日本古典文学大系24、五五頁）

という兼家歌に、贈答のテクニックを認め、さらに、応和《おうわ》二年（九六二）五月の条の、兵部卿章明《ひょうぶきょうのりあきら》親王が兼家の勤怠を色好みゆえと揶揄《やゆ》して、「二人、三人と女のもとを転々として出仕しない日が続くのですか」と贈られた歌に対する、

なゝはかりあるもこそあれなつびきのいとまやはなきひとめふために

（世間には七人ほども妻を持っている男だっているというのに、私のようにわずか一人二人の女のために出仕の時間がないことがあろうか）

（前掲書六二頁）

という切り返しに、軽妙さ、付け合いの巧みさ、用語の自由さをみて、兼家を

適当にユーモアを含み、タイムリーに相手の意に叶う歌をよみ、女性を飽きさせない、しかも心をかきたてて引っぱってゆく、そのような洗練された社交技術を兼家は備えており、そのような歌を作る。日常会話の歌の作者として、全く欠けた所のないすきまのない構えである。摂関家歌人として典型的人物といえるのである。

（「歌人兼家と蜻蛉日記」一四四頁）

と、高く評価されて、道綱母のペシミステック（厭世《えんせい》的）な歌と正反対のオプティミステック（楽天

的・楽観的）な性格のあらわれた歌とされている。「このようなフレキシブルな歌才も、スピーディなよみぶりも、軽妙な付け合いも、宮廷サロンではなくてはならない技巧であった。後宮を中心にした摂関制度下において地位を築くには有効な能力であったのである」（前掲書一六四頁）から、兼家は、『蜻蛉日記』成立に、高価な料紙の提供など経済的援助に加えて、資料提供、執筆時における歌創作、流布（広報）という面で協力したのであるとする山口氏の論考を支持する。

兼家は、「自分が薄情な男として描かれる事を拒否するような、そんな細かい神経など持ち合わせていない男」（前掲書一六一頁）で、「歌も上手であり容貌も勝れ社交性も十分、女性の弱みを知りつくしていて逆にそれを利用する事によって女を離れさせぬ男、権力も地位もあり家柄も良い男」（前掲書一六二頁）として、『蜻蛉日記』上巻に登場しているのである。中納言頭中将《とうのちゅうじょう》という政治社会での抬頭と、『蜻蛉日記』上巻での物語のヒーローとしての登場は、摂関歌人兼家の戦略のひとつであった。

道長の時代

こうして兼家は、摂政・関白の地位を廟堂、朝廷に確立し、その上に立って長男道隆《みちたか》（九五三〜九五）から道長の長男頼通《よりみち》（九九二〜一〇七四）に至る摂関最盛期が築き上げられる。その頂点をなすのが、道長であるが、彼の時代を山中裕氏の「藤原道長とその時代」に従って要約しておきたい。

この世をばわが世とぞおもう望月のかけたることもなしとおもえば

と詠んだ道長のこの歌は、彼の第三女威子《いし》が後一条《ごいちじょう》天皇（一〇〇八～三六、在位一〇一六～三六）の中宮となったときに作られたものである（寛仁《かんにん》二年（一〇一八）十月十六日）。

このころに至れば、摂関政治も成立以来、約百年を経ており、必然的に完全なものになり得る時期でもあったのであるが、また、道長個人の偉大さによるところも少くなかったであろう。そこで先ず、摂関政治の基礎は、何にあったかをみることにしよう。それは、経済的基盤による荘園の増加ということをはじめ、天皇と血縁関係を結び、外戚《がいせき》となって藤原氏としての家の基礎を築くことにあった。

（前掲書二三頁）

藤原氏の中でも道長（九六六～一〇二七）は、外戚という条件に最も成功した人であり、

道長は、その女彰子《しょうし》（一条天皇中宮）をはじめ、妍子《けんし》（三条天皇中宮）、威子《いし》（後一条天皇中宮）、嬉子《きし》（後朱雀妃）と四人の女を、それぞれ天皇の中宮、または東宮の女御とし、その内、長女、及び三女に生まれた皇子は、のちに天皇となっているのであるから、外戚として完全に成功したことは言う迄もなく、また頼通以下六人の男子達も、それぞれ高位高官につき、律令制の官僚による天

一　皇の臣官としての政務につとめ、政権を確立して行ったのである。（注―引用者）（前掲書二四～五頁）

この道長は、道綱母の夫兼家の四男（母時姫）である。彼も、記録（日記文学）の重要性を、伝統ある九条家の一員としてよく認識しており、彼の支援で、和泉式部、紫式部、清少納言などが、日記、歌集、小説、随筆などの分野で、作品を残している。

印刷の技術がない時代にあって、作品を世に問うためには書写に頼るより他に方法がなかったので、兼家や道長のような権門家の支援なくしては、女流作家が自らの作品を出版する手段がなかったことを、今一度確認しておきたい。

以上みてきたように、良房から道長にいたる十一人の摂政・関白に就任した人の大半が、生まれた時点で、将来の栄達が当然のことと約束されていた訳ではなく、そのすぐれた才能と努力、そしていくらかの幸運によって、その地位にたどり着いたのであるが、そのなかでも、道綱母の夫である兼家は、出色の政治家として、高く評価される存在であることを、その経歴が物語っている。

『蜻蛉日記』も、政治家兼家の政治的意図と支援によって、道綱母の天才的な作家の資質が開花した作品と考えたくなる、兼家のはなやかな経歴ではないだろうか。

第三節 『蜻蛉日記』成立の背景

『蜻蛉日記』については、「一夫多妻の社会で権勢家の妻となった女の苦悩を、一つには同じ兼家の妻時姫《ときひめ》（藤原中正《なかまさ》の女《むすめ》）のような北の方の地位を得られない口惜しさとして、しかしより根本的には、そうした口惜しさとも分かちがたく融合した人生的な苦悩として表現した作品」（『日本古典文学大辞典第一巻』六一〇頁、木村正中《まさのり》氏執筆）と解説されるのが定説となっている。

増田繁夫氏も、この日記が最初から一貫してとりあげているのは、「いうまでもなく兼家との結婚生活、その結婚を通じて上流社会に加ることである」（「『蜻蛉日記』の成立」八六頁）、「そういう奥深い内部に強く持続する上昇志向の執念こそがこの日記の基調であり、またその作者の心にもかかわらず、客観的な事態が時間の経過とともに作者に諦めることを強要してゆき、作者もそれを次第に認めざるを得ない口惜しさが、権力者兼家の北方の地位を諦めるという作者の個別的な問題としてのみならず、人間一般の年齢と共に物事を諦めてゆかざるを得ないことの哀しさとしてもよく形象されているところに、この作品のすぐれた達成がある」（前掲書九四～五頁）と考え、天延《てんえん》元年（九七三）夏の中川の地に転居した頃から、この日記を書き始めたと考察される。作者三十九～四十歳の頃である。増田氏は、上中下三巻は一貫した主題をもち、緊密に統一されており、兼家との関係がほぼ決着した時期から、書き始めたとされている。

兼家の要請

ところが、上巻については、独立した作品とする説も数多くみられる。

増田氏が、「強固な身分上昇への意志を背後から支えている女性たちの自我の確立こそが、この日記の成立の基盤にあるもっとも大きな動機」（前掲書八七頁）と考えているのに対して、今西祐一郎氏は、兼家歌が四十二首中、実に三十六首が上巻に集中していることに注目され、「兼家の歌の収録を主たる目的として編まれた著述」（新日本古典文学大系24『蜻蛉日記』解説」五一六頁）と考え、道綱母の家集めいた姿をとりつつ、『兼家集』の役割を上巻に期待していたとの大胆な憶測を述べられている。

守屋省吾氏も、『蜻蛉日記形成論』のなかの「道綱母における私家集編纂の他律的要因」の項で、兼家にとって道綱母との結婚生活の持続性が、主として彼女の歌才のほどにあったと捉え、

兼家にとって道綱母は、政治的にも文芸的にも彼を貴顕たらしめる和歌的な装飾的な存在であったという言い方も許されよう。いずれにしても、道綱母の妻妾としての存在は、兼家の政治的栄達への有効な一方便であり得ていたことはたしかであったと思われる。（前掲書一八〇頁）

ので、上巻の時間的最下限が、兼家の政治的栄達へのいわば端緒となった安和《あんな》年間（九六八〜九）であるのはすこぶる示唆的であるとして、次のように考察する。

公卿に列し、娘超子《ちょうし》を後宮に入れるといった栄達への地歩を築いた兼家にとって、自ら要請するもう一つの面は、和歌的世界におけるしかるべき実績ではなかったか。すでに道綱母との結婚生活は十五歳、彼女の女流歌人としての名も、閉塞的な環境にあったとはいえ、しばらく世評の対象になりつつあったと思われ、そういった女性との間に多くの和歌贈答がなされ、それは兼家の和歌的世界における評価を高まらしめるものであったには違いなかろう。が、たとえ、伊尹《これまさ》における『一条摂政御《いちじょうせっしょうぎょ》集《しゅう》』のごとく、兼家自らの家集ではなかろうとも、道綱母との贈答歌を中心とした家集が、道綱母の手によって纂集されることは、兼家にとっては己が和歌的実績を顕現させるに十分に効果的なものであったろう。

摂関家歌壇系譜（山口博氏が「摂関家歌壇」と名付けた忠平一門の私家集の系図に今西氏は私見（※の項）を加えて提示している）

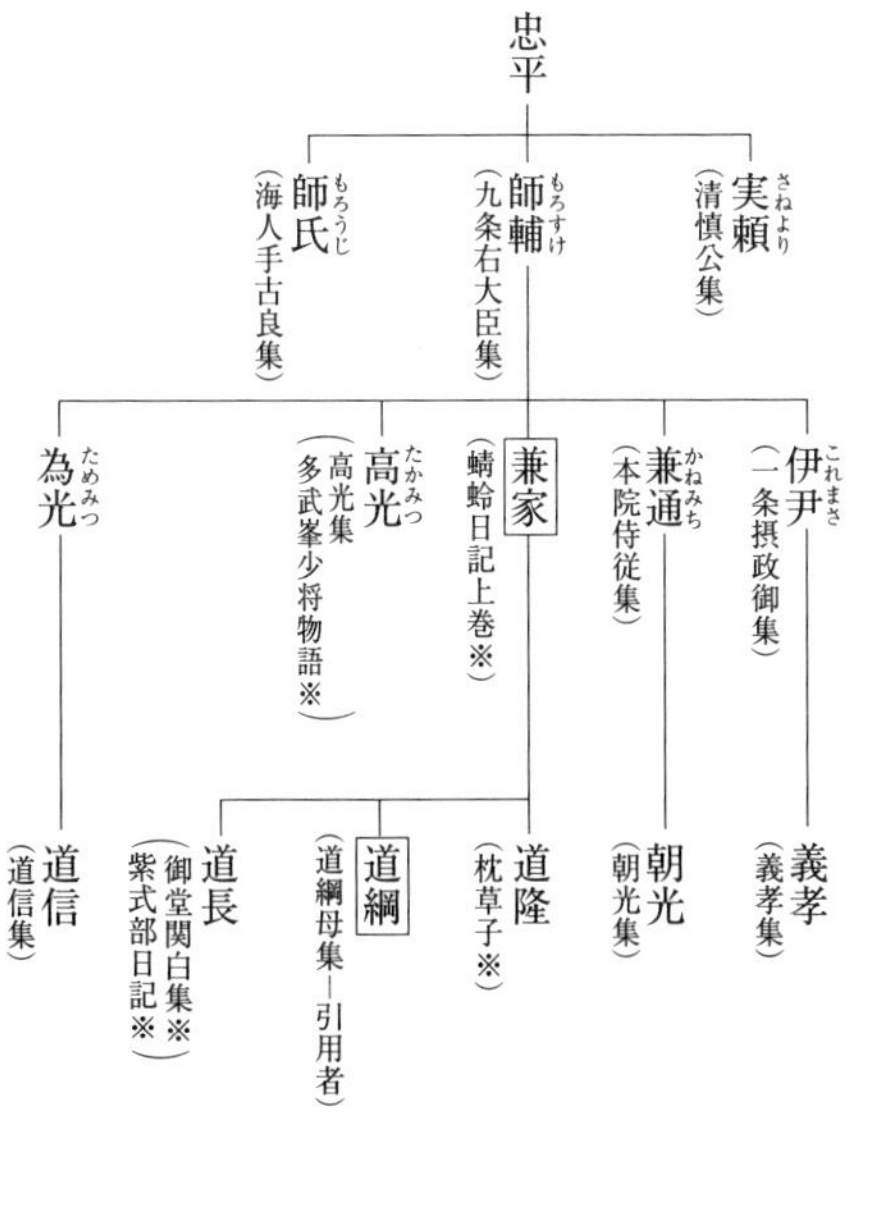

（今西祐一郎氏「蜻蛉日記解説」五一七頁から引用作成）

（前掲書一八二頁）

守屋氏のこの説を承けて、今西氏は『蜻蛉日記』上巻の成立に際しての、兼家の道綱母への協力という問題を、次のように考察を進める。

さらに一歩進めて両者の立場を逆転させ、むしろ兼家の詠草を記録するという営みへの道綱母の協力、という具合に考えることもできるのではないか。たとえ道綱母が生前すでに著名な歌人であったとしても、前掲、忠平一門の私家集の系譜（前頁系譜参照）を眺める限りでは、当時の歌壇においてその詠草の筆録が期待されたのは、兼家の方ではなかったか、とも思えるからである。

（前掲書五一八頁）

日記の家系

これに対して、野口元大氏の「蜻蛉日記の日記意識」における、

もし兼家の協力によって出来上がったものだったとすれば、作者の気分として歌物語だったにしても、事実の記録という点で、男性官僚であった兼家には、むしろ日記的なものと意識された

という可能性も否定できないかもしれない。ただこの当時、そうしたジャンルの意識は極めて曖昧だったから、さほど区別の意識もはたらかなかったというのが実情であろうか。（中略）
　彼は身辺の風雅の記録として日記の執筆を、妻に強く勧奨したのではなかったろうか。あるいは歌物語的感傷の枠を抜け出して、心ゆく生活の記録を主眼とする文章となるように、積極的にリードしたのだったかとさえ考えたくなる。　（前掲書八九頁）

とする論考もある。そしてその論拠に、九条家に伝わる藤原忠平の『貞信公記《ていしんこうき》』、藤原師輔の『九《きゅう》暦《れき》』などの日記により、その有用性を意識していたことを挙げている。

師輔の『九条殿遺誡《くじょうどのゆいかい》』のなかに、

　次見二暦書一可レ知二日之吉凶一。年中行事略注二-付件暦一。毎日視レ之。次先知二其事一兼以用意。又昨日公事若二私不レ得レ心事等一、為レ備二忽忘一。又聊可レ注二-付件暦一、但其中要枢公事、及君父所在事等、別以記レ之、可レ備二後鑑一。　（『群書類従第二十七輯雑部』一三七頁）

と、日記の重要性を強調する記録があること、忠平の『貞信公記』天慶《てんぎょう》八年四月十六日条に、自分の日記の延喜《えんぎ》八年分を息子の師輔に渡して「一両要事」（注）を書き取らせた事例があること（村上康彦氏「私日記の登場—男日記と女日記—」）から、兼家は、日記の効用を見て取っていたので、彼の積極的勧奨と誘導によって、『蜻蛉日記』上巻後半部は成立したものと、野口氏は考えている。（『続々群書類従第五』、二〇二〜三頁）

（注）『貞信公記』天慶八年四月十六日条

十六日、延喜八年私日記授大納言、為レ令書二取一両要事。

『続々群書類従』では、一□□事と、両と要は欠字となっている。

桃裕行氏の『古記録の研究』〈上〉によれば、記録とは、「狭義に解して日記を指す場合が多く」、三大御記（宇多天皇の『寛平御記《かんぺいぎょき》』、醍醐天皇の『延喜御記《えんぎぎょき》』、村上天皇の『天暦御記《てんりゃくぎょき》』をいう）のような後の編纂物でないものとしては、藤原忠平の『貞信公記』が最も古い（続々群書類従所収）。忠平の子師輔の『九暦』は、一層簡単であって目録の如きものである。このことは、九条家蔵の『九条殿記《くじょうどのき》』と題する大饗其他の部類記、諸書に引用された逸文によっても知ることができると共に、その書振りが、外記日記に近似していることも分る（目録様のものだけ続々群書類従所収）。師輔の孫道長に至って始めて、具注暦《ぐちゅうれき》（注）に書かれた最古の自筆原本が残されている（『御堂関白記《みどうかんぱくき》』）。このように、九条家相伝の日記は、家宝として代々重宝がられていたのである（前掲書五〜六頁参照）。

（注）具注暦《ぐちゅうれき》

奈良・平安時代に流行した暦本（太陰暦）。漢文で歳位・星宿・干支・吉凶などを具《つぶさ》に注す。

日ごとに空白二〜三行設けて、日記を記すようにしたものもある。
室町時代以降、庶民は代りに仮名書きの伊勢暦・三島暦を用いた（『広辞苑』八〇六頁）。

忠平、師輔、道長らの日記にみられるように、兼家一門は、「日記」の家系で、その重要性を認識していたので、兼家が道綱母に日記執筆を要請したとの推測も、説得力をもってくる。

さらに、野口氏は、『蜻蛉日記』天徳元年《てんとく》（九五七）の冒頭の「兼家の書物」で、兼家が持ち歩いていた書《ふみ》を、家宝の「日記」と解釈している。

天徳元年　兼家の書物

年《とし》またこえて春にもなりぬ。このごろ読むとて持《も》てありく書《ふみ》（傍線―引用者）とり忘《わす》れてあるを、取《と》りにおこせたり。つつみてやる紙《かみ》に、

ふみおきしうらも心もあれたればあとをとどめぬ千どりなりけり

（書物を置いていた私の家は荒れ、あなたの心も私から離れてしまったので、荒波の寄せる浦に千鳥が降りないように、あなたも私のもとへは来なくなった）

かへりごと、さかしらにたちかへり、

心あるとふみかへすともはまちどりうらにのみこそあとはとどめめ

（私の心が離れたといって書物を返してきても、浜千鳥が浦に降りるように、私もやがてはあなたのところにだけ戻ってゆくのだ）

使《つかひ》あれば、はまちどりあとのとまりをたづぬとてゆくへもしらぬうらみをやせむ

（後になって寝場所を求めて私を捜しても、私は行方をくらましていてあなたは方々捜しあぐねることになろう）

などいひつつ、夏にもなりぬ。（新日本古典文学大系24、五二頁）

この兼家が、道綱母のもとに忘れた書物を、先の野口氏は『貞信公記』とか『九暦』など、代々九条家に伝わる日記だったのではないかと想像して、次のように考察される。

『九暦』なら当時存生中の師輔自筆の原本だったかもしれないし、『貞信公記』なら、原本は小野宮家のほうに伝わったらしいから、写し、あるいは部類本であったろうが（因に、現存の『貞信公記』の最も古く信頼性の高い本は、九条家抄本である）、それにしても粗末に扱うことを許されぬ貴重な本だったであろう。忘れたことに気がつくと即刻取りに使いを立てた様子からすれば、問題の書は、常時携帯する必要に迫られているものか、あるいは紛失を恐れる貴重書かと考えたくなるが、右のような家の日記とすれば、双方の条件を備えていることになる。（前掲書九三〜四頁）

このように、日記の有用性を認識していた兼家の積極的勧奨と誘導によって、『蜻蛉日記』上巻後半部は成立したものとする野口氏の論考に従いたい。

そして、上巻に語られている具体的内容を、「「天下《てんげ》の人の品《しな》高きやと問はむ例《ためし》」となるような、玉の輿の物語なのであり、世の人の羨望をそそるような生活の記録だったのである。そうであってみれば、誇らかにそれを突き付けられるよりも、憂愁のヴェールは、かえって人々の共感を誘うに有効だった（傍線―引用者）であろう」（前掲書九八～九頁）ととらえ、兼家にとってこれ以上を望めないほどの賜物になったとされている。道綱母の文才とその歌才を、高く評価していた明敏な宮廷政治家兼家が、女の手になる仮名の日記の効用を考えた勧奨と誘導によって成立した『蜻蛉日記』上巻と考えるのが、自然であるように筆者には思える。

また、『蜻蛉日記』上巻において、道綱母が示そうとした「天下の人の品高き人」の「ためし」として、今西氏の指摘の通り、上巻所収歌一二六首のなかの、兼家歌三十六首、兵部卿章明《ひょうぶきょうのりあきら》親王歌十首、貞観殿登子《じょうがんでんとうし》歌六首を、差し出しているのであろう。そして下巻の、道綱歌三十首も、「家集」としての役割をはたすために、筆録されたのではないだろうか。『蜻蛉日記』とは、道綱母が夫兼家と息子道綱の詠草を記し留めた「家集」であり、日記もまた「個」の日記ではなく「家」の日記とする今西氏の論考に従いながら、その豊かな内容と文章によって、その執筆の目的が見えにくくなっているのではないかとする考察を支持する（前掲書五二一～五頁参照）。

上巻の序文跋文の解釈

さらに、今西氏は、上巻に記された序・跋の、「世中にいとものはかなく、とにもかくにもつかで世にふる人あり」（序）といい、「かく年月《とし》はつもれど思ふやうにもあらぬ身をしなげけば」（跋《ばつ》）という文辞を文字通り受け取ることは危険とし、「ものはかなし」（注）の語に、道綱母の卑下謙遜《ひげけんそん》を読みとらねばならないと解説される。そして作者の卑下謙遜の言辞は序文の大半を覆って、題号に及ぶとして、「あるかなきかの心ちするかげろふの日記《にき》といふべし」（跋）という命名自体が、作者の卑下謙遜でなくて何であろうかと解釈される（前掲書五二〇頁）。道綱母の「勘考に勘考を重ね、語句を精選し縁語、掛詞を駆使してソツのない知的、巧緻《こうち》な歌を作り上げる努力肌」（上村悦子氏）の性格からして、従うべき解釈であるように思われる。

（注）「ものはかなし」は、『蜻蛉日記』上巻にのみ五例見える（小見しと通し番号は、新日本古典文学大系24『蜻蛉日記』より引用、提示）（傍線―引用者）。

①天暦《てんりゃく》八年（九五四）「一　人にもあらぬ身の上（序）」……世中にいとものはかなく、とにもかくにもつかで世にふる人ありけり　（三九頁）

②康保《こうほう》元年（九六四）「三九　わが身の行く末（夏）」……とし月見し人もあまたの子など持たらぬを、かくもの

はかなくて、思ふことのみしげし　（六七頁）
②康保元年（九六四）「四〇　母の死去（七月）」……ただいふ事とては、かくものはかなくてありふるをよるひる嘆きにしかば（以下略）　（六八頁）
④康保三年（九六六）「五五　稲荷詣で（九月）」……かうものはかなき身のうへも申さむ　（八一頁）
⑤安和《あんな》元年（九六八）「六七　かげろうの日記（跋）」……猶ものはかなきを思へば、あるかなきかの心ちするかげろふの日記といふべし　（九四頁）

この五例が、『蜻蛉日記』一篇の主題を担う語と解されてきた。これを謙辞と今西氏は解釈する。兼家の一妻妾として閉塞的な生活環境にあった道綱母にとって、不特定の読者を想定した日記を書く必然性はないように思える。家庭人の作品が生まれ読まれるには、それ相当の陰の力が必要だし、高価だった料紙の提供などの経済的援助を始め、資料提供、流布などの面で、兼家の全面的な協力なくしては、『蜻蛉日記』は生まれなかったであろう。むしろ、道綱母の鋭い感受性、歌人としての資質、文芸的資質を高く評価していた兼家が、自身の詠草を記録するという協力を求め、家の記録としての「日記」の執筆を勧めたと理解すべきではないだろうか。

「『蜻蛉日記』は、摂関家文壇でその端緒を担った作品」（今西祐一郎氏）で、平安上流貴族社会へ兼家を「品高き人」の「ためし」として差し出したのである。

●史料（『蜻蛉日記』）

序文

かくありし時《とき》すぎて、世中《よのなか》にいとものはかなく、とにもかくにもつかで、世にふる人ありけり。かたちとても人にもにず、こころだましひもあるにもあらで、かうもののえうにもあらであるも、ことはりと思ひつつ、ただふしをきあかしくらすままに、世中《よのなか》におほかるふる物語《ものがたり》のはしなどを見《み》れば、世《よ》におほかるそらごとだにあり、人にもあらぬ身《み》のうへまで書《か》き日記《にき》してめづらしきさまにもありなん、天下《てんげ》の人の品《しな》たかきやと問はんためしにもせよかし、とおぼゆるも、すぎにし年月《としつき》ごろのこともおぼつかなかりければ、さてもありぬべきことなんおほかりける。

（傍線─引用者）（新日本古典文学大系24『蜻蛉日記上』三九頁）

平安時代の貴族社会に行われた結婚制度は招婿婚《しょうせいこん》と呼ばれ、妻の家に夫が通うというものであった。この時代の一夫多妻の貴族の結婚生活、特に夫が摂関家の御曹司であったことを書くことに重点が置かれた『蜻蛉日記』上巻は、兼家の強い要請によって成立したとする論考を提示してみた。

作者は、平安貴族の上流社会の貴夫人としての高い教養をもった、「まじめ・誠実で生一本《きいっぽん》」（上村悦子氏）な、「自我の強い、近代的な論理を意識した女性」（大西善明氏）であったので、新しい文学的自覚をもって、自分の実人生に取材した現実的な事件や行事を書き綴っている。作者のテーマは、高度な戦略のもとに勘考された夫兼家と息子道綱の歌を記し留めた作品なのだが、その豊かな内容と文章によって、その意図が見えにくくなっている日記文学である。そこには計算された文学的操作や虚構がとり入れられていることを意識して読む必要があるのではないか。

個性の強いこの作者にして、自由自在に『万葉集』から『古今和歌集』、『後撰和歌集』、漢詩等を引用し、古きを承け、新たな創造が可能であり、斬新な文学の世界を開拓できたのであろう。

しかしながら、作者の『蜻蛉日記』を執筆した動機を「人にもあらぬ身《み》の上《うへ》まで書き日記《かにき》して、めづしきさまにもありなん、天下《てんげ》の人の品《しな》たかきやと問はんためにしもせよかし」（序）と考えるのは、単純化しすぎているように思える。確かにこの日記が文学史において、新たな地平を切り開いた作品であるとの評価を認めたうえで、今西祐一郎氏が考察されたように、夫兼家が摂関家での出世レースを一歩前に進めるための『兼家集』という私家集的役割を担った上巻、息子の出世のために作品としての内容と構成をいちじるしく損ってまで載録した息子道綱の懸想歌《けそうか》三十首の入る下巻にも、作者が自らに課した義務あるいは使命を読みとるべきであろう。

『蜻蛉日記』は、その内容の豊かさゆえに、平安時代の女流文学における代表的作品として高い評価をうける一方、夫兼家や息子道綱の貴族社会での出世レースの支援という面でも多くの貢献をしていることは、兼家が位人臣を極める摂政太政大臣に、道綱が大納言になっていることから証明できる。

兼家と道綱母が、練りに練って平安貴族社会へ二人の和歌的実績を認知させるために、最大の効果を狙って書かれた政治的意図をもった作品なのである。そしてその狙いは、大成功であった。

第四節　『蜻蛉日記』成立の時期

執筆の時期については、諸説あるが、次の二つに大別できる。

一つは、上・中・下三巻とも天延《てんえん》元年（九七三）以後に追想による執筆とみる説である。『蜻蛉日記』上中下の三巻を一貫した主題をもち、統一された作品と考える立場からの主張である。

増田繁夫氏は、執筆開始の時期を

> 作者自身にとっても、ほぼ兼家との関係が終わったと思わざるを得なくなったこの天延元年（九七三）ごろ以後の方がわが身の上をやや距離をおいて客観的に書き記す時期として、より適切であろう。（傍線―引用者）（「『蜻蛉日記』の成立」九五頁）

と考察され、三巻が天延元年以降一気に執筆されたとする立場である。

今一つは上巻は追想による執筆であるが、上・中・下巻が別々の時期に成立したとする説である。

川口久雄氏は、三巻の執筆された時期を次のように分けて考察している。

かげろふ日記の第一次の結集（上巻の部分）はこの鳴滝から帰って気持がやっと沈静になろうとした天禄《てんろく》三年（九七二）の中ごろに歌反故や消息文などの資料を整理しつつなされたかと思う、やがて中巻が書きつがれ、自己の半生の旅路、愛憎の峠をふみこみ終えて、一応のまとまりができた。しばらく筐底《きょうてい》（手文庫の底）におかれたあと、書きこまれた具注暦《ぐちゅうれき》などを座右にして、余波のようにさきの二巻の続編（下巻の部分）が書きつがれる。父倫寧《ともやす》が亡くなる九七七年（貞元《じょうげん》二）までには必ず書き上げられていたにちがいない。

（傍線―引用者）（「かげろふ日記」解説 九四頁）

と、五年以上の歳月をかけて完成したとする。上村悦子氏は成立の時期を次のように推量される。

そして主題（あるかなきかの身の上を書く）も決まり、鳴滝参籠《さんろう》中（天禄二年（九七一））に構想を練り、下山後、メモや歌稿などを中心に上巻を自叙伝風にまとめていった。（中略）

中巻においてはすでに安和《あんな》二年（九六九）十一月ごろより、我が身に起ったせつない苦しい体験を日々書きつけていたが、その記事を土台として書きすすめた。（中略）また中巻半ばころ（天禄元年六月以降）になると執筆記事も体験の時点に接近して憂鬱《ゆううつ》、苦悩に充ちたなまなましい現実感情

により、執筆の意図に即した内容となった。（中略）

下巻は、兼家身辺の事情や年齢から来る諦観も加わって深い感慨をこめて「天禄三年といふめり」と筆を起こして、道綱や養女に関する記事も豊かにとり入れて三十八、九歳ごろの身の上、心境を書き綴っている。（中略）下巻を書き終え一応筆を置いたのは天延《てんえん》三年（九七五）末ごろと見たい。而《しこう》して現形の『蜻蛉日記』成立は遅くとも貞元《じょうげん》二年（九七七）ごろを限度と考えるのである。

（傍線―引用者）（『蜻蛉日記（下）』解説三八五～七頁）

これに対して、「おそらく安和元年（九六八）を下ることそう遠くない時点で、結婚生活十五年間に堆積した贈答歌を主要素材とした家集纂集《さんしゅう》を兼家自らも道綱母に要請したのではなかったか」（『蜻蛉日記形成論』一八二頁）と考える守屋省吾氏は、上巻の成立について、次のように考察されている。

自安和《あんな》二年（九六九）八月、至天禄《てんろく》元年（九七〇）一月の特異性を考えるとき、そこには上巻成立についての大なる問題が伏圧しているやに思うのである。すなわち八月から翌天禄元年正月にかけての本文記述の粗笨《そほん》（大まかで細かい所まで注意が行き届かないこと）は、上巻十五年間の記述資料の整理および実際の執筆に専念した期間であった姿を瞭然と示し、その間に生起した「身の上をのみする日記には入るまじきこと」では決してなかった夫兼家、道綱の人事的消息に関してもほとんど顧慮していられなかったほど執筆に没入し、また作者と近縁関係に位置する師尹《もろただ》、登子《とうし》の消息を定かに記憶したり具注暦の空白などに傍記する余裕を持ち得ないほど、執筆の鬼と化した作者の姿を鮮明に物語っているのではないだろうか。

（傍線―引用者）（前掲書二九八頁）

と、上巻の執筆期間を、安和二年（九六九）八月から天禄元年（九七〇）一月に限定している。

野口元大氏も、上巻の成立時期を、安和二年（九六九）夏とされている。

そういう文章を安和二年（九六九）夏の時点から遡って、年次に従って排列してみたとき、それはもはや物語ではなく、日記の体をなすものであった。書き手と過去の自分が一体化することによって、強烈な感情が再現されるが、それこそが反「そらごと」の「めづらしさ」の現証となる。この〈日記〉の自覚が、ことさらに年始年末を意識させることにもなった。

（傍線―引用者）（「『蜻蛉日記』の始発」一三頁）

さらに、水野隆氏は、「蜻蛉日記上巻の成立過程に関する試論」のなかで、天徳《てんとく》二年（九五八）七月以降、応和《おうわ》元年（九六一）までの三年半の記事の空白に注目して、上巻の成立を大きく二つの段階において考えるべきとされる。水野氏によると、前半部はそれだけで一つの歌物語的世界として構想され、それを完結させた世界として、自律的性格を持つ部分だと言わなければならない。作者が創作の最初の時点で意図したのは、日記的世界の創造ではなく、歌物語的世界の創造であったと思う。

(前掲書二〇〇頁)

それは構想された世界であり、その構想に従って歌物語的世界を完結させ、それを公表して社会的評価を確立するまでの期間が、空白の三年半に相当すると考えられている。

そして作者は歌物語的世界の創造に成功し、「きはめたる和歌の上手」としての社会的地位を確立した後、応和《おうわ》二年(九六二)から再び書き始める。その理由を水野氏は、章明《のりあきら》親王の「常夏《とこなつ》に恋《こひ》しきことや慰《なぐ》さむと君が垣《かき》ほにをるとしらずや」の歌を、歌物語作者道綱母に対する尊敬と親愛の情の表現として詠まれたものと解釈された後で、

それ以上身の上を語ることを考えていなかった作者が、その時、改めてそうした明るく、晴れがましい身の上を語ろうと考えたのであり、そのためには、そうした最初の体験である章明親王との交渉から書き始める必要があった。それが、応和二年から始まる理由であり、以後に明るい記事や社会的交渉の記事が多く現われて来るのも、これまで言われて来たように原資料が未整理のまま定着したためなどではなく、後半部においては、その明るさや晴れがましさこそ作者が意

―図したものに外ならなかったからである。（傍線―引用者）（前掲書二〇六頁）

と、後半部の書き始めを考えられる。また、兼家が作者の歌人的才能を全面的に認めていたこと、後半部の成立に兼家の側からの意図があったことを示唆されている（前掲書二〇七～八頁）。

筆者は、兼家の押しの強い性格から、前半部の歌物語も、兼家の強い要請によって執筆させられ、彼の政治的地位を強化するために協力させられたものと考える。そうすると、章明親王《のりあきら》や貞観殿登子《とうし》が、兼家から道綱母の歌物語を完成早々に贈られて目を通していたことの意味が理解できるのではないだろうか。兼家のほうにこそ家集が必要だったと考えるべきである。

以上みてきた通り、『蜻蛉日記』の成立時期については、諸説があり、特に上巻については、安和《あんな》二年（九六九）夏から天延《てんえん》元年（九七三）以後と五年間の幅がある（水野氏の二段階説は除く）。

本書の考察の対象としている「康保《こうほう》元年（九六四）初秋の道綱母の実母逝去」の時点から、少なくとも六年以上が経過してから執筆されていることを確認して、道綱母が執筆時点にどのような「みみらく」に関する情報の収集が可能であったのか、また当時の平安貴族社会においてどのような世界観、極楽往生思想がうまれ、作者に影響を与えたかを、次章以降で考察することとしたい。

参考・引用文献（敬称略）

・新日本古典文学大系24『蜻蛉日記』前掲
・品川和子『蜻蛉日記の世界形成』武蔵野書院 一九九〇年
・上村悦子全訳注『蜻蛉日記（上）・（中）・（下）』講談社学術文庫 一九七八年
・日本古典文学大系21『大鏡』（松村博司校注）岩波書店 一九六〇年
・清少納言『枕草子（下）』（上坂信男・神作《かんさく》光一・湯本なぎさ・鈴木美弥《みや》全訳注）講談社学術文庫 二〇〇三年
・『袋草紙注釈上』（小沢正夫・後藤重郎・島津忠夫・樋口芳麻呂著）塙書房 一九七四年
・新日本古典文学大系29 藤原清輔『袋草紙』（藤岡忠美《ただはる》校注）岩波書店 一九九五年
・洞院公定《とういんきんさだ》「尊卑分脈 第一篇」（『国史大系〔58〕』吉川弘文館 一九七七年所収）
・荒木尚編『百人一首注・百人一首（幽斎抄）』和泉書院 一九九一年
・田中宗作『百人一首古注釈の研究』桜楓社 一九六六年
・『後水尾天皇百人一首抄』（島津忠夫・田中隆裕編）和泉書院 一九九四年
・増田繁夫『右大将道綱母』新典社 一九八三年
・藤原通憲《みちのり》「本朝世紀」（『新訂増補国史大系 第九巻』（黒板勝美編）吉川弘文館 一九三三年所収）
・藤原実資《さねやす》「小右記三」（『史料大成』（笹川種郎編）内外書籍 一九三五年所収）
・新日本古典文学大系27 藤原明衡《あきひら》『本朝文粋』（大曽根章介・金原理・後藤昭雄校注）岩波書店 一九九二年
・藤原忠実《ただざね》「富家語談」（『続群書類従 第三十二輯上雑部 一九七八年訂正三版所収）
・日本古典文学大系86 慈円『愚管抄』（岡見正雄・赤松俊秀校注）岩波書店 一九六七年
・保坂弘司訳『現代語訳大鏡』学燈社 二〇〇六年

- 橋本義彦『平安の宮廷と貴族』吉川弘文館 一九九六年
- 川尻秋生『日本の歴史 第四巻揺れ動く貴族社会』小学館 二〇〇八年
- 山口博「歌人兼家と蜻蛉日記」（『王朝歌壇の研究―村上冷泉円融朝篇―』桜楓社 一九六七年所収）
- 山中裕「藤原道長とその時代」（『歴史教育』（第十二巻第六号） 一九六四年所収）
- 『日本古典文学大辞典 第一巻』岩波書店 一九八三年
- 増田繁夫「『蜻蛉日記』の成立」（『女流日記文学講座 第二巻蜻蛉日記』勉誠社 一九九〇年所収）
- 守屋省吾『蜻蛉日記形成論』笠間書院 一九七五年
- 野口元大「蜻蛉日記の日記意識」（『王朝日記の新研究』（上村悦子編） 笠間書院 一九九五年所収）
- 村井康彦「私日記の登場―男日記と女日記―」（『国語と国文学』一九八七年十一月特集号所収）
- 藤原師輔《もろすけ》「九条殿遺誡《ゆいかい》」（『群書類従 第二十七輯雑部』（塙保《はなわほ》己一《きかず》編） 一九三一年所収）
- 藤原忠平「貞信公記」（『続々群書類従 第五』一九六九年所収）
- 桃裕行『古記録の研究』〔上〕 思文閣出版 一九八八年
- 大西善明『蜻蛉日記新注釈』明治書院 一九七一年
- 日本古典文学大系20『かげろふ日記』（川口久雄校注） 岩波書店 一九五七年
- 野口元大「『蜻蛉日記』の始発」（『国語と国文学』一九九三年六月号所収）
- 水野隆「蜻蛉日記上巻の成立過程に関する試論」（上村悦子編『論叢王朝文学』笠間書院一九七八年所収）

第二章　道綱母の宗教観と古代仏教の影響

道綱母（九三六？〜九九五）が生きた十世紀は、古代から中世への過渡期、転換期であった。この時代は、社会・経済・文化、すべての面において大きな転換期とされている。なかでも道綱母が娘時代を過ごした天暦年間《てんりゃく》（九四七〜五六）は、宮廷を中心とする貴族社会が、摂関体制という新しい秩序を確立しながら、はなやかな平安文化を形成しはじめている時代で、後世の人びとから「延喜・天暦の聖代《せいだい》」とよばれる、ひとつの頂点に達した時代であった。

『蜻蛉日記』の記事は、天暦八年（九五四）の兼家（九二九〜九〇）の求婚から始まっているが、この年の十月に兼家の父藤原師輔《もろすけ》（九〇八〜六〇）が比叡山の横川に法華三昧堂《ほっけさんまいどう》を建立したり、十二月に良源（九一二〜八五）が延暦寺で法華八講（法華経八巻を朝座・夕座に一巻ずつ四日間に八人の講師により読誦《どくじゅ》・供養する法会）を行ない、比叡山の復興に向けた活動を本格的に始めた年にあたる。良源は、摂関家の権力と富を巧妙に利用して、安和《あんな》（九六八〜九）の頃から、諸堂の建立・法会の再興・山門の粛正などいわゆる「中興の事業」を精力的に進めていく。

本章では、まず第一節で、『蜻蛉日記』にみえる道綱母の宗教観を整理し、作者が執筆時点に抱いていた宗教観を作品の中に探し求めた後に、作者の生きていた時代背景を理解するために、平安前・中期における仏教と平安貴族社会の関係を、当時の貴族の雑信仰もあって広く基礎的な概念の整理にならざるを得ないが、先学の教えに従いながら、まとめることとする。

第二節では、法華経と密教の日本へ伝来と布教の歴史をまとめ、第三節では弥勒《みろく》信仰の歴史と道綱母の「みみらくの島」執筆の背景を考察し、中国往生伝の道綱母への影響をまとめてみる。

さらに、第四節では、天台浄土教と摂関家の関係を、井上光貞博士の『日本浄土教成立史の研究』に従ってまとめ、道綱母への影響を考えてみる。作者の生きた時代の仏教が、みみらく伝説誕生に強く関係があるという認識にたって、その背景を考えてみることとする。

第一節　道綱母の宗教観

『蜻蛉日記』は、「平安期のかな書きの散文の中で仏教的な要素がいちじるしくはらまれている作品として最初のものである」（品川和子氏『蜻蛉日記の世界形成』二一一頁）と評価され、多くの仏教用語が、使われている。康保《こうほう》元年秋の「母の死」から、同二年秋の「母の一周忌」までの日記のなかだけでも、管見によれば、次のような仏教用語がみえている。

・山寺・僧ども・念仏《ねぶつ》（二カ所）・四十九日のこと・仏・忌《い》むこと・大徳《だいとこ》・袈裟《けさ》・蓮葉《はちすば》の玉《たま》（極楽往生すること）・法師・祈り・雲林院《うりんいん》（京都市北区紫野にあった天台宗の寺）・導師《どうし》（法会のときに首席を勤める僧）・経《きょう》の心《こころ》（経義）・服（喪服）・忌日《きにち》（一年の服喪）

上巻において、仏教的要素がもっとも色濃く表現されている母の死に伴なう記事には、

・僧ども念仏のひまにものがたりするのを聞けば　（新日本古典文学大系24『蜻蛉日記』六九頁）

・穢《けが》らひも一つにしなしためれば、おのがじしひきつぼねなどしつゝあめるなかに、我のみぞまぎるゝことなくて、夜《よ》は念仏の声きゝはじむるよりやがて泣きのみ明《あ》かさる　（前掲書七〇～一頁）

と、念仏《ねぶつ》の語が二度にわたってみえる。日記全体ではこの二箇所だけであるが、康保元年は、慶滋《よししげの》保胤《やすたね》が念仏結社「勧学会《かんがくえ》」（第四章第二節参照）を起したのがこの年の春三月であり、市聖《いちのひじり》・阿弥陀聖と呼ばれた空也《くうや》上人（第四章第一節参照）が賀茂川の西岸で六百人もの高僧を招いて盛大な金字《こんじ》大般若経供養会を開いたのは、前年の応和《おうわ》三年（九六三）八月のことであり、平安京の市中は、まさに「世を挙げて念仏を事とせり」（『日本往生極楽記』空也伝二九頁）の状況になっていたのである。

道綱母の上巻執筆時の意識には、浄土教への深い帰依《きえ》は見受けられず、当時の貴族にみられた雑信仰の傾向にあり、先の念仏も品川氏によると、「亡き近親の追善に出づる」（前掲書二一六頁）ものに他ならず、「前代の信仰の遺産が尾をひいて残されている好例」（前掲書二一七頁）ということになる。

ただ仏教に対して相当の教養があったことは、中巻の次の記事からもうかがうことができる。

●史料（『蜻蛉日記』）
天禄《てんろく》二年（九七一）長精進を始む

ついたちの日、をさなき人をよびて「ながき精進《しゃうじ》をなんはじむる。「もろともにせよ」とあり」とて、はじめつ。我はた、はじめよりもことごとしうはあらず、ただ土器《かはらけ》に香《かう》うち盛《も》りて脇息《けふそく》のうへにをきて、やがておしかゝりて仏を念じたてまつる。その心ばへ、「たゞきはめてさいはひなかりける身なり。年ごろをだによに心ゆるびなくうしと思ひつるを、ましてかくあさましくなりぬ。とくしなさせたまひて、菩提《ぼだい》かなへたまへ」とぞ行《おこな》ふまゝに、涙ぞほろほろとこぼるゝ。あはれ、今様《いまやう》は女も数珠《ずゞ》ひきさげ、経ひきさげぬなしと聞きしとき、「あな、まさり顔な、さる物ぞやもめにはなるてふ」などもどきし心は、いづちか行きけん。（以下略）

（傍線―引用者）（新日本古典文学大系24、一三四頁）

先の品川氏は、「作者自身の信仰の深浅・内容の度合については、生涯を通じて作者がどの程度に仏教を体得し、それがいかに彼女の後の作品の上にあらわれているかという視点を設ける必要」（前掲書二三二頁）があるとして、作者が日記擱筆《かくひつ》の天延《てんえん》二年（九七四）二月に重大なターニングポイントをみている。作者が没する長徳《ちょうとく》元年（九九五）五月までの二十年間の作品としては、家集の五十首の和歌の七割ほどが該当するのであるが、次の二首に作者の信仰と教養の深まりを、品川氏はみている。

・女院、いまだ位におはしましし折、八講《はっこう》行はせたまひける、捧《ささ》げ物に蓮《はちす》の数珠《ずず》参らせたまふとて、

唱《とな》ふなるなみの数にはあらねども蓮《はちす》のうへの露にかからむ

（極楽浄土において、摩尼《まに》の浄水が蓮の間に微妙の声をたてているという数には及ばないが、この蓮の数珠の功徳《くどく》でもって、せめて蓮の葉の上におく露にでもかかりたいものである）

（『続後撰和歌集』釈教歌）（大西善明氏『蜻蛉日記新注釈』四六七頁）

・故為雅《ためまさ》の朝臣、普門寺《ふもんじ》に、千部の経供養《きょうくやう》するにおはして、帰り給ふに、小野殿の花、いとおもしろかりければ、車引き入れて、帰り給ふに、

薪《たきぎ》こることはきのふに尽きにしをいざをのの柄《え》はここに朽《く》たさむ（注）

（説経供養は昨日で終わったから、さあ斧《おの》の柄《え》がくさるまで、この小野の仙境で桜を眺めてゆっくり遊びつづけま

しょう）
（『拾遺《しゅうい》和歌集』巻三十　哀傷）（大西善明氏前掲書四六九〜七〇頁）

（注）「薪《たきぎ》こる」は、行基の作とされる「法華経をわが得しことは薪こり菜つみ水くみ仕へてぞ得し」（『拾遺和歌集』哀傷）などによる。ここでは千部の経供養をさす。「をのの柄はここに朽《く》たさむ」は、晋《しん》の王質が山中（仏境に迷い込み）で仙童の囲碁《いご》を見ていたが、一局終らぬ中に手にした斧《おの》の柄《え》が腐ってしまい村へ帰ると知人はすでに亡くなっていたという故事（『述異記《じゅついき》』）により、時の経つのを忘れて桜の花をながめようと詠んだもの。「斧」に「小野」を掛ける。
（上村悦子氏『蜻蛉日記（下）』三四一頁）

紫式部の『源氏物語』御法《みのり》の帖にも、「法華経提婆達多品《ほけきょうだいばだったほん》」による紫上の歌に、

おしからぬこの身ながらも限《かぎ》りとて薪尽《たきぎつ》きなんことのかなしさ

（惜しくもないこの身（菓《このみ》にかける）であるけれど、今は限りと薪が尽きてしまおうことが悲しいよ）（寿命が尽きることの暗示）

とあり、さらにその返しの明石君の歌に、

薪《たきぎ》こる思ひはけふをはじめにてこの世に願《ねが》ふ法《のり》ぞはるけき

（薪を伐るというその念いは今日の法会に始まって、この世にあなたの願う法の道は末はるかに限りがないよ）（寿命が限りないとの意）
（新日本古典文学大系22『源氏物語四』一六五頁）

とあり、「法華経提婆達多品《だいばだったほん》」の影響が、道綱母と紫式部に認められる。

品川氏は、はじめの歌は浄土三部経のひとつである「観無量寿経《かんむりょうじゅきょう》」の「其摩尼水、流注華間、尋樹

上下。其声微妙、演説苦空無常無我諸波羅蜜」（「観無量寿経第五観八功徳水想《はっくどくすいそう》」（『大正新脩大蔵経《たいしょうしんしゅうだいぞうきょう》』三六五所収））（注1）の句を下敷きにしたものであり、次の歌の上の句は「法華経提婆達多品《ほけきょうだいばだったほん》」の「王聞仙言。歓喜踊躍。即随仙人。供給所須。採菓汲水。拾薪設食。乃至以身。而為牀座。身心無倦」（「妙法蓮華経提婆達多品第十二」（『大正新脩大蔵経』二六二所収））（注2）を基底としたもので、

はじめの歌は極楽浄土の描写であり、この『観無量寿経』は一人の女人の悲劇を機縁として成った経文といわれる。もうこのころ『往生要集』が成立してから数年を経ており、天台浄土教は貴族社会に浸透しつつあったはずで、皇太后主催の法華八講、一中流貴族の催す経供養等はそれを反映し、かつ、弥陀信仰と、法華信仰の親近という事実がみられるわけである。『蜻蛉日記』が示す仏教の面は多く加持・祈禱・精進・参籠等にみられる密教的なものであったが、家集の晩年の歌が示すものは時代のイメージとしての浄土教の姿であるといえよう。作者がこのころ浄土教に帰依《きえ》していたであろうことはこれらの資料から察せられる。　（前掲書二三二頁）

と、晩年の作者の内部で日記擱筆後十五、六年間ひそやかに燃えつづけていた信仰心に、そうした宗教的要素がプラスされて、歌人道綱母に当時の人々の尊敬があつまったと結んでいる。

（注1）その摩尼《まに》の水、華の間に流れ注《そそ》ぎ、樹を尋ねて上下す。その声、微妙《みみょう》にして、苦《く》・空《くう》・無常《むじょう》・無我《むが》・もろもろの

波羅蜜《はらみつ》（の法）を演説し、

（岩波文庫『浄土三部経（下）』五五頁）


（その珠宝の水は、花の間を流れ注ぎ、木々を求めて上下する。そのひびきは美しく、苦・空・無常・無我・智慧の完成についての教えを物語る）

（前掲書二〇頁）

（注2）王は仙の言《ことば》を聞きて、歓喜《かんぎ》し、踊躍《ゆやく》し、即ち仙人に随って、須《もと》むる所を供給《くきゅう》して、菓《このみ》を採《と》り、水を汲《く》み、薪《たきぎ》を拾い、食《じき》を設け、乃至、身をもって牀座《じょうざ》となせしに、身心は倦《ものうき》ことなかりしなり。
（岩波文庫『法華経中』二〇六頁）


（わたしは聖仙の言葉を聴いて踊り上がって喜び、かの聖仙に近づいて言った。「奴隷がしなければならない仕事をしましょう」。こうして、余はかの聖仙の奴隷となり、草・薪・水・球根・根・果実などを集める召使の仕事をしたし、また玄関番までもつとめた。そして、日中はこのような仕事をし、夜には寝床に寝ている聖仙の足を支えた。しかし、余の心身ともに疲れることはなかった）

（前掲書二〇七頁）

紫式部の宗教観

作者の信仰の深まりはあったものの、仏教的思惟の程度は、到底『源氏物語』の作者紫式部（生没年不詳）とは比較すべくもないというのが、品川氏の結論である。阿倍秋生氏の「紫式部の佛教思想」に従って、式部が、「おそらくは、天台宗の専門家について、ある程度本格的に法華経解釈の講義を聞いてゐたものと考へて」（前掲書五頁）、式部の仏教の深い教養の一端を、『源氏物語』の「賢木《さかき》」、

「御法《みのり》」の巻のなかにみてみることとする（傍線—引用者）。

●史料（『源氏物語』）

賢木《さかき》（榊ともある）

…秋の野も見たまひがてら、雲林院《うりんいん》に参《ま》うで給へり。故母宮《ははみや》すん所の御せうとの律師《りし》の籠《こも》り給へる坊にて、法文など読み、をこなひせむとおぼして、二三日おはするに、あはれなる事多かり。（中略）この方《かた》の営《いとな》みは、この世もつれづれならず、後《のち》の世はた頼《たの》もしげなり。さもあぢきなき身をもて悩むかな、などおぼし続け給。律師のいとたうとき声にて「念仏衆生摂取不捨《ねんぶつしゅじゃうせふしゅふしゃ》」（注）と、うちのべてをこなひ給へるはいとうらやましければ、なぞやとおぼしなるに、まづ姫君の心にかゝりて思ひ出でられ給ぞ、いとわろき心なるや。

（新日本古典文学大系19『源氏物語 一』三六六～七頁）

（注）観音無量寿教《かんのんむりょうじゅきょう》の一句。無量寿仏（阿弥陀仏）を念ずる衆生を、仏はそのもとに摂取して、捨てたりはしないの意。

六十巻（注）といふ文《ふみ》読み給ひ、おぼつかなき所々解《と》かせなどしておはしますを、山寺にはいみじき光行ひ出《い》だしたてまつれりと、仏《ほとけ》の御面目《めんぼく》ありと、あやしのほうしばらまでよろこびあへり。しめやかにて世の中を思ほしつゞくるに、帰らむ事もものうかりぬべけれど、人ひとりの御事おぼしやるがほだしなれば、久しうもえおはしまさで、寺にも御誦《みず》経いかめしうせさせ給。（以下略）

（注）天台六十巻の教典。経典の法華玄義《げんぎ》・法華文句《もんぐ》・摩訶止観《まかしかん》各十巻と、その注釈書各十巻。
（前掲書　三六九頁）

御《み》法《のり》

風、野分《のわき》だちて吹く夕暮に、むかしのことおぼし出でて、ほのかに見たてまつりしものを、と恋しくおぼえ給に、又、限りのほどの夢の心《ここ》ちせしなど人知れず思つづけ給に、耐へがたくかなしければ、人目にはさしも見えじとつつみて、「阿弥陀仏《あみだぶつ》阿弥陀仏」と引き給数珠《ずず》の数にまぎらはしてぞ、涙の玉《たま》をばもち消《け》ち給ひける。
（新日本古典文学大系22『源氏物語四』一七六頁）

石井義長氏は、比叡山の「山の念仏」は、「諸法実相」（すべてはそのままで真実なる相《すがた》のあらわれである）を体験するために専門の僧侶のみがするもので、庶民には無縁だったとする五来重《ごらいしげる》氏の説（『空也の寺六波羅密寺』）を紹介して（『空也』六〇〜一頁）、叡山の念仏が庶民とは縁遠い有力貴族のものであったことを、強調されている。空也の念仏とは区別して考えるべきとの指摘は説得力のある論考である。ただ紫式部は、道長などの摂関家の支援のもとに、創作活動を展開しているので、彼女の立場上貴族社会の念仏を書かざるを得なかった事情にも配慮する必要があるのではないだろうか。

阿倍秋生氏の指摘される通り、「紫式部の法華経に関する知識は、単に説経所や法華八講において身につける程度を越えてゐた」（前掲書五頁）ことを認めたうえで、道綱母と紫式部の宗教観の違いは、二人が育った時代・社会環境の変化にあったという、極めて平凡な結論に落ち着くのである。

道綱母も、日記擱筆後二十年間に詠んだ歌や詞書から推察されるイメージは、日記時代とずいぶん変っており、品川氏の指摘するように、

> そうした宗教的な要素がプラスされた作者の人格—それは兼家と離れて零落した時代の作者ではない—にこそ、当時の人々の尊敬があつまったものと思われ、それは『大鏡』における作者の扱い方にも思い合わされるものがあるのである。
>
> （前掲書二三二頁）

と、道綱母の宗教も、日記執筆時の密教信仰から、晩年には浄土教信仰へと変化しているようである。作者なりに、晩年は極楽往生を求めての信仰生活を静かにすごしたと理解したい。

【付記】 陰陽道《おんようどう》の影響

律令制の職務規律が緩んだ平安中期の貴族社会は、陰陽家の主要な活動の場であったので、道綱母も、当然その影響を多く受けている。山下克明氏の『平安時代の宗教文化と陰陽道《おんようどう》』に従って、平安中期の貴族と陰陽家の関係をみておくこととする。山下氏によると、

賀茂・安倍両氏は暦・天文家として国家的職務を請け負う一方で、陰陽寮官僚・陰陽家として占術・呪術祭祀・日時勘申《かんじん》（朝廷で諸事の先例や典故《てんこ》、日時や吉凶などを調べて上申すること）等の分野を以て公事《くじ》（朝廷の政務・儀式）に奉仕した。（前掲書一四三頁）

しかしそれとともに、これらの陰陽家の諸行為は貴族層の不安観や信仰形態を基盤として形成されたものであるから、律令制の職務規律が緩んだ平安中期には、貴族社会が陰陽家の主要な活動の場となった。『九条殿遺誡《ゆいかい》』に「先起称二属星名号一七遍。（中略）次見レ暦知二日吉凶一」（『群書類従　第二十七輯雑部』巻四七五、一三六頁）とあるように、日々具注暦《ぐちゅうれき》の吉凶注を参照し生活の指針とした貴族たちは、誕生から着袴《ちゃくこ》・元服・婚姻・任官後の出仕、葬送に至るまで陰陽家の日時勘申を受け、道教や密教の影響により星神《せいじん》・冥官神《みょうかんじん》・鬼神《きじん》（祖先の霊）・土公神《どくじん》（土をつかさどる神。春は竈《かまど》、夏は門、秋は井、冬は庭に在ってその場所を動かすことを忌む）・疫神《えきじん》（悪病をはやらせる悪神）等を畏怖し信仰して陰陽家の祭祀・呪術・祓に招福と禳災の願いをかけ、また身辺の不可解・不安なできごとや病気を諸神の祟りとして恐れ、なにごとにも陰陽家の占いによって決しようとしたから、陰陽家はもはや貴族の生活と不可分な存在であった。

そのような個人の安寧を託された陰陽家と貴族との間に、宗教家と信者との関係が生ずることは仏教の師壇関係と本質的に共通するものがある。まず蔵人所《くろうどどころ》陰陽師自体が、御占や日時勘文により天皇のために不祥や災厄を避け、祭祀や呪術を行う祈禱師的な存在であったが、それとともに、陰陽道上臈《じょうろう》の彼らは、院宮や摂関貴族への奉仕を通して特定の関係を結んでいた。
（（ ）―引用者）（前掲書一四四頁）

摂関家が賀茂・安倍両家を重用していたので、道綱母も陰陽家《おんようけ》と交流があったと思われるが、『蜻蛉日記』に、方違《かたたが》え（他出する時、天一神《なかがみ》のいる方角に当たる場合はこれを避けて、前夜、吉方《えほう》の家に一泊して方角をかえて行くこと）をする兼家の行動に、陰陽道の影響がみられることを指摘するにとどめておく。

第二節　仏教伝来―法華経《ほっけきょう》と密教―

仏教は、紀元前五世紀頃にインドに興った、ゴータマ・ブッタ（釈迦牟尼《しゃかむに》）を開祖とする世界宗教である。その教えから紀元前後に大乗《だいじょう》仏教とよばれる新しい仏教が誕生し、さらに七～八世紀には密教へと展開するなど、時代・場所によってその国の文化や信仰と融合して独自の形態をとって発展しているので、用語の難解さもあって門外漢には入りずらい分野である。本節では、その基本となる法華経と密教のわが国への伝来を概説して、道綱母の執筆時の時代背景を理解する一助としたい。

法華経の伝来と日本天台宗の成立

インドで興った仏教が、中国に広まるのは、中央アジアや北方の異民族が漢民族を支配する四～五世紀以降のことである。『法華経』の経典を漢訳したのは、年代の順に、

・敦煌《とんこう》出身の竺法護《じくほうご》（三～世紀の人）訳の『正法華経《しょうほけきょう》』十巻（西晋《せいしん》景帝の二八六年訳）
・クチャ出身の鳩摩羅什《くまらじゅう》（三四四～四一三）訳の『妙法蓮華経《みょうほうれんげきょう》』七巻（姚秦《ようしん》文桓帝の四〇六年訳）
・闍那崛多《じゃなくった》（五二三～六〇〇）訳の『添品《てんぽん》妙法蓮華経』七巻（隋《ずい》文帝の六〇一年訳）

があるが、もっぱら鳩摩羅什《くまらじゅう》の漢訳本が多く用いられてきている。

内容の異なる多数の経典が中国に伝わると、経典の形式や内容の違いを比較検討し、それぞれの信仰に照らして諸経典の優劣の整理（教相判釈《きょうそうはんじゃく》、教判《きょうはん》）がおこなわれると、『法華経』を円満完全な教え（円教）、釈迦の究極の教えとする中国天台宗が、隋代の天台山（浙江省）の僧・智顗《ちぎ》（五三八～九七）によって創建される。智顗は天台三大部（重要な教学書）とされる『法華玄義《げんぎ》』（法華経の教義の解説）、『法華文句《もんぐ》』（法華経の経文の解説）、『摩訶止観《まかしかん》』（天台の瞑想による重要な行法）を著し、中国仏教の精華と称《たた》えられ、王族・貴商人、民衆に熱狂的な支持を受ける。この教えは、九世紀に最澄によってわが国へもたらされ、日本仏教の根本精神を形成した経典で、日本の文化や芸術に大きな影響を与える。

◆――『法華経』の日本への伝来

『日本書紀』巻十九、欽明《きんめい》天皇十三年（五五二）冬十月の条に、有名な仏教公伝《こうでん》の記事がみえる。

　百済《くだら》の聖明王《せいめいおう》、西部姫氏達率怒唎斯致契《せいほうきしだちそちぬりしちけい》等を遣《まだ》して、釈迦仏《しゃかほとけ》の金銅像一軀《かねのみかたひとはしら》・幡蓋《はたきぬがさ》若千《そこら》・経論《きゃうろん》若千巻《そこらのまき》を献《たてまつ》る。

（岩波文庫『日本書紀（三）』二九八頁）

と、日本への伝教伝来は、当初から王から王へと伝えられた国家仏教であった。「夫《そ》れ遠くは天竺《てんぢく》（インド）より、爰《ここ》に三韓《みつのからくに》（高句麗《こうくり》・新羅《しらぎ》・百済《くだら》）に泊《いた》るまでに、教《みのり》に依《したが》ひ奉《う》け持《たも》ちて、尊《たふと》び敬《うやま》はずといふこと無し」（前掲書二九八頁）と、朝鮮半島がすでに仏教に帰依している状況も伝えているが、わが国では日本古来の神々の怒りを招くとする物部《もののべ》氏らの反対もあり、いざこざが何十年もつづく。用明《ようめい》天皇二年（五八七）に、崇仏派《すうぶつは》の蘇我《そが》氏が勝利し、推古《すいこ》天皇二年（五九四）には天皇が仏教を奉じることを宣じる「三宝興隆《さんぼうこうりゅう》の詔《みことのり》」が布告される。

　聖徳太子（五七四～六二二）は、「十七条の憲法」を推古天皇十二年（六〇四）に布告し、その第二条で「篤《あつ》く三宝（仏・法（仏の説いた教え）・僧（仏に従う教団））を敬《うやま》え」と、仏法に奉じることを宣言されている。また、太子は、『法華義疏《ほっけぎしょ》』という日本で最初の法華経の注釈書を書かれている。このなかで、太子は、法華経を諸経の王と位置づけるとともに、巻第一の「経題釈」は後世の「南無妙法蓮華経《なむみょうほうれんげきょう》」の題目信仰につながる内容をもっている。太子は、推古天皇三十年（六二二）皇太子のまま四十九歳で病没。その後、日本仏教全体の祖とあおがれ、日本の釈迦といわれる。

奈良時代になると、聖武《しょうむ》天皇（七〇一～五六、在位七二四～四九）が、天平《てんぴょう》十二年（七四〇）に、国ごとに法華経十部を写させ（『続日本紀』巻十三、天平十二年六月十九日条）、翌十三年三月二十四日には「国分寺建立の詔《みことのり》」を宣じられた。その詔によれば、

僧寺《ほうしでら》は、必ず廿僧有らしめよ。その寺の名は、金光明四天王護国之寺《こんこうみょうしてんのうごこくのてら》とせよ。尼寺は一十尼。その名は法華滅罪之寺《ほっけめつざいのてら》とせよ。両寺《ふたつのてら》は相去《あいさ》りて、教戒《きょうかい》を受《う》くべし。（巻十四）

（新日本古典文学大系13『続日本紀二』三九一頁）

僧寺の総本山が東大寺、尼寺は奈良の法華寺で、金光明経《こんこうみょうきょう》と法華経を奉安することとさせた。天下の安泰を求める鎮護国家の仏法である。

◆——日本天台宗の開宗

中国天台宗の経典は、八世紀には道璿《どうせん》（七〇二～七六、天平八年（七三六）に天平の遣唐使と一緒に戒律を伝えるために来日）や鑑真《がんじん》和上（六八八～七六三、天平勝宝《しょうほう》五年（七五三）に遣唐使と一緒に来日）によって将来されて

いる。特に鑑真和上が天台教学について造詣が深かったことは、山口光圓氏によって指摘されている（「鑑真大和尚と天台教学」）が、和上が将来した天台三大部（智顗《ちぎ》の『法華玄義《げんぎ》』、『法華文句《もんぐ》』、『摩訶止観《まかしかん》』）を、十九歳の最澄が、奈良東大寺でみて、大いに喜び、読破され、書写し、その研究に没頭したのは、有名なエピソードである。

ところが、最澄は、原典の研究が進むにつれて、「字謬《あやま》り行脱《ぬ》けて、未だ細かき趣を顕さず」（『叡山大師伝』）と鑑真の将来した経典に満足できなくなり、入唐して、荊渓《けいけい》大師湛然《たんねん》（七一一～八二）の最新の注釈書をみたいと念願するようになり、延暦《えんりゃく》二十三年（八〇四）の遣唐使の還学僧《げんがくそう》（短期留学僧）として、途中嵐に遭うものの、無事明州に到着している。龍興寺で中国天台の第七祖道邃《どうすい》（生没年未詳、湛然の弟子）から『摩訶止観《まかしかん》』を主に習った後、天台宗の本拠地天台山へ詣でて、仏隴寺《ぶつろうじ》の行満《ぎょうまん》（生没年未詳）から天台教学（天台三大部）を受法している。さらに、翌年三月、道邃から菩薩戒《ぼさつかい》を受け、帰国後、比叡山に大乗《だいじょう》菩薩戒壇《かいだん》を独立させる契機としている。また、越州（紹興《しょうこう》）では順暁《じゅんぎょう》から「三部三昧耶法《さんぶさんまやほう》」の灌頂を峯山《ほうざん》道場において授けられ、密教も学んで八ヵ月半の充実した修学を終え、多くの経典をもって帰国。桓武《かんむ》天皇（七三七～八〇六、在位七八一～八〇六）の支援をえて、延暦二十五年（八〇六）比叡山に天台宗を開宗する。これ以降比叡山は、円（天台）・密（密教）・禅・戒の四宗の名で総称される諸宗兼学の大道場として発展していく。最澄は、弘仁三年（八一二）に法華三昧堂を建立して、昼夜法華経を読誦させる。第三世座主円仁が、東塔に常行三昧堂を建て、不断念仏《ふだんねんぶつ》（第四節一三二～四頁参照）を修する念仏道場とする。その後、第十八世座主の良源《りょうげん》は教学の再興にもつとめ、優秀な学徒を広学竪義《こうがくりゅうぎ》（一五八頁参照）の論者に取り立てて鍛えたので、彼の門下から時代を背負う人材が数多く育っている。

摂関家の絶頂期を迎える平安中期になると、法華経は、道長らに信仰され、『源氏物語』、『枕草子』にその影響がみられ、道綱母にも晩年法華経を題にとった和歌があることは、本章第一節で紹介した通りであるが、歌によって人びとに口ずさまれて、さらに日本の社会に広まったのである。

鎌倉期に入ると、法然《ほうねん》（一一三三～一二一二）、親鸞《しんらん》（一一七三～一二六二）、日蓮《にちれん》（一二二二～一二八二）によって、新たな展開をみせる。

密教の伝来とその影響

密教が中国で広まったのは、善無畏《ぜんむい》（六三七～七三五、真言宗伝持《でんじ》八祖の第四。中インド・烏荼《うだ》国の王族）、金《こん》剛智《ごうち》（六七一～七四一、真言宗付法八祖の第五。南インドの人）、不空《ふくう》（七〇五～七四、真言宗付法の第六祖。四大翻訳家の一人）の三人が、相次いでインドから中国へ渡来した八世紀前半の唐の玄宗《げんそう》皇帝（六八五～七六二、在位七一二～五六）の時代である。この新しい仏教は、玄宗の開元《かいげん》の治《じ》（七一三～四一）とよばれる国運隆昌、繁栄のピークにあった宮廷の絶大な保護のもとに、燎原《りょうげん》の火の勢いで、国都長安を中心にして、中国全土に広まっていく。この最新の仏教の密教は、延暦《えんりゃく》二十三年（八〇四）の遣唐使の一員として入唐した最澄と空海の二人によって将来され、仏教界だけでなく、日本の文化に多大な影響を与える。

色彩鮮やかな曼荼羅《まんだら》、不動明王をはじめとするおどろおどろしい忿怒像《ふんぬぞう》、そしてこの宇宙の根本仏である大日如来《だいにちにょらい》は、今日でも東寺《とうじ》（教王護国寺《きょうおうごこくじ》）や金剛峯寺《こんごうぶじ》に伝存している。

◆——最澄の密教

最澄（七六七～八二二）は、越州（紹興《しょうこう》）の龍興寺で順暁《じゅんぎょう》和上と出逢い、峯山《ほうざん》道場において「三部三昧《さんぶさんま》耶法《やほう》」（胎蔵界三部、金剛界五部）の灌頂を授けられる。順暁は、善無畏《ぜんむい》—義林《ぎりん》—順暁《じゅんぎょう》と続く天台密教の正統な継承者で、一行《いちぎょう》（六八三～七二七）や不空《ふくう》にも学んだ僧である。密教では、付法《ふほう》（教義を授けること）の証として印信《いんじん》と呼ばれる文書が授けられるが、順暁が最澄に与えた印信（大阪四天王寺《してんのうじ》に伝存）によると、最澄は順暁の四番目の付法弟子となっている。順暁の助力により、多くの経論や密教修法に必要な法具を手にし、延暦二十四年（八〇五）五月帰国する。最澄の持ち帰った密教に、早良《さわら》親王の怨霊に苦しめられていた桓武《かんむ》天皇は喜ばれ、飛びついた。最澄もこの期待にこたえて、九月に高雄山寺《たかおさんじ》において円澄《えんちょう》らに伝法灌頂《でんぼうかんちょう》を授け、殿上に毘盧遮那法《びるしゃなほう》が桓武天皇病気平癒のために修された。

ところが、空海の『御請来目録』を見た最澄は、みずから学んだ密教が、質量とも不十分なものであると認識し、空海へ経論の借覧と灌頂の受法を懇願する。弘仁《こうにん》三年（八一二）に僧俗の別なく誰でも受法できる結縁《けちえん》灌頂を受けるが、これを契機に二人は訣別し、最澄は天台法門の流布に心血を注ぐことになる。最澄は弘仁一三年（八二二）六月、五六歳で帰らぬ人となる。

密教僧の養成を課せられていた天台宗は、この後、生え抜きの僧を直接唐へ派遣して密教を学ばせる道を選択する。承和《じょうわ》五年（八三八）の遣唐使に円仁《えんにん》が、仁寿《にんじゅ》三年（八五三）には私度《しど》僧として円珍《えんちん》が、渡唐して本格的に密教経論を蒐集《しゅうしゅう》して帰国し、真言宗の両部（胎蔵と金剛界）に対して、あらたに『蘇《そ》悉地羯羅経《しつじからきょう》』を加えた三部立てという天台宗独自の密教を標榜するようになる。これを台密《だいみつ》（天台密教の略称）といい、真言宗の東密《とうみつ》と併称されて今日にいたっている。

◆——空海の密教

一方空海（七七四〜八三五）は、青龍寺の名僧恵果阿闍梨《けいかあじゃり》（七四六〜八〇五、真言宗付法の第七祖、不空の正嫡《せいてき》）と出会い、真言密教の奥義《おうぎ》をことごとく伝授される。恵果は、経典の漢訳に大きな功績を残し、玄宗《げんそう》・粛宗《しゅくそう》・代宗《だいそう》の三代にわたって唐王朝に仕えた不空《ふくう》の弟子である。彼の法脈は、大日如来—金剛薩埵《こんごうさった》—龍猛《りゅうみょう》—龍智《りゅうち》—金剛智《こんごうち》—不空《ふくう》金剛—恵果《けいか》—空海と続くインド直伝の正統な金剛頂経《こんごうちょうきょう》系の密教である。その一方で恵果は、善無畏《ぜんむい》—一行《いちぎょう》（六八三〜七二七）と続く、大日経系の密教も修得しており、中国に伝わったインド系密教のすべてを理解する名僧である。

恵果との出会いの様子を、『僧空海請来目録《そうくうかいしょうらいもくろく》』は次のように伝えている。

——我《われ》先より、汝《なんじ》の来れるを知り、相待つこと久し。今日相見《あいまみ》ゆるは、大いに好《よ》し大いに好し。報命竭《つ》きなんとするに、付法《ふほう》する人なし。必ず須《すべか》らく速やかに香花《こうか》を弁じ、灌頂壇《かんじょうだん》に入るべし。

■現代語訳

私（恵果《けいか》）は、以前から空海の来訪を予期し、長いあいだ待っていた。きょう会えたのは、たいへんよいことである。私の命は尽きようとしているのに、密教を伝える人がいない。早く香や花を準備して灌頂壇に入りなさい。

（川尻秋生氏『日本の歴史第四巻揺れ動く貴族社会』一八九〜一九〇頁より引用）

「まさに仏と仏との約束された出会いであった」（武内孝善氏）。恵果は、八〇五年の六月に胎蔵界《たいぞうかい》の灌頂、翌七月に金剛《こんごう》界の灌頂、さらに八月には受法した正統密教を次の世代に伝授する資格が与えられる最高の伝法《でんぽう》灌頂を、空海に授け、わずか三ヵ月足らずでインド直伝の密教をあますところなく伝授した。灌頂には、曼荼羅に花を投げ入れ、着地した仏と縁を結ぶ儀式（投花得仏《とうけとくぶつ》）があるが、空海が投げると、胎蔵界・金剛界ともに中央の大日如来に落ちた。彼の法名「遍照金剛《へんじょうこんごう》（大日如来）」の由来とされている。胎蔵界と金剛界の両部灌頂を授かったのは義円《ぎえん》と空海の二人だけで、義円は若くして亡くなったため、インド直伝の正統な密教は、中国に残ることなく日本へ将来されたのである。

空海は、弘仁《こうにん》六年（八一五）に内供奉《ないぐぶ》十禅師に任じられ、同七年には高野山に道場を建立することが許される。これがのちの金剛峯寺《こんごうぶじ》である。さらに弘仁一四年（八二三）には、東寺《とうじ》を下賜され、新たに教王護国寺《きょうおうごこくじ》と命名している。承和《じょうわ》元年（八三四）一二月、長いあいだの念願であった宮中真言院《きゅうちゅうしんごんいん》の創立を許可される。その三ヵ月後の承和二年（八三五）三月、空海は六二歳の生涯を閉じる。

最澄・空海によってわが国へ将来された密教は、一世を風靡する。硲《はざま》慈弘《じこう》氏によれば、

もとより当代上下にをいて、密教信仰を抱かざるは殆んど絶無といってよいのみならず、ことに修法祈禱の効験大なるを信じて、事大小となく、これによらざるなきは更めていふをまたぬ。また早くは清和《せいわ》天皇（八五〇～八〇、在位八五八～七六）ふかく密教に帰依せられて、大いに苦修練行あらせられ、宇多《うだ》法皇（八六七～九三一、在位八八七～九七）もまた仁和寺《にんなじ》門跡をおこし、東密伝法の列祖に加はらせたまひ、爾来の諸帝多く密教によりて御出家あらせられたばかりでなく、一般貴族にをいても、然るもの甚だ少くない。同時に当代にあっては結縁灌頂壇に入ること、凡そ一世の風をなすところであったといはねばならぬ。

（『日本佛教の開展とその基調（上）』、七四頁）

かくして密教は、上下にふかく結縁浸潤し、殊に日常生活にかくべからざる一大要素をなした。ことに特異の象徴仏教として、その形式儀礼が、きはめて神秘且つ華麗であり、また感覚的である密教は、最もよく当代貴族の生活心理に投じ、とくに加持修法の一事にをいて、その現世的要求をみたすに十分であったのみならず、造像図仏においてもすこぶる豊かな材料と、その機会とをあたへて、あくまで貴族の官能的生活を充分ならしめたので、その結果は一にも密教、二にも

密教となり、一見たちまち密教一色の世の中たるの観あらしむるに至った。

されば弥陀・法華の両信仰のごとき、また多くはこれを交へ、これによって着色せられたのみならず、その他各種の民間信仰にして、凡そ密教的色彩を帯びず、密教的要素をふくまざるは殆ど絶無と称してよい実状である。

（前掲書七五頁）

しかし、平安初期には、新興仏教として奈良仏教を圧倒した密教も、中期以降には、

若し夫れ一々の事相に象徴された寓意《ぐうい》を没し、精神を撤去するに於ては、唯乾燥無味な儀式が残るのみで、何等の感激もなく、唯雑然たる法具の陳列場に過ぎぬ。密教の意義全く失われて、低級な多神崇拝若しくは、呪力崇拝の糟粕《そうはく》が残る。此に於て、森厳なる神秘の国は化して三界六趣の迷界と為り、俗信に随い、迷信に堕し、又救うに由なきに至るのである。

（大屋徳城氏『日本仏教史之研究』三九一頁）

という憂うべき傾向を現わし始め、浄土思想の発芽を促す時期に、『蜻蛉日記』は執筆される。

第三節　弥勒《みろく》信仰と道綱母―みみらく伝説の誕生の背景―

紀元前から二世紀にかけて、インドに発生した弥勒信仰は、中国に伝わり、道安《どうあん》（三一二～八五）、法《ほっ》顕《けん》（三三九？～四二〇？）を生み、朝鮮を経て、六世紀末頃百済からわが国へ弥勒像が伝わり、自己救済的な兜率天《とそつてん》（欲界六天の一つ、天上の浄土）への往生を求める弥勒上生信仰《みろくじょうしょうしんこう》として受容されている。釈迦の後の次の代が、弥勒の世界であり、その世界は、宮田登氏によると、次のようになる。

弥勒の世界は、（仏教の世界観である）天部の一つ兜率天《とそってん》であり、弥勒はそこで待機していると考えられている。一般には釈迦没後五十六億七千万歳であり、兜率天の寿数が尽きて、天から地上（人間世界）へと来臨する。すなわちこれが弥勒下生《げしょう》である。弥勒は現世に来たって、竜華樹《りゅうげじゅ》の下で、三度にわたって有縁の人々に説教する。このことは竜華三会《りゅうげざんね》とよばれ、信者の間で三会《ざんね》の暁に値遇《ちぐ》することによって、救いを得ようとする信仰を生み出した。だが、五十六億七千万年の数字はあまりに遠い未来であるから、それまで人はとても生存することはできない。そこで死後、兜率天に行って、弥勒菩薩の近くに一緒に待機しており、やがて弥勒下生の際に、ふたたび現世に再生しようとする上生《じょうしょう》信仰も発生している。

（「弥勒信仰」一五七頁）

未来の救済があまりにも遠いので、死後、兜率天に上生して下生をまつ上生信仰が、日本では伝来した当初から主流を占める。現世利益《りやく》を基調とする弥勒仏崇拝を前提とし、二世安穏《あんのん》を目的とする信仰を展開させる。その代表的な事例として奈良斑鳩《いかるが》中宮寺に現存する聖徳太子の天寿国繡帳《てんじゅこくほうちょう》がある。このなかにある聖徳太子の信仰を示す「世間虚仮《せけんこけ》、唯仏是真《ただぶつこれしん》」（この世は空しく、ただ仏のみがまことである）の銘文が、白鳳《はくほう》（六七二〜八五）・天平《てんぴょう》（七二九〜四八）の弥勒信仰を示すものとして有名である。

弥勒上生の思想は、「実際信仰としては、このような二世安楽的要素をはじめから持っていたため、容易に受容され」（井上光貞氏前掲書二五頁）、「儒教思想の「礼」と通ずる「戒」を重視する点において、鎮護《ちんご》国家仏教としてのぞましい信仰」（速水侑氏『弥勒信仰』八五頁）と、律令国家に考えられていたために、律令社会の強固な支持を得て発展するが、九世紀になると、日本の仏教は新しい時代を迎える。平安時代の弥勒信仰は天台宗を中心に展開されるが、『法華経　巻七普賢菩薩勧発品《ふげんぼさつかんぼっぽん》』のなかに、

「法華経」を受持読誦《じゅじどくじゅ》し、その経義を解する人は、死後、千仏に手《みて》を引かれ、恐怖せず、悪趣におちず、兜率天上弥勒菩薩《とそつてんじょうみろくぼさつ》の所《みもと》に往く。弥勒菩薩は三十二相（仏のそなえているという三十二のすぐれた姿かたち—速水氏注）があり、大菩薩衆がそのまわりを囲み、百千万億の天女と眷属《けんぞく》がいるが、その中に生まれることができる。「法華経」には、このような功徳利益《くどくりやく》があるのだから、一心にみずから「法華経」を書写し、また人々にも書写を勧め、受持読誦憶念して、経の説くごとく修

一　行すべきである。

（速水侑氏前掲書九三頁より引用）

と説かれており、その結果「法華経」を受持信奉する人々の兜率往生があいついで現われてくる。また空海の真言宗の弥勒信仰は、空海が実際に死んだのではなく、弥勒の出世を待って入定《にゅうじょう》したまま、今なお衆生済度《しゅじょうさいど》の活動をしているという、祖師信仰の形で発達していく。

『蜻蛉日記』が執筆される十世紀中頃は、夫兼家の藤原北家が、天皇家の外戚《がいせき》として独裁体制を確立しつつある時期で、体制から疎外された中下層の貴族達を経済的困窮においやり、彼等の間に現世否定的な思想がめばえ、わが国の浄土教発達の契機となる。貴族社会の没落をもっとも深く体験した中下層の文人貴族を中心として、浄土教はまず展開する。慶滋保胤《よししげのやすたね》らの念仏結社「勧学会《かんがくえ》」（一〇八〜一一二頁参照）が結成されるのが、康保《こうほう》元年（九六四）であるように、この時期に新しい仏教、浄土教が貴族社会に広まってくるのだが、彼等の間にも「上は兜率に征《ゆ》き、西は弥陀に遇《あ》わん」（『本朝文粋巻十三』、大江匡衡《まさひら》（九五二〜一〇一二）の「左大臣（藤原道長）の浄妙寺を供養する願文」の結びの句。新日本古典文学大系27『本朝文粋』三五四頁）のような「兜率（弥勒の浄土）か極楽（阿弥陀の浄土）のどちらかに往生したい」という信仰がひろくみられたのは、「一切の諸行を往生の種と認むるところの天台法華の教意による」（硲慈弘氏『日本仏教の開展とその基調』九八頁）ものであり、道綱母や兼家にみられる雑信仰も、根底においては、天台法華思想の影響が大きかったということになろう。

仏教のメシア（救世主）思想であるミロク信仰は、古代日本の東のはての茨城県鹿島を中心に多様な展開をみせる。

東の鹿島と西のみみらく

東のはてなる鹿島のその先は、はるかな太平洋の大海原である。その海の彼方から神が訪れるというシェーマ（図式・形式）は日本民俗学が以前から追究しているテーマであるが、鹿島には荒海と潮流の関係からいろいろなものが漂着し、多くの伝説をうんでいる。また、難破船の多かったことは、『常陸国風土記』に、「軽野《かるの》より東の大海の浜辺に、流れ着きし大船《おほふね》あり。長さ一十五丈《つゑ》、潤《ひろ》さ一丈《つゑ》余《あまり》なり。朽《く》ち摧《くづ》れて砂《すなご》に埋《うづ》もり、今に猶遺《なほのこ》れり」（香島郡《かしまこほり》条）との記事によっても知ることができる。さらに、世にいう「鹿島立」は、「長旅に出立する際に、旅の無事を祈って鹿島の神に加護を求める習俗であるが、元は、東のはて鹿島からさらに遠く道をのばす際の守護を求めるところから出てきたものである。ことに大和国家の東北経略の海上交通上の要衝としての位置がさらにそれを広く宣伝させたもの」（『ミロク信仰の研究』二〇〇頁）と、宮田登氏は考察している。

かくて、鹿島神の水辺にあって航海を守護するという性格は、その水辺の地域が現実世界の東のはてであり、夢に描く常世国という別世界との境であるという認識から、その地へはるか海上

――の彼方より神の示現を仰いだという思惟を基盤に多様な展開を示すことになる。（前掲書二〇〇頁）

一方、西のはてなる美弥良久《みみらく》のその先は、東シナ海の大海原である。平成のはじめに、木造船に乗ったベトナム難民が三度漂着したことからわかるように、半島の沖を対馬海流が流れる海上交通の要衝で、柳田国男氏に「千年前の横浜市」と、その役割を評価されている。

また、『肥前国風土記』に、「唐《もろこし》に遣《つかは》さゆる使《つかひ》、此の停《とまり》（川原浦《かはらのうら》）より発《た》ちて、美弥良久《みみらく》の埼《さき》に到《いた》り、〔即ち、川原浦の西の埼是なり〕此《ここ》より発船《ふなだち》して、西を指《さ》して度《わた》る」（値嘉郷条《ちかのさと》）の記事がみえ、大和国家の派遣する遣唐使船の重要な中継地であったことが伺える。

このようにすでに八世紀の初頭には、東の鹿島も西の美弥良久《みみらく》も、大和国家に国境の重要な海上交通の要衝の地として認識されていたのである。その背景には、吉野裕子博士が『日本古代呪術』のなかで考察された古代日本人の基本世界像が、

――――――

東方、東は太陽の上る所、神のいます所、一切の生命のある所、つまり常世国・ニライカナイである。それに対する西方はこの世、人間界である。人間界から更に西方は太陽の沈む所であり、同時にそこは人の死につながる所である。

（『日本古代呪術』一九頁）

という認識にあるのではなかろうか。

吉野博士は、この古代日本人の東西の基本線を、東の鹿島と西の出雲に求めて、神話や伝承を解明されているが、筆者は八世紀に入ると、大和国家の西のはてという地域認識は、出雲から美弥良久へ変化していると考えている。その理由を、大陸への交通ルートが、六六三年の白村江《はくすきのえ》の敗戦により従来の朝鮮半島経由ではなく、五島から東シナ海を一気に横断する「南路」へ変更になったために、日本の窓口も、朝鮮半島への中継地であった出雲から、中国への中継地である値嘉島、美弥良久へと変更されたことによる、地域認識の変化があったことに求めている。

西のはてと、値嘉島が大和国家に認識されるのは、遣唐使が「南路」を通って入唐する大宝《たいほう》二年(七〇二)以降のことであり、『古事記』、『萬葉集』にも遣唐使関連の記事がみえる。

『古事記』の六島生み神話(第五章第一節参照)にみえる知訶島《ちかのしま》は、荻原千鶴氏の「これは遣唐使航路としての南路の開発によって語り出されたものと考えられる。新しく開かれた航路の安全を祈願する気持ちが、航路にあたる島々を〈島生み神話〉に登場せしめたもの」(「六島生み神話の形成と遣唐使」一一八頁)との論考に従うべきである。

また『萬葉集』巻五の山上憶良《おくら》の「好去好来の歌《こうきょこうらい》」(第五章第三節参照)にみえる「あぢかをし値嘉《ちか》の崎より」は、憶良の大宝の遣唐使体験をふまえ、天平の大使多治比広成《たじひのひろなり》への餞《はなむけ》として、五島を経由する「南路」を想定して詠まれた歌である。先の荻原氏は、この歌を「東シナ海を乗り切って最初に到着する日本の国土として値嘉島を認識しているもので、たいそう実感がこもっている。これは憶良が、大宝の遣唐使として南路をとった自己の体験をもとにして歌っているためだろう」（前掲書二〇頁）と解釈される。このように、唐を「隣国」とする地理的観念は、大宝律令制定（七〇一年）の時点で形成されていたとする大日方克己《おびなたかつみ》氏の見解（「古代における国家と境界」四七頁）に従うと、八世紀初めには値嘉島、美弥良久が日本の西のはてという概念は、都の人々のあいだに成立していたことになる。

第五章第九節で詳述するが、五島から一気に入唐する後期遣唐使は、九回中六回も遭難事故をおこし、千人近い犠牲者をだしている。このなかには一族の将来を嘱望されたエリートが数多く含まれており、その追悼の気持ちから亡き人に逢えるみみらく伝説がうまれたと、筆者は考えるのだが、その前に、神話時代にみみらくに伝承されていたミロク信仰について、考察しておきたい。

ミロク信仰とみみらく

日本民俗学の大家、柳田国男（一八七五～一九六二）氏に、日本におけるミロク信仰に関する記述が、「みろく船のこと」にみられる。

弥勒《みろく》の出現を海から迎えるという信仰が、遠く隔てた南北の二地にある。一方は常陸《ひたち》の鹿島《かしま》を中心にした鹿島踊《かしまおどり》の祭歌、いま一つは南方の八重山《やえやま》群島の四つ以上の島で、この方は明らかにニロー神、すなわちニライの島から渡って来たまう神を誤って、そういう風に解するようになったものと思う。鹿島の弥勒ももとはそれでなかったかどうかは、この中間の他の地方に、是に類する信仰があるか否かによって決する。中世の文学に幾たびか取上げられた美々良久《みみらく》の島、亡くなった人に逢《あ》うことができるという言い伝えのあるその島は、はたして遣唐使が船を寄せたという肥前五島の三井楽《みいらく》の崎と同じであったか、または何処《どこ》かの海上の弥勒の浄土を、こういう風に語る人があったものか。

（「知りたいと思うこと二三」二九五頁）

柳田氏のみみらくに対する認識は、「根の国の話」（一九五五年）のなかで、次のように深まり、後に続く我々に、様々な暗示を提示している。

私の想像では、とにかくこの崎は早くから大陸に渡る船が此処《ここ》まで行き、もしくは向うから還《かえ》って来た船が茲《ここ》に船繋《ふながか》りして、風潮《かざしお》の頃合《ころあ》いを待つといった、海上の要衝として注意せられていたのである。

（一二四頁）

単にミミラクの島という名が文献の上に現われないだけで、日本に古くから伝わっている死者の国、それも海の彼方《かなた》に隔絶して、稀々《まれまれ》に生者も往《ゆ》き通うと信じられていた第二の世界が、我々の古典においてはネノクニであり、またはネノカタスクニとも呼ばれており、それとミミラクとの繋りは説明し得られる。故に、それを日本の西の突端、外国に渡る境の地、是非とも船がかりをしなければならぬ御崎《みさき》の名にしたのにも、埋もれたる意味があるのではないか。たとえ『万葉集』や『続日本後紀』の時代であろうとも、そこにこういう名を付けるためには、何かそれ以前からの伝説がなお民間に残っていることを必要としたのではないか。（一二五〜六頁）

三井楽という地名の考証には私は最初南島のニルヤ・カナヤが、「神代巻」のいわゆる根の国と、根本一つの言葉であり信仰であることを説くとともに、それが海上の故郷であるが故に、単に現世において健闘した人々のために、安らかな休息の地を約束するばかりでなく、なおくさぐさの厚意と声援とを送り届けようとする精霊が止住《しじゅう》し往来する拠点でもあると、昔の人たちは信じていたらしいこと、その恩恵の永続を確かめんがために、毎年心を籠め身を浄くして、稲という作物の栽培をくり返し、その成果をもって人生の幸福の目盛《めも》りとする、古来の習わしがあったかということを考えてみようとした。（一五二〜三頁）

鹿島《かしま》・香取《かとり》の二大社の前面まで、海の潮がゆたかに湛《たた》えていた時代に、印度《インド》の仏さまとやや近い名をもった海の神が、船に乗り数々の福徳を満載して、たとえば宮古島の世積綾船《よづみあやふね》のように、折々はそっと入ってこられることがあったという奇跡を信じて、それを世の中の最もわびしく貧しかった時代にまで、持ち伝えたとみることもまた不可能ではない。『常陸《ひたち》風《ふ》土《ど》記《き》』を見ると、あの頃にはここが常世国《とこよのくに》かという土地の人がまだあった。
（一五五〜六頁）

宮田登氏は、柳田氏のこれらの暗示を受けて、鹿島のミロク信仰の多元的な内容を詳細に検証を進めて行くなかで、常陸の鹿島に対置される肥前の鹿島（現在の佐賀県鹿島市）の存在に注目し、「カシマといった地名伝説には、突端とか先端といった局地とそれに伴なう一種の聖地観がうかがえるのである」（前掲書一九八頁）と、東西かけはなれた地の同質性を指摘している。さらに、西端の鹿島は松浦郡値嘉《ちか》郷に隣接し、「値嘉郷には旻楽崎、美楽崎（現、美井《ママ》楽町柏崎）とよばれるちょうど常陸国鹿島郡鹿島崎に対応すべき西のはてがある」（前掲書一九八頁）と記述した後、「いわば日本の西端にあたる鹿島いったいが、死者の国＝根の国との境に該当するとするならば、東端の鹿島は正しく常世国であり理想郷に真近い境としての意味が古代人の心意に存していたのだろう。」（前掲書一九九頁）と、鹿島常世国説の傍証にされている。

筆者には、逆に「値嘉郷美弥良久埼は、東のはて常陸国鹿島郡鹿島崎に対応すべき西のはてであり、その先は、東の鹿島の先が太平洋であるのに対して、中国大陸へつながる東シナ海であるという地理認識が、東の鹿島から弥勒船によってもたらされた、西の常世国であり、理想郷である」と論ずるのが自然であるように感じられる。鹿島と美弥良久という古代日本人の考える世界像の東西のはての地に、海上の彼方より神が現われるという聖地伝説が誕生していたという推察が成立するのではないか。西のはての五島には、ミロク信仰に関する伝承も記録も残されていないので、東のはての鹿島の伝承内容を参考に類推するのが、同じさいはての地という地域の伝承の、有効な検討の視点になりうると考えている。二つの聖地が、「弥勒船」によって交流があったと想定しての推論である。

昔から、海人《あま》は少人数で、移動が激しく、その世界観なり宗教観を正しくとらえることは困難であるが、松前健氏の「海人族と日月崇拝」に、

海洋漁撈民族であった海部《あまべ》に取って、神霊や死霊が海を越えて去来するという信仰は、最も自然であったであろう。こうした観想とその太陽崇拝とが結合して、そのような海の果ての太陽の島というような観想となったのかも知れない。しかし舟葬《しゅうそう》の風が早く廃《すた》れ、神社の舟祭りや御船代なども形式化するに従って常世やニライが単なる海上の仙島のごとくなったのであろうが、そうなった原因の一つは、この信仰を奉じていた海人がもともと他の種族に比してそれ程多くなく、その分布の広範囲なのに拘わらず、比較的少数であったということによるのかも知れない。死霊の往く場所を、地下あるいは山とするような信仰なども、他の種族には行なわれていたらしいから、そうした他界観念のため、何時か圧倒され消滅してしまったのかも知れない。しかしまたそ

の一部は仏教信仰と習合して、盆の精霊流《しょうろう》しや、西方浄土信仰、あるいはミロクの世・ミロクの船などという観想となって残ったのであろう。ミロクの世は、生命の霊果が満ちている理想の国土だとする信仰が広く、とかく小正月の行事に関連して語られていることも、そうした常世信仰のかすかな名残りなのであろう。

（一一〇～一頁）

とあるように、古代日本人、特に海人に信じられていたミロク信仰が、浄土教の広まりとともに、西方極楽浄土信仰と習合して、浄土信仰に圧倒されるのは、道綱母が『蜻蛉日記』を書き始める十世紀中ば以降のことである。

みみらく伝説の誕生

六、七世紀のみみらくは、日本の西の突端の、さまざまな人の集まってくる御崎《みさき》で、古くから伝わっている死者の国、根の国として、そこに行けば死んだ人に逢うことができると、九州北西部の人びとには信じられていた浄福の島、ミロクの島であったと推察される。文字をもたない海人達の口承伝説であるため、ミロクの島が、いつしか五島現地の土蜘蛛大耳《おおみみ》・垂耳《たりみみ》らによって、訛《なま》ってミーラッ、あるいはミーラクと発言され、八世紀の『肥前国風土記』編纂の時に、大宰府の役人によって美弥良久《みみらく》の佳字があてられたと推測している。美弥良久の弥に、弥勒信仰の名残りがみられると解釈するのは、穿ちすぎているだろうか。

井上通泰博士のように、『万葉集』巻十六の左注と、『肥前国風土記』の「美禰良久」はミネラクとよむべきと主張される学者も多数いるが、その根拠は「信ずべき古典に見えたるは皆ミネラクノ埼（傍点―引用者）で、このミネラクノ埼を平安朝時代の末期の京人はミミラクと聞誤り」（『萬葉集雑攷』一四二〜四頁）という薄弱なものである。『蜻蛉日記』のみみらくを聞誤りと断じているが、筆者には『蜻蛉日記』のみみらくこそが正しい表記であり、平安中期にはミミラクという地名が人口に膾炙《かいしゃ》していたから、道綱母に「みみらくの島」と記録されたと考える。また、『萬葉集』や『肥前国風土記』の一部写本にみられる「美禰良久」は、彌を禰に書き誤ったものと推察している。

ところが、八世紀の「美弥良久《みみらく》」という佳字が、九世紀の『続日本後紀』（八六九年成立）では、「旻《みみ》楽《らく》」に変っている。正史編纂者のミミラク認識に、大きな変化があったことを示す当て字の変更である。ミロクの浄土を想起させる美弥良久から、「あわれむ。うれえる」（『大字源』）の意味をもつ「旻《ミン》」という字をあてる「旻楽」へと変化している。『天台宗延暦寺座主円珍伝』（九〇二年撰述）にも「旻美《みみ》楽《らく》」との表示があり、九世紀中ばから十世紀初頭においては、ミミラクは「旻楽」「旻美楽」と表示されていることが、史料で確認できる。

この表示の変更の理由を、筆者は、後期遣唐使の遭難事故の多発に関連があると推察している。九回の派遣のうち、六回も遭難し、千人近い使人が海の藻屑と化したことが、冥土《みょうど》を連想させる「旻」

という字を、正史編纂者にあてさせる契機となったと推測しているのである。
この遣唐使人たちの遭難死が、平安貴族社会に広まりつつあった浄土教の西方極楽浄土と結びついて、亡き人に逢えるみみらく伝説が平安貴族の間にうまれ、語り継がれていったものと推測している。五島現地とは無縁の、あくまで平安貴族社会のなかで語られる伝説であった。

【付記】中国往生伝の将来と道綱母への影響

往生伝とは、『浄土宗大辞典1』によれば、次の通りである。

おもに阿弥陀仏や、あるいは弥勒仏、観音菩薩の信仰をえて、それぞれの浄土（西方極楽・兜率《とそつ》天・補陀落《ふだらく》など）へ往生したとおもわれる人（往生人）、往生することを願う人（願生者）について、その略歴・信仰の生活態度・往生のあかし（瑞相・霊異《りょうい》）などを記し、編集したものを往生伝という。浄土教の発達にともなって、浄土教の信仰を勧める（結縁《けちえん》・勧進）ために、身近で平易な説明で、信仰入門書の性格をもって、インドや中国で編集された。わが国でも、その影響をうけて、浄土教を信仰する文化人の間で編集され出した。（一五六～七頁）

慶滋保胤《よししげのやすたね》の『日本往生極楽記』がわが国で最初に著述されるのは、永観《えいかん》二年（九八四）ごろなので、

『蜻蛉日記』執筆後となり、日本の往生伝の日記への影響は考えられないが、道綱母が、迦才《かざい》の『浄土論』と、文諗《ぶんしん》・少康《しょうこう》の『往生西方浄土瑞応伝《ずいおうでん》』をみて、母親の往生を願って記事を書いた可能性は否定できないので、中国往生伝の将来についてまとめておきたい。

中国往生伝の最初となるのは、初唐迦才（生没年未詳）の『浄土論』巻下の「往生人相貌章」にみえる道俗二十人の往生者の事蹟である。迦才は、道綽《どうしゃく》（五六二～六四五、中国浄土教の祖師の一人）の『安楽集《あんらくしゅう》』下巻に記載された浄土教の六大徳（流支《るし》三蔵・慧寵《えりゅう》・道場・曇鸞《どうらん》・大海・法上の諸法師）を模範として往生者の事蹟を記述したと、小笠原宣秀《せんしゅう》氏はその著『中国浄土教家の研究』で指摘される（一〇四頁）。

この迦才の『浄土論』は、養老《ようろう》元年（七一七）入唐、天平《てんぴょう》七年（七三五）帰朝した玄昉《げんぼう》（?～七四六）によって、わが国に将来された可能性が大きく、奈良元興寺《がんこうじ》三論宗《さんろんしゅう》（南都六宗の一つ）の学僧・智光《ちこう》（七〇九～八〇?）などに影響を与えている。智光は、保胤の『日本往生極楽記』にその往生伝が載っている。伝によると、智光が夢の中で、朋友《ほうゆう》の頼光《らいこう》が長年の行住座臥《ぎょうじゅうざが》（戒律にかなった日常の起居動作）の中に阿弥陀仏と浄土を観した功徳で極楽往生したことを知り、共に仏の前に詣《いた》って、

智光頭面礼拝して、仏に白《まう》して言はく、何の善を修してか、この土《ところ》に生るることを得むかといふ。仏、智光に告げて曰く、仏の相好、浄土の荘厳を観ずべしとのたまふ。智光言はく、この土《ところ》の荘厳、微妙広博にして心眼及ばず。凡夫《ぼんぶ》の短慮何ぞこれを観ずることを得むといふ。仏即ち右

の手を挙げて、掌《たなごころ》の中に小浄土を現じたまへり。智光夢覚めて、忽ちに画工に命じて、夢に見しところの浄土の相を図せしめたり。一生これを観じて終《つひ》に往生を得たり。

（日本思想大系7、二五頁）

とある。この極楽浄土を描いた智光曼荼羅《ちこうまんだら》は、大江親通《おおえのちかみち》（?〜一一五一）の平安末期の『七大寺日記』に、「元興寺の極楽房に、智光の極楽曼荼羅あり」と書かれているので、道綱母がみている可能性も否定できない。この後、天徳《てんとく》元年（九五七）に、天台僧日延が将来した『往生西方浄土瑞応伝』（正確には刪伝《さんでん》）は、比叡山上の学堂に置かれた。『浄土論』と『瑞応刪伝《ずいおうさんでん》』が叡山にそろい、保胤、源信ら浄土教家に活用されることとなる（日延については、第三章第四節で取り上げる）。

『瑞応伝』は、現存する中国往生伝の最古のもので、唐の徳宗（七四二〜八〇五、在位七七九〜八〇五、唐の第九代皇帝）の頃に、文諗《ぶんしん》（生没年未詳）・少康《しょうこう》（?〜八〇五）によって編まれ、その後五代の道詵《どうせん》の刪補《さんぽ》（不足分を補うこと）を経て、『瑞応刪伝』として現在に伝わる。東晋の慧遠《えおん》法師から唐の邵願保《しょうがんほ》に至る四十八項五十三人の往生伝を収め、初めて体系的にまとめられた往生伝である。

その内容は、永田真隆氏によると、比丘《びく》僧二一伝、比丘尼《びくに》五伝、沙弥《しゃみ》一伝、童子二伝、国王一伝、皇后一伝、優婆塞《うばそく》（在俗の男子の仏教信者）九伝、優婆夷《うばい》（在俗の女性の仏教信者）八伝の順に挙げられ、さらにその各分類の中でも概ね生没年時順に挙げられている。また、数字的に出家者と在家者、男と女も概ね半々に挙げられているといえる（「中国往生伝における来迎《らいごう》描写の変遷」一七頁）。

さらに、永田氏は、往生伝の基本的な形式を、ある人物の名前、出身地、出家の経緯、平生の往生行、臨終の描写という順に並らび、そのうちでどれかが抜けたり、付随的な描写がある型とする。その後、徐々に変遷して物語性が付加されていき、その例を次の五つの類型に分けている。

①　現世利益が付加される類型
②　造悪人が往生する類型
③　臨死体験後に往生する類型
④　上位の六道への転生を拒否して往生する類型
⑤　下位の来迎を拒否して往生する類型

（前掲書一九頁）

なかでも④と⑤の類型で、兜率天生天より西方浄土往生を上位に置き、念仏の価値を確立しようとする物語が多数あることに、筆者は注目している。わが国における浄土教の広まりとともに、「往生伝は人を信じさせるための工夫が徐々になされてき」、「物語性をつけることで興味を持たせ」、「有名人物を出したり、来迎の目撃者を複数人にしたり、来迎表現を来迎があったと暗に匂わすこと」（永田真隆氏）によって真実味を持たせるなどの工夫がなされた『浄土論』や『瑞応刪伝』が、布教の場で必要に応じて使われて、浄土教の啓蒙に活用されていたと推測し、そこに道綱母と中国往生伝の出会いの可能性を感じているのである。そして、そこにわが国における西方極楽浄土に、日本の西のはてに位置する「みみらくの島」が登場する必然性が存在するように考えている。

迦才《かざい》の『浄土論』、文諗《ぶんしん》・少康《しょうこう》の『往生西方浄土瑞応伝』の往生伝が、天台浄土門の僧、特に日延を中心とする天台僧によって、説法の場などで話題にされてたので、日記の亡き人に逢えるみみらく伝説がうまれる契機となったと考え、往生伝の将来とその影響をまとめてみた。

なお、『浄土論』、『往生西方浄土瑞応刪伝《さんでん》』は、大正一切経刊行会から昭和三年（一九二八）に発行された『大正新脩大蔵経《たいしょうしんしゅうだいぞうきょう》』（注）の第四七巻と第五一巻に収載されている。

（注）大正十三年（一九二四）から昭和九年（一九三四）にかけて、高楠《たかくす》順次郎・渡辺海旭《かいしょく》・小野玄妙らによって刊行された日本で最大の大蔵経《だいぞうきょう》（仏教聖典の総称。経蔵・律蔵・論蔵の三蔵およびそれらの注釈書を網羅した叢書）。正編五五巻、続編三〇巻、別巻一五巻の全一〇〇巻から成る。大正蔵・正蔵と略称。（『広辞苑』）

第四節　天台浄土教と摂関家と道綱母

浄土教の伝来

阿弥陀仏の極楽浄土に往生して悟りを得ようとする他力易行《いぎょう》の浄土教は、インドで大乗仏教が興った初期の一世紀頃に成立し、二世紀の後漢の時代以降中国に移入される。その中国では、南北朝の五世紀半ばには『無量寿経《むりょうじゅきょう》（魏《ぎ》の康僧鎧《こうそうがい》の訳）』、『阿弥陀経《あみだきょう》（鳩摩羅什《くまらじゅう》の訳）』、『観無量寿経《かんむりょうじゅきょう》（西域《さいいき》の畺良耶舎《きょうりょうやしゃ》の訳）』の漢訳が出揃う。そしてこの三部経に加え、六世紀の初頭には世親《せしん》（四～五世紀頃の北西インドの僧）の『浄土論』も、六世紀初頭には漢訳される。さらに七世紀にかけて隋・唐の時代に入ると、曇鸞《どんらん》（四七六～五四二、北魏の僧）の『浄土論註《じょうどろんちゅう》』、道綽《どうしゃく》（五六二～六四五、中国浄土教の祖師の一人）の『安楽集《あんらくしゅう》』、善導《ぜんどう》（六一三～八一、終南大師）の『観無量寿仏経疏《かんむりょうじゅぶつきょうしょ》』（『観経疏《かんぎょうしょ》』）などの主要論書が成立し、末法の時代における易行往生の教えとして、教義と実践の両面で中国浄土教は大成されていく。

わが国に公式に仏教が伝わったとされる五三八年以降、仏教は百済から派遣された僧侶の努力によって、時間をかけてわが国に広まっていくのだが、浄土教はおよそ百年後の七世紀中ば頃にわが国に伝来する。『日本書紀』舒明《じょめい》天皇十二年（六四〇）五月五日条に、

> 大《おほ》きに設斎《をがみ》（斎会《さいえ》—僧尼に斎食を供する法会）す。因《よ》りて、恵隠僧《えおんほふし》を請《ま》せて、無量寿経《むりょうじゅきょう》を説《と》かしむ。
>
> （巻二三）（岩波文庫『日本書紀（四）』一八二頁）

さらに、孝徳《こうとく》天皇白雉《はくち》三年（六五二）四月十五日条にも、

――沙門《ほふし》恵隠《えおん》を内裏《おほうち》に請《ま》せて、無量寿経《むりょうじゅきょう》を講《と》かしむ。沙門恵資《えし》を以て、論議者《ろんげしゃ》（問者）とす。沙門一千《ちはしら》を以て、作聴衆《さちょうじゅ》（論議の聴衆）とす。（巻二五）（前掲書三一八頁）

と恵隠講経の記事がある。遣隋使小野妹子《おののいもこ》に随行して、隋・唐での三一年間の留学を終えて帰朝した恵隠が、飛鳥の厩坂宮《うまやさかのみや》で、持ち帰った『無量寿経《むりょうじゅきょう》』の講経を行ったのが、浄土教伝来の初見とされている。一二年後の白雉《はくち》三年（六五二）には孝徳《こうとく》天皇の命により難波長柄豊崎宮《なにわのながらのとよさきのみや》で再度の『無量寿経《むりょうじゅきょう》』講経を六日間続け、千人の僧が聴衆となる盛大な法会となっている。

そして、奈良時代になると、阿弥陀信仰が、

――始めは弥勒信仰と分ち難い状態の下に展開したが、それがやがて優勢となり、往生といえば極楽浄土、往生の祈願といえば阿弥陀仏というように時代の大勢がきまってきたのは恐らく奈良時代も終りに近づいてからであろうと思われる。（井上光貞氏『日本浄土教成立史の研究』一一五頁）

となってきて、道綱母の時代には往生といえば西方極楽浄土への往生ということになり、西のはてみみらくの島に往生した人があらわれるという伝説が、平安貴族社会にうけいれられる状況がうまれてくるのである。

◆――『日本霊異記《にほんりょういき》』の影響

平安時代の初期に、薬師寺の僧景戒《けいかい》（生没年未詳）によって書かれたわが国最初の仏教説話集『日本霊異記』三巻は、「仏教の説く因果応報の理《ことわり》が現実に働いている事例を挙げて信仰を勧め、非道を戒しめている」（石井義長氏）説話集で、人々に善を行なうことをすすめて、ともに極楽に往生する目的で、百十六話の説話を集めている。

話の背景は、大部分が奈良時代及び奈良時代以前で、奈良の薬師寺、東大寺、元興寺など奈良時代の仏教や寺院に関する話が多い。配列は大体時代順で、上巻は雄略《ゆうりゃく》天皇の時代（五世紀後半）の話から聖武《しょうむ》天皇の神亀《じんき》四年（七二七）の話まで、中巻は聖武天皇の天平《てんぴょう》元年（七二九）の話から淳仁《じゅんにん》天皇の天平宝字《ほうじ》七年（七六三）の話まで、下巻は称徳《しょうとく》天皇の時代（七六四～七〇）の話から嵯峨《さが》天皇の時代（八〇九～二三）までの話となっている。

説話の内容は、大部分が仏教関係の話で、悪い報いのあった話とよい報いのあった話に分けられる。なかでも、法華経に関連のある話が十件、行基《ぎょうき》（六六八～七四九、二〇五～七頁の付記参照）の話が、七件も取り上げられ、作者景戒の行基に対する支持と共感がみられるのが、ひとつの特徴となっている。

行基は、『蜻蛉日記』でも、中巻の天禄《てんろく》二年（九七一）二月の「呉竹を植える」条（第三章第四節一八四～五頁参照）で、「ゆくすゑの人のためにこそ、実《み》なる木はうへたまひけれ」と書かれているので、作者道綱母がこの『霊異記』に目を通していた可能性は大きいと推測している。

天台浄土教の興起

井上光貞博士によれば、日本における天台的浄土教興隆の直接の起源をなすのは、第三世天台座主円仁（七九四〜八六四）による中国五台山竹林寺の法照《ほっしょう》（生没年不詳、五会《ごえ》流念仏の祖）の念仏の移植とされる。この間の経緯については、源為憲《ためのり》（?〜一〇一一）の『三宝絵』下巻、僧宝の二五の「比叡の不断念仏」に詳しい。訓み下し文を提示する（為憲については、第四章第三節で取り上げる）。

●史料（『三宝絵』）

比叡の不断念仏《ふだんねんぶつ》（八月僧宝の二五）

念仏《ねんぶつ》は、慈覚大師《じかくだいし》（円仁）のもろこしより伝へて、貞観《じょうがん》七年（八六五）より始《はじ》め行へるなり。四種《ししゅ》三昧《さんまい》の中には常行三昧《じょうぎょうさんまい》となづく。仲秋《ちゅうしゅう》の風すずしき時、中旬の月明《つきあきらか》なるほど、十一日の暁《あかつき》より十七日の夜にいたるまで、山《やま》の上《うへ》の二千余《にせんあま》りの僧《そう》を分《わか》ちて、四番《よばん》に結《むす》びて、七日七夜《なぬかななよ》不断に行《おこな》はしむるなり。〔故《ゆゑ》に結願《けちぐわん》の夜《よる》に修行三七日《さむしちにち》なり。唐には三七日行《おこな》ふと云《い》ふ。我《わ》が山には三所《みところ》に分《わか》ちて一七日《いちしちにち》行《おこな》ふなり。合《あは》せて三七日なり、と。云々。〕身は常に仏を廻《めぐ》る。身の罪ことごとくうせぬらむ。口には常《つね》に経を唱《とな》ふ。口のとがみなきえぬらむ。心は常に仏を念《ねむ》ず。心のあやまちすべてつきぬらむ。『阿弥陀経《あみだきょう》』に云《い》はく、「もし善心《ぜんしむ》をおこせる善男女《ぜんなむによ》ありて、阿みだ仏の名号《みょうごう》を聞《き》き持《たも》ちて、もしは一日《ひとひ》もしは二日《ふつか》もしは三日《みっか》乃至《ないし》七日《なぬか》、一心不乱《いっしんふらん》、臨終《りんじゅう》の時に心顚倒《てんとう》せずして、すなはち極楽《ごくらく》に生《なむ》る」。七日をかぎれる事は此の経《きょう》によてなり。また彼《か》の仏《ほとけ》は此《こ》の土《ところ》の衆生《しゅじょう》に大誓願《だいせいぐわん》あり、此の土《ところ》の衆生は彼の仏《ほとけ》に大因縁《だいいんねん》あり。一度《ひとたび》その名を唱《とな》ふれば、音《こえ》をあぐるほどに八十億劫《はちじゅうおくごう》の生死《しょうじ》の罪《つみ》をけし、忽《たちまち》にその国にむまるれば、臂《かひな》をのぶるあひだに十万億土《じゅうまんおくど》のさかひをこえぬ。彼の浄土を心ざしもとむる人は、かならず猒《いと》ひ願《ねが》ふ心を発《おこ》すべし。猒ふ心は、たちても坐《ゐ》てもただ此の身《み》の苦《くるし》びおほかるをいとふなり。願ふ心は、ねてもさめてもかの国の楽《たのし》みをねがふなり。春の花をみむ朝《あした》にも七重《しちぢう》の林の色おぼつかなかるべし。秋の風をきかむ夕《ゆふべ》には八功《はちく》の浪《なみ》のこゑを思ひやれ。つねにくれむ日にそへつつ心を西方《さいほう》にをくれ。一日《ひとひ》も微善《みぜん》も、志《こころざ》さばうたがひなし、五逆《ごぎゃく》のをもき罪《つみ》をもたのめばすなはち生れぬ。

（出雲路修氏校注『三宝絵下巻』、一六二〜三頁参照）

■現代語訳（部分）

阿弥陀経に言う、「もし善心をおこした善男女がいて、阿弥陀の名号を聞いて守り、かりに一日、もしくは二日、三日、ないしは七日と、一心不乱に努めたなら、死に際して心も顚倒することなく、そのまま極楽に生まる」と。七日に限ったのは、この経によってである。また阿弥陀仏はこの国の衆生に、大きな誓いを立てている。この国の衆生は、かの仏に大なる因縁がある。一たびその名を唱えると、音に応じて八十億劫《こう》（極めて長い時間）の生死の罪を消し、忽ちにその国に生まれるのであるから、肘《ひじ》を伸ばす間に、十万億土（極めて遠く離れた地）の境を超えていく。かの浄土を志す人は必ずこの世を厭《いと》い、あの世を願う心を起こすだろう。厭う心は居ても起っても、この身の苦しみが多いのを厭うのである。願う心は寝ても醒めても、かの国の楽しみを願うのである。春の花を見ている朝にも、極楽の七重並木の色が気に掛ろうし、秋の風を聞く夕べには、極楽の八功《はちく》徳水（甘く・冷たく・軟らかく・軽く・澄み・臭みなく・飲む時のどを損なわず・飲み終って健康を増すという勝れた性質をもつ水）の浪に思いをいたすがよい。常に暮れゆく日に際しては、心を西方にはせるようにせよ。一日もわずかな善行も、善への志をもったならば、浄土に生まれることは疑いないことである。五逆《ごぎゃく》の重い罪を持ったものでも、仏を頼めば仏の国に生まれるのである。（（　）―引用者）（江口孝夫氏校注『三宝絵詞下』、一一七～八頁）

円仁の法照《ほっしょう》流念仏は導入されて、およそ一世紀半後に天台門に確立されることになるのだが、井上博士はその間の経過を、次の三点に要約される。

第一は、常行三昧《じょうぎょうざんまい》（常に弥陀の仏像のまわりを歩行して弥陀の名号を称え、心に弥陀を想ってやまない修行法―引用者）そのものの発展であった。大観すると、円珍《えんちん》（八一四～九一）の没した寛平《かんぺい》（八八九～九七）ごろまでは、まだ常行三昧の発達はそれほど著しいものではなかったようで、「講演法華儀」にもみられるような、円珍の密教的な法華三昧が盛んであったようである。しかし、その間にも、円仁の移植した法照流念仏の影響は着実に発展しつつあった。その具体的な事例をあげてみれば、貞観《じょうがん》七年（八六五）に叡山に不断念仏がはじまったこと、元慶《がんぎょう》七年（八八三）に円仁の弟子相応《そうおう》（八三一～九一八）が東塔に常行堂を移建していること、仁和《にんな》二年（八八六）におなじく遍照《へんじょう》（八一七～九

○）が阿弥陀三昧を元慶寺に課していること（『類聚三代格』巻二、寛平四年七月二十五日官府所引「花山元慶寺式」）、寛平《かんぺい》二年（八九〇）に遍照の弟子の幽仙《ゆうせん》（八三五〜九九）が阿弥陀真言念仏を仁和寺に課していること（『類聚三代格』巻二、寛平二年十一月二十三日官府）などをあげることができるであろう。また、やがて延喜《えんぎ》（九〇一〜二三）のはじめ、増命《ぞうみょう》（八四三〜九二七、第十世座主）（注）が天台座主にえらばれたころからは、その発展はさらに著しいものがある。増命自身、遡って寛平五年（八九三）には常行堂を西塔に建て、六年からここにも不断念仏をおこしているが、このころから以後はその門流に念仏者も数多く輩出してくるのである。そしてその後半世紀ほどして、良源（九一二〜八五、第十八世座主）が座主として活動した時代に入ると、天禄《てんろく》元年（九七〇）の「廿六箇条」にも、「又籠山十二年、修二習四種三昧一、雖レ在二同式一、当今所レ習、只常行三昧也」（『盧山寺文書二十六条起請』）といわれるほどの盛行を示すにいたったのである。

（「天台浄土教と貴族社会」八七〜八頁）

（注）増命は円珍に受法しているが、もと延昌《えんしょう》の室《むろ》に長じ、常済《じょうさい》に両部を受け、しかも西塔に終止した人であって、円仁門の傾向を強く受けた。ここから常行三昧への関心を受けたのであろう。寛平五年（八九三）西塔に常行堂を建て、六年より不断念仏を興し、延長《えんちょう》五年（九二七）常行堂の壁に極楽図を描き（以上『静観僧正伝』）、延長四年以前に自ら念仏に帰したらしく（『扶桑略記』延長四年四月条）、翌年念仏して寂した（前記伝）。このような人物が座主となり、しかも多くの門下を世に送ったことは重大な意義を有する。（前掲書八九〜九〇頁の注記）

第二は、この間、念仏門が徐々に発達してきたことである。即ち、常行三昧《じょうぎょうざんまい》はもともと止観《しかん》（心を一つの対象に集中させて雑念を止め、正しい智慧に対象を観察すること。天台宗の中心となる行法―引用者）の観法であるから、これをそのまま浄土門ということはできないであろう。しかるに、常行三昧の発達の間に、そこにふくまれていた浄土門的契機はしだいに濃厚となって、次々と念仏者があらわれてきたのである。さきにあげた増命のごときも、晩年には念仏者であったようであるし（『扶桑略記』延長四年夏四月条に「増命幼日従師、老年念仏」と見える―引用者）、またややおくれて尊意《そんい》（八六六～九四〇、第十三世座主））もまた、その伝には「年来之頃、願二生極楽一」（『尊意僧正伝』）とうたわれている。やがて村上天皇（九二六～六七、在位九四六～六七）のころ座主であった延昌《えんしょう》（八八〇～九四六、第十五世座主、第三章第一節参照）においては「水月観浅、自憂二浮世之無常一」（『門葉記』巻七四）として、既に天慶《てんぎょう》（九三八～四六）のころから念仏門に帰していた人で、毎月の十五日には別時の念仏をおこして弥陀讃を唱えていたというし、同じころ、実性《じっしょう》は多武峯に草庵を結んで幽閉し、もっぱら念仏を業となしていたのである。

第三にその勢は一歩進められて、念仏門上の述作の時代に入った。かかる著作活動のめばえを示すものは、いまあげた延昌が毎月十五日の法会の時に「浄土因縁、法華奥義」（『日本往生極楽記』延昌伝）を対論させたことや、また、延教《えんきょう》（伝未詳）なる天台僧が、その妹の小野氏（藤原佐世《すけよ》の妾）のために「抄二出観無量寿経（浄土三部経の一つ）及ビ諸ノ経論ノ中ノ要文一ヲ」（『日本往生極楽記』女弟子小野氏伝）してその修道の便に供したという事実などがあげられよう。しかしそれが本格的に展開したのは良源（九一二〜八五、第十八世座主、第三章第二節参照）の叡山再興のころからであった。良源自身に、『極楽浄土九品往生義』、同世代の千観《せんかん》（九一八〜八三）に『十願発心記』、同じく禅愉《ぜんゆ》（生没年未詳）に『阿弥陀新十疑』があり、良源の門弟の世代には、源信《げんしん》（九四二〜一〇一七）に『往生要集《おうじょうようしゅう》』・『観心略要集』など、覚運《かくうん》に（?〜一〇〇七）に『観心念仏』・『念仏宝号』ほか、静照《じょうしょう》に『極楽遊意』・『四十八願釈』などがあっていずれも今日に残っている。これを以ても天台浄土教が確立されたのが良源とその門弟の時代、即ち藤原前期の末から藤原中期にかけてであったことが明らかにされるであろう。なお、このうち最も浄土門的とされ、後世に影響を及ぼしたのは、いうまでもなく源信の壮年の時の作『往生要集』であった。この書の述作年次は寛和《かんわ》元年（九八五）とみられるが、それは円仁が法照《ほっしょう》流念仏を移植した時から数えて、およそ百三十年後のことである。

（前掲書八八〜九頁）

良源と摂関家の関係については、第三章第二節で詳述するが、良源は、宗教家というよりも山の経営者として、その才智を発揮して叡山をまさに一新させ、新たな息吹をもたらすのであるが、それは師輔—兼家ら九条一門の強力な支援が後楯としてあって初めての実現できたのである。

摂関家と天台浄土教の関係

時代の覇者である摂関家と天台浄土教の関係をまとめて、日記の時代背景の一考察としたい。

井上博士は、まず事例として、藤原基経《もとつね》（八三六〜九一、初代関白）の極楽寺をとりあげ、律令時代の追善的な阿弥陀信仰で、天台浄土教とは関係がないとされる。その理由として、慶滋保胤《よししげのやすたね》の「極楽寺の禅房に「落葉の声は雨の如し」を賦す詩の序」に、「…中起㆓高堂㆒、大悲観世音為㆓中尊㆒」（新日本古典文学大系27『本朝文粋』巻十、三〇八頁）とあって、本尊が観音であったことをあげられている。

次に、忠平《ただひら》（八八〇〜九四九、摂政関白）の日記『貞信公記抄《ていしんこうきしょう》』天慶《てんぎょう》八年（九四五）七月十八日条に「山階寺九品往生図、従㆓善蔵許㆒請送」、九月廿二日条に「西方浄土図始、仏師定豊」とみえていることを、

これは、前後の事情詳らかでないが、法性寺《ほっしょうじ》の建立（九二五年）と関係があるかと思われる。『貞信公記』の他の条によると、たとえば天慶二年（九三九）二月二日条には当時の浄土教家延昌《えんしょう》を「家法阿闍梨」と記しており、その他、増命《ぞうみょう》・相応《そうおう》・玄昭《げんしょう》らもしきりにその門に出入していることが知られるのであるが、忠平はこれらの人々を通じ天台浄土門と種々の交渉をもっていたと思われる。それが上記の日記の一節にも反映しているのであろう。当時の日記・記録に散見する忠平建立の法性寺の伽藍は大日を中心とする台密的寺院構成をとっており、忠平自身念仏者とし

ての行業を文献にとどめているわけでもないから、浄土教がその精神生活にどれだけの意義を有していたかは疑問とすべきである。（前掲書九五頁）

次に（兼家の父）藤原師輔《もろすけ》（九〇八〜六〇）が子孫に示した『九条殿遺誡《くじょうどのゆいかい》』には、「但早定二本尊一。盥洗レ手唱二宝号一。若レ誦二真言一。至二于多少一。可レ随二人之機根一」（『群書類従巻四七五』一三七頁―引用者）とあって、この本尊・宝号はあるいは阿弥陀仏とその名号かとも思われる。師輔は良源の外護者として知られ、その『極楽浄土九品往生義』はこの人のために奉られたというから右はその影響であろうとも考えられるのである。しかし、師輔の右書に示される仏教の信仰は大観すれば浄土教的契機が希薄である。（前掲書九五頁）

と、師輔の仏教思想を規定されている。さらに源信が『往生要集』を作った寛和《かんわ》（九八五〜六）のころは、道綱母の夫兼家（九二九〜九〇）の栄華のはじまる時であるが、

兼家が摂関としてははじめて出家し、その翌日に作った法興院《ほこいん》の発願文（正暦《しょうりゃく》元年（九九〇））には、浄土教は全く影をとどめていない。この願文にあげてある尊像は、大日・釈迦・薬師・観音・五大尊などであって、それは出家時の兼家の心境をおしはかるものである。（前掲書九六頁）

と、兼家にも天台浄土教の影響を認めていない。

兼家は、その若き日の天暦《てんりゃく》八年（九五四）冬、父師輔に従って叡山の法華八講に参加し、横川に籠っていることが、『蜻蛉日記』上巻、天暦八年（九五四）十二月条にみえる。ただ、兼家が日記の中で参詣している鳴滝の般若寺、初瀬観音（長谷寺）、石山寺は、いずれも真言宗に所属する寺であり、中巻はじめの安和《あんな》二年（九六九）六月末には、道綱を伴って吉野金峯山《きんぷせん》へ参詣している。金峯山は弥勒出世の地として知られ、雑信仰の傾向にあったことがうかがえる。

ところが兼家は、右大臣になった翌年の天元《てんげん》二年（九七九）には、祖父忠平、父師輔の遺志を継ぎ、良源を崇めて横川に恵心院《えしんいん》を建立して、九条家と天台浄土教との連携を強化している。信仰ではなく、政治的な意図がうかがえる行動である。道綱母の信仰も、加持・祈禱・参籠・精進といった密教的なもので占められ、参詣している寺もほとんど真言宗の寺である。兼家に随従しての信仰であったようだ。晩年の浄土教に心を寄せた信仰とは、違うことがみてとれる。

◆——摂関家と浄土教と弥勒信仰

速水侑《たすく》氏によると、この時代の貴族の信仰は、法華・弥陀・弥勒が、錯雑併行しており、後世の一向専修的な浄土思想の立場からみれば、不徹底・未熟のそしりをまぬかれないが、そのことに別に矛盾を感じていなかったようである。

天台教学の大家硲慈弘《はざまじこう》氏も、天台の法華思想について、次のようにのべている。

> 当代一般の法華信仰は、決して純粋単一ではなく、あるいは密教信仰と調和し、あるいは弥勒信仰と伴い、ことに当代もっとも盛んなる弥陀信仰と一体一味の関係にあったのである。
>
> （『日本仏教の開展とその基調（上）』七四頁）
>
> 天台法華の盛行は、もちろん同時に台密《たいみつ》（東寺による真言宗の密教を東密《とうみつ》とよぶのに対し、天台の密教をさす―速水氏注）をも伴うのであって、もし平安時代に密教信仰の殷賑《いんしん》なるものあるとすれば、当然に天台の密教がその一役を演ずるのみならず、その密教信仰が、あるいは法華・弥陀等の信仰と密接なる関係において流行せられたことは、むしろ四宗融合（天台宗は、止観・真言・禅・戒の四宗を融合する宗派であるということ―速水氏注）をその基調とする叡山仏教の表われであり、さらに一切の諸行を往生の種と認むるところの天台法華の教意によるといって、恐らく誤ないであろう。
>
> （硲氏前掲書九八頁）

このように「法華経」とその信仰は、当時の浄土信仰と不可分の関係にあったのだが、「法華経」に説く浄土思想が極楽・兜率の二様性を含んでいたことに注目すべきである。

井上博士も、阿弥陀信仰が追善的内容に終始するのに対し、弥勒信仰に自己往生を求める思想のみられる点を指摘するとともに、

たとえば具体的な歴史的な信仰形態として、兜率上生には厭離穢土《おんりえど》が欠けているということが一つの相異とはならないであろうか。追善儀礼としての浄土教の変容とは実は「現世には果報を尽し、死後には地獄ではなく極楽に生まれたいと願う」思想的背景の下に考うべきことであるが、弥勒上生の思想は実際信仰としてはこのような二世安楽的要素を始めから持っていたため、容易に受容されたのではあるまいか。

（前掲書二一四〜五頁注⑵）

と、貴族社会に弥勒信仰が受容されやすい要素をもっていたことを指摘されている。

さらに、仁和《にんな》三年（八八七）に、延暦寺の年分度者《ねんぶんどしゃ》加増を請願した智証大師円珍《えんちん》の上表文《じょうひょうぶん》に、

国の国たるは本《もと》より礼を設《まう》くるに依《よ》り、人の人たるも亦《また》礼を行ふに由《よ》る。故《ゆえ》に書に曰《い》はく、「人礼有れば則《すなは》ち安く、礼無ければ則ち危《あやふ》し」と。経に曰《い》はく、「人能《よ》く礼を行へば天上に生《うま》るるを得《う》」と。これ知る、内経《ないきやう》（仏教経典）外書《げしょ》（儒教の書物）は礼を以て存立《そんりつ》す。（以下略）

（武田祐吉氏編『日本三大実録（下）巻五十』三八一頁）

とある意味を、速水氏は、「弥勒上生信仰に、律令社会の儒教的側面に合致するものがあったと考え」（前掲書八二頁）、「律令国家に対して、鎮護国家仏教における年分度者の必要を、「礼」を媒介とする仏教と儒教の同一性を通じて主張した」（前掲書七五頁）上表文と解釈して、律令社会に弥勒上生信仰が強く支持された理由の一つとしている。

また、「この兜率上生信仰が西方極楽往生の思想よりも我国に於いて早く発達したのは、それが、天部であることに因って、我が固有の神祇《じんぎ》の思想との関係に於て入り易かった為めであらう」（辻善之助氏『日本佛教史第一巻上世篇』五九九頁）と固有の民族信仰との関係を重視する説もある。

ところが、こうした摂関家における阿弥陀・弥勒両信仰の併存、混在がみられることに対して、辻善之助氏は、次のような厳しい指摘をなされている。

かやうにして、此時代の信仰は、表面には殊勝気に見ゆるものもあるが、其の裏面に入って見れば、甚だ浅薄なる形式的のもので、無常といひ浮世といひて、此の世を露に喩へ、うたかたに比し、又は厭離《おんり》穢土《えど》欣求《ごんぐ》浄土《じょうど》といふも、いづれも言語の上の文《あや》が多く、信仰と称するものも、一種の習慣儀礼の如く、深く根柢を有するものには非ずして、唯其の型を逐ふに過ぎないものが多かったと思はれる。（前掲書六三〇～一頁）

摂関家の形式信仰の一例として、道長が法成寺阿弥陀堂で臨終を迎えた時、阿弥陀仏の手より糸を引き、自分の手にかけて極楽往生を願ったことを、提示している。

従うべき論考である。時代の支配者である摂関家の人びとは、全ての行動を自らの権力の維持・拡大に結びつけていたし、また、兄弟、一門の中でも競争が激しかったので、常に時代の動き、ライバルの動向に目配りをしながら、政治的な経略に従って行動していたのである。世の中の動向に遅れまいとする意識が、例えば院政期における阿弥陀堂の驚くほどの盛行となったのではないだろうか。

摂関家のなかでも、道綱母の夫兼家やその子道長は政治家として後世から高く評価されているが、天台一門との連携も万全で、摂関政治の最盛期を築き上げ、わが世の春を謳歌する。

参考・引用文献（敬称略）

・品川和子『蜻蛉日記の世界形成』前掲
・新日本古典文学大系24『蜻蛉日記』前掲
・慶滋保胤「日本往生極楽記」（日本思想大系7『往生伝　法華験記』岩波書店　一九七四年所収）
・上村悦子全訳注『蜻蛉日記（中）・（下）』前掲
・大西善明『蜻蛉日記新注釈』前掲
・『浄土三部経（上）（下）』（中村元《はじめ》・早島鏡正《きょうしょう》・紀野一義訳注）岩波文庫　一九六三年・一九六四年
・『法華経（上）（中）（下）』（坂本幸男・岩本裕《ゆたか》訳注）岩波文庫　一九六二年・一九六四年・一九六七年

・阿倍秋生「紫式部の佛教思想」（『国語と国文学』一九五七年二月号所収）
・新日本古典文学大系19『源氏物語一　賢木《さかき》の巻』（柳井滋《しげし》・室伏信助・大朝雄二・鈴木日出男・藤井貞和・今西祐一郎校注）
岩波書店　一九九三年、新日本古典文学大系22『源氏物語四　御法《みのり》の巻』岩波書店　一九九六年
・石井義長『空也』ミネルヴァ書房　二〇〇九年
・山下克明『平安時代の宗教文化と陰陽道《おんようどう》』岩田書院　一九九六年
・大角修『法華経の事典』春秋社　二〇一一年
・鎌田茂雄『法華経を読む』講談社学術文庫　一九九四年
・『日本書紀（三）（四）』（坂本太郎・家永三郎・井上光貞・大野晋《すすむ》校注）岩波文庫　一九九四年、一九九五年
・新日本古典文学大系13『続日本紀二』（青木和夫・稲岡耕二・笹山晴生・白藤禮幸《のりゆき》校注）岩波書店　一九九〇年
・山口光圓「鑑真大和尚と天台教学」（『大和文化研究』（第八巻五号）一九六三年所収）
・『密教経典』（宮坂宥勝《ゆうしょう》訳注）講談社学術文庫　二〇一一年
・川尻秋生『日本の歴史第四巻　揺れ動く貴族社会』前掲
・武内孝善「最澄・空海と霊仙」（『遣唐使船の時代—時空を駆けた超人たち』角川選書　二〇一〇年所収）
・硲慈《はざまじ》弘《こう》『日本佛教の開展とその基調（上）』三省堂　一九四八年
・大屋徳城『日本仏教史之研究』東方文献刊行会　一九二九年
・宮田登「弥勒信仰」（『講座日本の古代信仰第一巻　神々の思想』（上田正昭編）学生社　一九八〇年所収）
・井上光貞『日本浄土教成立史の研究』山川出版社　一九五六年
・速水侑《たすく》『弥勒信仰—もう一つの浄土信仰—』評論社　一九七一年
・新日本古典文学大系27『本朝文粋』（大曽根章介・金原理《ただし》・後藤昭雄校注）岩波書店　一九九二年
・『常陸国風土記』（沖森卓也・佐藤信・矢嶋泉編著）山川出版社　二〇〇七年

・宮田登『ミロク信仰の研究』未来社 一九七五年
・『肥前国風土記』（沖森卓也・佐藤信・矢嶋泉編著）山川出版社 二〇〇八年
・吉野裕子「日本古代呪術（一九七四年）」（『吉野裕子全集2』人文書院 二〇〇七年所収）
・荻原千鶴「六島生み神話の形成と遣唐使」（『国語と国文学』一九七七年八月号所収）
・大日方克己《おびなたかつみ》「古代における国家と境界」（『歴史学研究』一九九〇年十一月増刊号所収）
・柳田国男「知りたいと思う事二三」（『海上の道』岩波文庫 一九七八年所収）
・柳田国男「根の国の話」（一九五五年）（『海上の道』岩波文庫一九七八年所収）
・松前健「海人族と日月崇拝」（『日本神話の新研究』桜楓社 一九六〇年所収）
・井上通泰『万葉集雑攷』明治書院 一九三二年
・入江庄一郎『みみらく史考』一九七六年
・佐伯有清『智証大師伝の研究』吉川弘文館 一九八九年
・迦才《かざい》「浄土論」（『大正新脩大蔵経《たいしょうしんしゅうだいぞうきょう》 第四七巻 諸宗部四』大正一切経刊行会 一九二八年所収）
・文諗《ぶんしん》・少康《しょうこう》「往生西方浄土瑞応伝」（『大正新脩大蔵経 第五一巻 史伝部三』一九二八年所収）
・浄土宗開宗八百年記念出版『浄土宗大辞典1』一九七四年
・小笠原宣秀《せんしゅう》『中国浄土教家の研究』平楽寺書店一九五一年
・永田真隆「中国往生伝における来迎描写の変遷」（『佛教大学大学院紀要 第三六号』二〇〇八年所収）
・永田真隆「中国往生伝における来迎の諸相について」（『仏教論叢 第五二号』二〇〇八年所収）
・平林盛得『慶滋保胤と浄土思想』吉川弘文館 二〇〇一年
・景戒『日本霊異記』（原田敏明・高橋貢訳）平凡社ライブラリー 二〇〇〇年
・源為憲『三宝絵』（出雲路修校注）東洋文庫 一九九〇年

・古典文庫『三宝絵詞下』（江口孝夫校注）現代思潮社　一九八二年
・新日本古典文学大系31『三宝絵　注好選』（馬淵和夫・小泉弘・今野達《とおる》）岩波書店　一九九七年
・藤原師輔《もろすけ》「九条殿遺誡《ゆいかい》」前掲
・『日本三大実録下』（武田祐吉編）大岡山書店　一九四一年
・辻善之助『日本佛教史第一巻　上世篇』岩波書店　一九六〇年

第三章　天台浄土教家と道綱母

道綱母の生きた平安前・中期の貴族社会では、雑信仰の傾向がみられ、道綱母も自己救済を希う二世安楽的な思想のなかで生きていたことを明らかにしてきたが、本章では、道綱母が属した摂関家と天台浄土門との関係を、特に三人の天台座主―延昌《えんしょう》、良源《りょうげん》、尋禅《じんぜん》―にしぼって記述する。この三人と兼家の関わりは密接であり、道綱母も当然その影響をうけていると考えられる。師輔《もろすけ》・兼家・道長の摂関体制が確立され、全盛期を迎える時代に、権門摂関家と密接な関係を築き上げ、その権勢を巧妙に利用して、叡山の復興を図る天台門の動きがうかびあがってくる。すぐれた験者による祈禱によって一門の繁栄を図りたい師輔ら有力檀越《だんおつ》（施主）と、その強力な後援によって叡山の復興を進めたい天台門の思惑とが一致して、両者の協力のもとに叡山の中興が実現する。師輔の十子尋禅《じんぜん》（兼家の異母弟）を出家させ、良源の弟子にすることまでして、両者の関係は強化されていくのである。（次頁の「日本天台歴代座主」参照）。

その後、師輔の八子藤原高光《たかみつ》が、応和《おうわ》元年（九六一）に比叡山横川《よかわ》に出家した経緯を書いた

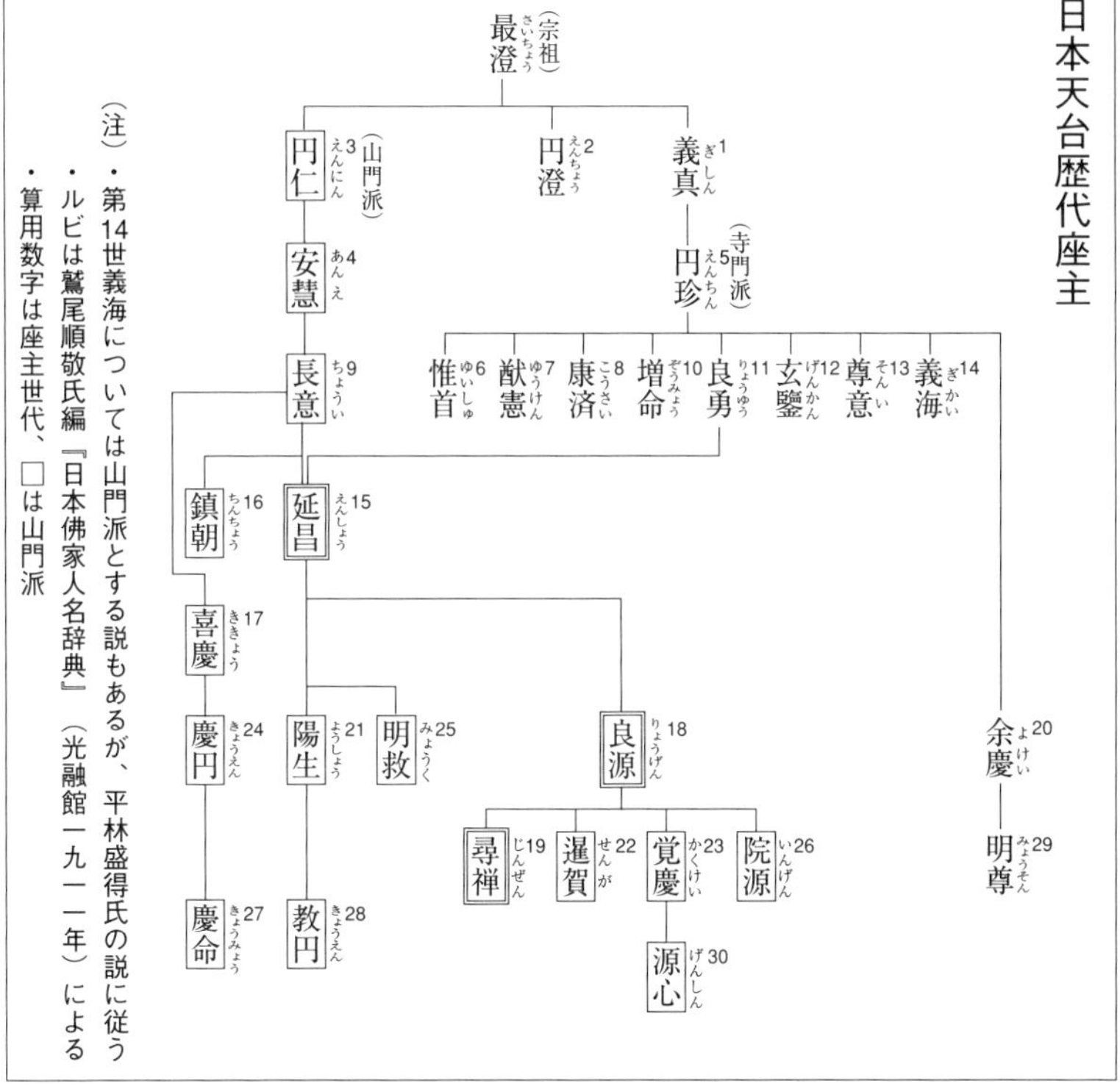

（注）・第14世義海については山門派とする説もあるが、平林盛得氏の説に従う
・ルビは鷲尾順敬氏編『日本佛家人名辞典』（光融館一九一一年）による
・算用数字は座主世代、□は山門派

『多武峯少将物語《とうのみねしょうしょうものがたり》』が、『蜻蛉日記』に先行する女性による仮名散文作品として、道綱母の日記執筆に与えた影響を取り上げておく。

最後に、道綱母に「みみらくの島」を伝えた可能性の最も大きい天台僧日延の事蹟をまとめ、彼が将来した『往生西方浄土瑞応伝《ずいおうでん》』の影響とあわせて考察する。

亡き人に逢えるみみらく伝説は、日延らが五島現地で耳にした話題を、仲間の天台浄土門の僧侶とのよもやま話の合間に取り上げたことから、平安貴族社会へと広まっていく。

第一節　日延を渡海させた第十五世座主延昌《えんしょう》

延昌（八八〇～九六四）は主として平安中期の村上《むらかみ》天皇（九二六～六七、在位九四六～六七）の御代に活躍した加賀国出身の人で、「叡山の祈禱の歴史の上には重要な地位を占めて居る」（辻善之助氏『日本佛教史第一巻』四二三頁）。幼い頃に出家し、比叡山に上って慈覚《じかく》大師円仁《えんにん》の弟子である玄昭《げんしょう》に師事して顕教《けんぎょう》・密教を学び、長意《ちょうい》（八三六～九〇六、第九世座主）から受戒。戒を受けてからは、毎夜尊勝陀羅尼《そんしょうだらに》（除病・延寿等の効験ある経）を百回唱え、毎月十五日には諸僧を招いて阿弥陀讃を唱えて西方浄土を祈願し、「浄土の因縁《いんねん》と『法華経』の奥義《おうぎ》」を討論させている（『日本往生極楽記』僧正延昌伝）。

承平《しょうへい》五年（九三五）法性寺《ほっしょうじ》の阿闍梨《あじゃり》、天慶《てんぎょう》二年（九三九）法性寺の座主《ざす》に任ぜられる。その後、同三年内供奉十禅師《ないぐぶじゅうぜんし》（宮中の内道場に奉仕して特別な祈禱に従事する高僧）を勤め、同四年五月には反乱をおこした藤原純友《すみとも》（?～九四一）の調伏《ちょうふく》を祈り、法性寺に於て不動法（密教で息災などを祈願する修法《しゅうほう》）を修し、同八年律師を経て、同九年（九四六）十二月に第十五世天台座主に任じられ、叡山の統率者となる。

延昌が摂関家と深い関わりをもっていることは、藤原忠平が延長《えんちょう》三年（九二五）に創建した法性寺の阿闍梨、座主を歴任していることや忠平の私日記『貞信公記《ていしんこうき》』に、延昌の名がしばしば登場することから伺える。管見によれば、延昌の名は『貞信公記』に、①延長三年（九二五）八月十六日条、②延長九年（九三一）五月九日条、③天慶二年（九三九）二月二日条「家法阿闍梨」、④同年八月三日条、⑤天慶九年（九四六）三月十六日条、⑤同年六月十四日条、⑥天慶十年（九四七）正月二日条「天台座主に任ず」、⑦同年七月十二日条にみえ、摂関家と密接な交渉をもっていたことがわかる。

天暦《てんりゃく》元年（九四七）六月から十一月にかけて、京中に疫病《えやみ》（天然痘と赤痢）が流行し、宮中でも朱雀《すざく》上皇や村上天皇が病にかかる。各地の寺社で悪疫退散《あくえきたいさん》の祈禱が行われ、密教の修法にすぐれた能力を持つ高僧として宮中に尊敬されていた延昌は、中宮隠子《おんし》の依頼により、天皇の病気平癒のために修法を行なっている。延昌は朱雀・村上天皇の帰依《きえ》を受け、その師となっている。これらの宮中御祈禱の功により、天暦五年（九五一）に権大僧都《ごんだいそうず》に任ぜられ、天徳《てんとく》二年（九五八）には僧正《そうじょう》に任ぜられ、十八年間も叡山を座主として治めている。

また、天徳二年八月には、叡山に出家してきた師輔《もろすけ》の十子尋禅《じんぜん》に授戒して、良源の弟子としている。延昌は円仁以来の天台浄土教の継承者として、天台浄土教の教えを広め、叡山の復興を目指して、摂関家や宮中との関係強化に努力し、信頼をえていたのである。

このように、延昌は摂関家や宮中の後援をえて、円仁以来の天台浄土教の継承者として、活動を続けて行くなかで、市の聖・空也《くうや》上人を得度受戒させている。天暦二年（九四八）に、延昌は空也上人の「その行相《ぎょうそう》に感じ、推《さ》して得度《とくど》せしめ」（『空也上人誄《るい》』）、大乗戒《だいじょうかい》を授けている。延昌が阿弥陀聖《ひじり》としての空也の行業と徳性を評価して、同じ願生者としての共感もあって正式の僧と認めたのである。石井

義長氏は、延昌が空也上人を得度受戒させた動機を、

叡山が円仁以来の天台浄土教を伝承しながらも、それによって天下の衆生《しゅじょう》をあまねく済度《さいど》するという大乗仏教本来の機能を充分に果たし得ず、山門と権門の間の狭い活動にとどまっていた状況の中に、市聖《いちのひじり》をとり込むことによってより幅広い浄土の教えを天台の傘の下に布教できると期待されたとも考えられる。

（『空也』一九七頁）

というように、解釈されている。しかし、そのような期待を実現する条件はまだ山門に整っておらず、空也上人もまたその方向に自らの志を活かす道は開けていないことを自覚していたということであろう。空也上人は第四章第一節であらためて取り上げる。

また、中国天台徳韶《とくしょう》から、唐末五代の争乱で散佚した天台教籍の書写送付の依頼を受けて、送使として天暦《てんりゃく》七年（九五三）に日延《にちえん》を派遣したのも、延昌である。この時には、右大臣師輔の「右丞相の呉越公に贈る書」（一七〇〜一頁参照）を持参させている。本章第四節で詳述するが、延昌のこの派遣が、みみらく伝説の誕生と深く関わりをもつことになるのである。

延昌は晩年の天徳《てんとく》三年（九五九）に、比叡山の北方の山中に禅定《ぜんじょう》（心を静めて一つの対象に集中する宗教的な瞑想）の道場を造り、そこに補陀落寺《ふだらくじ》を建てて十一面観音像を造立供養している。その『願文』に、

「さらに幽閑の処を尋ねて禅定の居とせんと……山北の嶺に到って一道場を得たり。人烟の域を絶つの地、鳥の通路もまれな嶺にして、欣然として帰るを忘る」（「門葉記《もんようき》」（『大日本史料』第一篇之八、石井義長氏前掲書一九四頁）とあり、幽閑の道場を見出した喜びがうかがえる。石井氏は、「その高潔な人格が偲ばれるといってよかろう」（前掲書一九四頁）と、延昌の人格を高く評価されている。

『今昔物語集本朝部(上)』巻十五の「北山の餌取《えとり》の法師、往生せる語《こと》」にも、延昌が補陀落寺を創建した説話がみえ、念仏を唱え善根《ぜんこん》を修《しゅ》して極楽往生したと語られている（二八二〜五頁）。

康保《こうほう》元年（九六四）正月十五日寂す。八十五才。諡号《しごう》は慈念《じねん》。

道綱母と延昌を結びつける史料はないが、道綱母の生きた平安中期に、貴族社会で信頼された延昌の祈禱や説法は、道綱母の宗教観に影響を与えたであろうし、延昌が亡くなったのが、道綱母の母親が亡くなる半年前の康保元年（九六四）一月であることから、彼の通夜や葬儀等の法要の席で後述する日延やそのグループの僧たちのあいだで、「延昌がみみらくの島へ往生し、そこへ行けば遠くからではあるが、その姿をみることができる」というような話が出て、道綱母や兼家が耳にしていたのではないかとの想像も許されるような気がしている。入唐求法の僧たちが、道綱母の母親の死の半年前に延昌の西方浄土往生と関連して、西のはてのみみらく伝説を話題としたと推測するのは、そんなに荒唐無稽《こうとうむけい》なことでもないと考えている。

慶滋保胤《よししげのやすたね》の「日本往生極楽記」に、延昌の往生伝がみえる。

●史料（「日本往生極楽記」）

僧正延昌

延暦寺の座主僧正延昌は、加賀国の人なり。僧正兼て顕密を学び、専《もは》らに分寸を惜む。戒を受けてより以降《このかた》、毎夜に尊勝陀羅尼《そんしょうだらに》百遍を誦す。毎月の十五日、諸の僧を招延して、弥陀の讃を唱へ、兼て浄土の因縁、法花の奥義を対論せしむ。平生常に曰く、命終の期に先《さき》だちて、三七日《さむしちにち》の不断念仏を修せむと欲《ねが》ふ。その結願《けちぐわん》の日は、我が入滅の時なりといへり。往年夢みらく、四品（四位）朝服の人あり。神彩《しんさい》（すぐれた風采）甚だ閑《みやび》かにして、僧正に語りて曰く、もし極楽に生れむと欲はば、一切の衆生のために、法花百部を書写せよといへり。僧正衣鉢《えはつ》を捨てて書写供養す。天徳《てんとく》（応和《おうわ》の誤り―校注者の注）三年十二月廿四日に、門弟子に命じて、三七日の間不断念仏を修せしめ、明くる年の正月十五日に入滅せり。この日僧正沐浴《もくよく》して浄衣《じょうえ》にて、本尊の像に向ひ願ひて曰く、西山日暮れ（年老い）、南浮《なんぶ》（人間界）露消ゆ。今夕を過さず、必ず相迎へたまふべしといへり。言訖《ことおわ》りて右脇にしてもて臥す。枕の前に弥陀・尊勝の両像を安じ奉りて、糸をもて仏の手に繋《か》けて、我が手を結び着く。その遷化の期《ご》、果して前《さき》に言ひしがごとし。朱雀《すざく》・邑上《むらかみ》両帝、帰依して師となしたまへり、後に慈念《じねん》と諡《いみな》せり。

（（ ）―引用者）（日本思想大系7、二七〜八頁）

この他、長久《ちょうきゅう》年間（一〇四〇～四四）に書かれた『大日本国法華経験記』巻之上（首楞厳院《しゅりょうごんいん》沙門《さもん》鎮源《ちんげん》撰）にも、「第六　西塔平等坊の延昌僧正」として往生伝がみえる。

第二節　叡山中興の祖　第十八世座主良源《りょうげん》

藤原斉信《ただのぶ》（九六七～一〇三五）の編した「慈恵《じえ》大僧正伝」（『群書類従』巻六九、五五三頁）によれば、良源（九一二～八五）は近江国浅井郡の人で、父は木津《こず》氏、母は物部《もののべ》氏。十二歳で叡山西塔《さいとう》に入り、理仙《りせん》大徳に師事する。十七歳で智証派尊意《そんい》（八六六～九四〇、第十三世座主）により受戒。その後承平《しょうへい》七年（九三七）興福寺維摩会《ゆいまえ》で頭角をあらわし、忠平に認められ、以来師輔《もろすけ》、兼家にその知遇をうけることとなる。また宗門では慈覚派覚慧《かくえ》の引立てをうけ、円仁が開発した横川《よかわ》の整備に取りかかる。そのためには権門摂関家の後援なしにはその事業は実現できない。一方、師輔においても、彼の手足になって奉仕する有験《うげん》の僧を必要としていた。村上帝の妃安子《あんし》は師輔の娘で、当時皇子の出生がなく、師輔は皇太子の誕生によって地位を確固とするため、日夜狂奔していた。天暦《てんりゃく》四年（九五〇）五月、安子に待望の憲《のり》平《ひら》親王（後の冷泉《れいぜい》天皇）が生まれ、宿願を果す。そのために良源は懸命に祈禱し、師輔も東宮《とうぐう》護《ご》持《ぢ》僧《そう》に良源を推挙する。師輔から、法華三昧堂、常行堂が寄進され、横川の整備も進められていく。

師輔は、『九条殿遺誡《ゆいかい》』に、「家中所レ得物、各必先割二十分之一一、以宛二功徳ノ用一」（『群書類従』巻四百

七十五、百三十九頁）とあるように、修善、祈禱の仏事を重視し、そして十子の尋禅《じんぜん》を、良源の下に出家させる。この尋禅入山によって、横川は京五条田園のほか、十国十一ヵ所にわたる莫大な荘園を獲得することとなる。さらに良源自身にも田地百六十余町の岡屋荘が寄進されている。

権門との強力な提携と、財源としての荘園の獲得、これが良源が山に持ち込んだ新しいものであった。こうした背景をもって、良源は山上を制し、康保《こうほう》三年（九六六）八月、五十五歳という破格の若さで、第十八世天台座主に就任する。以降十九年の長きにわたってその職にあり、叡山中興の祖と後世仰がれる事業を次から次へなしとげてゆく。

座主就任の三ヵ月後に発生した大火により、講堂ほか三十一宇が焼失するが、良源はこの難局を打開するために、ただちに復興計画を策定。復興事業は順調に進み、天禄《てんろく》三年（九七二）には講堂以下主要堂舎五堂の落慶供養を盛大に行なっている。一方、良源の本拠地横川の整備も着実に進め、楞厳三昧院《りょうげんさんまいいん》に、十禅師の設置等が認められている。山は面目を一新し、偉容を誇り、繁栄する。

「いかに師輔、兼家ら摂関家の庇護と円融《えんゆう》天皇（九五九～九一、在位九六九～八四）の信奉が厚かったとしても、前代とはうって変った山の整備とその経営には、新しい財源を考えなければ解けない」（「良源と叡山の中興」二二頁）と平林盛得氏は考え、その繁栄の功績は、独自の荘園経営へ移行させた良源の力に帰すべきであろうとしている。そのためには、尋禅の優遇という師輔との約束の履行が必要であるが、良源は師輔との約束を忠実に履行し、尋禅を座主にしている。

良源は、偉大な教育者でもある。彼の門徒から多くの名僧が輩出している。晩年の弟子梵照《ぼんしょう》（九六三〜一〇三二）は、良源の弟子と孫弟子を次のようにあげている。

それいわゆる師跡とはこれ経蔵なり、その司のうち綱維に昇る者は、座主権僧正諡慈忍《じにん》（尋禅《じんぜん》）（九四三〜九九〇、第十九世）、座主権僧正暹賀《せんが》（九一四〜九九八、第二十二世）、座主大僧正覚慶《かくけい》（九二七〜一〇一四、第二十三世）、大僧正明豪《みょうごう》（?〜一〇〇二）、座主権僧正明救《みょうく》（九四六〜一〇二〇、第二十五世）、座主院源《いんげん》（九五四〜一〇二八、第二十六世）、贈僧正覚運《かくうん》（九五三〜一〇〇七、檀那《だんな》流の祖）、大僧都聖救《しょうく》（九〇九〜九八、暹賀《せんが》の兄）、実因《じついん》（九四五〜一〇〇〇、延昌の弟子）、審（厳《げん》）久《きゅう》（九四四〜一〇〇八）、少僧都源信《げんしん》（九四二〜一〇一七、恵心流の祖）・覚超《かくちょう》（九五二〜一〇三四）、法眼源賢《げんけん》（九七七〜一〇二〇、多田満仲三男）、蔵司に任ずる者は、権僧正尋《じん》（円《えん》）（九七七〜一〇三一、藤原義懐《よしちか》の長男、伊尹《これまさ》の孫）・尋光《じんこう》（九七一〜一〇三八、太政大臣為光の子）、大僧都隆円《りゅうえん》（九八〇〜一〇一五、関白道隆の子）、少僧都尋空《じんくう》（?〜一〇三五、師輔の孫）・懐寿《かいじゅ》（?）・実誓《じっせい》（九七二〜一〇二七、教円《きょうえん》の師）。如源《じょげん》（九七七〜一〇二一、太政大臣公季《きんすえ》の子）・教円《きょうえん》（九七九〜一〇四七、第二十八世座主）、律師成秀《じょうしゅう》（?）・源心《げんしん》（九七一〜一〇五三、第三十世座主）等なり、これ顕密の道祖、伝燈の師範たるのみ

このほかに播州書写山《しょしゃざん》の性空《しょうくう》上人（?〜一〇〇七）、多武峯《とうのみね》の増賀《ぞうが》（九一七〜一〇〇三）も入れるべきであろう（平林氏の見解）。

（平林盛得氏『良源』一八〇頁、（　）は、引用者による補注）

清濁合わせ飲む親分肌の良源は、多くの弟子をかかえ、彼等の才能を伸ばすことに熱心で、年少の弟子たちが相撲などとっているのを見ると、「お前たちは仏道を修すべき身で、なにを遊び惚《ほう》けているのか」（速水侑氏『源信』三九頁）と、若き日を空しく過さず勉学に精励するようさとすのが常であったとのエピソードが今に伝わるほどの熱意をもって、弟子育成に努めたようである。良源の宗学奨励の柱となったのが、広学竪義《こうがくりゅうぎ》である。広学とは広く内外一切の学を究めることで、竪義《りゅうぎ》は試問に対して自分の考えを主張する意味。論議問答による学僧試業の法を、良源は重視し、自分の住房横川首楞厳院定心房《しゅりょうごんいんじょうしんぼう》で、竪義の練習をさせたので、その中から多くの英俊が生まれ育ったのである。

良源については、「時代を先どりして行く慧眼《けいがん》、卓抜した政治的手腕は驚嘆に価するが、摂関権力との癒着《ゆちゃく》、円珍系など他流の排斥は、天台教団世俗化・門閥化の弊を招いた」（速水侑氏前掲書三三頁）との批判もあるが、叡山の経営を再興した才能は高く評価しなければならないだろう。

永観《えいかん》三年（九八五）一月三日に七十四歳で没。のち元三《がんさん》大師と通称される。「慈恵《じえ》」の諡号《しごう》を贈られる。中世以降、独特の信仰を集め、現在に至るまで「角《つの》大師」「豆大師」「厄除け大師」など様々な別称で、民間の信仰を集めている人気者である。

良源と兼家の連携

九条一門は、比叡山天台宗ととりわけ親密な関係にあった。双方の自らの立場を強化するために、双方の結び付きを強固なものとしていく。兼家の祖父忠平の時代から始まった慈恵《じえ》大僧正良源への肩入れは、父師輔《もろすけ》の代になると、横川に真言堂《しんごんどう》の創建、その第十子尋禅《じんぜん》の出家（良源への弟子入り）という形でいよいよ固く結び付いていく。この関係は、師輔の長子伊尹《これまさ》、次子兼通《かねみち》、三子兼家、村上帝皇后安子《あんし》へと引き継がれる。安子は、応和《おうわ》元年（九六一）、父師輔の周忌法会を横川真言堂で行ない、伊尹・兼通・兼家・為光《ためみつ》・公季《きんすえ》の五人の息（この他に尋禅も一人の僧として出席していたはず）と兼家の嫡男道隆が列席し、安子の意志として、毎年一家の長者が師輔の遠忌《おんき》法事のため、法華八講ならびに両部曼荼羅《りょうぶまんだら》供《く》を行うことを命じている（平林盛得氏『良源』六三〜四頁）。長子伊尹は、応和《おうわ》二年（九六二）五月、自分の収入のなかから、近江・美濃両国の私稲各四千束分を、故師輔建立の楞厳院《りょうごんいん》に法華三昧料として献じて、引き続き良源を後援するという意志表示をしている（『門葉記《もんようき》』巻七三）。二子の兼通は、天延《てんえん》三年（九七五）三月に新装横川中堂の舎利供養会に、良源の招きで出席している（『日本紀略』）し、翌貞元《ていげん》元年（九七六）三月、父師輔の十七年忌の法会を、この横川中堂で行なっている。さらに兼通の息念禅《ねんぜん》（俗名親光）を良源の下に出家させ、緊密な関係を確立している。

道綱母の夫兼家と良源は、早くから良好な関係にあった。兼家が右大臣であった天元《てんげん》二年（九七九）―この時点での政権は小野宮頼忠《よりただ》―に、良源は兼家に亡父師輔の意志を継ぐものとして、横川に「恵《え》心院《しんいん》」を建立させている。先の平林氏は、この提携の背景を、早晩兼家の政権の誕生間違いないと読んだ良源が進めた計画としたうえで、次のように説明されている。

かって師輔が横川に登り大願を立てたこと、それは一家一門から后を出し、その后が皇子を生み、一族は皇室の藩屏《はんぺい》（守護すること）として永遠にこれを輔佐《ほさ》するというものである。その大願が叶うものなら、師輔以下一族は代々慈覚大師（円仁）の門流を被護するという約束のあったことも。こうして良源は兼家に慈覚大師がかって卜定《ぼくじょう》していた楞厳三昧院《りょうごんさんまいいん》の南の勝地を示し、恵心の名跡をあげた。兼家は感動し、父の遺志を継ぎ「生々世々、永く大師の遺弟の道を伝える」（『群書類従第五輯』巻六十九、「慈恵大僧正伝」五五九頁）ことを確約、百石の米を建立の費用として喜捨《きしゃ》、日ならずして恵心院が完成したのであった（『大僧正伝』）。（（　）―引用者）（前掲書一五三頁）

このように、九条家と良源は大変親密な関係にあったので、道綱母も良源本人やその門下の僧と交流していたものと思われる。このグループの僧侶が日延から聞いたみみらく伝説を道綱母に話した可能性も否定できないと推測している。

第三節　初の権門座主　尋禅《じんぜん》

右大臣師輔《もろすけ》の第十子。母雅子《がし》内親王。天徳《てんとく》二年（九五八）八月、天台座主延昌のもとで受戒。師輔との関係で、良源の弟子となる。良源にとって、尋禅（九四三〜九〇）を優遇することが師輔の信頼を得ることになり、一方の師輔にとっても、良源を後援することが、良源没後の尋禅の位置を約束させる形となり、その時期には確実に一門の者が祈禱師となるわけである。尋禅は禅師《ぜんじ》の君（『多武峯少将物語』）とよばれ、手厚いもてなしを受ける。横川における住房は、最初は良源の定心房《じょうしんぼう》、のちに妙香院《みょうこういん》。

師輔は、尋禅が出家した翌々年の天徳四年（九六〇）五月、世を去る。時に五十三歳であった。師輔は遺言で、所有の荘園十一カ所を尋禅に分与している。その管理は、師の良源に委託される。

天延《てんえん》元年（九七三）天台宗で初めて、良家出身の特別な身分の者に限り、その人一代だけ特別な阿闍梨にする「一身阿闍梨」になる。同二年律師を飛び越えて権少僧都《ごんしょうそうず》に任ぜられる。破格の扱いで、権門の子息が優遇される抜擢人事であった。三十一歳、法臈《ほうろう》（比丘《びく》になった以後の年数）十七年であった。さらに貞元《じょうげん》元年（九七六）九月、天台の名門法性寺《ほっしょうじ》の座主となる。年三十三歳。良源の絶対の後援があったからに他ならない。天元《てんげん》二年（九七九）大僧都、同四年権僧正となる。

良源のあとを受けて、寛和《かんわ》元年（九八五）に第十九世天台座主となる。先の井上博士は、この尋禅の座主就任を、「藤原氏の恩と権勢によって自己の昇進・叡山の再興をはかってきた良源が、藤原氏に譲歩を余儀なくされた」結果、「ここに叡山史上はじめての権門座主を出現せしめ、学業と年臈《ねんろう》（受戒して僧になってからの年数）にもとづく教団の伝統をふみにじった」（前掲書一六〇頁）人事とみて、教団の世俗化をまねく契機となったと、とらえている。

尋禅は、永祚《えいそ》元年（九八九）九月八日、突然上表《じょうひょう》して座主職を辞する。朝廷はこれを許さなかったが印鎰《いんやく》（座主の職印と宝蔵の鍵）を延暦寺三綱《さんごう》（寺内の僧侶・寺務を管理する役僧）に付して、座主の職務に従わず、飯室谷《いいむろだに》に籠居《ろうきょ》してしまい、山上は混迷を深める。九月二十九日になって、朝廷は智証大師円珍系門徒の総師《そうすい》である七十五歳の大僧都余慶《よけい》を尋禅の後任としたが、慈覚大師円仁系門徒が反対し、不満の山僧数百人が宣命《せんみょう》（天皇の命令を宣《の》べ聞かせる文書）を奪い取り、勅使を追い帰す事態となる。結局、余慶は座主の職務を山僧の妨害でなにひとつ実行できないまま、在任わずか三ヵ月で辞任する。

朝廷は、余慶の後任に、延昌の弟子である陽生《ようしょう》（九〇四〜九〇）を第二十一世座主に任じたが、一年足らずで辞任したので、良源の弟子暹賀《せんが》（九一四〜九八）を第二十二世座主とするが、今度は円珍系門徒が反発し、天台教団は山門・寺門の分裂抗争の時代に入っていく（速水侑氏前掲書一九四頁）。

飯室谷に隠遁した尋禅は、すでに健康をそこない、自らの死期近きを覚《さと》って、師良源が勧学のため設けた定心房の四季講の管理運営を、兄弟弟子の源信にゆだねる遺言を残している。源信は約束を忠実に実行して、この一門から数多くの名僧が育っている。

正暦《しょうりゃく》元年（九九〇）二月十七日、四十八歳の若さで没する。摂関家の権益を守るため、自らの意思とは関係なく出家させられた権門座主は、山門・寺門の門徒の対立を激化させて、若くしてこの世を去ったのである。尋禅も摂関政治の被害者であるともいえる。

道綱母の夫兼家の異母弟でもある尋禅とは、何かと交流があったと思われるし、一族の法事等で会話する機会も多くあったであろう。そのような場で、尋禅から「みみらくの島」の話があった可能性も否定できないのである。尋禅も西方浄土への往生を願う人であったので、日延から帰国談として、西のはての島の伝説をきいていたものと想像している。

大江匡房《まさふさ》の「続本朝往生伝」（康和《こうわ》三年（一一〇一）頃成立）に、往生伝がみえる。

●史料（「続本朝往生伝」）

慈忍《じにん》僧正（尋禅）

慈忍僧正は諱《いみな》は尋禅、九条右大臣（藤原師輔）の子なり。累葉将相《しょうしょう》の家より出でて、四明天台《しめいてんだい》の道に入り、楞厳院《りょうごんいん》に住して、慈恵《じえ》大僧正（良源）をもて師となせり。大僧正、大臣と師檀《しだん》の契深し。即ち託《つ》くるに鍾愛《しょうあい》の子をもてせり。僧正忍辱《にんにく》をもて衣となし、慈悲をもて室となす。天性聡敏にして、顕密に通達し、霊験掲焉《けちえん》にして、人神信伏せり。然れども敢へて魔軍を調伏《ちょうふく》することを好まず、ただ偏《ひとへ》に生を浄土に託《つく》せむことを期《ご》するならくのみ。朝家重んじて、推して職位を加へたり。一身阿闍梨の源はこの人に起りぬ。

冷泉天皇邪気に依りて御煩あり、連年不予なり。僧正参入して、護身結界せり。天皇大きに怒りて、剣を抜きて斬らむとしたまふ。僧正大きに恐れて、南の階《はし》の下に逃れ入る。而うして堂の上に留むるところの三衣筥《さむえばこ》（袈裟を入れる箱）、護法これを守る。天皇この筥《はこ》の下に自ら縛られたまふこと数百遍なり。いよいよこの道を厭《いと》ひて、ただ仏果を求めたまへり。後に天台座主に至る。再三辞譲すれども、公家山僧共に聴《ゆる》さず。ここに印と鎰《かぎ》とを三綱《さんごう》に委《まか》せ付け、敢へて事に従はず。長く飯室《いいむろ》（横川の宝満寺）に籠りて、念仏して終に極楽の迎を得たり。（日本思想大系7、二三〇〜一頁）

【付記】『多武峯少将物語《とうのみねしょうしょうものがたり》』の影響

藤原師輔《もろすけ》の八子高光《たかみつ》（法名如覚《にょかく》、?〜九九四）が、応和《おうわ》元年（九六一）十二月に比叡山の横川に出家する。彼の出家前後から翌年八月に多武峯《とうのみね》に移る以前までを、残された高光妻（藤原師氏女《もろうじのむすめ》）と高光同母（雅子内親王《がし》）の妹の愛宮《あいみや》（左大臣源高明室《たかあきら》）の悲しみを中心に記した『多武峯少将物語』は、応和二年（九六二）の夏、高光が多武峯に移る少し前に書かれた作品である（鈴木一雄氏『国史大辞典10』一八七頁）。作者は、「高光妻に近侍していた人、おそらくその乳母《めのと》」（玉井幸助氏『多武峯少将物語』一三五頁）か、「高光妻に仕え、愛宮にも親しい侍女」（鈴木一雄氏前掲書）であるとする説が有力であり、女性による仮名散文作品として、『蜻蛉日記』に先行する貴重なものである。

高光は、「彼の兄兼家とは、余りにも対蹠的な性格であった。高光に出家の念が萌したのは、父師輔の家門繁栄に対する強烈な祈願が、おのずから同族相互の権力争奪となったあさましさを痛感したからであろうが、帰するところは彼の本性によるのである」（玉井幸助氏前掲書一四五頁）が、彼の出家は、道綱母にも大きな影響を与えたものと思われる。

『蜻蛉日記』中巻、安和《あんな》二年（九六九）六月条「高明室愛宮への長歌」（新日本古典文学大系24、一〇一～四頁）では、道綱母は愛宮への長歌を、「多武《とう》の峯《みね》」の入道の君（高光）よりといって届けさせている。師輔《もろすけ》の五女で、夫兼家の異母妹、安和《あんな》の変で大宰権帥《ごんのそち》に左遷された左大臣源高明室の愛宮に対する同情の気持を一一七句の大長歌に託しているのである。その時、愛宮と文通のあった高光の名をかたっていることから、道綱母が『多武峯少将物語』を読み、高光の出家のいきさつを詳しく知っていたことがうかがえる。近親者の出家は、道綱母にとっても衝撃的な出来事だったのだろう。

『多武峯少将物語』では、高光出家を次のように記述している。

●史料（『多武峯少将物語』）

高光出家

…（愛宮と）ことなる事もきこえ給はで出で給ひて、比叡にのぼり給ひて、御弟《おんおとうと》のおはしける室《むろ》におはして、とう禅師君《ぜんじぎみ》（尋禅）を召して「かしら剃《そ》れ」とのたまひければ、いとあさましくて、禅師の君、「などかくはのたまふ。御心がはりやし給へる」とて、のたまふままに泣き給ふ。

「剃れ」とのたまふ。阿闍梨（増賀）も泣きてうけたまはらざりければ、御もとどりを手づから剃刀《かうぞり》して切り給ひければ、いかがはせむとて、なほ剃り給ひける。禅師の君、泣きまどひ給ひけり。阿闍梨も「いとあさましきわざかな。御はらからの君たちも、おのれをこそ、のたまはめ」と、

「御消息をだにもきこえあへずなりぬる」と泣く。禅師の君「かうかうなむ、いとにはかにあさましく」と京の殿ばらにきこえ給ひければ、いみじうあさましがり、ののしりければ、内（村上天皇）にてきこしめし驚きてけり。御妹の君（愛宮）なども泣きまどひ給ひけり。女房も泣きまどひて、物もおぼえ給はずあさましきに、いささかなる物もまゐらで泣き給ひける。宰相中将君（伊尹《これまさ》）をはじめたてまつりて、驚きとぶらひきこえ給ふ。山にみな登り給ふとて夜なかにぞおはしける。中宮（高光姉）より初めたてまつりて驚きとぶらひきこえ給ふなかに、御乳母《おんめのと》と愛宮となむ、物もきこしめさず泣きまどひ給ひける。

（（　）—引用者）（玉井幸助氏前掲書五一～三頁）

剃ったのは、増賀ではなく良源とする平林盛得氏の異見（『良源』六八頁）もあるが、突然の出家に驚きとまどう京の人びとの様子がよく描かれている。

平林氏は、「高光はここ（横川）で出家するが、高光の居所として横川は居心地のよい筈はない。こうして、横川在住六ヵ月足らず、高光は大和多武峯《とうのみね》へ去って行かざるを得ないのである」（前掲書六九頁）と、多武峯へ移った理由を説明している。

山口博氏は、高光の出家を父師輔の死と密接な関係があると考えたうえで、「名利を悪み世俗を脱す、一族の内部抗争に背反する、時の流れに抗し切れず消極的に身を処した高光、それは決して一個人の姿ではなく、藤原中心の摂関政治に押し流された多くの人々の姿なのであり、そこに高光の時代性がある」（『王朝歌壇の研究』三二頁）と、『多武峯少将物語』の成立流布を考察されているが、兼家の異母弟である高光の出家が『蜻蛉日記』に与えた影響は無視できないものがあるように思われる。

『蜻蛉日記』執筆の直前に成立した『多武峯少将物語』は、女性の手になる小話を三十ばかり集めた記録（日記）である内容から、『蜻蛉日記』に影響を与えた作品と考えて、付記することとした。

第四節　みみらく伝説を伝えた天台僧日延《にちえん》

道綱母がみみらく伝説を知ったのは、僧侶たちのよもやま話からとなっている。

山中耕作氏は、この僧たちを「九条家および肥前国に最も縁りが深く、かつ蜻蛉日記の作者とほぼ同じ時代の日延」（「みみらく考」一八頁）「またはその仲間の僧であったとははっきり断じ難いが、ただ九条家出入りのこうした僧たちにより、はるばる五島最西端の伝説が、京の人たちに持ち伝えられていったのではなかろうか」（前掲書一七頁）と推測している。また、原田敦子氏も、「師輔の庇護のもとに入唐した日延（生没年未詳）が、天徳《てんとく》元年（九五七年）に『往生西方浄土瑞応伝《ずいおうでん》』を持ち帰った事に象徴される、平安貴族社会に於ける西方浄土観の広まり、西方浄土への思慕の高まりの風潮の中で、死者に逢える島の伝承が初めて文献の中に登場する（蜻蛉日記康保元年～九六四年条）必然性もここに存する」（「死者に逢える島」三九〇頁）と道綱母にこの伝説を伝えたのは、日延と明言されている。

このように、最新の論考では、みみらく伝説を伝えたのは、日延とする説が有力となっている。また、日延に関する情報も、竹内理三《りぞう》氏が昭和二十九年（一九五四）に「大宰府神社文書」の整理中に発見された史料によって、日延の渡航及び帰朝の年と、渡航の二つの使命（天台教籍の送致と新暦の将来）が明らかになったのである。まず「大宰府政所牒案」（大宰府神社文書）を提示する。竹内理三氏の「入呉越僧日延伝釈」による校注を加えた。

●史料（「大宰府神社文書」）

大宰府政所牒案

前入唐僧日延、去天暦七年（九五四）、為下天台山宝幢院平等房慈念大和尚（延昌）、依二大唐天台徳韶和尚書信一、繕二-写法門一度送之使上。属二越人蒔《ママ》（蔣か）承勳帰船一、渉二万里之洪波一、望二四州《ママ》（明か）之台岳一（天台山）。其時主計頭三道博士賀茂朝臣保憲、奏二-聞公家一云、諸道博士皆依二不朽之経籍一、各勤二当時之研精一。但至二于暦道一者、守二改憲新術一、随二観象変通一。是以唐家毎レ移二一度一、斗暦改憲。去貞観元年（八五九）重《ママ》（宣か）明暦経来用之後、及二百卅余年一。計也《ハカリミルミ》大唐有二改作之暦経一歟。無二人通伝一、新暦不レ来。今件遣唐法門使日延、為二故律師仁観之弟子一。最有レ便三-宜、訪二-習暦術一。状《ママ》（伏か）冀、宜仰二日延一被レ令レ尋二-伝新修暦経一者。随則賜二勅宣一。日延寸心含レ忠、服斎不レ忘《ママ》（怠か）。渡海入唐、参二-着呉都一（浙江省抗州）。王者（銭弘俶）計二-細随身法門一。歓喜感忻喧明、賜以二紫衣一、准二内供奉一。日延経二松容一（対談）之後、申三レ請尋二レ習新修暦術一、賜二許諾一。宜下仰二司天台一早令中伝習上者。即出二所持御《ママ》（沙か）金八十両一、入二司天台一、尋二レ学新修符天暦経幷立成等一。兼亦受下レ伝所レ未レ来二本朝一内外書千余巻上。以二去天暦十一年十月廿七日一改元、以来云二天徳元年一（九五七）。随身帰朝。即与二勅使蔵人源是輔一相共駅伝入京。依レ数献二レ納公家一。御覧之後、暦経者、被レ下二レ預保憲朝臣一、法門者、被レ上二レ送台嶺学堂一（延暦寺）。外書春秋要覧・周易会釈記各廿巻等者、被レ留二レ置江家一（大江氏）已了。又在唐之間日記、召二式部大輔橘朝臣直幹・文章得業生藤原雅材等一。被レ令レ試二レ問真偽一。所二陳一申皆須レ状矣。仍天暦聖主（村上天皇）殊垂二哀憐一。賜二僧綱宣旨一又了。然而日延者、身固辞。遁世隠居。為レ巻《ママ》（眷か）寘二貧之老親一、相二レ尋水木之便宜、提携下向。留レ浧《ママ》（経か住か）当境。遂以二去康保年中一（九六四～七）、奉二レ為九條右丞相（藤原師輔）聖霊成等正覚一、建二レ立一道場号一曰二大浦寺一。近崎府家（大宰府）之鎮山。専仰二仏力於護国一。（以下略）

（（ ）——引用者）（『平安遺文古文書編第九巻』三五六四～五頁）

日延の天台教籍の送致

日延は、天暦《てんりゃく》七年（九五三）呉越商人・蔣承勲《しょうしょうくん》の帰船に駕して渡海し、天徳《てんとく》元年（九五七）に帰朝している。彼には、唐末五代の争乱によって散佚した智者大師智顗《ちぎ》（五三八～九七、中国天台第三祖）の教籍を、呉越国天台山へ送り届けるという特別の使命が与えられていたのである。日本の第十五世天台座主延昌《えんしょう》（八八〇～九六四、第三章第一節参照）が、中国の天台徳韶《とくしょう》の依頼を受けて、法門を書写させた経典を、呉越《ごえつ》国王銭弘俶《せんこうしゅく》（九二九～八八）へ届けると、歓喜した国王から日延は紫衣《しえ》を贈られたり、内供奉《ないぐぶ》に准ぜられるなどの優遇をうけている。

また、この時日延は、右大臣藤原師輔の呉越王・銭弘俶《せんこうしゅく》へ宛てた次の書状も持参している。

●史料（『本朝文粋』）

為メニ二右丞相ノ一贈ル二大唐ノ呉越公ニ一書状　菅三品（菅原文時《ふみとき》）

蔣承勲《しょうしょうくん》来りて芳書《ほうしょ》を投げ与へぬ。万里の海波《かいは》を隔てたる遠方より、封の書を以て思召を伝へられ、且つ恵むに珍品を以てせらる。一たびは歡び一たびは懼《おそ》れて心中安らかならず。蓋し国外に交を結ぶは人臣の道にあらず、錦綺《きんき》（美しい絹織物）珍貨を受くるは国法に反くを如何にとかする。されど叢竹《そうちく》の色に変らぬ志のほどをあらはし、栴檀《せんだん》の香に美しき徳の馨ばしさを思はしむ。之を受くれば法律に反くと雖も、之を辞すれば芳情《ほうじょう》を厭ふと謂はれん。故に強ひて受領しぬ。是れ君子仁に親しむの義に感じてなり。今微情を述べて聊か荅書《とうしょ》を奉り、且つ粗品を贈呈す。到達せば願はくは検領せられよ。秋初の候伏して惟《おもわ》るに足下動静益々清勝ならん。空しく落日を望みて思慕の情を寄するのみ。承勲等が還るに託す。書思ふ所を尽さず。謹んで状す。

天暦七年七月　日

日本国右大臣藤原《ノ》朝臣謹言《デス》

（柿本重松氏『本朝文粋註釈』一〇一二〜四頁）

竹内理三氏は、「師輔が呉越国王に書を送った年に日延が渡海していること、師輔が呉越国王と書を贈答していることなどから、日延渡海の外護者であったか」（「入呉越僧日延伝釈」六二頁の注㊲）と推測しており、桃裕行氏も、

弟師輔がこの時書状を送っているのは、恐らくは、師輔が横川楞厳《りょうごん》三昧院を建て、又その子尋禅《じんぜん》（諡号慈忍）が良源の弟子となり、後天台座主となったなどの叡山との関係や、日延が帰朝後、師輔の為に九州の地に大浦寺を建てた（これは同じ『大宰府神社文書』に拠る）などの事実によって考へられるそのつながりの為であらう。（「日延の天台教籍の送致」一〇三頁）

と、九条家と比叡山天台宗と日延の強いつながりがあったことを指摘されている。

日延は、このような特別な使命をもって呉越国へ渡ったのであるが、本文書によって日延渡海の年が、天暦《てんりゃく》七年（九五三）であることが初めてわかったのである。また、彼が便乗した呉越国の貿易商人

蔣承勲《しょうしょうくん》は、『日本紀略』承平《しょうへい》五年（九三五）九月某日条、同六年七月十三日条および『本朝世紀』天慶《てんぎょう》元年（九三八）八月二十三日条に、その名が見え、また先の師輔の弘俶に宛てた書状にも、「蔣丞《ママ》（承の誤り）勲来」、「勒丞《ママ》（承の誤り）勲還二」とあり、九条家と関係のある商人であったことが伺える。九条家が呉越国との交流に熱心な一門であったので、蔣承勲との面識もあったのだろう。

さらに日延は、申請して司天台に入ることを許され、「新修符天暦経并立成」を学び、兼ねて日本未将来の内典《ないてん》（仏教の典籍）・外典《げてん》（仏教以外の書籍）千余巻を受伝し、天徳《てんとく》元年（九五七）に帰国する。彼が伝えた符天暦《ふてんれき》（一七三～一八一頁参照）は、賀茂保憲《かものやすのり》に預けられ、翌年から宣明暦《せんみょうれき》と並んで造暦に用いられることになり、また内典《ないてん》（このなかに『往生西方浄土瑞応伝』が含まれている）は延暦寺の学堂に、『春秋《しゅんじゅう》要覧』、『周易《しゅうえき》会釈記』などの外典《げてん》は大江家に留め置かれた。

このほか、呉越国王銭弘俶《せんこうしゅく》が、インドの阿育王《あいくおう》（アショカ王）の仏教を興隆させた故事にならって、八万四千基制作させた経典を納入する「銭弘俶塔」（金銅宝篋印《ほうきょういん》小塔）の一つを、日本へ持ち帰り、肥前国司多治比実相《たじひのさねすけ》に贈っている（奈良県天川《てんかわ》村にある大峰山寺境内で十一例目となる塔の破片が出土している）。

村上天皇はその労を賞して、僧綱宣旨《せんじ》（天皇の命を伝える文書）を賜わるが、日延はそれを固辞し、大宰府に下向し、康保《こうほう》年中（九六四～六八）故右大臣藤原師輔（九〇八～六〇）のために、大浦寺（注）を建立する。大宰府へ下向してからの消息は、伝わっていない。

（注）大浦寺

片山直義氏の考証によると、現在の福岡市青木の菰田《こもた》附近である。この地は、四王寺丘陵の究端に位置し、多々良川口に面し港としての価値をもっていたと考えられる場所の近くに、この寺を建設したと推定している。庄園としての大浦寺は、貿易官庁である大宰府に近接し、私貿易の基地としてこれを利用する目的をもって建立せられたとさえ思われるのであると建立目的を考察されている。

（『日本歴史』八二号、五四〜五頁）

日延が将来した符《ふ》天暦《てんれき》

日延渡海の第二の使命は、主計頭三道（陰陽・天文・暦道）博士賀茂保憲《かものやすのり》（九一七〜七七）（注1）の建議による新暦の将来である。保憲の奏聞によれば、貞観《じょうがん》元年（八五九）に宣明暦《せんみょうれき》（唐の徐昴《じょこう》が八二二年に撰した太陰暦）を採用して以来、百三十余年（宣明暦の施行は貞観四年であるから、その間九十二年。唐では長慶《ちょうけい》二年（八二二）に施行されたのでその間百三十二年でこの期間にあう）を経ており、唐の方では当然改暦されて新暦ができている筈である。日延は、仁観《にんかん》（注2）の弟子であるから、彼に新修暦法を訪ね習わしてほしい、と申請している。

日延は、新暦を求めて渡海し、司天台に入り、「新修符天暦経并立成」を尋学し、持ち帰っている。

（注1）賀茂保憲《かものやすのり》（九一七〜七七）

陰陽師忠行《ただゆき》の長男。天慶《てんぎょう》四年（九四一）に暦生のとき暦博士大春日弘範とともに暦を造進すべき宣旨《せんじ》（造暦宣旨）を蒙り、天暦《てんりゃく》四年（九五〇）には暦博士として見え、ついで天徳《てんとく》元年（九五七）には陰陽頭《おんようのかみ》に昇っていたことが知られる。同四年に天文博士に遷り主計権助《ごんのすけ》を兼任し、その後主計頭《かみ》、穀倉院別当《こくそういんべっとう》を兼ねて、貞元《じょうげん》二年（九七七）に六十一歳で没している。この間陰陽家《おんようけ》として祭祀や祓の奉仕、禁忌の勘申《かんじん》等の活動が諸記録にみえる。しかし、重要なのは陰陽家としてだけでなく、彼が長年にわたり暦道で指導的地位にあったことにある。暦生から出身した保憲の主要な事蹟に新暦法将来の企てがあった。日延への新暦法の将来の依頼である。符天暦はその将来が宿曜道《すくようどう》形成の契機となり、様々な影響を及ぼすこととなる。

保憲は、陰陽家としては例のない従四位下《じゅしいのげ》に、天延《てんえん》二年（九七四）の朔旦冬至《さくたんとうじ》（陰暦一月一日が冬至に当たる吉日）の叙位の際に叙されている。山下克明氏は、「陰陽頭を離れた後も暦・天文道を管掌するとともに陰陽寮出身者の位階第一の上首《じょうしゅ》（一座の上位）、即ち陰陽道の一﨟《いちろう》（首席）としての地位にあった」と、死ぬまでその地位を保っていたと推測している。　（山下克明氏「陰陽家賀茂・安倍両氏の成立と展開」一一六～九頁参照）

（注2） 仁観《にんかん》（八八〇～九三四）

延暦寺玄昭《げんしょう》及び増詮《ぞうせん》の弟子。承平《しょうへい》元年（九三一）権律師に任じ、同四年五十五歳で寂した。延昌《えんしょう》（第十五世天台座主）・賀静《がしょう》はその弟子である。日延が仁観の弟子であることが暦を習ふのに適当であるといふのは、仁観が安倍氏の出である為であらうか。但しそのことは、『僧綱補任』によることで、『護持僧補任』によれば、良淵《よしぶち》氏とある。或は又星宿法を伝へたという様なことがあったかも知れない。

（桃裕行氏「日延の符天暦齎来」四一四頁の（6）の注）

また、山下克明氏によると、仁観は暦法に関心をもっていた天台僧で、その根拠を、『貞信公記抄《ていしんこうきしょう》』延長《えんちょう》四年

（九二六）五月三日条の「戊午、凶会、中宮御修法、尊意《そんい》師（八六六～九四〇、第十三世天台座主）於二山上一始行、是仁観申日也（傍線─引用者）」の記事に求め、暦注の凶会日のその日を選んだ仁観は、修法上の吉日良辰《りょうしん》（よい日がら）を勘することにすることに詳しい僧であり、その弟子日延もまた、密教と暦法の関係に関心を抱く僧であったと推察されている（前掲書三二六～七頁）。

日延が将来した符天暦《ふてんれき》は、唐の建中《けんちゅう》年間（七八〇～三）に曹子蔿《そうしい》（生没年未詳）によって編纂されたインド暦の影響を受けた暦法で、ホロスコープ占星術と結びついて、中国・日本の民間の貴族の間で受け入れられていく。保憲《やすのり》に預けられて、宣明暦《せんみょうれき》と並んで造暦に用いられるとともに、円仁の伝えた、すべての災難を除き国家の安泰を祈る『熾盛光法《しじょうこうほう》』などの密教の修法と結びついて、占星術の一種である宿曜道《すくようどう》（注1）成立の契機となる。ところが、宣明暦は、江戸時代の貞享《じょうきょう》二年（一六八五）に渋川春海《しぶかわはるみ》（一六三九～一七一五）の貞享暦《じょうきょうれき》に取って替るまで、この後八百二十余年も行われる。

符天暦は、密教僧としての日延の関心に合致した暦法だったのである。その内容は、北斗七星・九曜《くよう》（日・月・火・水・木・金・土の七曜星に、インドの想像上の星、計都《けいと》（インドの天文学で白道と黄道の昇交点に当たる架空の星）・羅睺《らご》（インドの天文学で白道と黄道の降交点に当たる架空の星）を加えたもの）・十二宮《じゅうにきゅう》（注2）・二十七宿（注3）などの天体の動きや七曜《しちよう》の曜日の巡りによってその直日を定め、それが凶の場合は、その星の神々を祀る事によって運勢を好転させる占星術を行うもので、宿曜師が多数現れるのは、十世紀末頃である。日延が将来した符天暦は宿曜師の間で活用され、個人の運命を占う占星術と結びつく。

（注1）宿曜道《すくようどう》

桃谷裕行氏は、宿曜道を、次のように説明されている。

符天暦によって暦算・星占・祈禱を行う術。符天暦は唐の曹士蔿《そうしい》の作で、天徳《てんとく》元年（九五七）日本僧日延が呉越国から持帰り、翌年から宣明暦と並んで行われ、宿曜師によって信奉された。宿曜師が暦博士《れきはかせ》と並んで造暦の宣旨を蒙り、宿曜道が暦道・算道と日月蝕の有無を論争したのはこれに拠った。符天暦から算出した個人の生誕時の九曜《くよう》（日月五星にインドの想像上の星、計都《けいと》・羅睺《らご》を加えたもの）の位置を図（ホロスコープ）（次頁の図参照）に示して個人の運命を占った。その占文は西方起源の『都利聿斯経《とりいちしきょう》』（占星術書―引用者）に基いたもの多く、従って西洋占星術と一脈通ずるものがある。占の結果、転禍為福の祈禱を行った。宿曜師は僧侶であるが世襲が多く、宿曜道は陰陽道とならんで、古代なかばから中世なかばにかけての人心に多くの影響を与えた。

（「宿曜道と宿曜勘文」一二六頁）

（注2）十二宮《じゅうにきゅう》

黄道帯《こうどうたい》を、春分点を起点として三十度ずつ十二等分し、各区間に次のように名称をつけている。古代より占星術に使われた。現在は歳差により西へずれている。

①白羊宮《はくようきゅう》（黄道十二宮の第一宮。牡羊座《おひつじざ》に相当）②金牛宮《きんぎゅうきゅう》（青牛宮《せいぎゅう》とも。牡牛座《おうし》に相当）③双児宮《そうじきゅう》（陰陽《おんよう》宮とも。双子座《ふたご》に相当）④巨蟹宮《きょかいぐう》（蟹座《かにざ》に相当）⑤獅子宮《ししきゅう》（師子宮《しし》とも。獅子座《しし》に相当）⑥処女宮《しょじょきゅう》（少女

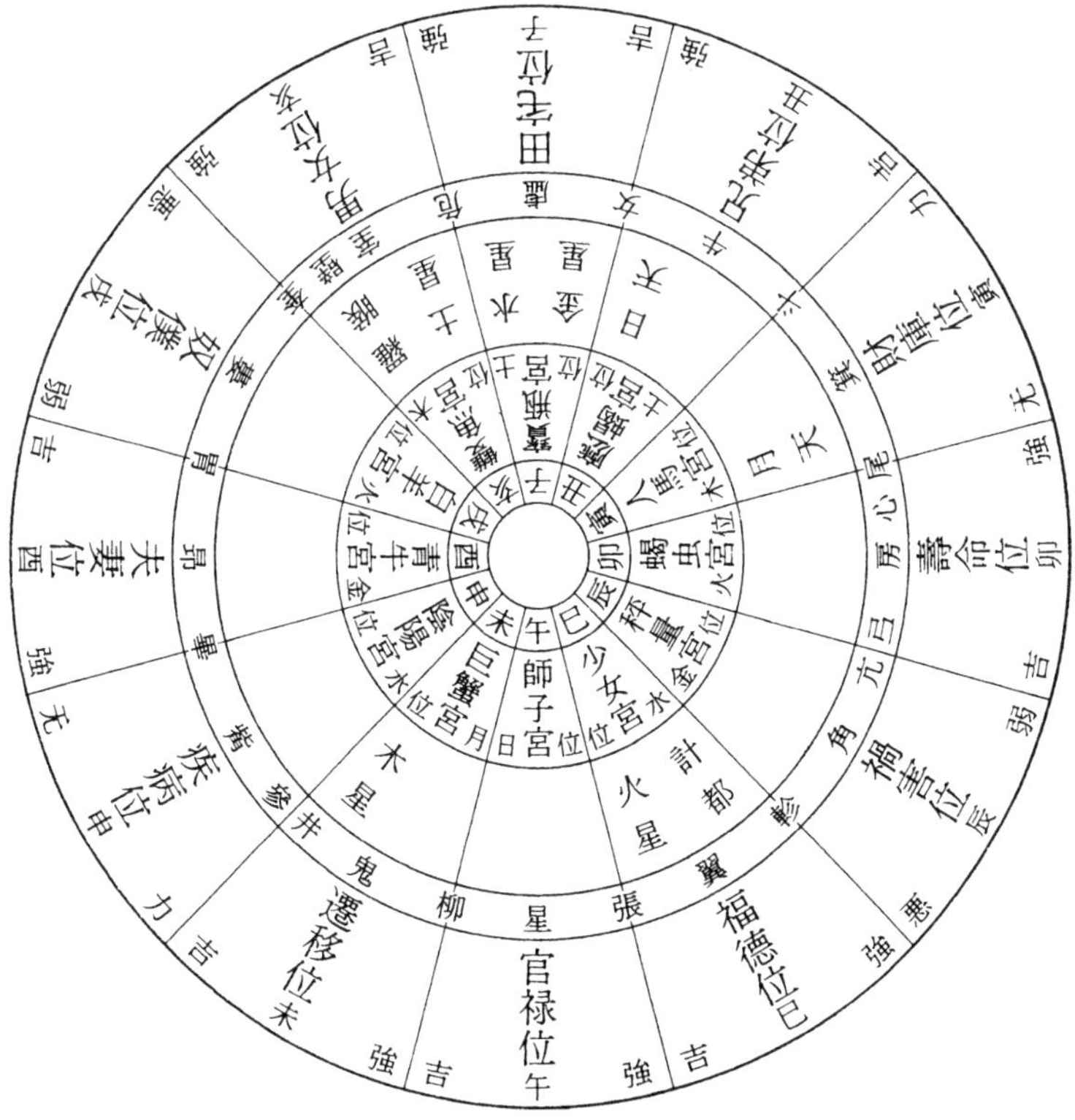

ホロスコープの図
（桃裕行氏『暦法の研究（下）』133頁より引用）

宮とも。乙女《おとめ》座に相当） ⑦天秤宮《てんびんきゅう》（秤量宮《ひょうりょうきゅう》とも。天秤《てんびん》座に相当） ⑧天蝎宮《てんかつきゅう》（蝎虫宮《かつちゅう》とも。蠍《さそり》座に相当） ⑨人馬宮《じんばきゅう》（射手《いて》座に相当） ⑩磨羯宮《まかつきゅう》（摩蝎《まかつ》宮とも。山羊《やぎ》座に相当） ⑪宝瓶宮《ほうへいきゅう》（水瓶《みずがめ》座に相当） ⑫双魚宮《そうぎょきゅう》（魚《うお》座に相当）

（注3） 二十七宿《にじゅうななしゅく》

月が一周、天をめぐる時に、二十八の星座に一宿（一夜に一宿）ずつ通過するものと考え、月の宿内の位置から太陽のために観測できない朔月《さくげつ》・日・時を計ったり、太陽の位置を知って季節を修正したもの。この二十八宿が中国からインドに渡り、宗教上の理由から「牛宿《ぎゅうしゅく》（いなみぼし）」が除かれて二十七宿となり、日の方位や吉凶を占うための、暦注になる。

現在、毎年各月の宿名は、一月「室《しつ》」、二月「奎《けい》」、三月「胃《い》」、四月「畢《ひつ》」、五月「参《しん》」、六月「鬼《き》」、七月「張《ちょう》」、八月「角《かく》」、九月「氐《てい》」、十月「心《しん》」、十一月「斗《と》」、十二月「虚《きょ》」と決められていて、その宿名をその月の朔日《さくじつ》の宿名とし、その宿名から順に毎日の二十七宿が配当される。

二十八宿の場合の配当法は、年は二十八年、月は二十八月、日は二十八日を周期にして、年、月、日の別々に、順番に循環させる。つまり各星宿は「東」→「北」→「西」→「南」と数えられ、青龍《せいりゅう》（東方）、玄武《げんぶ》（北方）、白虎《びゃっこ》（西方）、朱雀《すざく》（南方）の「四宮」とし、それぞれ（東・北・西・南）に「七宿」ずつ配する。二十八宿と星座名は、次のようになっている。

○東方七宿（青龍） ①角《かく》（おとめ座のすぼし） ②亢《こう》（おとめ座のあみぼし） ③氐《てい》（弖《てい》とも、てんびん座のともぼし）　④房《ぼう》（さそり座のそいぼし）　⑤心《しん》（さそり座のなかごぼし）　⑥尾《び》（さそり座のあしたれぼし）　⑦箕《き》（いて座のみぼし）

○北方七宿（玄武）　①斗《と》（いて座のひつきぼし）　②牛《ぎゅう》（やぎ座のいなみぼし）…二十七宿はこの「牛」を除く　③女《じょ》（みずがめ座のうるきぼし）　④虚《きょ》（みずがめ座のとみてぼし）　⑤危《き》（みずがめ座のうみやめぼし）　⑥室《しつ》（ペガサス座のはついぼし）　⑦壁《へき》（ペガサス座のやまめぼし）

○西方七宿（白虎）　①奎《けい》（アンドロメダ座のとかきぼし）　②婁《ろう》（おひつじ座のたたらぼし）　③胃《い》（おひつじ座のえきえぼし）　④昴《ぼう》（おうし座のすばる）　⑤畢《ひつ》（おうし座のあめふりぼし）　⑥觜《し》（オリオン座のとろきぼし）　⑦参《しん》（オリオン座のからすきぼし）

○南方七宿（朱雀）　①井《せい》（ふたご座のちちりぼし）　②鬼《き》（かに座のたまおのぼし）　③柳《りゅう》（うみへび座のぬりこぼし）　④星《せい》（うみへび座のほとおりぼし）　⑤張《ちょう》（うみへび座のちりこぼし）　⑥翼《よく》（コップ座のたすきぼし）　⑦軫《しん》（からす座のみつかけぼし）

どの暦書でも一致しているのが、「鬼宿《きしゅく》」の大吉祥運、「牛宿《ぎゅうしゅく》」の吉祥運で、「房《ぼう》宿」、「壁《へき》宿」、「奎《けい》宿」、「婁《ろう》宿」、「張《ちょう》宿」は吉運としている。

日本での二十八宿は、飛鳥の高松塚古墳の天井にも見られるのだが、弘法大師空海（七七四〜八三五）が大同《だいどう》元年（八〇六）に唐から将来した「宿曜経《すくようきょう》」によるとされている。「宿曜経」は、「七曜、二十七宿（牛宿を除く）および十二宮と人の生月・日・時の関係から人の運命や日時の吉兆の卜占《ぼくせん》の法を説いたインドの経典」（山下克明氏）である。

ところが、鎌倉時代建久《けんきゅう》（一一九〇〜九八）の末年に成立したとされる百科全書『二中歴《にちゅうれき》』十三、一能歴の条によると、摂関時代から院政時代の宿曜師二十二人のなかには、日延の名はなくて、禄命師《ろくみょうし》六人のトップに掲げられている。禄命《ろくみょう》とは山下氏によれば、「人の骨相や生年・生月・誕生日の干支《えと》で運勢・寿命を占う中国古来の占法の一つであり、唐代に流行していた」（前掲書三三五頁）運命占いであり、日延が禄命師の筆頭に挙げられているのは、「彼が星占の法と共にこの術をも伝えたことによる」（前掲書三三五頁）ためとしている。また禄命師六名のうち四名が宿曜師の方にも重複して名が出ており、禄命師だけに出ているのは、日延と忠清の二人である。その理由を桃氏は、符天暦が、中国において禄命との繋りが深いことに求めている（「日延の符天暦齎来」四一一頁参照）。

わが国における宿曜師《すくようし》の第一には、東大寺僧の法蔵《ほうぞう》（?〜九六九）の名が挙げられている。法蔵によって符天暦は積極的に活用され、やがて星占・祈禱を目的とする宿曜師集団が形作られるようになる。桃氏によると、「宿曜道は南北朝時代かせいぜい室町初期ごろまで」（前掲書一二五頁）行われ、その後廃絶しているが、十世紀末から室町初期の十五世紀初頭まで、暦算《れきさん》や星占によって、天皇・貴族の宿命感形成に少なからぬ影響を与えたのである。

日延が、このように占星術などにも通じた密教僧であることから、亡き人に逢えるみみらく伝説を念仏の合間に語る雰囲気を持っている僧であったように、筆者には思われるのである。

日延による『往生西方浄土瑞応伝』の将来

日延が将来した『往生西方浄土瑞応伝』は、中国で初めて体系的にまとめられた往生伝であり、東晋の慧遠《えおん》法師から唐代の中期に至るまでの西方願生者を四十八伝五十三人収録している（『大正新《たいしょうしん》脩大蔵経《しゅうだいぞうきょう》』第五十一巻、二〇七〇番）ことは、第二章第三節で取り上げた通りである。

平林盛得氏によると、日延が将来したのは、文諗《ぶんしん》・少康《しょうこう》によって編された『瑞応伝』ではなくて、呉越国水心禅院住持の道詵《どうせん》（生没年未詳）によって改補された『往生西方浄土瑞応刪伝《さんでん》』で、「道詵は日延の未渡来書の伝持という偉業に共鳴し、『瑞応伝』の改補という行為を喜捨し、日延はこれを書写し、道詵に識語を書き込んでもらい帰朝、のちこれに自署した」（『慶滋保胤と浄土思想』九五～六頁の注⑿）と考えられている。日延によって書写された『瑞応刪伝』が、天徳《てんとく》元年（九五七）将来され、比叡山延暦寺に置かれ、叡山浄土教家に影響を与える。日延の密教僧としての関心が、ここでも遺憾なく活かされ、中国における最初の単独の往生伝といわれる『瑞応伝』を書写し、将来して、保胤の『日本往生極楽記』、源信の『往生要集』につなげるのである。

源信の『往生要集』下巻、大文第七「念仏の利益《りやく》」の第六「引例勧信」のなかに、また、震旦《しんたん》には、東晋《とうしん》より已来、唐朝に至るまで、阿弥陀仏を念じて浄土に往生せし者、道俗・男女《なんにょ》、合せて五十余人ありて、浄土論并に瑞応伝《ずいおうでん》に出でたり（僧二十三人、尼六人、沙弥《しゃみ》二人、在家男女、合せて二十四人）。わが朝にも、往生せる者、またその数あり。具《つぶ》さには慶氏の日本往生記にあり。

（傍線—引用者）（石田瑞磨氏日本思想大系6『源信』二四六頁）

とみえ、さらに大文第十「問答料簡《もんどうりょうけん》」の第十「助念の方法」のなかでも、

往生の人を記すことは、多く迦才《かざい》師の浄土論（三巻）并に瑞応伝《ずいおうでん》（一巻）にあり。その余は多しといへども、要はこれに過ぎず。

（傍線—引用者）（石田瑞磨氏前掲書三一八頁）

と記している。ここに「慶氏の日本往生記」とみえるのは、慶滋保胤《よししげのやすたね》の『日本往生極楽記』を指しており、その保胤は、その序に、述作の意図を述べ、『往生西方浄土瑞応伝』の影響を認めている。

まだ瑞応伝《ずいおうでん》に載するところの四十余人、この中に牛を屠《ほふ》り鶏を販《ひさ》ぐ者あり（注）、善知識に逢ひて十念に往生せり。予この輩《ともがら》を見るごとに、いよいよその志を固くせり。

（傍線—引用者）（日本思想大系7、一一頁）

（注）「牛を屠《ほふ》り鶏を販《ひさ》ぐ者あり」の原文を、『大正新脩大蔵経《たいしょうしんしゅうだいぞうきょう》』の「往生西方浄土瑞応伝」より提示する。

(1)汾州《ふんしゅう》人第三十九

汾州人不レ得二姓名一。殺レ牛為レ業。臨二重病一。見三数頭牛逼其身一。告レ妻子曰。請レ僧救レ我。請レ僧至。病人曰。師誦二佛経一。如二弟子一重罪還救得否。師曰。観経中説三臨終十念尚得二往生一。佛豈妄言。忽爾異香満レ室便終。衆人皆見三異香瑞色祥雲遶二其宅上一矣。

（傍線—引用者）（『大正新脩大蔵経』五一巻、一〇七頁）

■現代語訳

汾州（現在の山西省）で牛を殺すことを生業とする人がいた。重病にかかり、牛が迫ってくる夢を見て、妻に「僧に請うて私を救ってほしい」と告げる。僧に『観経』に臨終の十念で往生を得る」と教わる。異香が満ちて往生した。

（傍線—引用者）（永田真隆氏「中国往生伝における来迎描写の変遷」二一一頁）

(2)張鐘馗《ちょうしょうき》第三十八

張鐘馗恒州人。販レ鶏為レ業。永徽九年臨レ終。見二宅南群雞集一。忽見一人著二緋皂衣一。駈レ雞唱言二啄啄一。其雞四度上啄二両眼一。出レ血在レ床。至二酉時一値二善光寺念仏僧弘道一。令レ鋪聖像。念二阿弥陀仏一。忽然異香。奄然而逝。

（傍線—引用者）（前掲書一〇七頁）

■現代語訳

張鐘馗《ちょうしょうき》は恒州《こうしゅう》の人で、鶏の販売を生業とした。唐の永徽《えいき》九年（六五八）亡くなった。宅の南に鶏が群れ集まり、一人の緋皂衣《ひそうい》の男の両眼を四度啄《ついば》み、血が床に流れた。酉時に善光寺の念仏僧弘道が聖像を鋪《なら》べ、阿弥陀仏を念ずると、異香が満ちて、すぐに往生した。（傍線―引用者）（引用者訳）

このように、日延が将来した『往生西方浄土瑞応伝』は、慶滋保胤とめぐりあい、わが国の往生伝の端緒となる『日本往生極楽記』として脱稿され、さらに源信の『往生要集』三巻として起稿され、日本浄土教信仰の思想的な理論書となって完成され、貴族社会の念仏生活の上に、決定的ともいうべき影響を及ぼすのである。

ところで、『蜻蛉日記』中巻に、西方浄土を詠んだ歌がみえる。天禄《てんろく》二年（九七一）二月の「呉竹《くれたけ》を植ゑる」という一節である。

●史料（『蜻蛉日記』）

天禄二年（九七一）二月　呉竹《くれたけ》を植ゑる

さはれ、よろづにこの世のことはあいなく思ふを、去年《こぞ》の春、呉竹《くれたけ》うゑんとて乞《こ》ひしを、このごろ「たてまつらん」といへば、「いさや、ありも遂《と》ぐまじう思ひにたる世の中に、心なげなるわざをやしおかん」といへば、「いと心せばき御ことなり。行基菩薩《ぎょうきぼさつ》はゆくすゑの人のためにこそ、実《み》なる木はうゑたまひけれ」など言ひて、おこせたれば、あはれにありし所とて、見む人も見よかしと思ふに、涙こぼれてうゐさす。二日ばかりありて雨いたくふり、東風《こちかぜ》はげしく吹《ふ》きて一《ひと》すぢ二すぢうち傾《かたぶ》きたれば、いかでなほさせん、雨間《あまま》もがなと思ふままに、

なびくかなおもはぬかたにくれ竹のうきよのすゐはかくこそありけれ（注）

（呉竹はもの思いのない西方浄土の方へなびいていることよ。私も今なお、つらい救いのない日々であるが、生活の最後はこの竹同様、もの思いのない世界に行きたいものだ）（上村悦子氏全訳注『蜻蛉日記(中)』一六二～三頁）

（新日本古典文学大系24、一三二頁）

（注）『古今和歌集』巻十四、恋四の題しらず、よみ人しらずの、次の歌による

須磨のあまの塩やくけぶり風をいたみ思はぬ方にたなびきにけり

（わびしいあの須磨の浦の漁師が塩を取るのに海藻を焼く煙が風が強いので思いがけない方向にたなびくように、あの人は思いがけない人の方になびいてしまったことです）

（新日本古典文学大系5『古今和歌集』二一六～七頁）

大西善明氏も、「思はぬ方」を予期しなかった方角、西方浄土と解し、「うき世」に憂き世（兼家との夫婦生活）と竹の節《よ》とをかけるとして「呉竹が風に吹かれて、予想もしなかった西の方角に傾いているように、わたしも心憂き夫婦生活の末には、この竹のように西方浄土を願うようになることでしょう」と解釈されている（『蜻蛉日記新注釈』二三〇頁）。

この歌を、作者の「厭離穢土《おんりえど》、欣求浄土《ごんぐじょうど》」という浄土信仰のあらはれとむすびつけるという訳にはいかないが、この時代貴族社会に浸透しつつあった天台浄土教の影響が垣間見える一節である。

また、日延は、三善為康《みよしためやす》（一〇四九～一一三九）が長承《ちょうしょう》三年（一一三四）頃書いた『拾遺《しゅうい》往生伝』のなかで、偏に往生を願う散位清原正国（伝未詳）の夢にあらわれている（日本思想大系7、三三九頁）。

日延のこれらの労を賞して、村上天皇は僧綱宣旨《そうごうせんじ》を賜わるが、日延はそれを固辞して、大宰府へ下向する。時期は不明であるが、師輔が薨じた天徳《てんとく》四年（九六〇）五月からそう遅くない応和《おうわ》年中（九六一～三）のことと推測される。そうすると、日延が天徳元年（九五七）に帰国後、比叡山や平安京にいたのは、わずか四、五年間である。その間、師輔は天徳元年に、妻康子《こうし》内親王を亡くし、七月二十二日法性寺で四十九日の法要を、さらに翌二年六月四日には一周忌を行なっている。これらの法要の合間に、みみらく伝説が、日延やその仲間の僧たちから語られ、一族の道綱母や理能、長能もきいていたと想定すると、康保元年（九六四）の道綱母の母親の死に伴う記事も、一段と「この部分にうまくはまって色彩を添え」（上村悦子氏前掲書一六〇頁）ることになるのではないだろうか。

この種の伝説は、山下道代氏が分析されたように、

この世に死者が姿を見せる場所がある、というようなことは、話そのものが尋常ならぬことだから、どうしても声をひそめて語られそうなところがある。また、一度聞けば忘れられようもな

い話でありながら、かえってそれゆえ、ただちに他へ語り広めようということにはなりそうもない。語るにしても聞くにしても、ある種こころにブレーキのかかりそうな話。「みみらくの島」伝承は、本来それ自身にこうした非開放的な性格を持っていたのではないか。

（「みみらくの島」二三九頁）

と、非開放的な性格をもっているので、どこでも話される伝説ではなかったので、九条一族の法要などの席で聞いていたと想定してみると、母親の死の記事とうまくはまるように思えてならない。ところで、日延は、肥前国の出身であるから、九州北西部や五島列島の地形や伝承にも詳しかったのではないだろうか。また彼が渡海したのは、五島列島から東シナ海を一気に横断する「南路」の航路であったから、日本の西の涯の「みみらくの埼」を経由して大陸へ渡ったのである。五島の地理にも、遣唐使の五島近海での遭難の歴史にも、智証大師円珍の「至本国西界肥前国松浦県管。旻美楽埼」の記事にも通じていた日延とその仲間の僧から、亡き人に逢えるみみらく伝説が、よもやま話にでてきたとする山中耕作氏の推論は、大変説得力のある論考といえる。

また、日延が将来した『往生西方浄土瑞応伝』の西方浄土を、日本の西の涯の「みみらくの島」に比定して、道綱母ら九条一門に説教したこともあったのではないかとの想像もふくらんでくる。

道綱母の「自我が強く、上流貴婦人という意識、プライドの高い」（上村悦子氏）性格からすると、通夜で始めて耳にした伝説、まして兄の理能《まさとう》らがすでに耳にしていた話などは、記事にはしないように思われる。道綱母は、僧たちのよもやま話以前に、みみらくに関する知識がすでに『万葉集』、『肥前国風土記』、『続日本紀』などを通して十二分にあったものと推定され（第五章・第六章でその可能性を検証する）、九条一門と入唐僧との私的な懇談の席などでも話題になっていたとの推測もできるのではないだろうか。道綱母は、みみらくに関する豊富な情報をもっていたから、心の支えであった母親の死の日記に、みみらく伝説を登場させたのではないだろうか。

しかしながら、日延は、康保《こうほう》年中（九六四〜八）には師輔《もろすけ》のために九州の地に大浦寺を創建しているので、康保元年七月の母親の法事の時点では、京都にいなかったものと思われる。そうすると、念仏《ねぶつ》のひまに物語りした僧どもに、日延は含まれなくなる。日延と一緒に渡海した天台僧か、比叡山でみみらく伝説をきいていた浄土門の僧ということになるのではないか。九条家出入りの慈覚大師円仁系の良源（当時は内供奉十禅師）、師輔息の尋禅の配下の僧たちの可能性が大きいのではないだろうか。遣唐使人たちの遭難、浄土教の広まりによる西方浄土へのあこがれや日延の将来した『往生西方浄土瑞応伝』の影響もあって、当時の平安貴族社会のなかに、生まれるべくして生まれた亡き人に逢える伝説は、天台浄土門の僧達に、ある程度共有されていた伝説ということになろう。

このようにみてくると、『蜻蛉日記』で記事にされた亡き人に逢えるみみらく伝説は、平安中期の揺れ動く上流貴族社会のなかに、信仰を広めつつあった天台浄土教の西方浄土の、変奏された説話のひとつとも考えられるのではないだろうか。話が著しく都ぶりになっているのは、上流貴族への説教に用いられたためと考えた山中耕作氏の論考に従うべきであろう（前掲書一八頁）。

いずれにしても、肥前国松浦郡値嘉郷みみらくの埼に住むわが先祖の土蜘蛛大耳・垂耳とは、関係のない、高貴な都びとの間で語り継がれた天台浄土教の説教のひとつであったようである。

参考・引用文献（敬称略）

・鷲尾順敬『日本佛家人名辞典』光融館　一九一一年
・辻善之助『日本佛教史　第一巻上世篇』前掲
・慶滋保胤「日本往生極楽記」前掲
・藤原忠平「貞信公記」前掲
・石井義長『空也』前掲
・「門葉記」（『大日本史料　第一篇之八』（東京帝国大学）一九三三年所収）
・『今昔物語集　本朝部（上）』（池上洵一編）岩波文庫　二〇〇一年
・藤原斉信《ただのぶ》「慈恵大僧正伝」（『群書類従第五輯系譜・伝・官職部』一九八〇年訂正三版所収）
・藤原師輔《もろすけ》「九条殿遺誡《ゆいかい》」前掲
・平林盛得「良源と叡山の中興」（『歴史教育』第十二巻第六号日本書院　一九六四年所収）
・平林盛得『良源』吉川弘文館　一九七六年
・速水侑『源信』吉川弘文館　一九八八年

・井上光貞『日本浄土教成立史の研究』前掲
・大江匡房《まさふさ》「続本朝往生伝」（日本思想大系7『往生伝 法華験記』岩波書店 一九七四年所収）
・『国史大辞典10』吉川弘文館 一九八九年
・「多武峯少将物語」（『群書類従第二十七輯雑部』一九八〇年訂正三版所収）
・玉井幸助『多武峯少将物語―本文批判と解釈―』塙書房 一九六〇年
・新日本古典文学大系24『蜻蛉日記』前掲
・芦田耕一「藤原高光における横川と多武峯の位置」（『国語と国文学』一九八〇年六月号所収）
・平林盛得「多武峯少将物語をどう読むか」（『国語と国文学』一九八一年三月号所収）
・山口博『王朝歌壇の研究―村上冷泉円融朝篇』前掲
・山中耕作「みみらく考」（『国学院雑誌』第六十五巻第十二号 一九六四年所収）
・原田敦子「死者に逢える島―みみらく伝承の成立と展開―」前掲
・竹内理三《りぞう》編『平安遺文古文書編第九巻』東京堂出版 一九七五年改正四版
・竹内理三「入呉越僧日延伝釈」（『日本歴史』第八二号 一九五五年所収）
・新日本古典文学大系27『本朝文粋巻七』前掲
・柿本重松『本朝文粋註釈上・下』内外出版 一九二二年
・桃裕行「日延の天台教籍の送致」（『対外関係と社会経済』（森博士還暦記念会編）塙書房 一九六八年所収）
・桃裕行「日延の符天暦齎来」（『律令国家と貴族社会』（竹内理三博士還暦記念会編）吉川弘文館 一九六九年所収）
・片山道義「大浦寺について」（『日本歴史』第八二号 一九五五年所収）
・山下克明『平安時代の宗教文化と陰陽道《おんようどう》』前掲
・桃裕行「暦法の研究〔下〕」（『桃裕行著作集8』思文閣出版 一九九〇年所収）

・文諗《ぶんしん》・少康《しょうこう》「往生西方浄土瑞応伝」前掲
・平林盛得《もりとく》『慶滋保胤と浄土思想』前掲
・永田真隆「中国往生伝における来迎の諸相について」前掲
・日本思想大系6『源信』（石田瑞磨校注）岩波書店　一九七〇年
・永田真隆「中国往生伝における来迎描写の変遷」前掲
・上村悦子全訳注『蜻蛉日記（中）』前掲
・新日本古典文学大系5『古今和歌集』（小島憲之・新井栄蔵校注）岩波書店　一九八九年
・大西善明『蜻蛉日記新注釈』前掲
・山下道代『みみらくの島』青簡舎　二〇〇八年

第四章　念仏を広めた四人の僧と文人貴族

平安中期はまた、律令的規制一般の崩壊によって、鎮護国家的、僧尼令《そうにりょう》的仏教統制が破綻《はたん》したこと、豪族・名主の社会的進出によって、既成教団から離れた民衆布教者、即ち聖《ひじり》層の活動が活発になってきた。天慶《てんぎょう》の乱と時を同じうして京の巷《ちまた》にあらわれた空也《くうや》上人の念仏布教はその一つのあらわれである。しかし、空也の念仏について注意せられることは、それが貴族社会の「藤原時代的浄土教」と著しく異なっている点である（井上光貞氏前掲書一二〇頁注（1））。

また、この時代の天台浄土教家のなかで、最も浄土門だった人を恵心僧都《えしんそうず》源信《げんしん》とし、なかでも『往《おう》生要集《じょうようしゅう》』とすることには何人も異論はないであろう。しかも『往生要集』は、貴族社会の念仏生活の上に、決定的ともいうべき影響を及ぼしたのである（井上氏前掲書一一二頁）。源信については、第四節で取り上げるが、彼の活躍した時代は、道綱母が日記の執筆が終った後なので、与えた影響は晩年の歌に詠まれている仏教観などに限定される。

空也上人の念仏勧化に強い関心と共感をもって、念仏結社「勧学会《かんがくえ》」を、康保《こうほう》元年（九六四）三月十五日に発足させた文人貴族慶滋保胤《よししげのやすたね》（九三五?〜一〇〇二）と、保胤とほぼ同年令で文章生《もんじょうしょう》出身の源為憲《みなもとのためのり》（九四一〜一〇一一）が天禄《てんろく》三年（九七二）に書いた『空也上人誄《るい》』が、道綱母に与えた影響を、第二、第三節で取りまとめることとする。

第一節　市《いち》の聖《ひじり》　空也《くうや》上人

空也（九〇三〜七二）は、コウヤとする堀一郎氏らの説もあるが、石井義長氏らのクウヤ説に従う。念仏を唱えることで極楽往生ができると説く浄土教に、天慶《てんぎょう》の乱の最中に、京都の市《いち》に立って「小人《しょうじん》・愚女《ぐじょ》」といわれた庶民へ、念仏の教えを説く「市《いち》の聖《ひじり》」といわれた空也があらわれる。

空也は、奈良時代の名僧行基《ぎょうき》（付記参照）と同じように、数々の社会事業を行なっている。川尻秋生氏は、「なかでも、打ち捨てられた遺体を見つけては一か所に集めて火葬・供養したことは、行基の活動にはみられなかった特色である」（前掲書二一一頁）とし、彼のこのような行動を、天慶の乱、地震・飢饉・疫病が頻発する当時の社会情勢を背景とし、「死者の追善に重きを置きながら、念仏を民衆に勧め、極楽往生の道」（前掲書二一一頁）を説いたと解釈されている。念仏を民衆にまで広めたのが、空也である。先の慶滋保胤の『日本往生極楽記』空也伝に、「天慶《てんぎょう》より以往、道場聚落《しゅうらく》に念仏三昧を修すること希有《けう》なりき。何《いか》に況《いわん》や小人愚女《しょうじんぐじょ》多くこれを忌《い》めり。上人来りて後、自ら唱《とな》へしめぬ。その後世を挙げて念仏を事とせり」（傍線―引用者）とあるように、民衆に念仏を勧進したのである。

空也の名がはじめて公式の記録にみえるのは、天慶二年（九三九）閏七月のことで、「修行僧空也、坐禅練行事。文殊之化身云々」（国史大系第九巻「本朝世紀第三」三九頁）という一行にも満たない短い記事である。空也のこの「座禅練行」の場所を京都の雲林院《うりんいん》と川崎庸之《つねゆき》氏は推測している（「源信の生涯と思想」一〇頁）。市の聖の布教活動を、平安朝の役所も認めざるを得なくなってきていることが伺える記事である。このような空也の徳行に、第十五世天台座主延昌は、彼を叡山に招いて、天暦《てんりゃく》二年（九四八）戒を授け、光勝《こうしょう》の名を与えている。天台一門への取り込みを意図した受戒だが、空也が改名することはなかったことは、第三章一五一〜二頁で述べた通りである。

彼の教えは、やがて貴族社会にも広がり、応和《おうわ》三年（九六三）八月には、左大臣藤原実頼《さねより》（九〇〇〜七〇）らの協力を得て、賀茂川の河原に仮堂を設《しつら》え、盛大な無縁仏の供養法会を行なっている。

石井義長氏は、「良源と深い交渉を持ち、子の尋禅《じんぜん》をその弟子として初の貴族出身の天台座主とした実力政治家の師輔《もろすけ》に対して、穏健な実頼《さねより》や師氏《もろうじ》（九一三〜七〇）が、余慶《よけい》（九一九〜九一、寺門円珍派）と交わり、空也と親しかったというのも、一種自然な人間関係であった」（『空也』二四七頁）と解釈されている。兼家とは違う藤原一門の支援を得ていたということになるのだろうか。

『日本紀略』応和三年八月廿三日条に、「空也聖人於鴨川原供養金字般若経。道俗集会。請僧六百口。自内給所給銭十貫文。左大臣以下天下諸人結縁者多。昼講経王。夜万燈会」（国史大系第十一巻「日本紀略

後編」九〇頁）とあり、宮中より十貫文の助成や左大臣実頼《さねより》以下の結縁《けちえん》（仏道に入る縁を結ぶこと）があって、一人の市の聖が呼びかけた法会としては、信じがたいほどの盛会となっている。この法会に招かれた高僧は、『大般若経』の巻数と同じ六百人で、延暦寺や興福寺、清水寺などの南都北嶺の僧達が、宗論の対立とは関係なく、一同に集会しているのである。後々まで京の話題になっている。

この供養会で読み上げられた三善道統《みよしのみちむね》（生没年未詳）が書いた「空也上人のために金字《こんじ》大般若経を供養する願文《がんもん》」が、完全な形で今に伝わっている。空也の没後九〇年後に、文章博士《もんじょうはかせ》・大学頭《だいがくのとう》を歴任した藤原明衡《あきひら》（?～一〇六六）が編した平安時代の漢詩文集『本朝文粋《ほんちょうもんずい》』巻十三に、収載されている。原文は、四六駢儷文《べんれいぶん》で、四字および六字の句を基本とし、平仄《ひょうそく》（漢詩作法における平字《ひょうじ》と仄字《そくじ》の韻律に基づく排列のきまり）にも留意して声調を整えられた優雅な表現をされており、文辞は華美で典故《てんこ》（典拠となる故事。故実）が多く用いられている。石井義長氏、堀一郎氏、柿村重松氏の註釈を参考にして、訓み下し文と大意を提示する。長くなるが、平安時代の名文を味わうのも一興である。

●史料（『本朝文粋』）

空也《くうや》上人のために金字《こんじ》大般若経《だいはんにゃきょう》を供養する願文《がんもん》　　善《ぜん》　道統《どうとう》（三善道統《みよしのみちむね》）

敬《つつし》んで白《もう》す

書写供養し奉《たてまつ》る金字《こんじ》の大般若経一部

夫《そ》れ以《おもんみれ》ば、覚花《かくか》歩《あゆ》みを承《う》け、応化《おうげ》の跡《あと》長く芳《かんば》し。仏日《ぶつにち》光を懸《かか》げ、真空の理《ことわり》すでに顕《あらわ》る。大千世界、遍《あまね》く慈悲の雲を載《の》せ、一切衆生、悉《ことごと》く智慧《ちえ》の雨に潤《うるお》う。ああ、諸法は無相にして、四生《ししょう》は無常なり。五蘊六根《ごうんろっこん》は、陰陽《いんよう》の陶冶《とうや》と雖《いえど》も、真如《しんにょ》と奈落《ならく》は、善悪《ぜんなく》の因縁《いんねん》に在《あ》り。成劫壊劫《じょうごうえごう》、前身後身、禽獣《きんじゅう》魚虫、何物か流転《るでん》の父母《ぶも》に非《あらざ》らん。山川藪沢《そうたく》、何処《いずく》にか、生死《しょうじ》の形骸《けいがい》無からん。

是《こ》れを以って四恩六道《しおんろくどう》の成仏得果《とっか》の為の故に、天暦《てんりゃく》四年九月より始めて、応和《おうわ》三年の今朝《こんちょう》に至る。星霜《せいそう》十四たび廻《めぐ》り、胸臆《きょうおく》千万に緒《あま》る。常啼大士《じょうたいだいじ》の本誓《ほんぜい》は、心に晨昏《あしたゆうべ》に懸《かか》り、法涌《ほうゆう》菩薩《ぼさつ》の対揚《たいよう》は、思いを開示に寄す。市中に身を売るは、我が願に在《あ》りと雖《いえど》も、人間《じんかん》に信を催《もよお》し、既に群縁《ぐんえん》を寄す。半銭《はんせん》の施すところ、一粒《いちりゅう》の捨《しゃ》するところ、漸々《ぜんぜん》に力を合わし、微々《びび》に功を成《な》せり。紺瑠璃《こんるり》の紙に、象教《ぞうきょう》は跡を垂《た》れ、紫磨金《しまこん》の文《もん》は、雁行《がんこう》して字を成す。烏瑟《うしつ》は暗《あん》に護持《ごじ》を加え、羊柱《ようちゅう》は適《すなわ》ち書写し畢《おわ》る。

抑《そもそも》空也、齢《よわい》年を逐《お》って暮れ、身は雲と浮かぶ。禅林《ぜんりん》には霜を戴《いただ》き、有漏《うろ》の質は已《すで》に老いたり。意《い》蕊発露《ずいほつろ》して、無上の果を求めんと欲《ほっ》す。彼を先として我を後とするの思いを以って思いとし、他を利して己を忘るるの情《こころ》を以て情《こころ》とし、薜服《へきふく》に風を防ぐの外、更に何の謀《はかりごと》をか企《くわだて》ん。麻滄《まそう》して日を送る中、また何の力をか施さん。曽《か》って、一鉢《いっぱつ》の儲《たくわえ》もなく、ただ十方の志を唱《いざな》う。是《ここ》に於いて幽明《ゆうめい》共に動き、遐邇《かじ》普《あまね》く驚き、長安洛陽《ちょうあんらくよう》、貴賤《きせん》上下、共に帰依《きえ》を致し、供養を遂げしむ。昔、一婆羅門《ばらもん》の斎筵《さいえん》を展《の》ぶるや、広く三明《さんみょう》の炬《ともしび》を勤め、曇無比丘《どんむびく》の法水を伝うるや、遍《あまね》く六度の舟を廻《めぐら》す。或いは功徳を人民に催し、或いは恭敬《くぎょう》を草木に得たり。仍《よ》りて広く集会《しゅうえ》し、広く随喜《ずいき》せしめんが為に、殊に王舎城《おうしゃじょう》の東河に於いて、仮に仏世尊《せそん》の月殿《げってん》を立て、忝《かたじけな》くも六百の高僧の竜象《りゅうぞう》を屈《くっ》し、将《まさ》に十六大会《だいえ》の煙霞《えんか》に帰《き》せんとす。白足青眼《びゃくそくしょうげん》の輩《ともがら》、鍱腹乗坏《ようふくじょうはい》の人、或いは雪嶺香山《せつれいこうざん》より降り、或いは菴薗奈苑《あんおんなおん》より至る。甚深《じんじん》の義、海象《かいぞう》は明月《みょうげつ》の珠を吐き、精款《せいかん》の誠、天人は栴檀《せんだん》の水を湛《たた》う。白浪《はくろう》石に咽《むせ》ぶの岸は、鷺池《ろち》に相同じく、青草《せいそう》煙を敷《し》くの堤は、宛《あたか》も鷲嶺《じゅれい》の如し。

方今《まさにいま》、聊《いささ》か伎楽《ぎがく》を設け、供するに音声《おんじょう》を以ってす。洞簫羌笛《どうしょうきょうてき》の管《かん》、曲は晴天に沸《わ》き、龍頭鷁首《りゅうとうげきしゅ》の舟は、棹《さお》を秋水《しゅうすい》に穿《うが》つ。況《いわん》やまた説法の後、更に夜漏《やろう》に臨んで、万灯会《まんとうえ》を設け、菩薩戒《ぼさつかい》を修し、弥陀を専念して、永く極楽に帰せんとす。苦空《くくう》の音《ね》を伝うること、命命鳥《みょうみょうちょう》を聞くが如く、禅波《ぜんば》は意を澄《す》まして、上々《じょうじょう》の蓮《はちす》を開かんと欲《ほっ》す。（以下略）

応和《おうわ》三年（九六三）八月二十三日

仏子《ぶっし》空也敬んで白す

（原文は漢文、訓み下し文は、石井義長氏『空也《くうや》』三四九〜五一頁）

■大意（部分）

釈尊《しゃくそん》が教えを説いて以来、真空《しんくう》の理《ことわり》（一切皆空《いっさいかいくう》の真理（『大正蔵』六に、「一切は空であり、それが仏である。それは無相《むそう》であり、生ずることも滅することもない。よくこれを知って般若《はんにゃ》のすぐれた方便を修行すれば、必らず無上の悟りが得られる」と説かれている―引用者）は、明らかとなり、この世界はあまねく仏の慈悲につつまれ、一切衆生は知恵の雨に潤っている。ああ、一切は空で、衆生の生は無常であるが、仏の悟りの世界に昇るか地獄に墜ちるかは、人の善悪《ぜんなく》、業の因縁《いんねん》による。そこで、一切有情の成仏得果《とっか》のため、天暦《てんりゃく》四年（九五〇）九月から始めて応和《おうわ》三年（九六三）八月の今朝まで、十四年の星霜《せいそう》が廻《めぐ》った。空也の胸には千万の思いが溢れている。その間、大般若経に説かれている常啼菩薩《じょうたいぼさつ》（衆生のくるしみをみて、常に啼《な》いていた菩薩）の仏の智恵である般若を求めた本誓《ほんぜい》（はじめに立てた誓願）は朝夕に心にかかり、その問に答えて法涌菩薩《ほうゆうぼさつ》（衆生のために甚深なる般若波羅密多を説く菩薩）が教える「一切皆空」の悟りの般若波羅密多《はんにゃはらみった》（智恵の完成されたもの）を、世の人々に教え示したいと念願していた。

市中に自らの身をさらし、人々の間に信を催させて、半銭・一粒の寄進・合力を得て、紺瑠璃《こんるり》の用紙に金泥の文字を綴り、その文字を猪の牙で磨いて光沢をつけて装飾した大般若経六百巻の書写は完成した。

しかし、空也は、年すでに老い、「利他忘《ル》レ己《ヲ》」の志のみで、何の蓄えもなく、財力もない。ただ一鉢のたくわえもなく十方の志にすがるばかりであったが、幽明の力のいたすところ、平安京の貴族から庶民にいたる人々の帰依《きえ》を得て、ここに盛大な供養の会を営むことができた。

平安京の東、鴨川の西岸に仮設の立派な仏殿をしつらえて、『大般若経』六百巻と同数の、六百人もの学識ある高僧を招いて講話説法を行ない、盛大に供養会が催される。仮設の仏殿の前には鴨川の白波が打ち寄せ、青草煙を敷く鴨川の堤は、あたかもインド北部の王舎城《おうしゃじょう》外の霊鷲山《りょうじゅせん》（鷲峯山《しゅうほうざん》）のようであった。

仲秋のさわやかな陽光のもと、管弦の楽奏が交互に水面に響き渡るなか、龍と鷁《げき》（大空を飛び、水に潜る想像上の水鳥）の頭を船首につけた華麗な装飾船に、『大般若経』六百巻を載せて仏殿まで運び供えた。さらに夜に入ると、万灯会を行ない、専ら阿弥陀仏を念じ、極楽往生を願う。その念仏の声は、法涌菩薩の具妙香城《ぐみょうこうじょう》（阿弥陀仏の極楽浄土）に棲む、一身両頭の鳥で死生を共にするといわれる命命鳥《みょうみょう》の鳴き声を聞いているようであった。

（石井義長氏、堀一郎氏、柿村重松氏の註釈を参考にして、大意を私的に整理）

この時の賀茂の仮堂が、後に西光寺《さいこうじ》（六波羅密寺《ろくはらみつじ》）になり、保胤・源信らの「勧学会《かんがくえ》」のための会堂に提供されるなど、この寺は広く京都の市民に開放された寺としての特色をもっていたことも、空也の思想の生きた証として記憶に留めておきたい。また、天禄《てんろく》元年（九七〇）七月には、空也の檀越《だんおつ》であつた大納言藤原師氏《もろうじ》（忠平の第四子）が亡くなった際には、冥界《めいかい》でのとりなしを依頼する牒状を、閻羅王《えんらおう》に書き送るなど、都びとの耳目をそばたてる活躍をしている。このような彼の活動は勧学会の文人貴族―慶滋保胤《よししげのやすたね》、源為憲《ためのり》―や天台僧源信の注目するところとなり、「浄土思想の発展とその社会への浸透という点でも、これは時期を画する動きであった」（網野善彦氏『日本社会の歴史（中）』二一頁）。

これに対して、井上博士は、空也の活動に対する評価は限定的である。

浄土教は空也上人の念仏流布《るふ》によって興ったように説かれるが、空也の念仏鼓吹《こすい》は、「往生極楽記」「空也誄《るい》」にあるごとく、天慶のころからのことであって、そのころには既に天台教内部の浄土教がかなりの発達を示し、また貴族的世界においてもある程度その発達をみていたことは

既述のごとくである。空也の運動は、この貴族社会における浄土教の発達に拍車をかけることにはなったであろうが、それが浄土教興隆の因をなしたとはいえないのである。

（傍線—引用者）（『日本浄土教成立史の研究』九八頁の注15）

と、「浄土教の発達に拍車をかけた」との評価にとどめている。さらに、空也の念仏については、

注意せられることは、それが貴族社会の「藤原時代的浄土教」と著しく異なっている点である。（中略）念仏者という点をのぞけば、律令時代以来の民間布教者とほとんど異なるところはないのである。また、空也は乞食のみなりをし、金鼓《きんこ》・錫杖《しゃくじょう》をもち、また法螺《ほら》を吹いて念仏勧進していた（「空也誄」、「小右記」万寿三年七月廿三日条）。これは踊念仏など、後のシャーマニスティックな民間念仏者と通ずる点である。空也的な念仏が、美的瞑想的な「藤原時代的浄土教」と異なることは以上の点で知られるのであって、それは狂躁的エクスタシアともいうべきものであろう。（中略）空也の念仏の起源がどこにあろうとも—それは南都以来の伝統か、それでなければ天台の影響であるが—、それが民族宗教的形態をとったのはむしろ自然であり、空也の、したがって当時の民間の浄土教は、民族宗教的要素を濃厚にもっている点に特徴があったといえると思う。

（前掲書一二〇頁の注1）

と、空也の運動を「民族宗教的形態」と規定し、「一種のシャーマニスティックな民間念仏者の狂躁的エクスタシア的な運動」ととらえている。たしかにそのような性格を有することも否定できないが、彼の応和の供養法会に、六百人もの僧が請ぜられたこと、左大臣実頼ら摂関家の結縁があったことも、正しく評価しないと、片手落ちと言わざるを得ない。空也のこの供養に、保胤・源為憲らの若い文人が反応し、「勧学会《かんがくえ》」の設立へとつながっていく。大江親通《ちかみち》（?～一一五一）が、平安末期に南都巡礼を行った時の記録『七大寺巡礼私記《しちだいじじゅんれいしき》』の興福寺の条に、空也上人の掘った阿弥陀井が、住んでいた浄名院《じょうみょういん》の西側にあり、親通が訪れた二百年後の平安末期にも、「今も十方に分けて汲《く》まれている」清涼な湧水があったことを、「浄名院、空也聖人所住之旧跡地（西側有井、云阿弥陀井、空也聖人所掘給也）、其水如清涼水、今有其井、十方分汲之」（『七大寺巡礼私記』一六六頁）と記している。上人の念仏勧化に感動し協力した多くの人びとの手によって、大規模な井戸が構築されていたことがうかがえる。残念ながら、浄名院も、阿弥陀井も、現在は跡形もないが、上人の活動が庶民の強い支持を得ていたことが理解できる事例である。

さらに、それから二百年以上後の鎌倉時代のはじめ頃に、『方丈記《ほうじょうき》』（一二一二年）の作者として知られる鴨長明《かものちょうめい》（一一五五～一二一六）が、晩年に書いた『発心集《ほっしんしゅう》』第七の二にも「同上人、衣を脱ぎ、松尾《まつのを》大明神に奉る事」という説話がとり上げられている。

抑《そもそ》、天慶《てんぎゃう》（九三八～四七）より先は、日本に念仏の行《ぎょう》まれなりけるが、此の聖《ひじり》の進めによりて、人こぞりて念仏を申す事になれり。常に阿弥陀を唱へてありき給ひければ、世の人これを阿弥陀聖と云ふ。或る時、市《いち》の中に住して諸々《もろもろ》の仏事をすすめ給ふに依りて、市の聖とも聞こゆ。すべて、橋なき所には橋を渡し、井《い》なくして水とぼしき郷《さと》には、井を掘り給ひけり。これを我が国の念仏の祖師と申すべし。即《すなは》ち、法華経と念仏とを置いて、極楽の業として、往生を遂げ給へるよし、見えたり。（傍線―引用者）（新潮日本古典集成『発心集』二九八頁）

と、鎌倉初期に市中や地方に多く遊行していた念仏聖の祖師と、長明に信認されている。

このように空也上人の「念仏勧進は、民間浄土教の発達上画期的なものであり、聖・上人層の活動の先駆をなすもの」（井上光貞氏『日本古代の国家と仏教』一二五頁）であったので、庶民の極楽往生の願望にこたえ、その後「世を挙げて念仏を事とす」（慶滋保胤「空也伝」）る念仏の普及が実現したのである。藤原公任《きんとう》（九六六～一〇四一）の私撰和歌集『拾遺抄《しゅういしょう》』巻十雑部下には、次の和歌が採られている。

市門《いちかど》にかきつけて侍る　空也上人

一たびも南無阿弥陀仏という人の蓮《はちす》のうえにのぼらぬはなし

慶滋保胤の『日本往生極楽記』の空也伝を提示する。

●史料（『日本往生極楽記』）

沙門空也

沙門空也は、父母を言はず、亡命《ぼうめい》して（名籍を脱する）世にあり。或は云はく、潢流《こうりゅう》（皇室）より出でたりといふ。口に常に弥陀仏を唱ふ。故《かるがゆゑ》に世に阿弥陀聖《ひじり》と号《な》づく。或は市中に住して仏事を作し、また市聖《いちのひじり》と号づく。嶮《さか》しき路に遇ひては即ちこれを鏟《けづ》り、橋なきに当りてはまたこれを造り、井なきを見るときはこれを掘る。号づけて阿弥陀の井と曰ふ。

播磨国揖穂《いひほの》郡峰合《みねあひ》寺に一切経《いっさいきょう》ありて、数《あまた》の年披閲せり。もし難義あれば、夢に金人《きむじん》（仏）ありて常に教へたり。阿波・土左両州の間に島ありて、湯島と曰ふ。人伝ふらく、観音の像ありて霊験《れいけん》掲《けち》焉《えん》なりといふ。上人腕《たたむき》の上に香を焼き、一七日夜、動《はたら》かず眠《ねぶ》らず。尊像新に光明を放ち、目《まなこ》を閉づれば見えたり。一の鍛冶《かぢ》の工《たくみ》、上人を過《よぎ》り、金を懐《ふところ》にして帰る。陳《の》べて曰く、日暮れ路遠くして、怖畏《おそれ》なきにあらずといふ。上人教へて曰く、弥陀仏を念ずべしといへり。工人中途にして果して盗人《ぬすびと》に遇ふ。心に竊《ひそか》に仏を念ずること上人の言のごとくせり。盗人来り見て市聖と称《い》ひて去りぬ。

西の京に一の老尼あり。大和介伴典職《やまとのすけとものりもと》が旧室なり。一生念仏して上人を師となせり。上人一の衲衣《のうえ》を補綴《ほてち》せしむ。尼補《つづ》り畢《おわ》りて婢《ひ》に命じて曰く、我が師今日遷化《せんげ》すべし。汝早く齎《も》て参るべしといへり。婢《ひ》還りて入滅を陳《の》ぶるときに、尼曾《すなは》ち驚歎せず。見る者これを奇《あやし》ぶ。上人遷化の日に、浄《じょう》衣《え》を着て、香炉《かうろ》を擎《ささ》げ、西方に向ひてもて端座《たんざ》し、門弟子《もんていし》に語りて曰く、多くの仏菩薩《ぶつぼさつ》、来迎《らいごう》引接《いんじょう》したまふといへり。気絶《いきた》ゆるの後、猶し香炉を擎《ささ》げたり。この時音楽空に聞こえ、香気室に満てり。嗚呼《ああ》上人化縁《けえん》已に尽きて、極楽に帰り去りぬ。天慶《てんぎょう》より以往《さきつかた》、道場聚落《だうぢゃうしうらく》に念仏三昧を修すること希有《けう》なりき。何《いか》に況《いわん》や小人愚女《しょうじんぐじょ》多くこれを忌《い》めり、上人来りて後、自ら唱へしめぬ。その後世を挙げて念仏を事とせり。誠にこれ上人の衆生《しゅじょう》を化度《けど》するの力なり。

（傍線、（　）―引用者）（日本思想大系7「日本往生極楽記」、二八～九頁）

このように空也の布教活動は、民衆の不安に揺れる心理に極楽往生への希望を与える民族宗教として熱狂的な支持を受けるのだが、エリート意識の権化である道綱母の一族の法要で、空也流念仏が唱えられた可能性はないものと思われる。ただ、貴族を巻きこんで展開される空也の活動には人一倍興味と関心をもっていて、特に応和三年（九六三）の供養会で読み上げられた三善道統《みよしみちむね》の『願文《がんもん》』は読んでいた可能性が大きいと推察し、空也の活動の概要を提示してみた。道綱母の執筆時期に、平安京で民間への活発な布教活動した空也の念仏は、道綱母の耳に届いていたのだろうか。空也の運動は、慶《よし》滋保胤《しげのやすたね》、源為憲《ためのり》ら若い人たちの念仏活動へ大きな影響を与え、引き継がれていくのである。

【付記】 行基《ぎょうき》（六六八〜七四九）

奈良時代の名僧。仏教の一般民衆への布教を禁じた時代に、貧民救済・治水・架橋などの社会事業を畿内中心に行なうとともに、民衆や豪族層を問わず広く仏法の教えを説き、篤く崇敬《すうけい》された。朝廷からは度々弾圧されたが、行基の信者は拡大を続け、その影響を無視しえなくなった朝廷は、伝道禁圧をゆるめる。聖武天皇は、新宮造営、大仏建立といった朝廷の大事業に、行基とその弟子を招聘《しょうへい》し、天平《てんぴょう》十七年（七四五）正月には異例の大僧正に任じている。天平勝宝《しょうほう》元年（七四九）二月遷化《せんげ》。

また行基は、日本全国を歩き回って古代の日本地図である行基図を作成したと伝わる。さらに、行基が開基《かいき》したとされる寺院なども全国に数多く存在している。

行基は、民間宗教者として、空也の先達として高く評価されており、民間仏教の布教を念願とするものは宗派を超え、信仰対象を超えて、行基の行蹟を、直接・間接に重要視してくるのである。

鎌倉時代末頃の百科全書である『二中歴《にちゅうれき》』巻十三の、「名人歴」のはじめに、

聖人

聖徳太子《しょうとくたいし》救世観音。行基菩薩《ぎょうきぼさつ》文殊化身。已上二人仏法始興隆聖人也。（中略）

空也《くうや》六波羅密寺、沙弥。性空《しょうくう》書写山沙弥、得㆓六根浄㆒。賀統《がとう》土佐国人、即身詣㆓補陀落山㆒。仁賀《にんが》近江国。増賀聖《ぞうがしょう》人《にん》多武峰。已上五人徳行無双聖人。

という記事がみえ、行基は、聖徳太子とともに空也の先駆者とされている。

『蜻蛉日記』中巻の天禄《てんろく》二年（九七二）二月の「呉竹を植える」記事に、行基が登場していることは、第三章第四節（一八四〜五頁参照）で取り上げた。行基の活動を道綱母はよく承知していたのである。行基と空也を結ぶ直接の史料はないにしても、空也は行基の行蹟に多く学んでおり、空也の宗教形態と機能が類似していることが、堀一郎、平林盛得氏らによって指摘されている。行基は、偉大な民間宗教者として、平安中期から認められていたので、空也も、行基にならって実践したのであろう。

『続日本紀』の行基卒伝を提示する。

●史料（『続日本紀』）

天平勝宝元年（七四九）二月二日条

二月二日、大僧正行基和尚遷化《ぎょうきわじょうせんげ》す。和尚は薬師寺の僧なり。俗姓は高志氏《こしうじ》、和泉《いづみ》国の人なり。和尚は真粋天挺《しんすいてんじょう》（純粋ですぐれた才徳）にして、徳範《とくはん》（模範となるすぐれた品性）夙《はや》く彰《あらは》る。初め出家せしとき、瑜伽唯識論《ゆがゆいしきろん》を読みし即ちその意《こころ》を了《さと》りぬ。既にして都鄙《とひ》を周遊して衆生《しゅじょう》を教化す。道俗化《おもぶけ》を慕ひて追従する者《ひと》、動《やや》もすれば千を以《もち》て数《かぞ》ふ。所行《ゆ》く処和尚来《きた》るを聞けば、巷《ちまた》に居《を》る人无《な》く、争ひ来りて礼拝《らいはい》す。器《うつわ》に随《したが》ひて誘導し、咸《みな》善に趣《おもぶ》かしむ。また親《みづか》ら弟子等《ども》を率《ひき》ゐて、諸《もろもろ》の要害《ぬみ》の処《ところ》に橋を造《つく》り陂《つつみ》を築《つ》く。聞見《ききみ》ることの及ぶ所、咸《みな》来りて功《こう》を加へ、不日《ふにち》にして成る。百姓《はくせい》今に至るまでその利《り》を蒙《かがふ》れり。豊桜彦天皇《とよさくらひこのすめらみこと》（聖武天皇）甚《はなは》だ敬重《きょうじゅう》したまふ。詔《みことのり》して、大僧正の位《くらい》を授《さづ》けたまひ、并《あは》せて四百人の出家を施《ほどこ》す。和尚、霊異神験《りょういじんけん》、類《たぐひ》に触《ふ》れて多し。時の人号《なづ》けて行基菩薩《ぼさつ》と曰《い》ふ。留止《とどま》る処には皆道場を建つ。その畿内《きない》には凡そ卌九処、諸道《しょどう》にも亦往々《ところどころ》に在《あ》り。弟子相継《あいつ》ぎて皆遺法《いほう》を守り、今まで住持《じゅうじ》せり。薨《こう》する時、年八十。（巻十七）（新日本古典文学大系14『続日本紀三』六一～三頁）

この他に、慶滋保胤の『日本往生極楽記』（日本思想大系7、一六～九頁）、鎮源《ちんげん》の『大日本国法華経験《げん》記《き》』（長久《ちょうきゅう》二年（一〇四一）完成）の上巻（日本思想大系7、五一～四頁）に往生伝がみえ、『日本霊異《りょうい》記《き》』（奈良薬師寺僧景戒《かいけい》編、平安初期成立）の中巻第七、第八、第二十九、第三十、さらに源為憲《ためのり》の『三宝絵』の中巻、法宝の三（東洋文庫七七～八〇頁）など、多くの文献に行基は取り上げられている。

現在、近鉄奈良駅前の広場には、行基のブロンズ像が東大寺の方角を向いて建っている。

第二節　文人念仏者　慶滋保胤《よししげのやすたね》

天暦《てんりゃく》（九四七～五六）から寛和《かんわ》（九八五～六）にかけての藤原時代前期といわれる転換期・過渡期に、道綱母（九三六?～九九五）に知的刺激を与えたと思われる同時代の慶滋保胤（九三四?～一〇〇二）の事績をまとめ、道綱母に与えた影響を考えてみることとする。

保胤は、陰陽師《おんようじ》として名を成した賀茂忠行《ただゆき》（生没年未詳）の次男として、承平《しょうへい》（九三一〜七）の頃に生まれ、長保《ちょうほう》四年（一〇〇二）に没した。兄の保憲《やすのり》は、第三章一七三〜四頁で取り上げたように、天台僧日延に新暦の将来を依頼した主計頭三道（天文・陰陽・暦）博士として、その才を認められた陰陽道の上首《じょうしゅ》（長老）であった。日延が将来した符天暦《ふてんれき》は、保憲に預けられている。後に、保胤が『日本往生極楽記』を執筆する契機となる『往生西方浄土瑞応伝』は、日延と保憲の二人から教えられたのではないかと想定してみたくなるほど、平安貴族社会の人的交流の場は限定的であったように思われる。

保胤は、弟の保章《やすあき》・保遠《やすとお》も文章博士《もんじょう》・陰陽博士《おんよう》になっている学問の家に生まれたのだが、父兄の業を継がず、十五歳の頃大学寮に入り、文章生《もんじょうしょう》への途を志し、個人的に菅原文時《ふみとき》（三品《さんぼん》）（八九九〜九八一、道真の孫）に師事する。学にはげみ、貫首（首席）となる。天徳《てんとく》・応和《おうわ》（九五七〜六四）の頃になると、保胤の名は広く世間に知れわたり、「天下の士女の才子を語る者、多く高俊《こうしゅん》・茂能《ものう》を云ふ」（『本朝文粋』巻九、大江以言《おおえのもちとき》の「暮春、員外藤納言の書閣に陪《はべ》りて飛州刺史の任に赴《つ》くを餞《はなむけ》する詩の序」）と評されるほどになる。高俊《こうしゅん》は高丘相如《たかおかのすけゆき》（生没年未詳・文章生《もんじょうしょう》）、茂能《ものう》が保胤の字《あざ》で、この頃になると、情報通の道綱母は、保胤の文才の高さを知っていた可能性が高い。

念仏結社「勧学会《かんがくえ》」の創設

天徳《てんとく》から康保《こうほう》（九五七〜六七）にかけては、仏教界でも新しい動きが見えはじめた頃で、道綱母の母親が亡くなる三ヵ月前の、康保元年（九六四）三月十五日に、比叡西坂本の月林寺（花の名所）に於て、叡山の僧二十人と文章道《もんじょうどう》の学生二十人が集って、念仏聞法《ねんぶつもんぼう》の会を行い、以降春三月十五日・秋九月十五日を期して会することをきめ、これを「勧学会」と名づけた。保胤は、この会の中心人物であり、指導的地位にあった。桃裕行氏は、『上代学制の研究』のなかで、第一期勧学会の中心人物が保胤であったことを指摘したうえで、会の性格を、「全く独特に学生有志の間からの無常感から発する仏僧と法《のり》と文《ふみ》との交歓という自発的要求より始められたものであることは疑を容れぬ所である」（三八四頁）と規定されている。また井上光貞氏は、この念仏結社運動が源信の『往生要集』に影響を与えたという浄土教史上の意義を与えている（前掲書一五〇～二頁）。

この会の行事内容については、源為憲《ためのり》（九四一～一〇一一）の『三宝絵《さんぼうえ》』（九八四年）に詳しい。

●史料（『三宝絵』）

比叡坂本の勧学会《くわんがくゑ》（僧宝の一四）

村上の御代《みよ》康保《こうほう》の初《はじめ》の年、大学の北の堂の学生《がくしやう》の中に、心《こころ》ざしをおなじくしまじらひをむすべる人《ひと》、あひかたらひて云《い》はく、

「人の世にある事、ひまをすぐる駒《こま》のごとし。我《わ》れ等たとひ窓の中に雪をば聚《あつ》むとも、且《しばら》くは門《かど》の外《と》に煙《けぶり》を遁《のが》れむ。願はくは、僧と契《ちぎ》りをむすびて、寺にまうで会《ゑ》を行はむ。くれの春・すゑの秋の

望《もち》をその日に定《さだ》めて、経《きゃう》を講《かう》じ仏《ほとけ》を念《ねむ》ずる事を其《そ》の勤《つと》めとせむ。この世・後《のち》の世にながき友として、法《のり》の道・文《ふみ》の道をたがひにあひすすめならはむ」

と云ひて、始《はじ》め行《おこな》へる事を、勧学会《くわんがくゑ》と名づくるなり。十四日の夕《ゆふべ》に、僧は山よりおりてふもとにあつまり、俗《ぞく》は月《つき》に乗《の》りて寺にゆく。道の間《あひだ》に声を同じくして、居易《きょい》のつくれる「百千万劫《ひゃくせんまんこふ》の菩提《ぼだい》の種、八十三年の功徳《くどく》の林《はやし》」という偈《げ》を誦《ず》してあゆみゆくに、其《そ》の音《こゑ》やうやく寺にきぬるほどに、僧また声を同じくして、『法花経《ほふくゑきゃう》』の中の「志求仏道者《しぐぶつだうしゃ》、無量千万億《むりゃうせんまんおく》、咸以恭敬心《かむいくぎゃうしむ》、皆来至仏所《かいらいしぶつしょ》」と云う偈《げ》を誦《ず》じてまちむかふ。十五日の朝《あした》には『法花経』を講《かう》じ、夕《ゆふべ》には弥陀仏《みだぼとけ》を念《ねむ》じて、そののちには、暁《あかつき》にいたるまで詩を作りて仏《ほとけ》をほめ、法《のり》をほめたてまつりて、その詩は寺にをく。また居《きょ》易《い》のみづからつくれる詩をあつめて、香山寺《かうざんじ》におさめし時に、「願《ねが》はくは、この生《しゃう》の世俗文字《せぞくもんじ》の業《げふ》・狂言《きゃうげん》 綺語《きぎょ》のあやまりをもてかへして、当来世々讃仏乗《たうらいせぜさんぶつじょう》の因《いん》・転法輪《てんぼうりん》の縁《えん》とせむ」といへる願《ねが》ひの偈《げ》、誦《ず》し、また、「此身何足愛《このみなんぞあいするにたらむ》、万劫煩悩《まんごふぼむなう》の根《ね》、此身何足厭《このみなんぞいとふにたらむ》、一聚虚空《いつじゅこくう》の塵《ちり》」といへる詩などを誦《ず》する。僧も互ひに、『法花経』の「聞法歓喜讃《もんぼふくわんきさん》、乃至発一言《ないしほついちごん》、即為已供養《そくゐいくやう》、三世一切仏《さむぜいっさいぶつ》」といふ偈《げ》、また龍樹菩薩《りうじゅぼさつ》の『十二礼拝《らいはい》の偈《げ》』等を、誦《ず》して夜《よ》をあかす。娑婆世界《しゃばせかい》はこゑ仏事《ぶつじ》をなしければ、僧の妙《たへ》なる偈頌《げじゅ》をとなへ、俗《ぞく》のたうとき詩句《しく》を誦《ず》するをきくに、心《こころ》おのづからうごきてなみだ袖《そで》をうるほす。僧俗《そうぞく》共に契りて云はく、「吾が山亡《ほろ》びずわがみち尽《つき》きずは、この会《ゑ》もたへずして龍花三会《りうぐゑさむゑ》にいたらしめむ」といへり。

（傍線—引用者）（東洋文庫『三宝絵下巻』、一三八〜九頁）

■現代語訳（部分）

十四日の夕に僧は山から下りて麓に集まり、俗人は月の出を待って寺に行った。道中は声をそろえて、白楽天の作った、「百千万劫《ひゃくせんまんこう》の菩提《ぼだい》の種、八十三年の功徳《くどく》の林」（如満大師より教を受けたことは永劫にわたって悟りを開く種を植えつけられたようなものだ。師の八十三年間に積んだ功徳、善根は無量である）という偈《げ》を唱えて歩み行き、ようよう寺に到着するころに、僧もまた声をそろえて法華経の中の、「志求仏道者《しぐぶつどうしゃ》、無量千万億《むりょうせんまんおく》、咸以恭敬心《かんいくぎょうしん》、皆来至仏所《かいらいしぶっしょ》」（仏道を志し求める者は、はかりしれない千万億も、みなみな敬いつつしむ心で、仏の世界に至れるのである）という偈《げ》を唱えて待ち迎える。十五日の朝には法華経を講じ、夕べには弥陀仏を念じ、その後は暁《あかつき》に至るまで漢詩を作り、仏をほめ、法を讃え、その時詠んだ漢詩は寺に保存した。また白楽天の作った漢詩を集め、香山寺に納めた時、「どうかわたしが今生で世俗の文学を作り、美辞麗句をもてあそんで、人を惑わした罪をひるがえし、これから先の来世において仏を讃え仰ぎ、説法する時の媒介にし、信仰への契機にしたい」という願いの偈《げ》を誦《とな》える。また、「この身なんぞ愛するにたらむ、万劫煩悩《まんごうぼんのう》の根《ね》、この身なんぞ厭《いと》うにたらむ、一聚虚空《いっじゅこくう》の塵《ちり》」（この身は愛するにたるものではない、いく万年もの悩みの根元である。この身はいとうにたらない。虚空に生じた一つの塵のようなものなのだ）という漢詩などを誦《とな》える。すると僧の方も、互いに法華経の『聞法歓喜《もんぼうかんき》讃《さん》、乃至発一言《ないしほついちごん》、即為已供養《そくいいくよう》、三世一切仏《さんぜいっさいぶつ》」（仏法を聞いて喜び讃え、一言経をとなえたら、三世の一切の仏を、供養したことになる）という偈《げ》または竜樹菩薩《りゅじゅぼさつ》の十二礼拝《らいはい》を誦《とな》えて一夜を明かす。娑婆《しゃば》世界は声をもって仏事の主要なものとみるので、僧が美妙な偈頌《げじゅ》を唱え、俗人が尊い詩句を誦えるのを聞くと、心も自然に発動し、涙は袖をうるおす。僧俗ともに約束を堅くして言う。「わが一山は亡びない。わが信ずる道が尽きないかぎり、この法会は絶えることなく、竜花三会《りゅうげさんえ》つまり弥勒の成仏までつづくだろう」と言った。

（傍線―引用者）（江口孝夫氏校注『三宝絵詞下』六五〜六頁）

「勧学会《かんがくえ》」に於て、保胤らが唱えた念仏は、保胤の「勧学会、禅林寺に「沙を聚《あつ》めて仏塔を為《つく》る」を賦《ふ》す詩の序」（『本朝文粋』巻一〇）にみえる「滅二無量罪障一、生二極楽世界一、莫レ勝二於弥陀仏一。故開レ口揚レ声、唱二其名号一」（無量罪障を滅して、極楽世界に生まれしむるに、弥陀仏より勝《まさ》れるはなし。故に口を開き声を揚《あ》げて、其の名号を唱《とな》う）であり、紀斉名《ただな》の「勧学会、「念を山林に摂《おさ》む」を賦す詩の序」（『本朝文粋』巻一〇）にみえる「念二極楽之尊一一夜、山月正円、先二勾曲之会一三朝、洞花欲レ落」（極楽の尊を念じる一夜、山月正《まさ》に円《まどか》なり、勾曲《こうきょく》の会に先だつ三朝、洞花《とうか》落ちなんと欲す）（二句とも新日本古典文学大系27『本朝文粋』二九三頁所収）というもので、西方極楽浄土への往生を願うものだったので、貴族社会でも受け入れられた。

『蜻蛉日記』のなかに、

・僧ども念仏《ねぶつ》のひまに物語するを聞けば…（康保《こうほう》元年、母の死去の条）

・われのみぞ紛《まぎ》るることなくて、夜は念仏《ねぶつ》の声聞きはじむるより…（康保《こうほう》元年、京の家に帰るの条）

と、念仏という表現がみえるのは、念仏結社「勧学会」の影響と考えることができるのではないか。

平安貴族社会の中枢である摂関家には、保胤らの、朝に法華経を講じ夕に弥陀仏を念じ夜半に法華経中の句をとって讃仏の詩を作るという活動は、詳しく報告され、道綱母も兼家から聞ける立場にあったので、「念仏《ねぶつ》」という当時の流行語がさりげなく取り入れられたと推察している。

幸田露伴によれば、保胤は、

> 欲を捨て道に志すに至る人といふものは、多くは人生の蹉跌《さち》にあったり、失敗窮困《きゅうこん》に陥ったりして、そして一旦開悟《いったんかいご》して頭《かうべ》を回《めぐ》らして今まで歩を進めた路《みち》とは反対の路へ歩むものであるが、保胤には然様《さう》した機縁があって、それから転向したとは見えない。自然に和《わ》易の性、慈仁《じじん》の心が普通人より長《た》けた人で、そして儒教の仁、仏道の慈といふことを素直《すなほ》に受入れて、人は然様《さう》あるべきだと信じ、然様《さう》ありたいと念じ、学問修証の漸《やうや》く進むに連れて、愈々《いよいよ》日に月に其傾向を募《つの》らせ、又其傾向を愈々募《つの》らんことを祈求《きぐ》して已《や》まぬ
>
> （『連環記《れんかんき》』二九八頁）

人だったので、仏教に志向しつつも、立身の志も捨てていたわけではなかった。天延《てんえん》（九七三〜五）の終りの頃、保胤は文章生《もんじょうしょう》及び内御書所《うちのごしょどころ》伺候の労によって近江掾《おうみのじょう》（四等官の第三位、次官《すけ》の下）になる。天元《てんげん》（九七八〜八二）に入って、六位、少内記《しょうないき》（中務省《なかつかさ》で、詔勅・宣命を起草、位記を作成し、宮中一切の事を記録した官）に任じられる。四十歳余りにしてつひに学成ったのである。

『池亭記《ちていき》』の撰述

天元《てんげん》五年（九八二）十月、保胤は、『池亭記』と題して、日頃の感慨を、新しく成ったわが家に寄せ

て述べる。五十になんなんとして、六条坊門南に小宅を得た保胤は、

地方都盧《すべてしふいうよぼう》十有余畝。隆《たか》きに就《つ》きては小山《せうさん》を為《つく》り、窪《くぼ》に遇《あ》ひては小地《せうち》を穿《ほ》る。池の西に小堂《せうたう》を置きて弥陀《みだ》を安《あん》ず。池の東に小閣《せうかく》を開きて書籍を納《をさ》む。池の北に低屋《ていをく》を起《た》てて妻子を着《つ》けり。

（新日本古典文学大系27『本朝文粋』九〇頁）

と、朝起きてはまず西堂に入って弥陀を念じ、食事の後は書巻を開き、身は内記の官にあるが、この小宅を愛して権勢富貴を求めず、山中にある如く生活するといっている。

鴨長明の『方丈記』に影響を与えたこの作品は、大曽根章介氏によると、

一人の知識人が腐敗した貴族社会の中で、如何に毅然たる態度を持し、理想の生活を営もうとしたかを語る自照《じしょう》文学として受取るならば、軽率な批判を下すことは出来ない。時弊《じへい》を見つめ真摯な生活態度を綴ったこの文章は、華麗優美な修辞を誇る他の文章とは全く類を異にするものであり、王朝随一の文章と称しても過言ではなかろう。

（「「池亭記」論」二一五頁）

と、高く評価されている。大曽根氏は保胤の思想と態度を、「池亭《ちてい》の閑適《かんてき》生活を理想的なものとし

て肯定し、それを基にして都人の住居を批判したもの」（前掲書二四六頁）とし、「そこに十世紀における知識人の真摯な生き方の一典型を見ることが出来る」（同二五〇頁）と結んでいる。こうして、保胤の関心は、官界での立身から私的心情の世界へと移っていく。彼が『池亭記』で主張しているのは、「官の制約とは無縁な、現世を超えた信仰の世界—弥陀を念じ法華を読む生活—の価値の発見であり、それが彼の「来世願望」の基盤となったのである」（速水侑《たすく》氏『平安仏教と末法思想』六一頁）。

『日本往生極楽記』の撰述

保胤は、この頃従五位下に進み大内記《だいないき》になっている。儒門の要職である。永観《えいかん》元年（九八三）八月花《か》山朝《ざんちょう》となると、保胤が公的に最も活躍した時代を迎える。わづか二年に満たぬ間であったが、政治の刷新を企てる理想主義に共鳴したのであろうか。この多忙な永観《えいかん》（九八三〜四）の頃、『日本往生極楽記』を草する。述作の意図は、その序に詳しい。

●史料（「日本往生極楽記」）

序　朝散大夫行著作郎《ちょうさんたいふぎょうちょさくろう》（内記の唐名）慶保胤《けいほういん》撰

叙して曰く、予《われ》少《わか》き日より弥陀仏《みだぶつ》を念じ、行年《こうねん》四十より以降《このかた》、その志いよいよ劇《いそがは》し。口に名号《みょうごう》を唱《とな》へ、心に相好《そうごう》を観ぜり。行住坐臥《ぎゃうぢうざぐわ》暫くも忘れず、造次顛沛《さうしてんはい》（僅かの時間）必ずこれにおいてせり。

それ堂舎塔廟《だうしやたふべう》に、弥陀の像あり、浄土の図あるをば、敬礼《きやうらい》せざることなし。道俗男女《だうぞくなんによ》の、極楽に志あり、往生を願ふことある者には、結縁せざることなし。経論疏記《きやうろんしよき》に、その功徳を説き、その因縁を述ぶるものをば、被閲《ひえつ》せざることなし。大唐弘法寺《ぐほうじ》の釈の迦才《かざい》、浄土論を撰しけり。その中に往生の者を載すること二十人。迦才《かざい》の曰く、上には経論二教を引きて、往生のことを証せり。実《まこと》に良験とす。ただし衆生智浅くして、聖旨を達せず。もし現《うつつ》に往生の者を記せずは、その心を勧進《くわんじん》することを得じといふ。誠なるかなこの言。また瑞応伝《ずいおうでん》に載するところの四十余人、この中に牛を屠《ほふ》り鶏を販《ひさ》ぐ者あり。善知識に逢ひて十念（注）に往生せり。予この輩《ともがら》を見るごとに、いよいよその志を固くせり。今国史及び諸の人の別伝等を検するに、異相往生せる者あり。兼てまた故老に訪《と》ひて都盧《すべて》四十余人を得たり。予感歎伏膺《ふくゐよう》して聊《いささか》に操行を記し、号《な》づけて日本往生極楽記《にほんわうじやうごくらくき》と曰ふ。後にこの記を見る者、疑惑を生ずることなかれ。願はくは、我一切衆生とともに、安楽国（西方浄土のこと）に往生せむ。

（傍線、（　）—引用者）（日本思想大系7、一一頁）

（注）一般には念仏・念法・念僧・念戒・念施・念天（以上六念という）・念休息・念安般・念身非常・念死をいい、浄土教では十声の念仏、十回阿弥陀仏の名を唱えることと解釈する。

菊地勇次郎氏によると、保胤の往生記撰述の直接の契機は、①前中書王兼明親王《さきのちゅうしょおうかねあきら》（九一四～八七、醍醐天皇の第十六皇子）と、後中書王具平親王《のちのちゅうしょおうともひら》（九六四～一〇〇九、村上天皇の第七皇子）との交りで、兼明親王の退隠《たいいん》によって保胤が政治への志を実現する手段を失なったこと、②増賀、性空、源信など天台僧との結縁とそれを越えた交り、③空也を如来の使者・人々の救済者と仰いだ保胤の空也への帰依、④日延が将来した『瑞応伝』の悪人往生の例が、保胤を大きくゆさぶっていたこと（『日本往生極楽記の撰述』五三頁）とされている。石井義長氏は、天禄《てんろく》三年（九七二）の空也上人の死を、『極楽記』を書き始める契機と考え、その論拠を空也伝の「嗚呼《ああ》上人、化縁已《けえんすで》に尽きて極楽に帰り去りぬ」という感情をこめた表現に求めている（『空也』一七頁）。

源信の『往生要集』の執筆が開始される永観《えいかん》二年（九八四）十一月以前に脱稿された『極楽記』は、保胤の出家後、あらたに往生者五、六人のことを知ったが、念仏に専念して筆を絶っているので、後中書王具平親王に加筆潤色を依頼する。親王は、保胤（寂心）の求めに応じて筆を執り始めたが、その際中、聖徳太子と行基菩薩の伝を載せるべしという夢想を得る。その後親王の病のため作業を続けられなくなったので、やむなく保胤が二人の事蹟を国史や別伝から抄出して完成させたと、『極楽記』行基菩薩伝のあとに、保胤の自注として付記している。

●史料（「日本往生極楽記」）

行基菩薩伝の自注

仏子寂心《じゃくしん》（保胤の出家名）在俗の時、この記および序を草して、既に巻軸《かんぢく》を成し了《おわ》りぬ。出家の後念仏に暇無《いとまな》くして、すでに翰《ふで》を染《そ》むる（字を書く）こと絶てり。近日《このころ》往生の人五、六輩《ともがら》を訪《とぶら》ひ得たり。便ち中書大王《ちゅうしょたいおう》（具平《ともひら》親王とする）に属《しょく》して、記の中に加へ入れしむ。兼てはまた潤色《ととのふること》を待てり。大王辞《いな》びずして、響応《きょうおう》（すぐさま行動すること）して筆を下すに、大王夢みらく、この記の中に聖徳太子、行基菩薩を載せ奉るべしとみたり。此の間に大王忽ちに風痾《ふうあ》（高血圧症神経痛）ありて、記し畢《を》ふること能はざりき。寂心かの夢想を感じて、自《みづか》ら国史および別伝等を抜《ひら》きて二菩薩の応迹《おうじゃく》（衆生を救うために姿をかえて出現した身）のことを抽《ぬ》きて入れり。（傍線—引用者）（日本思想大系7、一九頁）

保胤が『極楽記』の加筆を依頼したのは、王朝随一の皇室詩人としてその卓越した文才を評価される兼明《かねあきら》親王とするのが、定説となっているが、後藤昭雄氏や平林盛得氏が、具平《ともひら》親王に依嘱したと主張されているのに、従いたい。後藤氏は、その理由として、「贈心公古調詩」（『本朝麗藻《ほんちょうれいそう》』巻下）の存在をあげ、この長編の詩を部分的に引用されている。その冒頭に、

少《わか》き日より君《きみ》に業《ぎょう》を受け　年長《た》けて君が恩を識《し》りぬ
我が才の拙《つたな》きを嫌《きら》はず　頻《しき》りに師《し》が訓《おしえ》の惇《あつ》きを垂《た》る

■現代語訳

少年の日にわたしは君の授業を受けた。あれからの長い年月、君の恩をどうして忘れえよう。

―わたしの才の拙《つたな》さにいやな顔もせず、ねんごろに師訓を垂れてわたしをはげました。

とある。保胤（心公・寂心）は具平親王の学問の師であった。また親王自身も仏道に心を寄せていたことを、次のように詠んでいる。

生々《しょうしょう》に妙法《みょうほう》を持《ぢ》し　菩提攀援《ぼだいはんえん》せむと欲《ほ》りす

〈余《よ》は生々《しょうじょう》に法花経《ほけきょう》を誦持《じゅぢ》し衆生《しゅじょう》を教化《きょうか》せむとの願ひ有り〉

常に君が前後に随《したが》ひ　宛《あたか》も弟《おとと》と昆《このかみ》との如し

願はくは共に極楽に生《うま》れん

〈公《こう》は俗《ぞく》に在《あ》る日常《つね》に念仏す。言談《ごんだん》の隙《ひま》は眼《まなこ》を合《あは》せて仏号《ぶつごう》を唱《とな》ふ。余《よ》も同《ひと》しく往生の願《がん》有りてへり〉

願はくは共に慈尊《じそん》に謁《まみ》えん

〈公は天台の源公《げんこう》と与《とも》に位《くらい》を修め慈尊《じそん》の業《ぎょう》に遇《あ》ひたまふ。予《よ》も適之《たまたま》に預《あづ》かれり〉

■現代語訳

生生《しょうじょう》にわたしは妙法（法華経）を誦持《ずじ》し、菩提のみちに衆生をひきいれることにつとめたい

〈私には生生に法花経を誦持して、迷える衆生を教化して、往生せしめようという宿願がある〉

常にわたしは君の前後につきしたがって行く、まるで弟《おとうと》と兄《このかみ》みたいに。

願わくはともに極楽浄土に生れますように。

〈公は出家しない前、在俗の日に、常に念仏し、言談《ごんだん》のひまには瞑目《めいもく》して弥陀の仏号を唱えた。私も同様に往生浄土の願いがあったからという〉

願わくはともに弥勒《みろく》に会えますように。

〈公は横川の源信僧都とともに、行法を修して弥勒菩薩に遇おうとされた。わたしもたまたまそれに参加することができた〉

（傍線―引用者）（訓み下し文、現代語訳は『本朝麗藻簡注』一七九〜一八九頁より引用）

このなかの「願はくは共に極楽に生れん」と明言していることに、後藤氏は注目され、「このように寂心《じゃくしん》（保胤）と具平《ともひら》親王とは師弟関係にあっただけでなく、往生極楽を希求するという姿勢においてもまた共通するものがあった。当初自ら筆は執るまいと期した寂心にとって、往生伝に手を加えるについては、具平親王は最もふさわしい人物であったわけである」（『天台仏教と平安朝文人』一三九頁）と結んでいる。従うべき結論であろう。

今日われわれが目にする『極楽記』は、保胤が具平親王に加筆潤色を依頼し、自らも聖徳太子、行基菩薩の二伝を追加執筆して完成した作品ということになるのだ。この『極楽記』は、日本における往生伝の端緒として重要な位置を占めている。これらの保胤の著作は、『蜻蛉日記』を擱筆した後に、成立しているので、日記そのものへの影響は考えられないが、晩年の和歌にみられる浄土教の影響は、保胤が関っている可能性が大きいといえるのではないか。

寛和《かんわ》二年（九八六）四月二十二日、保胤は、五十二歳で突然出家する。「続本朝往生伝」には、子の成人するのを待っていたとあるが、増田繁夫氏は、「最も大きな契機は花山《かざん》朝政の行きづまりであった」（前掲書五二頁）とされている。法名は寂心《じゃくしん》。世間では内記《ないき》の聖《ひじり》と呼んだ。

保胤は、勧学会を解散して、源信のいる横川に入る。源信とともに二十五三昧会《にじゅうごさんまいえ》の中心となって活動していく。源信の『往生要集』の成立（九八五年）にも影響を与え、勧学会から二十五三昧会へもりあがってきた念仏結社の運動の中心として活動する。長保《ちょうほう》四年（一〇〇二）京都如意輪寺で寂した。

大江匡房《まさふさ》の「続本朝往生伝」の慶滋保胤伝を提示する。

●史料（「続本朝往生伝」）

慶滋保胤《よししげのやすたね》伝

慶保胤は、賀茂《かも》忠行の第二子なり。累葉陰陽《るいえふおんやう》の家より出づといへども、独り大成（学者として世に出ること）を企てつ。才に富み文に工《たくみ》にして、当時《そのかみ》の倫《ともがら》に絶《すぐ》れたり。菅三品《かんさんぼん》に師として事《つか》へ、門弟の中に已《すで》に貫首《くわんじゅ》（首席）たり。天暦の末に、内《うち》の御書所《ごしょどころ》に候せり。秋風桂の枝に生ずの賦の試に、独り及科に預りぬ。芸閣《うんかく》（内御書所）の労に依《よ》りて、内官に任ずべかりしに、大業《たいげふ》の思あるに依りて、申して近江掾《のぜう》に任じたり。遂に方略《ほうりやく》の試を奉れり。青衫《せいさん》（六位の官人の緑色の服）の時に、早に任《つと》ぜられて著作（中務省大内記）を拝し、緋袍《ひほう》（五位の官人の浅緋色の服）の後も、その官を改めず。文筆の佳句は、今も人の口にあり。少年の時より、心に極楽を慕《ねが》へり〈その心は日本往生伝の序に見えたり〉。子息の冠笄《くわんけい》（成人となる礼式）纔《わづか》に畢《おわ》るに及びて、寛和《かんわ》二年、遂にもて道に入れり〈法名は寂心《じゃくしん》〉。諸国を経《きゃう》歴《りゃく》して、広く仏事を作す。もし仏像経巻あれば、必ず容止《ようし》（威儀を整えること）して過ぎたり。礼節は王公のごとし。強牛肥馬に乗るといへども、猶し涕泣《ていきゅう》して哀《かなし》ぶ。慈悲は禽獣《きむじう》までに被《かうぶ》りぬ。長徳三《ママ》年（長保《ちょうほう》四年か）東山の如意輪寺に終りぬ。或人の夢に曰く、衆生《しゅうじょう》を利益《りやく》せむがために、浄土より帰りて更に娑婆《しゃば》にありといへり。ここに知りぬ。証入《しょうにゅう》（真理を悟ること）漸くに深きことを。

（傍線、（　）―引用者）（日本思想大系7、二四六〜七頁）

保胤と道綱母の往生願望

日延が持ち帰った『往生西方浄土瑞応伝』に極楽浄土の未来像を感応して『日本往生極楽記』を撰述した保胤と、道綱母の受け止め方の違いを、石原昭平氏は、次のように分析している。

道綱母の、自我に執し、実感と経験による女性の伝統世界にとどまる姿勢が浮き彫りにされてくる。たとえそれが、歌のわかれに進みつつあるにせよ、和歌による感覚的なものの捉え方や文章道の家の教養と人生経験には、新しい思考は持ちえず、ただ異郷の習俗としての死者再来の島としか映じなかった。それは現実に執し、現実に苦渋しつつ遁れたいと、幸いを求め救われることを願いながらも達せられず、非現実の世界を希求するという態度であろう。

（傍線―引用者）（「反現実世界への傾動」一八頁）

と、道綱母を「その恋と愛という煩悩に日夜懊悩し、断ち切れない人間的な絆に辛吟する女性」（一九頁）と捉えているのに対し、保胤は「煩悩の根を断ち切れる厭世《えんせい》と仏心がみごとに世俗の愛から離陸できる男性の僧者であり、文章道の詩人の思考」（一九頁）の持ち主と、石原氏は道綱母の対極においている。このように、日常的な世界を超えられない、というのがれがたい現実を背負されたかたちの道綱母は、日延たちのみみらく伝説を、遥かな遠い西方の浄土と聞き、

まったくの異次元の幻の島として絶望だけの悲しみではなく、かすかにしても、彼方にそうしたいまの悲痛を超え、解放する世界があるかも知れぬ、という可能性のある望みが与えられたのではないか。それは現実からの一時の解放であり、日常世界からのひとときの飛翔とはなりえたのではないか、と考えられ、兼家を中心とした京の都や貴族社会から解き放たれた異次元への垣間見であった。

（傍線―引用者）（前掲書二〇頁）

と石原氏は解釈されている。道綱母が耳にしたみみらく伝説は、平安貴族社会において人口に膾炙《かいしゃ》していた天竺、震旦に近い西方の浄福の島への願望を秘めた伝説であったから、「現実からの一時の解放」となり、「京都の貴族社会から解き放たれた異次元への垣間見」として受け入れたのであろうか。そしてその浄土へのあこがれは、保胤らの念仏活動によって、日記執筆時には、平安貴族社会のなかに形成されていたことを確認しておきたい。

石原氏は、このような道綱母の異次元の世界を希求して、反現実の霊異《りょうい》に魅せられる姿を、日記中巻の天禄《てんろく》元年（九七〇）の「唐崎の祓《はら》へ」、「石山詣で」の佐久奈谷《さくなだに》にみて、これが「死の世界にいる母の姿が見える「みみらくの島」とまさしく重なるものがある」（前掲書二三頁）としている。しかし、「そこには冥土というものが常にしのびよってくるのだが、死の世界といってもそれは、浄土教的なものではない」（前掲書二三頁）と、純粋一途に宗教へ没入できない道綱母の資質を指摘されている。

これに対して、道綱母と同時代を生きた保胤は、石原氏によると、「摂関政治の非人間的なものに背を向け、無常の後に「往生西方浄土瑞応伝」に帰順し、文《ふみ》の道から法《のり》の道に行き、白氏のごとく法の中に文を営むという精神構造」（前掲書二三頁）の持ち主と、道綱母と対峙《たいじ》的な位置におかれている。

道綱母と対極にあった保胤の生き様であったが故に、道綱母は、保胤の著作や活動に特別の関心をもち、その影響をうけていたのではないかと推定しているのである。

第三節　学識の人　源為憲《ためのり》

為憲（九四一〜一〇一一）は、筑前守忠幹《ただもと》の子で、天慶《てんぎょう》四年（九四一）に生まれ、文章生《もんじょうしょう》（進士《しんし》）・蔵人《くろうど》・式部丞《しきぶのじょう》・美濃守《みののかみ》等諸国の国司を歴任して、伊賀守《いがのかみ》在任中の寛弘《かんこう》八年（一〇一一）任地で七十一歳で没している。極位《ごくい》（最高の官位）は従五位下《じゅごいのげ》で、代々受領《ずりょう》級の出身である。学生《がくしょう》の頃から源順《したごう》（九一一〜八三、平安中期の歌人・学者）に師事し、文名を馳《は》せていたことは、大江匡房《まさふさ》（一〇四一〜一一一一）の言談を藤原実兼《さねかね》（一〇八五〜一一一二）が平安末期に筆録した『江談抄《ごうだんしょう》』に「文章は為憲に習ふべし」（新日本古典文学大系32、一九七頁）とみえることからも伺える。さらに、匡房《まさふさ》の『続本朝往生伝』の冒頭に、一条《いちじょう》天皇（九八〇〜一〇一一、在位九八六〜一〇一一）の御代は、人を得た時代と評され、文士十名のなかに、大江匡衡《まさひら》（九五二〜一〇一二）・大江以言《ゆきとも》（もちとき）（九五五〜一〇一〇）・紀斉名《ただな》（九五七〜九九）らとともに、為憲の名もみえ、「皆これ天下の一物（すぐれもの）なり」（日本思想大系7、二三四頁）と評価されている。

一方、仏教の信も篤く、慶滋保胤《よししげのやすたね》らが始めた「勧学会《かんがくえ》」にも最初から参加し、康保《こうほう》元年（九六四）九月の第二回の記録を残している。著述も多岐にわたる。

川瀬一馬氏に従って、為憲の主な著述を紹介する。

『口遊《くみずさみ》』（九七〇年）の撰述

天禄《てんろく》元年（九七〇）冬十二月廿七日の為憲の自序がある『口遊』は、藤原師輔《もろすけ》の九子、為光《ためみつ》（九四二〜九二、寛和《かんわ》元年（九八五）右大臣、正暦《しょうりゃく》二年（九九一）太政大臣）の長子松雄君《しょうゆうくん》（九六四〜一〇〇一、当時七歳、後誠信《さねのぶ》）の為に、特に作成した教科書であるが、

これは又、当時における一般貴族の子弟の基礎的教養に必須な教材を考慮して編録したものである事は言ふまでもない。従って一般の百科事彙《じい》（事典）的な性質を十分に具備し、逆に当時の文化を各方面より考究すべき好資料となるものであるが、この種の百科辞書としては最初に現われたものとして、編者の見識を認むべきものである。（川瀬一馬氏『古辞書の研究』一五六頁）

口遊は、便利な教科書として広く使われているので、道綱母も道綱（当時十六歳）の教材として本書を活用したのではないかと推測でき、この頃から為憲の文才に注意を払っていたものと思われる。為憲が三十歳の若さで先例のない『口遊』を撰述できたのは、師源順《したごう》が日本最初の分類体の漢和辞書『和名類聚鈔《わみょうるいじゅしょう》』という辞書編修の経験を承平《しょうへい》年中（九三一〜八）頃有していたので、種々指導を受けた（前掲書一五九頁）と川瀬氏は推察しているが、大曽根章介氏は、「この分類は『和名抄』とも異って居り、また中国の類書とも違うので、著者が考案したものと思われる。その内容は当時の貴族社会を

反映していると見てよかろう」（「源為憲雑感」三〇七頁）と違った評価をされている。

この『口遊』が書かれた背景を、岡田希雄《まれお》氏は、次のように推測されている。

> （序文に）「僕夫《ぼくふ》源為憲」とあるから、為光の家とは特別の関係があったらしい。其の関係は、或いは為光が、延喜《えんぎ》皇女雅子《がし》内親王腹にて、内親王と源順とは、遠縁ながら血のつながりのある間柄《あいだがら》だったから、順が門人為憲を推薦したと云ふ様な事情があるかもしれない。
>
> （「源為憲伝攷」二二六頁）

さらに、速水侑《たすく》氏は、「次男斉信《ただのぶ》、三男道信《みちのぶ》の教育掛を勤めたと思われる」（「源為憲の世界」九七頁）と、為光への接近を強調され、摂関家とのつながりを指摘している。

『空也《くうや》上人誄《しょうにんるい》』（九七二年）の撰述

天禄三年（九七二）九月に没した市聖《いちのひじり》・空也の霊前に捧げられた『空也上人誄』を為憲が書く。この「誄」は十月末の四十九日忌に際して書かれたと、速水侑氏は考察している（前掲書九九頁）。「誄」は「しのびごと」とも呼ばれ、亡くなった人の生前の業績と遺徳をたたえて哀悼の意を霊前に捧げる言葉である。その形式は伝記である序文と四言に成句した「誄」本文から成る。石井義長《よしなが》氏に、『空也上人誄』の詳細な記述があるが、石井氏によると、為憲の『誄《るい》』は、伝記部分に一、七五六字が用いられ、誄本文の韻文《いんぶん》はその一三分の一、四言三四句の一三六字から成っている（『空也』八一頁）。大江以言《ゆきとき》が、「為憲は能く文章を知れる者か。ただし、空也上人《こうやしょうにん》の誄は、はなはだ見苦しきものなり。誄にあらず。これ伝なり」（『江談抄』二三五頁）と、この特異な形式を批判したことがよく知られている。これに対して、速水侑氏は、次のように高く評価されている。

三四句からなる誄は、さすが為憲が修辞の限りを尽して空也追慕の情を賦した名文であるし、序の部分も往生者の伝として読むならば、数々の苦修霊応を通じて空也の偉大さを叙し、当時の勧学会結衆たる空也観に十分に応え得たであろう。『空也誄』が為憲自身にとっても、学生時代の最後を飾る記念碑的力作であったことは疑いない。（前掲書九九頁）

さらに、石井氏は、為憲が端的に空也《くうや》の生涯を要約するなかで、「念を極楽に剋《き》め　弥陀の名を唱《うた》う　般若を求索《ぐさく》し　常啼《じょうたい》と情《こころ》を同じくす」と、空也仏教の核心を適確に表現していることを評価する一方（前掲書八一～二頁）、為憲が仏教信仰者でありつつ、文人官僚として身を処していた立場という、空也とは明らかに異なる宗教的立場に立って、『誄』を書いた限界も指摘している（八三頁）。その結果、「聖空也を賛歎する方法としてとられたのが、奇瑞霊応《きずいれいおう》の多用であった」（八四頁）と結んでいる。

為憲の『空也上人誄』は、十数年後の慶滋保胤の『日本往生極楽記』空也伝に引用される。

道綱母にとって、この『空也上人誄』は、この当時平安京をにぎわしていた市聖《いちのひじり》とも阿弥陀聖《あみだひじり》ともよばれていた空也上人の情報を正しく理解するための重要な資料として読まれたことであろう。彼女は、上人が十年前の応和《おうわ》三年（九六三）に鴨川原で開いた金字《こんじ》大般若供養会のときに、三善道統《みよしみちむね》が書いた『空也上人の為に金字《こんじ》大般若経を供養する願文《がんもん》』（一九五～九頁参照）によって、参集した人びとが称えた往生祈願の称名《しょうみょう》（仏の名号《みょうごう》を唱えること）念仏が供養会の主要な仏事だったことを認識して、安和《あんな》二年（九六九）五月に日記執筆を始め、本書によって更に上人の念仏に対する理解を深めていたと推測すると、道綱母の宗教観が晩年にかけて浄土教へ帰依していく過程の一端がわかるような気がする。為憲の『空也上人誄』も道綱母の宗教観の深化の一助になったのではないだろうか。

『三宝絵《さんぼうえ》』（九八四年）の撰述

さらに、永観《えいかん》二年（九八四）十一月には、冷泉《れいぜい》天皇（九五〇～一〇一一、在位九六七～九）の女《むすめ》、尊子《そんし》内親王（九六六～八五）のために、『三宝絵』三巻を撰進する。「なにを以《も》ちてか貴き御心ばへをもはげまししづかなる御心をもなぐさむべき」ためにつくられたのだが、中心をなす「絵」は現存しない。「絵」に「加へ副へ」られた「詞書《ことばがき》」の部分を私達は現在手にしている。出雲路修氏は、為憲に、仏宝の時代から法宝の時代へ、さらに僧宝の時代へ、という仏教史の把握がみられるとしたうえで、そして、仏教史をこのように把握することが、「をよそ仏法を信ぜむには、先づ弘通《ぐつう》の人を崇《あがむ》べきなり」と説く根拠とされている。僧宝を重視する根拠とされている。

このような仏教史の把握それ自体において、僧宝は重視される。僧宝の時代である「今」が強調される。

そして、〈仏宝（昔）〉〈法宝（中来）〉は、〈僧宝（今）〉を根拠づけるものとしてとらえられるのである。（『三宝絵』解説、二七二〜三頁）

「今」を縁として「仏に成る道」提示している説話集として読んでいくことが、為憲の意図にかなうと説明している。岡田希雄《まれお》氏はこの書より窺はれる為憲は、「篤信にして佛教の故実にも通じた老学究」（「源為憲伝攷」三七頁）と評しているが、為憲四十四歳の著述である。道綱母は五十歳前後で、日記擱筆十年が過ぎ、作歌三昧の悠々自適の日々をすごしていたのであろうか。本書、保胤の『日本往生極楽記』、源信の『往生要集』が彼女の目にふれて、信仰心が深まり、晩年の「おだやかな貴婦人の、充ち足りたさいわいをかみしめている映像が浮び上ってくる」（品川和子氏前掲書三七六頁）のである。

『世俗諺文《せぞくげんもん》』（一〇〇七年）の撰述

晩年の寛弘《かんこう》四年（一〇〇七）八月に作った『世俗諺文』三巻は、藤原道長が左大臣の際、その長子の頼道《よりみち》（九九二〜一〇七四、宇治関白、当時春宮権太夫《とうぐうごんだゆう》）の為に撰したもので、世に行はれている諺語《げんご》（ことわざ）の出典を注し、その原義を知らせんと意図したもの。序に「散班朝散大夫《ちょうさんたいふ》（従五位下の唐名）源為憲」と自記しており、浪人生活中に生活の為に書いたのであろうか。先の岡田氏は「此の頃は、最高権威道長に親近して居たのであらう」（前掲書三七頁）としているが、当時の権力者為光や道長に接近して、七十一歳で没するまで国司としての立身の途を求めた為憲らしい処世術が書かせた本書である。

この他に、為憲には『本朝詞林』、『官職鏡』（官職の一覧表を鏡の裏面に鑄附《いっ》けものがあって、後にその銘文の由来をまとめたもの）の著述を残して、「平安朝に於ける学芸の発達に功献」（川瀬一馬氏前掲書一六八頁）している。さらに、源信が『往生要集』を宋に贈るときに、良源の『観音讃』、保胤の『十六相讃』・『日本往生極楽記』とともに、為憲の『法華経賦《ふ》』（散佚）を同じく贈ると、「遣唐消息《けんとうしょうそく》」（本章第四節参照）にみえるなど、多くの著述を残した為憲の業績は少なりと言ふ事は出来ないのである。

ともすれば、保胤、源信らの派手な活躍の陰にかくれて、その存在を忘れられがちであるが、為憲の業績を正当に評価しておくべきと考え、一節を設けることとした。道綱母へも同時代の文人貴族として、一門の為光、道長との関係も含めて影響を与えた可能性の大きい人物の一人であろう。

第四節　浄土教を広めた恵心僧都《えしんそうず》源信《げんしん》

浄土教の理論的基礎を固めたのが、恵心僧都源信（九四二〜一〇一七）であった。

井上光貞博士は、源信を、

> 天台浄土教家のなかで最も浄土門的だった人を源信とし、なかでも「往生要集」とすることには何人も異論はないであろう。往生要集はしかも、貴族社会の念仏生活の上に、決定的ともいうべき影響を及ぼしたのである。（前掲書一一二頁）

と、高く評価されている。事実、彼の門弟に浄土教家が輩出し、彼のいる横川《よかわ》に、出家（例えば慶滋保胤）・入山する貴族が後をたたなかったが、本節では、源信が道綱母へ与えた影響が晩年に限定されることを考えて、『往生要集』執筆の意図を中心に、概説するにとどめることとする。

彼は、天慶《てんぎょう》五年（九四二）、当麻寺《たいまでら》で有名な大和国葛城下郡《かずらきのしも》当麻郷に生まれた。若くして比叡山横川の良源《りょうげん》（第十八世天台座主、叡山中興の祖）に師事する。源信が入山した横川は、新興の活気に満ちあふれ、師良源の指導に従って、天台教学研鑽に励んでいる。良源の宗学奨励の柱は広学竪義《こうがくりゅうぎ》で、竪義者に選ばれ試問に及第した学僧は、しかるべき僧位僧職にあずかり将来のエリートコースが保障されていた。源信が広学竪義に及科したのは、三十二歳の天延《てんえん》元年（九七三）の六月会であったと、速水氏は推測している。広学竪義及科後の源信は、「問答決択《けっちゃく》（宗義などにつき疑問を決断すること）の庭には、その人を屈辱《くつじょく》せしめずということなし（相手をみな屈服させてしまう）」（『続本朝往生伝』）と、その論義の弁舌を讃《たた》えられ、新進気鋭の学問僧源信の面目躍如たるものがある。

しかし、天元《てんげん》三年（九八〇）九月の根本中堂供養法会を最後に、華やかな法会や論義の場から消えてしまう。源信の隠遁《いんとん》を物語るものとして、『今昔物語集』巻十五に（嘉承《かしょう》元年（一一〇六）頃成立か）に有名な説話がある。母の言に随い、山谷に隠居し、浄土の業に専念する決心をする。その源は、西方の業を修していたと伝えられる母や姉に手を引かれ、『観無量寿経《かんむりょうじゅきょう》』の世界を描く当麻曼荼羅を拝し、二上山のめくるめく落日に西方浄土の幻をみた幼少の日に遡るであろうか（口絵写真参照）とは、速水氏の推測である（前掲書六三頁）。

●史料（『今昔物語集』）

源信僧都《げんしんそうず》の母《はは》の尼《あま》、往生《おうじょう》せる語《こと》

今昔《いまはむかし》、横川《よかわ》の源信僧都《げんしんそうず》は大和国《やまとのくに》、葛下《かずらきのしも》の郡《こおり》の人也。幼くして比叡《ひえ》の山に登《のぼり》て学問して、止事無《やんごとな》き学生《がくしょう》に成《なり》にければ、三条の大后《おおきさき》の宮の御八講《みはっこう》に被召《めされ》にけり。八講畢《はて》て後、給はりたりける捧物《ささげもの》の物共《ども》を少し分《わかち》て、大和国に有る母の許《もと》に、「此《か》くなむ后《きさき》の宮の御八講に参《まいり》て給はりたる。始《はじめ》たる物なれば先《ま》づ見せ奉る也」とて遣《やり》たれば、母の返事《かえりごと》に云《いは》く、「遣《おこ》せ給へる物共《ども》は喜《よろこび》て給はりぬ。此《か》く止事無《やんごとな》き学生《がくしょう》に成り給へるは、無限《かぎりな》く喜び申す。但し、此様《かよう》の御八講に参りなどして行《あり》き給ふは、法師に成《な》し聞《きこ》えし本意には非ず。其《そこ》には微妙《めでた》く被思《おぼさる》らめども、嫗《おうな》の心には違《たが》ひにたり。嫗の思ひし事は、「女子《おんなご》は数有《あまた》れども男子《をのこご》は其《そこ》一人也。其れを元服をも不令為《せしめ》ずして比叡の山に上《のぼせ》ければ、学問して身の才吉《ざいよ》く有て、多武《たむ》の峰の聖人《しょうにん》（反俗・反名利の増賀《ぞうが》―引用者）の様《よう》に貴くて、嫗の後世《ごせ》をも救ひ給へ」と思ひし也。其れに、此《か》く名僧にて花やかに行《あり》き給はむは、本意に違ふ事也。我れ年老《お》ひぬ。「生《いき》たらむ程に聖人にして御《おわ》せむを心安く見置《みおき》て死なばや」とこそ思ひしか」と書《かき》たり。

僧都此れを披《ひらき》て見るにも涙を流して泣々《なくな》く、即ち亦返事《またかえりごと》を遣《やり》て云く、「源信は更に名僧せむ心無く、只尼君の生き給へる時、如此《かくのごと》く止事無《やんごとな》き宮原《ばら》の御八講などに参て、聞かせ奉らむと思ふ心深くして怱《いそ》ぎ申しつるに、此《か》く被仰《おおせられ》たれば、極《きわめ》て哀れに悲くて、喜《うれ》しく思ひ奉る。然れば、仰せに随《したがい》て山籠りを始《はじめ》て、聖人に成《なり》ぬ、「今は値《あ》はむ」と被仰《おおせら》れむ時に可参《まいるべ》き。不然《しから》ざらむ限りは山を不可出《いずべから》ず。但し、母と申せども極《きわめ》たる善人にこそ御《おわし》ましけれ」と書《かき》て遣《や》りつ。其の返事に云く、「今なむ胸落居《おちい》て冥途《めいど》も安く思《おぼ》ゆる。返々《かえすがえ》す喜《うれ》しく思ひ聞《きこ》ゆ。努々《ゆめゆ》め愚《おろか》に不可御《おわすべから》ず」と。僧都此れを見て、此の二度の返事を法文の中に巻き置て、時々取り出《いだ》して見つゝぞ泣きける。

此《か》く山に籠《こもり》て六年は過《すぎ》ぬ。七年と云ふ年の春、母の許《もと》に云ひ遣《やり》て云く、「六年は既に山籠《やまごもり》にて過ぬるを、久しく不見奉《みたてまつら》ねば、恋しくや思し食《おぼめ》す。然《さら》ば白地《あからさま》に詣《もう》でむ」と。返事《かえりごと》に云く、「現《あらわ》に恋しく思ひ聞《きこ》ゆれども、見聞えむにやは罪は滅びむずる。尚《なお》、山籠にて御《おわ》せむを聞かむのみぞ喜《うれし》かるべき。此れより不申《もうさ》ざらむ限りは不可出給《いでたまうべから》ず」と。

僧都此れを見て、「此の尼君は只人にも無き人也けり。世の人の母は此《か》く云ひてむや」と思て過《すぐ》す程に、九年に成《なり》ぬ。（以下略）

（池上洵一氏編『今昔物語集本朝部（上）』巻十五、二九〇～二頁）

源信は、師良源の『極楽浄土九品往生義《くほんおうじょうぎ》』撰述や播州書写山《しょしゃざん》の性空上人《しょうくう》（九一七?～一〇〇七）との出会い、慶滋保胤《よししげのやすたね》をはじめとする「勧学会《かんがくえ》」の文人貴族との親交を経て、『往生要集』三巻を寛和《かんわ》元年（九八五）四月に完成する。四十四歳の時である。その意図するところは、その序文に明瞭である。

●史料（『往生要集』）

序文

天台首楞厳院沙門《てんだいしゅりょうごんいんしゃもん》源信撰

それ往生極楽の教行《きょうぎょう》は、濁世《じょくせ》末代の目足《もくそく》なり。道俗貴賤、誰《たれ》か帰《き》せざる者あらん。ただし顕密《けんみつ》の教法《きょうぼう》は、その文《もん》、一《いっ》にあらず。事理《じり》の業因《ごういん》、その行《ぎょう》これ多し。利智精進《しょうじん》の人は、いまだ難《かた》しと為さざらんも、予《よ》がごとき頑魯《がんろ》の者、あに敢《あえ》てせんや。

この故に、念仏の一門に依りて、いささか経論の要文《ようもん》を集む。これを披《ひら》いてこれを修むるに、覚《さと》り易《やす》く行《おこな》い易からん。惣《す》べて十門あり、分ちて三巻となす。一には厭離穢土《おんりえど》、二には欣求浄土《ごんぐじょうど》、三には極楽の証拠、四には正修念仏《しょうじゅ》、五には助念の方法、六には別時念仏、七には念仏の利益《りやく》、八には念仏の証拠、九には往生の諸業《しょごう》、十には問答料簡《もんどうりょうけん》なり。これを座右《ざゆう》に置いて廃忘《はいもう》に備えん。

（傍線―引用者）（日本思想大系6『源信』一〇頁）

■現代語訳（部分）

そもそも往生極楽《おうじょうごくらく》のための教えと修行こそは、汚濁《おじょく》にまみれた末世の人々を導く眼であり、足である。出家の身も在家の者も、あるいは貴賤のいかんを問わず、誰かこの道に帰一しない者があろうか。ただし顕教《けんぎょう》といい密教といい、その教え説くところ、かならずしも同一ではない。また仏の相好《そうごう》（表情）や浄土の姿を観想する事観や、仏を普遍的な真理そのものとして観《み》る理観にも、いろいろの修行の方法がある。智力、人に秀《すぐ》れ、なおかつ精進を怠らぬ者は、修行の苦もさしておぼえぬであろう。しかしながら私のごとき頑迷凡愚《がんめいぼんぐ》の身には、どうしてよく修行に堪え、進んでこれをわがものとすることができようか。（以下略）

（傍線―引用者）（秋山虔《けん》氏訳、日本の名著4『源信』五五頁）

『往生要集』がひとたび世に現われるや、浄土教家・念仏者の間に空前の反響をよぶ。『往生要集』の念仏観は、往生集としての念仏の意義をはじめて明確に体系化・理論化したものとして、天台浄土教家たちのこぞって推賞するところとなった。

さらに、海を渡り、『往生要集』の念仏論は、中国（当時の宋）の浄土教家たちに影響を与える。その間の事情は、『往生要集』本文の後の源信書状、「遣唐消息《けんとうしょうそく》」に詳しい。

●史料（『往生要集』）

遣唐消息

仏子源信、暫らく本山を離れて、西海道諸州の名嶽霊窟《めいがくれいくつ》を頭陀《ずだ》せるに、たまたま遠客著岸《ちゃくがん》の日、図らずも会面《えめん》せり。これ宿因なり。然れどもなお方語（方言、たがいの国語）いまだ通せず、帰朝おのおの促《せま》る。さらに手札《しゅさつ》（自筆の書簡）を封じて、述ぶるに心懐をもってす。側《ほの》かに聞く、法公《ほうく》、本朝に之《いた》りて三宝の興隆はなはだ随喜せりと。我が国東流《とうる》の教え（仏教）は、仏日《ぶつにち》再び中《みち》て、当今、極楽界を刻念《こくねん》し法華経に帰依するもの熾盛《しじょう》なり。仏子はこれ極楽を念ずるその一《ひとり》なり。本習《ほんしゅう》の深きを以ての故に、往生要集三巻を著して観念するに備えり。それ一天の下、一法の中、みな四部の衆（仏弟子）なり。いずれか親しく、いずれか疎《うと》からん。故に此の文（往生要集）を以て、あえて帰帆に附す。そもそも本朝に在りても、なおその拙《つたな》きを慚《は》づ。況《いわ》んや他郷においてや。然れども本《も》と一願を発せり。たとい〔本書を〕誹謗のものありとも、たとい讃歎するものありとも、みなわれと共に極楽に往生するの縁を結ばん、と。また先師故慈恵《じえ》大僧正諱《いみな》は良源の作るところの観音讃、著作郎《ちょさくろう》（内記の唐名）慶保胤《けいほういん》の作るところの十六相讃および日本往生伝、前進士《さきのしんし》（文章生の唐名）為憲の作るところの法華経賦《ふ》、同じくまた贈りて、異域（日本）にこの志あるを知らしめんとす。ああ一生は苒苒《ぜんぜん》（過ぎやすい）たり、両岸は蒼蒼《そうそう》（遠山などの蒼《あお》くかすむさま。遥かに離れて遠い意）たり。後会《こうかい》（後日の再会）如《い》何《かん》せん、泣血而已《きゅうけつすならくのみ》。不宣《ふせん》（十分に述べ尽さない意。宋代、友人間の手紙の結語に用いた）以て状す。

正月十五日

天台楞厳院某申状

大宋国某賓旅下《ひんりょ》

（速水侑氏『源信』一四二～三頁、（　）は速水氏による注記）

幸田露伴（一八六七～一九四七）によると、源信は、「物事を曖昧にして置くことの嫌ひなやうな性格」（『連環記』三三五頁）で、「自著が国際的学問水準として通用するかどうか、生前にぜひとも確かめておきたいという学者気質がにじみ出ている」（速水侑氏前掲書一六八頁）行動である。源信の望みはかなう。宋の商人朱仁聡《しゅじんそう》と同船の唐僧斉隠《さいいん》に、『往生要集』を預け、宋に運んでもらう。宋僧行辿《ぎょうてん》は一読して、その内容の豊かで広いことに感歎し、源信に書状と詩を贈る。「国境を越えてともに往生極楽の縁を結ばんとの源信の願いは、彼地の多くの善友の協力によって実現し、その念仏論は、地下水脈のように海彼《かいひ》（外国）の浄土教のうちに流れ続けたのであった」（速水侑氏前掲書一六五頁）。

源信は、寛弘《かんこう》元年（一〇〇四）に権少僧都に任じられたが、辞退して横川に隠遁《いんとん》した。『源氏物語』

手習（宇治十帖）のモデルになったり、鎌倉時代の法然・親鸞等に影響を与えている。源信が完成した幽玄壮大な浄土教思想とその芸術のイメージを、景山春樹氏は、次のように記している。

おそらく横川の山中において源信が体得した宗教的精神のあらわれであろうが、いまも奥比叡とよばれる横川には、そうした自然の美しさと静けさがこもっている。源信はここから西方の山々にかかる壮大な落日を観相しつつ、山越弥陀来迎の幻想的なイメージを体得したのであろう。彼はのち横川に丈六弥陀をまつる華台院《けだいいん》（長保《ちょうほう》三年（一〇〇一）建立―引用者）を営み、多くの民衆を山に集めてドラマチックな迎え講をもよおし、かってのアカデミックな学山のなかに、広い信仰層を持ちこんだ。ここからやがて中世においておおきく展開する浄土信仰の光芒《こうぼう》を投げかけはじめることになる。（『比叡山』一五七頁）

その面影を確認するために、平成二十四年（二〇一二）三月、大津市仰木で宮大工をしている五島の同級生岡猛君の案内で横川を訪ねてみた。歴史の重みを感じつつ、現在も叡山に生きつづける源信僧都の精神の一端を肌で感じることができ、感激した（口絵参照）。

源信と、兼家、道綱母の交流を示す記録は、確認できないが、天元《てんげん》元年（九七八）の法華会の広学竪義《こうがくりゅうぎ》で名をあげる前から、少壮気鋭の学問僧として注目されていたので、彼の略歴と、『往生要集』（九八五年成立）の撰述の経緯を提示してみた。

本章では、道綱母の書いた念仏に焦点をしぼって、彼女が日記を執筆していた時期に、平安京及びその近郊で念仏活動を展開していた空也上人、慶滋保胤、源為憲、源信の四人を取り上げ、彼等の行動と著作が、道綱母の念仏に与えた影響の可能性をさぐってみた。多感な娘時代に見聞した空也上人の念仏や三善道統《みよしみちむね》の『願文《がんもん》』は、「世を挙げて念仏を事とする」時代の到来と「弥陀を専念して、永く極楽に帰せんとす」る極楽往生へのあこがれを、道綱母に抱かせたたであろう。また慶滋保胤や源為憲らの念仏結社「勧学会《かんがくえ》」での活動に、同時代人として強い関心と興味をもって注目していたであろうし、彼等の著作『日本往生極楽記』、『空也上人誄《るい》』等も熱心に読み、感化されたと想像している。さらに、源信の横川でのまじめな宗教生活や『往生要集』は、晩年の道綱母の浄土教への帰依《きえ》に決定的な影響を与えたものと思われる。

参考・引用文献（敬称略）

・堀一郎『空也《こうや》』吉川弘文館　一九六三年
・石井義長『空也《くうや》』前掲
・川尻秋生『日本の歴史第四巻揺れ動く貴族社会』前掲

・「本朝世紀第三」（『国史大系第九巻』（黒板勝美編）吉川弘文館　一九三三年所収）
・慶滋保胤「日本往生極楽記」前掲
・「日本紀略後篇」（『国史大系第十一巻』（黒板勝美編）吉川弘文館　一九二九年所収）
・川崎庸之《つねゆき》「源信の生涯と思想」（『日本の名著4源信』中央公論社　一九七二年所収）
・柿村重松『本朝文粋註釈』内外出版一九二二年
・網野善彦『日本社会の歴史（中）』岩波新書　一九九七年
・井上光貞『日本浄土教成立史の研究』前掲
・井上光貞『日本古代の国家と仏教』岩波書店　一九七一年
・大江親通《ちかみち》『七大寺巡礼私記』（奈良国立文化財研究所編）一九八二年
・鴨長明『発心集』（新潮日本古典集成第五回　一九七六年所収）
・藤原公任『捨遺抄』（『群書類従巻一四七第十輯下』所収）
・井上薫『行基』吉川弘文館　一九五九年
・新日本古典文学大系14『続日本紀三』（青木和夫・稲岡耕二・笹山晴生・白藤禮幸《のりゆき》校注）岩波書店　一九九二年
・増田繁夫「慶滋保胤伝攷」（『国語国文』第三三巻第六号（三五八号）一九五九年所収）
・新日本古典文学大系27『本朝文粋』前掲
・後藤昭雄『本朝文粋抄二』勉誠出版　二〇〇九年
・後藤昭雄『天台仏教と平安朝文人』吉川弘文館　二〇〇二年
・桃裕行「上代学制の研究［修訂版］」（『桃裕行著作集第一巻』思文閣出版　一九九四年所収）
・源為憲『三宝絵』（出雲路修校注）前掲
・古典文庫『三宝絵詞下』（江口孝夫校注）前掲

- 幸田露伴『連環記』（一九四〇年）（筑摩現代文学大系3『幸田露伴集』筑摩書房 一九七八年所収）
- 大曽根章介「「池亭記」論」（『日本漢文学史論考』（山岸徳平編）岩波書店 一九七四年所収）
- 速水侑《はやみたすく》『平安仏教と末法思想』吉川弘文館 二〇〇六年
- 菊地勇次郎「日本往生極楽記の撰述」（『歴史教育』第五巻第六号 一九五七年所収）
- 『本朝麗藻簡注』（川口久雄・本朝麗藻を読む会編）勉誠社 一九九三年
- 大江匡房《まさふさ》「続本朝往生伝」前掲
- 石原昭平「反現実世界への傾動」（『武蔵野文学』第二十五集所収）前掲
- 新日本古典文学大系32『江談抄』（後藤昭雄校注）岩波書店 一九九七年
- 川瀬一馬『古辞書の研究』雄松堂出版 一九五五年
- 岡田希雄《まれお》「源為憲伝攷」（『国語と国文学』一九四一年一月号所収）
- 大曽根章介「源為憲雑感」（『日本漢文学論集第二巻』汲古書院 一九九八年所収）
- 速水侑《たすく》「源為憲の世界―勧学会文人貴族たちの軌跡―」（『奈良・平安仏教の展開』吉川弘文館 二〇〇六年所収）
- 速水侑「摂関期文人貴族の時代観―『三宝絵』を中心に―」（『平安仏教と末法思想』吉川弘文館 二〇〇六年所収）
- 品川和子「蜻蛉日記の世界形成」前掲
- 速水侑『源信』吉川弘文館 一九八八年
- 『今昔物語集本朝部(上)』（池上洵一編）岩波文庫 二〇〇一年
- 「往生要集」（日本思想大系6『源信』（石田瑞磨校注）岩波書店 一九七〇年所収）
- 日本の名著4『源信』（川崎庸之《つねゆき》責任編集）中央公論社 一九七二年
- 景山春樹『比叡山』角川選書 一九七五年

付表　摂関家と天台宗関係略年表

西暦	年次	摂関家と天台宗の事蹟	関係事項
九三八	天慶元	空也、京に入り念仏を市井にすすめる	延暦寺根本中堂再建
九四六	天慶九	延昌、第十五世天台座主となる	藤原師輔、叡山に法華三昧堂を建立
九四八	天暦二	空也、延昌に大乗戒を受け、「光勝」の大僧名を与えられる	
九四九	天暦三	関白藤原忠平没（七十歳）、良源横川に隠棲、追善を行う	
九五〇	天暦四	良源、東宮護持僧となる	憲平親王（冷泉帝）生る
九五三	天暦七	天台僧日延、呉越国へ天台教籍を運ぶ	この時、師輔の親書持参
九五四	天暦八	右大臣藤原師輔、横川に一門の繁栄を祈願	源信、得度受戒
		十月、師輔を迎え横川三昧堂落慶供養	道綱母、兼家と結婚、『蜻蛉日記』の記事始まる
九五七	天徳元	良源、師輔室康子内親王の安全祈禱を坊城第《てい》に修す	康子内親王没
			良源、師輔の為に『九品往生義』編纂
〃	〃	日延帰朝、『往生西方浄土瑞応伝』を将来	日延、符天暦を賀茂保憲に預ける
九五八	天徳二	師輔十子尋禅、延昌に受戒	
九六〇	天徳四	右大臣藤原師輔没（五十三歳）	尋禅所領十一ヵ庄を良源受く
九六一	応和元	中宮安子、横川真言堂にて師輔の周忌法会を行う	
		師輔八子高光、横川に出家（翌年多武峯へ移る）	翌年『多武峯少将物語』成立

九六三	応和三	八月、空也、賀茂川で金字大般若経供養会を催す 良源、応和の宗論で名声を博す	この頃、日延、大宰府へ下向（師輔追善のため大浦寺開創）
九六四	康保元	一月、延昌没（八十五歳）（鎮朝第十六世天台座主となる） 三月、慶慈保胤らの「勧学会」始まる	七月、道綱母の実母死去 （「みみらくの島」初出）（日記）
九六五	康保二	喜慶、第十七世天台座主となる	
九六六	康保三	七月、良源第十八世天台座主となる 十月、延暦寺大火	
九六七	康保四	藤原実頼関白となる	
九六九	安和二	安和の変、源高明大宰府へ左遷 実頼、摂政となる	道綱母、高明室愛宮へ長歌を贈る（日記）
九七〇	天禄元	藤原師氏没（五十八歳）、空也閻魔王への牒状を書く	道綱母、日記の上巻執筆を始める
九七二	天禄三	九月、空也没（七十歳）、太政大臣藤原伊尹没（四十九歳） 兼通関白となる	源為憲『空也上人誄』撰述
九七三	天延元	尋禅、一身阿闍梨となる	『古今和歌六帖』成立か
九七四	天延二		十二月『蜻蛉日記』の記事終る
九七六	貞元元	関白太政大臣藤原兼通、横川で師輔の法会を行う	尋禅、法性寺座主となる
九七七	貞元二	関白藤原兼通没（五十三歳）、頼忠関白となる	
九七八	天元元	兼家、右大臣となる	
九七九	天元二	兼家、横川に恵心院を建立する	
九八二	天元五		慶滋保胤『池亭記』を書く

九八四	永観二	良源、花山妙業房において兼家一門の繁栄祈禱を行う	源為憲『三宝絵詞』、慶滋保胤『日本往生極楽記』を著す
九八五	寛和元	一月三日良源没（七十四歳）、尋禅第十九世天台座主となる	源信『往生要集』成立
九八六	寛和二	兼家摂政となる（藤原氏長者）（寛和の例） 『二十五三昧式』（起請八箇条）できあがる	慶滋保胤出家（寂心と称す）
九八九	永祚元	九月、尋禅天台座主を辞す（後任余慶三ヵ月で辞任、第二十一世陽生も一年足らずで辞任）良源の弟子暹賀第二十二世座主となる（山門・寺門の分裂抗争激化）	兼家太政大臣となる 五月、兼家出家
九九〇	正暦元	三月、尋禅没（四十八歳）、七月、兼家没（六十二歳）	
九九四	正暦五	高光（如覚）没	『高光集』完成
九九五	長徳元	道綱母没（六十一歳か）	『道綱母集』
一〇〇一	長保三		清少納言『枕草子』成立
一〇〇二	長保四	慶滋保胤（寂心）没	
一〇〇四	寛弘元		『和泉式部日記』できあがる
一〇〇八	寛弘五		紫式部『源氏物語』一部完成
一〇一一	寛弘八	源為憲没（七十一歳）	
一〇一六	長和五	道長、摂政となる	
一〇一七	寛仁元	六月、源信没（七十六歳）、十一月、道長太政大臣となる	
一〇二七	万寿四	道長没（六十二歳）	『御堂関白記』、『御堂関白集』成立

第五章　道綱母が知り得た五島とみみらく情報（正史）

本章では、康保《こうほう》元年（九六四）秋の初めに母親が亡くなるまでに、道綱母が知り得た可能性のあるみみらく（ここでは値嘉島も含める）の情報を整理してみる。『蜻蛉日記』上巻がまとめられたとされる安和《あんな》二年（九六九）の夏・秋の頃までと、現在に伝わる史料等では大差はないので、道綱母にみみらくのイメージ形成に影響を与えたと推察できる史料は、次頁の一覧表に示す通りである。平安中期の上流貴族社会の一員である高い教養を有する作者なら、当然目にしていたと想定できる史料である。これらの史料を通して、作者がみみらくの島にどのような認識を抱いていたかを、解明できるのではないかと考えている。

僧たちのよもやま話に聞いた、死者に逢えるみみらく伝説は、実母を失くして喪に服している道綱母にとって、「まことに耳よりなお話で、この部分にうまくはまって色彩を添えている」（上村悦子氏前掲書一六〇頁）記事と思えるので、実母の死去の前に道綱母は「みみらく」に関する豊富な知識を有していたと考えて、その情報源となった史料を、提示することとした。

道綱母の「詩歌に対する教養ならびに文才の並々ではないこと」（上村氏前掲書八三頁）から推察すると、彼女が古代の伝承や『古事記』、『肥前国風土記』（『萬葉集』はいうまでもない）等の正史についても、幅広く深い知識を有していたと考えられ、みみらく伝説の登場も、最大の効果を狙った巧妙な演出であるとさえ思われるのである。

本章では、道綱母が知り得た五島とみみらくの情報を年代順に『古事記』（七一二年撰進）、『日本書紀』（七二〇年撰進）、『肥前国風土記』、『万葉集』、『続日本紀』（七九七年撰進）、『日本後紀』（八四〇年撰進）、『続日本後紀《しょくにほんこうき》』（八六九年撰進）、『日本三代実録』（九〇一年撰進）、『儀式』に求め、その記事を提示した後、「後期遣唐使の遭難と五島」の関連をまとめてみる。正史にみえる史料を中心に取り上げ、入唐僧の史料は、次章でまとめて提示することとする。

奈良時代から平安初期にかけての遣唐使時代における情報と、遣唐使停止以降の入唐僧達の入唐目的意識には大きな変化があり、それを受け入れる道綱母にも、当然その認識があったものと想定して章を改めることとした。ただ、二つの時代の橋渡し的存在である最澄、空海、円仁は、遣唐使の一員として入唐しているが、その活躍した時代を考えて、第六章で取り上げることとした。あくまで便宜的なもので、彼等三人の日本仏教史上における貢献の大きさは、時代を超えているというのが、筆者の認識である。

道綱母が知り得た値嘉島・みみらく情報一覧表

西暦	年次	出典	記事内容	参考
五八三	敏達一二	日本書紀	百済人「日羅」暗殺事件。「参宮等、血鹿に発途す」とみえる	巻二〇
六七六	天武四	日本書紀	「三位麻続王罪有り。因播に流す。一の子をば血鹿嶋に流す」とみえる	巻二九
		万葉集	「一の子は血鹿島に流さえきといへり」という左注がみえる	巻一
六七八	天武六	日本書紀	「新羅人阿湌・朴刺破ら血鹿嶋に漂ひ着けり」とみえる	巻二九
七一二	和銅五	古事記	六島国生み条に「知訶島、亦の名は天之忍男」とみえる	
七一三	和銅六	肥前国風土記	値嘉郷条に、値嘉島の命名の由来とともに「唐に遣さゆる使、此の停より発ちて、美弥良久の埼に到り、此より発船して、西を指して度る」とある	
七二四～九	神亀年中	万葉集	志賀の白水郎の歌十首の左注に、美弥良久埼より発船とある	巻一六
七三三	天平五	万葉集	山上憶良の好去好来歌に「あぢかをし値嘉の岬より」とみえる	巻五
七四〇	天平一二	続日本紀	「大宰小弐藤原広嗣を肥前国松浦郡値嘉島長野村に捕獲へき」とみえる	巻一三
七七六	宝亀七	続日本紀	大使佐伯今毛人一行が「肥前国松浦郡合蚕田浦に到りて信風を得ず」とある	巻三四
七七八	宝亀九	続日本紀	遣唐使の第三船が「肥前国松浦郡 橘浦 に到りて泊てたり」とみえる	巻三五
八〇四	延暦二三	日本後紀	大使藤原葛野麻呂の上奏文に「肥前国松浦郡田浦を四船ともに出帆」とある（最澄・空海入唐）	巻一二
		性霊集	「大使福州の観察使に與ふるが為の書」に「死を冒して海に入る。既に本涯	巻五

			を辞して」とある。五島を本涯と表現（空海は八〇六年帰朝）	
八〇五	延暦二四	日本後紀	遣唐第二船「肥前国松浦郡鹿島に到来」とみえる	巻一二
八〇五	延暦二四	日本後紀	遣唐第三船「肥前国松浦郡の庇良島を出帆して遠値嘉島を指して進む」とみえる	巻一三
八三六	承和三	続日本後紀	遣唐第一・第四船、肥前国に引き返したとの奏状に「値嘉島の船が着岸しそうな地点に監視人を配置し、事に備えよ」とある	巻五
八三七	承和四	続日本後紀	遣唐三船が「共に松浦郡旻楽埼を目指して出帆したものの、逆風に遭い、第一・第四船は壱岐島に、第二船は値嘉島に漂着」とみえる	巻六
八三八	承和五	入唐求法巡礼行記	遣唐第一・第四船「有救島に到る」とみえる（天台僧の円仁・円載らが参加、入唐）	
八三九	承和六	続日本後紀	遣唐大使藤原常嗣ら「肥前国松浦郡生属島に帰着」とみえる	巻八
八三九	承和六	日本文徳天皇実録	補陀山普済寺の開基恵蕚、皇太后橘嘉智子の命により入唐（以降五回往来）	全て五島経由
八四二	承和九	安祥寺資財帳	恵運、「肥前国松浦郡遠値嘉島那留浦で、新たに船を造り、唐に入る」	
八四七	承和一四	安祥寺資財帳	恵運、唐人張友信の船で明州出発後、三昼夜で遠値嘉島那留浦に帰着	
八四七	承和一四	入唐求法巡礼行記	円仁、新羅人金珍の船で「肥前国松浦郡の北界鹿嶋に到りて船を泊す」とみえる	
八五三	仁寿三	円珍伝	円珍、唐国商人欽良暉の船で「値嘉島に到りて鳴浦に停泊」して入唐	
八五八	天安二	円珍伝	円珍、唐の商人李延考の船で「本国西界肥前国松浦県管。旻美楽埼に至る」	
八六二	貞観四	頭陀親王	真如親王一行六十人が、肥前国松浦郡柏島で渡唐船を造らせ「遠値嘉島を	

		入唐略記	出帆して唐の明州に着いた」との記事がみえる	日本三大実録巻一一に関連記事
八六五	貞観七	頭陀親王入唐略記	禅林寺僧宗叡、伊勢興房ら李延考の船で「福州より値嘉島に着く」	
八六六	貞観八	日本三大実録	大唐商人張言ら四一人大宰府に来着（この頃から値嘉島経由で大唐・新羅の商人の来日が活発になる）	巻一三
八七一	貞観一三	貞観儀式	追儺・大儺の祭文に「西方遠値嘉」とみえる	巻一〇
八七四	貞観一六	日本三大実録	香薬の購入目的で、大神已井を入唐使として派遣する	巻二五　五島経由
八七六	貞観一八	日本三大実録	大宰権帥在原行平の起請文に、「肥前国庇羅・値嘉二郷を合わせて、上近、下近の二郡を建て、値嘉嶋を置かむ」とみえる「大唐新羅のわが国に来る者、入唐使等、この島を経歴せざる者なし」とその重要性を認めている	巻二八
八七七	元慶元	日本三大実録	智聡、二十四年間の在唐を終え帰朝（円載、大唐商人ら遭難溺死）	巻三二
八九四	寛平六	日本紀略	菅原道真、中瓘の助言を容れて遣唐使を停止する	
九二七	延長五	日本紀略	興福寺の僧寛建らに入唐の牒を与う	五島経由
九五三	天暦七	大宰府神社文書	天台僧日延、天台教籍と藤原師輔の呉越王への書を携行し、唐商蔣承勲の船に駕して渡海	五島経由
九五七	天徳元	大宰府神社文書	日延、「往生西方浄土瑞応伝」を将来し、日本における往生伝の契機をつくる	みみらく伝説を伝える
九六四	康保元	蜻蛉日記	道綱母の母親死去、亡き人に逢える「みみらくの島」初出	

第一節　『古事記』（七一二年撰進）六島生み神話にみえる五島

和銅《わどう》五年（七一二）、太安万侶《おおのやすまろ》が稗田阿礼《ひえだのあれ》の誦み習っていたものを、もとに完成したといわれる『古事記』の国生みの条に、五島の記事がみえる。

大八島国の生成の後に、「六島生み神話」が付加されている。

●史料（『古事記』六島生み神話）

然《しか》ありて後《のち》、還《かへ》ります時、吉備児島《きびのこじま》を生みき。亦《また》の名は建日方別《たけひかたわけ》と謂ふ。次に小豆島《あづきじま》を生みき。亦の名は大野手比賣《おほのでひめ》と謂ふ。次に大島を生みき。亦の名は大多麻流別《おほたまるわけ》と謂ふ。次に女島《ひめじま》を生みき。亦の名は天一根《あめひとつね》と謂ふ。次に知訶島《ちかのしま》を生みき。亦の名は天之忍男《あめのおしを》と謂ふ。次に両児島《ふたごのしま》を生みき。亦の名は天両屋《あめのふたや》と謂ふ。（吉備児島より天両屋島まで并《あわ》せて六島）

（傍線—引用者）（岩波文庫二三～四頁）

この六島は、岡山県の児島半島、香川県の小豆《しょうど》島、山口県の周防《すおう》大島、大分県の姫島、長崎県の五島列島、小値賀《おじか》島（男女群島との異説もある）にそれぞれ比定されている。

この神話は、「瀬戸内海をほぼ西進する順序で語られ、遣唐使との関係で重要な知訶島を登場させていることからみて、これは遣唐使航路としての南路の開発によって語り出されたもの」と考える荻原千鶴氏の論考に従い、「新しく開かれた航路の安全を祈願する気持ちが、航路にあたる島々を〈島生み神話〉に登場せしめたものであろう」（「六島生み神話の形成と遣唐使」二八頁）と考え、大宝《たいほう》二年（七〇二）から和銅《わどう》四年（七一一）までの間という、『古事記』としてはたいそう新しい時期に、時代の気運を反映して成ったものとしたい。

第二節　『日本書紀』（七二〇年撰進）にみえる五島

わが国最古の正史である『日本書紀』にみえる次の三件の記事は、六、七世紀の五島が、他の島同様罪人の配流される島であったことを教えてくれる。また、チカに「血鹿」という字をあてているのは、五島を罪人の血と野生の鹿のいる島と認識している、中央役人の意識のあらわれと考えることができるのではないか。

●史料（『日本書紀』）

敏達《びたつ》紀十二年（五八三）百済人「日羅《にちら》」暗殺事件（巻二十）

是《ここ》に、恩率《おんそち》・参官《さむくわん》、国に罷《まか》る時に臨みて、竊《ひそか》に徳爾《とくに》等《ら》に語《かた》りて言《い》はく、「吾《わ》が筑紫《つくし》を過《すぎゆ》くとき許《ばかり》を計《かぞ》へて、汝等《いましら》偸《ひそか》に日羅を殺さば、吾《われ》具《つばひらか》に王《きみ》に白《まう》して、当《まさ》に高き爵《かうぶり》を賜《たまは》らむ。身《み》及び妻子《めこ》に、栄《さかえ》を後《のち》に垂《た》れむ」といふ。徳爾・余奴《よぬ》、皆聴許《ゆる》しつ。参官等、遂に血鹿《ちか》に発途《みちたち》す。

（傍線―引用者）（岩波文庫『日本書紀四』三八頁）

天武《てんむ》紀四年（六七六）四月十八日条（巻二十九）

三位《みつのくらゐ》麻続王《をみのおほきみ》罪有り。因幡《いなば》に流す。一《ひとり》の子をば伊豆嶋《いづのしま》に流す。一の子をば血鹿嶋《ちかのしま》に流す。（注）

（傍線―引用者）（『日本書紀五』一二四頁）

（注）『万葉集』巻一にも、同じ内容の記事がある。

麻続王《をみのおほきみ》の伊勢国《いせのくに》の伊良虞《いらご》の島《しま》に流《なが》されし時に、人《ひと》の哀傷《あいしやう》して作りし歌

二三　打麻《うちそ》を麻続王海人《あま》なれや伊良虞の島の玉藻《たまも》刈ります

（打麻を麻続王は海人でもあるのか、伊良虞の島の玉藻を刈っていらっしゃる）

麻続王《をみのおほきみ》の、これを聞《き》きて感傷《かんしやう》して和《わ》せし歌

二四　うつせみの命《いのち》を《を》惜しみ波に濡《ぬ》れ伊良虞の島の玉操刈り食《は》む

（うつせみの命が惜しさに、波に濡れて、伊良虞の島の玉藻を刈って、噛んで食べている）

右は、日本紀《にほんぎ》を案《かむが》ふるに曰《いは》く、「天皇の四年乙亥《いつがい》の夏四月戊戌《ぼじゅつ》の朔《ついたち》の乙卯《いつばう》、三位《さんみ》麻続王、罪有りて因幡《いなば》に流され、一子《いっし》、伊豆の島に流され、一子、血鹿《ちか》の島に流されき」といふ。ここに伊勢国の伊良虞の島に配《はい》せられきと云ふ

は、若《も》し疑《うたが》ふらくは、後人《こうじん》の歌辞《かじ》に縁《よ》りて誤《あやま》り記《しる》せしか。

（傍線—引用者）（新日本古典文学大系1『萬葉集一』三〇〜一頁）

天武紀六年（六七八）五月七日条（巻二十九）

新羅人阿飡《あさん》（新羅官位十七階の第六）朴刺破《ぼくしは》・従人《ともびと》三口《みたり》・僧《ほふし》三人《みたり》、血鹿嶋に漂《ただよ》ひ着けり。

（傍線—引用者）（『日本書紀五』一三八頁）

これらの史料から、六〜七世紀の、五島に対する律令国家の認識は、朝鮮への中継地、罪人の配流される西の果てという程度であったことがわかる。

しかし、八世紀に入ると、神である天皇の派遣される遣唐使の中継地として、律令国家の重要な管理対象となり、罪人を容易に配流できる地域ではなくなってくる。

第三節　『肥前国風土記』にみえる五島とみみらく

和銅六年（七一三）元明《げんめい》天皇の詔によって撰進された『肥前国風土記』に、松浦郡値嘉郷《ちかのさと》条の記事は十九行（猪熊本）という異例の長さで記載されている。訓み下し文で全文を提示する。

●史料（『肥前国風土記』）

松浦郡《まつらのこほり》値嘉郷《ちかのさと》。〔郡の西南《にしみなみ》の海中《わたなか》に在《あ》り。烽家《とぶひ》三所《ところ》有り。〕

昔者《むかし》、同《おな》じき天皇《すめらみこと》（景行天皇―引用者）、巡幸《めぐりい》でましし時《とき》に、志式島《ししきじま》の行宮《かりみや》に在《いま》して、西海《にしのうみ》を御覧《みそなは》すに、海中《わたなか》に島《しま》有《あ》りき。烟気《けぶり》多《さは》に覆《おほ》へり。陪従《おもとひと》阿曇連百足《あづみのむらじももたり》に勒《おほ》せて、遣《つかは》して察《み》しめたまふ。爰《ここ》に、八十余《やそあまり》有《あ》り。就中《なかにつ》きて二つの島に、島別《しまごと》に人有り。第一《はじめ》の島は名をば小近《をちか》といひ、土蜘蛛《つちぐも》大耳《おほみみ》居《す》む。第二《つぎ》の島は名をば大近《おほちか》といひ、土蜘蛛垂耳《たりみみ》居む。自余《そのほか》の島は、並《ならび》に人在《あ》らず。茲《ここ》に、百足大耳等《ども》を獲《と》らへて奏聞《かへりごとまを》す。天皇勅《みことのり》して、誅《つみな》ひ殺《ころ》さしめむとしたまふ。時に大耳等《ども》、叩頭陳聞《のみまを》して曰《い》はく、「大耳等《ら》が罪、実《まこと》に極刑《しぬるつみ》に当《あた》れり。万《よろづ》たび戮殺《ころ》さゆとも、罪を塞《ふさ》ぐに足《た》らじ。若《も》し、恩情《みめぐみ》を降《くだ》したまひて、再生《またい》くること得ば、御贄《みにへ》を造り奉《まつ》り、恒《つね》に御膳《みけ》に貢《たてまつ》らむ」といふ。即ち、木の皮を取り、長蚫《ながあはび》・鞭蚫《むち》・短蚫《みじか》・陰蚫《かげ》・羽割蚫《はわり》等《ども》の様《ためし》を作りて、御所《みもと》に献《たてまつ》る。茲に、天皇、恩《みめぐみ》を垂《た》れて赦放《ゆる》したまふ。更《また》、勅《みことのり》して云ひたまひしく、「此の島は遠けども、猶近きが如く見ゆ。近島《ちかしま》と謂ふべし」といひたまひき。因《よ》りて値嘉《ちか》と曰《い》ふ。島には、檳榔《あぢまさ》・木蘭《もくらに》・枝子《くちなし》・木蓮子《いたび》・黒葛《つづら》・篁《なよたけ》・篠《しの》・木綿《ゆふ》・荷《はちす》・莧《ひゆ》有り。海《うみ》には、蚫・螺《にし》・鯛・鯖・雑魚《くさぐさのうを》・海藻《め》・海松《みる》・雑海菜《くさぐさのもは》有り。彼《そ》の白水郎《あま》、馬《うま》・牛《うし》に富《と》み、或いは一百《も》余《もあまり》の近き島を有《たも》ち、或いは八十《やそ》余の近き島を有《たも》つ。西に船を泊《は》つる停《とまり》二処《ところ》有り。〔一処は、名をば相子田停《あひこだのとまり》と曰《い》ふ。廾余の船を泊つべし。一処は、名をば川原浦《かはらのうら》と曰《い》ふ。一十余の船を泊つ。〕唐《もろこし》に遣《つかは》さゆる使、此《こ》の停より発《た》ちて、美弥良久《みみらく》の埼《さき》に到《いた》り、〔即ち、川原浦の西の埼是なり。〕此より発船《ふなだち》して、西を指《さ》して度《わた》る。此の島の白水郎、容貌《かほ》は隼人《はやひと》に似て、恒《つね》に騎射《うまゆみ》を好む。其の言語《ことば》は、俗人《くにひと》に異《こと》なり。

（傍線―引用者）（『肥前国風土記』（沖森卓也・佐藤信・矢嶋泉編著）五六〜七頁）

天皇の派遣する遣唐使船の派遣する遣唐使の寄港する地域であったが為に、五島やみみらくの詳細な情報が、『肥前国風土記』に記載されたので、この史料によって道綱母が五島とみみらくに関する詳細な知識を得ていたと推測することは許されるのではないか。奈良時代の五島やみみらくの情報は、遣唐使関連のものが大半であり、「南路」を通った遣唐使船は、遭難の歴史でもあったので、海で愛する人を喪った都びとの歎きが、死霊の赴く島、海の果なる死霊の地として、五島・みみらくが観念されたのではないか。このような観念は、次の『万葉集』の二つの歌によって、道綱母のなかで、はっきりとしたイメージが形成されたものと思われる。

第四節　『万葉集』にみえる五島とみみらく

『万葉集』には、巻五の「好去好来《こうきょこうらい》の歌」に「あぢかをし　値嘉《ちか》の崎より」と詠まれ、さらに巻十六の「筑前国志賀《しか》の白水郎《あま》の歌十首」の左注（詞書）に、荒雄が発船《ふなだち》した場所として、肥前国松浦県美《み》禰《ね》良《ら》久《く》崎の地名がみえる。新日本古典文学大系の訓み下し文を提示する。

●史料（『万葉集』）

好去好来歌一首　反歌二首（巻五）

八九四　神代《かみよ》より　言ひ伝て来《く》らく　そらみつ　大和《やまと》の国は　皇神《すめかみ》の　厳《いつく》しき国　言霊《ことだま》の　幸《さき》はふ国と　語り継《つ》ぎ　言い継がひけり　今の世の　人もことごと　目《ま》の前に　見たり知りたり　人さはに満ちてはあれども　高光《たかひか》る　日《ひ》の大朝廷《おほみかど》　神《かむ》ながら　愛《め》での盛りに　天《あめ》の下《した》　奏《まを》したまひし　家の子と　選《えら》ひたまひて　勅旨《おほみこと》　反《かへ》して、大命《おほみこと》と云ふ　戴《いただ》き持ちて　唐《もろこし》の　遠き境《さかひ》に　遣《つか》はされ　罷《まか》りいませ　海原《うなはら》の　辺《へ》にも沖にも　神留《かむづ》まり　うしはきいます　諸《もろもろ》の　大御神《おほみかみ》たち　船舳《ふなのへ》に　反《かへ》して、ふなのへにと云ふ　導きまをし　天地《あめつち》の　大御神たち　大和《やまと》の　大国御魂《おほくにみたま》　ひさかたの　天《あま》のみ空ゆ天翔《あまかけ》り　見渡したまひ　事終はり　帰らむ日には　また更に　大御神《おほみかみ》たち　船舳《ふなのへ》に　御手《みて》うち掛けて　墨縄《すみなは》を　延《は》へたるごとく　あぢかをし　値嘉《ちか》の崎《さき》より　大伴《おほとも》の　御津《みつ》の浜《はま》びに　直泊《ただは》てに　み船は泊《は》てむ　つつみなく幸《さき》くいまして　はや帰りませ

反　歌

八九五　大伴《おほとも》の御津《みつ》の松原かき掃《は》きて我《われ》立ち待たむはや帰りませ

（大伴の御津の松原を掃き清めて、私はそこに立ってお待ちしましょう。早くお帰り下さい）

八九六　難波津《なにはつ》にみ船泊《は》てぬと聞こえ来《こ》ば紐解《ひもと》き放《さ》けて立ち走《ばし》りせむ

（難波の津に御船が着いたと聞こえて来たら、結んだ紐を解き放ってはね回り喜びましょう）

天平《てんぴょう》五年三月一日、良《りゃう》の宅《いへ》に対面し、献《たてまつ》ること三日なり。山上憶良謹《つつし》みて大唐大使卿記室《だいたうたいしきゃうきしつ》に上《たてまつ》る。

（傍線―引用者）（新日本古典文学大系1『萬葉集一』五〇四〜七頁）

この歌は、天平五年（七三三）に派遣された遣唐大使多治比真人広成《たじひのまひとひろなり》に、山上憶良《やまのうえのおくら》が贈った送別の長歌と反歌二首として有名。憶良の三十年前の入唐体験をふまえ、航海の困難と危険、その安全をひたすら神仏に祈った長歌のなかに「墨縄《すみなは》を　延《は》へたるごとく　あぢかをし　値嘉《ちか》の崎《さき》より　大伴《おほとも》の　御津《みつ》の浜《はま》びに　直泊《ただは》てに　み船は泊てむ」と詠まれているのは、日本の本涯の地、みみらく半島であると多くの学者が比定している。

この他に、『万葉集』には二十余首の遣唐使を送る歌が詠まれているが、航海の安全を祈る気持が強くでている歌ばかりである。そのなかでも「はや帰りませ」という表現に、五島列島から難波津へ無事に早く帰って来てほしいとの気持ちが読みとれ、なかでも南路を通った天平・天平勝宝の遣唐使への送別の歌に、航海の安全を祈る歌が集中している。その代表例として孝謙《こうけん》天皇の御歌《みうた》を提示する。天皇自らが航海の安全を祈ったのである。

四二六五　四《よ》つの船はや帰り来《こ》と白香《しらか》著《つ》け朕《わ》が裳《も》の裾《すそ》に斎《いは》ひて待たむ（巻十九）

（四つの船よ早く帰って来いと、白香を付けて私の裳の裾に祈りをこめて待ちましょう）

（新日本古典文学大系4『萬葉集四』三四五頁）

●史料（『万葉集』）

筑前国志賀《しか》の白水郎《あま》の歌十首（巻十六）

三八六〇　大君《おほきみ》の遣《つか》はさなくにさかしらに行きし荒雄《あらを》ら沖に袖振る

（大君がお遣わしになったのではないのに、自分の心から進んで行った荒雄が、沖で袖を振っている）

三八六一　荒雄らを来《こ》むか来《こ》じかと飯《いひ》盛《も》りて門《かど》に出《い》で立ち待てど来《き》まさず

（荒雄を、帰って来るだろうか来ないだろうかと、飯を盛って、門に出て立って待っているのに、おいでにならない）

三八六二　志賀《しか》の山いたくな伐《き》りそ荒雄らがよすかの山と見つつ偲《しの》はむ

（志賀島の山の木はひどく切らないでくれ。荒雄のゆかりの山として、何時も見ながらあの人を偲ぼう）

三八六三　荒雄らが行きにし日より志賀《しか》の海人《あま》の大浦《おほうら》田《た》沼《ぬ》はさぶしくもあるか

（荒雄が出発して行った日から、志賀の海人のいる大浦田沼の一帯は見ると何と淋しいことだ）

三八六四　官《つかさ》こそ指《さ》しても遣《や》らめさかしらに行きし荒雄ら波に袖振る

（役所が指名して派遣することはありもしょうが、自分から進んで出て行った荒雄が波間で袖を振っている）

三八六五　荒雄らは妻子《めこ》が業《なり》をば思はずろ年の八歳《やとせ》を待てど来《き》まさず

（荒雄は妻の暮らしを思わないで、長い年月を待っても待ってもお帰りにならない）

三八六六　沖つ鳥鴨《かも》といふ船の帰り来《こ》ば也良《やら》の崎守《さきもり》早く告げこそ

（沖つ鳥鴨という名の船が帰って来たら、也良の防人よ、早くに知らせてくれ）

三八六七　沖つ鳥鴨といふ船は也良の崎たみて漕ぎ来《く》と聞こえ来《こ》ぬかも

（沖つ鳥鴨という名の船は、也良の崎を回って漕いで来たと誰か知らせに来ないかなあ）

三八六八　沖行くや赤ら小舟《をぶね》につと遣《や》らばけだし人見て開き見むかも

（沖を行く赤い官船に包みを送ったら、もしかしてあの人が見付けて解き開けてみるだろうかなあ）

三八六九　大船に小舟引き添へ潜《かづ》くとも志賀の荒雄に潜き逢はめやも

（大船に小舟を添えて潜水させても志賀の荒雄に海の中で出会うことがあろうか）

右は、神亀年中《じんきねんちう》を以て、大宰府《だざいのふ》、筑前国《ちくぜんのくに》宗像郡《むなかたのこほり》の百姓《ひゃくせい》宗形部津麻呂《むなかたべのつまろ》を差《さ》して、対馬送粮《そうりゃう》の船《ふね》の柂師《かぢとり》に宛《あ》てき。時に津麻呂、滓屋郡《かすやのこほり》志賀《しか》村の白水郎《あま》荒雄の許《もと》に詣《いた》りて語《かた》りて曰《いは》く、「僕《やつかれ》小事《せうじ》有り。若《も》し疑《うたが》ふらくは許《ゆる》さざるか」といひき。荒雄答へて曰く、「走《やつかれ》郡《こほり》を異《こと》にすと雖《いへど》も、船を同じくすること日久《ひひさ》し。志《こころざし》兄弟《けいてい》よりも篤《あつ》し。殉死《じゅんし》すること在《あ》るとも、豈《あに》また辞《じ》せむや」といひき。津麻呂曰く、「府官《ふくわん》、僕《やつかれ》を差《さ》して対馬送粮の舶《ふね》の柂師《かぢとり》に宛《あ》てき。容歯衰老《ようしすいらう》して海路《かいろ》に堪《た》えず。故《ことさら》に来《き》たりて祗候《しこう》す。願はくは相替はることを垂れよ」といひき。ここに荒雄許諾《きょだく》して遂《つひ》にかの事《こと》に従《したが》ひ、肥前国松浦県《まつらのあがた》美禰良久《みねらく》の崎《さき》より舶《ふね》を発《おこ》して、直《ただ》ちに対馬を射《さ》して海を渡《わた》るに、登時忽《すなはちたちま》ちに天暗冥《てんあんめい》にして、暴風《ぼうふう》雨に交《まじ》り、竟《つひ》に順風《じゅんぷう》なく海中《かいちう》に沈《しづ》み没《い》りき。これに因《よ》りて妻子等《つまこら》犢慕《とくぼ》に勝《た》へず、この歌を裁作《つく》りきといふ。或いは云《いは》く、「筑前国守《くにのかみ》山上憶良臣《おみ》の、妻子《つまこ》の傷《いた》みに悲感《ひかん》して志《こころざし》を述《の》べてこの歌を作りき」といふ。

（新日本古典文学大系4『萬葉集四』五四～八頁）

この左注では、みみらくは「美禰良久」と表現され、ミネラクと訓まれている。井上通泰博士を始め「信ずべき古典に見えたるは皆ミネラクノ埼である」（『万葉集雑攷』一四二頁）と信じる学者が多いのだが、筆者は、郷土の先輩入江庄一郎氏の「みみらく」呼名一貫論を支持し、左注の禰（弥）は彌（弥）の誤字であると考えている。道綱母が読んだ写本では「美彌良久《みみらく》」と正しく書かれていたものと推察している。

さらに『大字源』によると、父や親の御霊屋《みたまや》を字義とする禰よりも、あまねし・あまねく・いよいよ・ますますの意に用いられ、弥栄《いやさか》・弥増《いやます》などの和訓があり、阿弥陀仏・弥勒菩薩など外国語の音写に使われている彌の字を、みみらくに使った（充てた）と考えると、風土記の地名に佳字をあてるとした奈良朝の撰集方針にもかなうのではないだろうか。筆者は、『萬葉集』巻十六の筑前国志賀の白水郎の歌十首の左注にある肥前国松浦県美禰良久の埼は、美彌良久の埼の誤字であると考え、『肥前国風土記』値嘉郷条の美彌良久を書写する時に、誤って禰と書いたのではないかと推察している。ミネラク→ミミラクの転訛を考える学者の努力は無用であろう。みみらくは、太古の昔から、ミーラクと発音される地名をもつ本涯の地であったのである。

第五節　『続日本紀《しょくにほんぎ》』（七九七年撰進）にみえる五島

延暦十六年（七九七）に撰進された『続日本紀』には、「藤原広嗣《ひろつぐ》の反乱」と「宝亀の遣唐使」に関する五島と関連のある四件の記事がみえる。

●史料（『続日本紀』藤原広嗣《ひろつぐ》の反乱）

天平十二年（七四〇）十一月三日条（巻十三）

是《こ》の日《ひ》、大将軍東人《あづまひと》ら言《まう》さく、「進士《しんじ》无位阿部朝臣黒麻呂《くろまろ》、今月廿三日丙子《ひのえね》を以《もち》て逆賊広嗣《げきぞくひろつぐ》を肥前国《ひのみちのくちのくに》松浦《まつら》郡値嘉嶋《ちかのしま》長野《ながの》村に捕獲《とら》へき」とまうす。詔《みことのり》して報《こた》へて曰《のたま》はく、「今、十月廿九日の奏《そう》を覧《み》て、逆賊広嗣を捕《とら》へ得《え》たることを知《し》りぬ。その罪顕露《つみあらは》にして疑《うたが》ふべきに在《あ》らじ。法《はふ》に依《よ》りて処決《しょくゑつ》し、然《しか》して後《のち》に奏聞《そうもん》すべし」とのたまふ。

（傍線―引用者）（新日本古典文学大系13『続日本紀二』、三七七頁）

天平十二年十一月五日条（巻十三）

大将軍東人《あづまひと》ら言《まう》さく、「今月一日を以《もち》て肥前国《ひのみちのくちのくに》松浦《まつら》郡に広嗣《ひろつぐ》・綱手《つなて》を斬《き》ること已《すで》に訖《をは》りぬ。菅成《すがなり》以下従人《じゅにん》已上と僧《ほふし》二人とは正身《しゃうしん》を禁《いまし》め大宰府《だいさいふ》に置《お》く。その歴名《りゃくみゃう》は別《べち》の如《ごと》し。また、今月三日を以て軍曹《ぐんざう》海犬養五百依《あまのいぬかひいほえ》を差《つかは》して発遣《はっけん》し、逆人《げきじん》を迎《むか》へしむ。広嗣が従三《じゅうみ》田兄人《たのえひと》ら廿餘人申《まう》して云《い》はく、「広嗣《ひろつぐ》が船《ふね》、知賀嶋《ちかのしま》より発《た》ち東風《こち》を得《え》て往《ゆ》くこと四箇日にして、行《ゆ》きて嶋《しま》を見る。船の上の人云はく、『是《こ》れ耽羅嶋《たむらのしま》なり』といふ。時に東風《こち》猶扇《なほふ》くに、船海中《わたなか》に留《とど》りて肯《あ》へて進《すす》み行《ゆ》かず。漂蕩《ただよ》ふこと已《すで》に一日一夜を経《へ》たり。而《しか》して西風《にし》卒《には》かに起《おこ》り、更《さら》に吹《ふ》きて船《ふね》を還《もど》しぬ。是《ここ》に、広嗣自《みづか》ら駅鈴《やくりゃう》一口を捧《ささ》げて云《い》はく、『我は是《こ》れ大《おほき》なる忠臣《ちうしん》なり。神霊《しんれい》我を弃《す》つるか。乞《こ》はくは、神力《しんりょく》に頼《よ》りて風波《かぜなみ》暫《しまら》く静《しづ》かならむことを』といひて、鈴を海に投《な》ぐ。然《しか》れども猶風波《かぜなみ》弥《いよいよ》甚《はなはだ》し。遂《つひ》に等保知賀嶋《とほちかしま》の色都嶋《こつしま》（注）に着《つ》きぬ」といふ」とまうす。広嗣は式部卿馬養《しきぶきゃううまかい》が第一子なり。

（傍線—引用者）（前掲書三七七〜九頁）

（注）諸説ある。中島功氏は、等保知賀嶋《とほちかしま》を五島列島、長野村を中通島の新上五島町奈摩《なま》郷、色都島《しこつ》を祝言島に比定している（『五島編年史』一二頁）が、吉見博氏の最新の論考によると、等保知賀嶋《とほちかしま》は奈留《なる》島、色都島はクヅシマと読んで奈留島の葛《かつら》島の古称としている（「肥前国松浦郡田浦考序説」一六頁）。

藤原一族の名門、式家の藤原広嗣が起こした反乱であるが故に、道綱母はこの記事を熱心に読み、値嘉島の地理等をよく理解していたのではなかろうか。

●史料（『続日本紀』宝亀の遣唐使）

宝亀七年（七七六）閏八月六日条（巻三十四）

是《これ》より先《さき》、遣唐使の船、肥前国《ひのみちのくち》松浦《まつら》郡合蚕田浦《あひこたのうら》（注）に到《いた》りて、月《つき》を積《かさ》ね日《ひ》を餘《あま》して信風《しんふう》を得《え》ず。既《すで》に秋節《あきのとき》に入《い》りて弥《いよいよ》水候《すいこう》に違《たが》へり。乃《より》て引《ひ》きて博多《はかた》の大津《おほつ》に還《かへ》り、奏上《そうじやう》して曰《まう》さく、「今既《いますで》に秋節《あきのとき》に入《い》りて逆風日《げきふうひび》に扇《ふ》けり。臣等《しんら》望《のぞ》まくは、来年《きたるとし》の夏月《なつのつき》を待《ま》ちて、庶《ねが》はくは渡海《とかい》することを得《え》むことを」とまうす。是《こ》の日、勅《みことのり》したまはく、「後年《こうねん》の発期《はつき》は一《もは》ら来奏《らいそう》に依《よ》れ。その使《つかひ》と水手《かこ》とは並《ならび》に彼《かしこ》に在《あ》りて期《とき》を待《ま》ち、途《みち》を進むべし」とのたまふ。

（傍線—引用者）（『続日本紀五』一七～一九頁）

（注）合蚕田浦《あいこたのうら》についても諸説ある。久賀島の田ノ浦、福江島の奥浦、中通島の相河・青方、それに、吉見博氏の奈留《なる》島の相ノ浦湾とする大胆な新説がある。筆者は、この宝亀の遣唐大使・佐伯今毛人《いまえみし》の入唐への無気力さを考えると、奈留島、久賀島まで西下したとは想定しがたく、中通島の相河・青方あたりで時間を稼いだとする方が、今毛人の心理状態にかなっていると考え、中通島の相河・青方説を支持する。

この後、この使節は、大使今毛人の病気辞退（仮病とみられている）という異例の事態のなか、副使小野石根《いわね》が大使代行となり、翌宝亀八年（七七七）五島列島から出帆し、無事四船とも揚州海陵県《ようしゅうかいりょうけん》（江《ごう》蘇省《そしょう》泰州市）に到着し、皇帝代宗《だいそう》との対見も果たすが、帰路トラブルに遭遇する。

副使小野石根、判官大伴継人《つぐひと》らが乗船していた第一船は、帰途遭難し、舳《へさき》（船首）と艫《とも》（船尾）の二つに分断され、舳は肥後国天草郡西仲《にしなか》嶋に、艫は薩摩国甑《こしき》嶋に漂着する。副使石根ら三十八人と唐使趙宝英《ちょうほうえい》ら二十五人、計六十三人が水没死する。この舳に乗って、先の天平勝宝の遣唐大使藤原清河《きよかわ》（唐にて死亡）の娘、喜娘《きじょう》が来日している。判官大伴継人の上奏文に、この第一船遭難の様子は詳述されている（宝亀九年十一月条）。

第二船は薩摩国出水《いずみ》郡に、第四船は耽羅嶋《たんらとう》（済州島）に漂着し島人に捕えられるも甑嶋《こしき》に帰着。第三船の帰路について、判官小野滋野《しげの》が次のように上奏している。

●史料（『続日本紀』宝亀の遣唐使）

宝亀九年（七七八）十月二十三日条（巻三十五）

遣唐使の第三の船、肥前国松浦郡橘浦《たちばなのうら》に到り《いたり》て泊《は》てたり。判官勅旨大丞《はんぐわんちょくしだいじょう》正六位上兼下総権介《しもつふさのごんのすけ》小野滋野《しげの》、上奏《じょうそう》して言《まう》さく、「…九月九日、臣《しん》が船《ふね》、正南《せいなむ》の風を得て、船を発《た》てて海に入《い》る。行《ゆ》くこと已《すで》に三日にして、忽《たちまち》に逆風《げきふう》に遭《あ》ひて、船沙《すな》の上に着《つ》き、損《そこな》はれ壊《こほ》るる処多《ところおほ》し。力を竭《つく》して修《をさ》め造《つく》る。今月《このつき》十六日、船僅《わづか》に浮《うか》ぶこと得《え》て、便即《すなは》ち海に入《い》る。廿三日、肥前国松浦郡橘浦《たちばなのうら》に到《いた》る。（以下略）。

（傍線—引用者）（前掲書七三～七頁）

一度船体を損傷したものの、なんとか修理して、五島列島の橘浦に到着している。

この橘浦については、加藤晃氏の「これらの橘浦をどの地に比定するか、諸説があり、そのうち、長崎県の五島列島内に比定する説としては、中通島の上五島町三日ノ浦にあてる説（瀬野精一郎『長崎県の歴史』）や福江島の玉之浦町にあてる説（中島功『五島編年史』）などがある」（新日本古典文学大系16、五三四頁）との補注があるが、五島列島外の可能性も示唆している（注）。

（注）瀬野精一郎氏の執筆された一九七二年の『長崎県の歴史』では、「上五島町三日浦」（五十八頁）に比定されているが、執筆者が新川登亀男氏に代わった一九九八年の新版では、「松浦郡の橘浦にたどりついたというが、それは五島列島内の可能性はうすい」（六十一頁）と内容が変更になっているが、地域の比定はされていない。

筆者は、唐からの帰路に漂着した場所ということから、大陸に最も近い福江島の玉ノ浦湾に逃げ込んだ可能性が高いと考えているが、第四船が耽羅嶋《たんらとう》（済州島）に漂着していることや橘浦という地名が五島の各島に字名が散在していることを考えると、対馬海流に乗って漂着する可能性のある地域として、松浦半島まで含めて広く考えるべきかもしれない。

道綱母は、一族の天平勝宝の遣唐大使であった藤原清河《きよかわ》が唐で亡くなったこと（宝亀十年二月四日条）、その娘喜娘《きじょう》が苦難の末に来日したこと（宝亀九年十一月条）を、『続日本紀』の一連の記事から知っていたであろうし、この時の使節が五島で長期間風待ちしたり、五島経由で渡唐したことを、この正史から得ていたと考えるのは、根拠のない推測ではないのではないか。

第六節　『日本後紀』（八四〇年撰進）にみえる五島

延暦の遣唐大使藤原葛野麻呂《かどのまろ》（七五五〜八一八）は、出国の様子を次のように上奏している。

●史料（『日本後紀』）

延暦二十四年（八〇五）六月八日条（巻十二）

去る年、七月六日、肥前国松浦郡田浦（注）より発し、四船海に入る。七日の戌《いぬ》の剋《とき》（午後八時）、第三第四船の両船、火信応えず（灯火による視認ができなくなること）。死生の間を出入りし、波濤の上に掣曳《せいえい》すること、都《すべ》三十四日なり。八月十日、福州長渓《ちょうけい》県赤岸鎮《せきがんちん》（福建省福安市）已南の海口に到る（以下略）。

（傍線、（　）―引用者）（吉見博氏前掲書、二四〜五頁より引用）

（注）田浦にも諸説ある。筆者は吉見博氏の奈留《なる》島相ノ浦湾説に魅力を感じている。先述の合蚕《あいこ》田浦《たのうら》と同一場所とする説が根強いが、八世紀と九世紀では、五島の海外への拠点に変化があるように思われ、筆者には合蚕田浦は中通島《なかどおりじま》の相河《あいこ》・青方《あおかた》一帯、田浦は奈留《なる》島の相ノ浦湾に比定するのが、自然であるように思われる。

大使葛野麻呂《かどのまろ》、空海の乗った第一船は、一ヵ月以上も漂流したものの、なんとか福州長渓県赤岸鎮にたどり着くが、それからも長安への長い昼夜兼行の厳しい旅が待っていた。正月の朝賀の式に列席するためである。最澄の乗った第二船は、順調に航海して七月中旬に明州に到着。第三船は、往路の航海に失敗して、次のような厳しい処分令が出されている。

●史料（『日本後紀』）

延暦二十四年七月十六日条（巻十三）

太宰府言す、「遣唐使第三船は、今月四日、肥前国松浦郡庇良《ひら》島より発し、遠値嘉島《とほちかのしま》を指す。忽ち南風に遭い、孤島に漂着す。船巖間《いわま》に居し、淦水《あか》盈溢《みちあふ》る。判官正六位三棟《みむね》朝臣今嗣《いまつぐ》等、身を脱し岸に就き、官私の雑物を、下収する遑《いとま》なし。射手《いて》数人、留まり船上に在す。纜《ともづな》絶えて船流れ、何《いず》くへ去るかを知らず」と。勅す、「使命は国信《こくしん》を以て重を為す。船・物は、須《すべか》らく人力をもって乃《すなわ》ち全《まっと》うすべし。而るに今、公途を顧みず、偏に苟存《こうぞん》を求め、船泛《ただよ》わせて人無し。何を以て能く済《な》さん。使に奉ず道、豈《あに》其れ然りや。宜しく科責を加え、以て懲沮《ちょうそ》を峻《きび》しくすべし」と。

（傍線―引用者）（吉見博氏前掲書二一五頁より引用）

第三船の判官三棟今嗣の一年遅れの上奏文である。遠値嘉島を目指して、出帆したところ、突然南風に遭い、孤島に漂着。船内の官私の物品を持ち出す遑《いとま》もなく、船も纜《ともづな》が切れて流され、行方不明になったという報告に対して、天皇は、「使人の任務は、国から国への書簡である国信《こくしん》を伝達することを最重要事項とする。船に積んだ物品は人力で守らねばならないのに、公務についていることを忘れ、もっぱら生きながらえることを求め、船を放棄している」（森田悌氏全現代語訳『日本後紀（上）』、三六五～六頁）と、厳しく責任を問われている。使節のモラルの低下がうかがえる。

遠値嘉島を、オチカと訓み小値賀島とする森田悌氏らの説に対し、先の吉見博氏はトホチカと訓じるべきであるとして、奈留《なる》島に比定している。

延暦の遣唐使の一員として入唐した空海の『性霊集巻五』に、東シナ海の航海の厳しさが描かれている。歴史に残る名文である。さわりの場面を提示する。

●史料（『性霊集』）

大使福州の観察使に與ふるが為の書（巻五）

…賀能《かのう》等《ら》身《み》を忘れて命《めい》を銜《ふく》み、死《し》を冒《をか》して海《かい》に入《い》る。既に本涯《ほんがい》を辞《じ》して中途《ちゅうと》に及ぶ比《ころほひ》に暴雨帆《ぼううほ》を穿《うが》って、戕風柁《しゃうふうかぢ》を折《を》る。高波漢《かうはかん》に汰《そそ》いで、短舟裔裔《たんしうえいえい》たり。凱風朝《がいふうあした》に扇《あふ》いで肝《きも》を耽羅《たんら》の狼心《らうしん》に摧《くだ》く、北気《ほくき》夕《ゆふべ》に発《おこ》って膽《たん》を留求《りうきう》の虎性《こせい》に失ふ。猛風《ばうふう》に頻蹙《ひんしゅく》して鼈口《べっこう》に葬《はうむ》らしむことを待ち、驚汰《けいたい》に攅眉《さんび》して宅《いへ》を鯨腹《けいふく》に占《し》む。浪《なみ》に随って昇沈《しょうちん》し、風に任《まか》せて南北《なんぼく》す。但天水《ただてんすい》の碧色《へきしょく》のみを見る、豈山谷《あにさんこく》の白霧《はくぶ》を視《み》むや。波上《はしやう》に掣掣《せいせい》として二月有餘《じげついうよ》、水尽《つ》き人疲れて海長《なが》く陸《くが》遠し。虚《そら》を飛ぶに翼脱《はねぬ》け、水を泳ぐに鰭殺《ひれつか》れたるも、何ぞ喩《たとへ》とするに足らむ。僅《わづか》に八月初日《そじつ》、乍《たちま》ちに雲峯《うんぽう》を見て欣悦極《きんえつきはま》り罔《な》し。赤子《せきし》の母を得たるに過ぎ、旱苗《かんべう》の霖《あめ》に遇《あ》へるに越えたり。賀能等、萬《よろづ》たび死波《しは》を冒《をか》して、再び生日《せいじつ》を見る。（以下略）

（日本古典文学大系71『性霊集』二六六〜八頁）

このような命懸けの遣唐使たちの旅を、道綱母はどのような気持ちで読んでいたのであろうか。

この使節は、延暦二十四年（八〇五）六月八日に、大使葛野麻呂、最澄の乗った第一船が対馬嶋下県《しもあがた》郡に帰着したのに続いて、判官菅原清公《きよとも》の第二船が六月十七日、肥前国松浦郡鹿《しか》嶋に着いたという報告が馳駅《はやうま》で届いている（『日本後紀』巻十二、延暦二十四年六月十七日条）。この鹿嶋を、森田悌氏は五島列島の北にある小値賀《おじか》島か長崎県北松浦郡鹿町《しかまち》付近とする森田悌氏の説がある（『日本後紀（上）』三六一頁）。判官高階遠成《たかしなのとおなり》の指揮する第四船は、第一、第二船が帰国した翌年の大同元年（八〇六）八月、空海や留学生の橘逸勢《はやなり》らを乗せて帰国している。

この延暦の遣唐使では、最澄と空海が派遣され、新しい仏教の密教が将来される。従来の仏教とは、まったく毛色の違った密教は、仏教界だけでなく、日本の文化史上にも多大な影響を与える。道綱母に、密教信仰がみられることは、第二章第四節一四〇頁で指摘した通りで、参詣している寺はほとんど真言宗の寺である。

第七節　『続日本後紀《しょくにほんこうき》』（八六九年撰進）にみえる五島

日本律令国家が、唐皇帝のもとへ派遣した最後の朝貢使となるのが、承和《じょうわ》の遣唐使である。年号が承和に改められた八三四年正月十九日、藤原常嗣《つねつぐ》（葛野麻呂《かどのまろ》の七子、七九六〜八四〇）を大使とする遣唐使の任命が行われ、造船などの準備がはじまった。ところがこの遣唐使は、これから入唐まで、多くの苦労を重ね、三度目で何とか渡唐を実現する波瀾万丈の航海となった。

第一回目は、承和三年（八三六）五月十四日、遣唐使の四船は、纜《ともづな》をといて、難波津を出帆した。十八日の夜に、大暴風雨が襲来した。四船はそろって摂津国の輪田泊《わだのとまり》（神戸港）に避難し、碇《いかり》をおろした。朝廷では、二十二日にかさねて航海安全を遣唐使のために天智《てんじ》天皇らの天皇陵《みささぎ》と神功《じんぐう》皇后陵に幣帛《へいはく》をたてまつって、祈らなくてはならなかった。さらに、閏五月十三日には、遣新羅使に紀三津《きのみつ》を任命して、新羅に、遣唐使船が漂着したさいに、援助の手をさしのべてくれるように、通牒を持たせて出発させている。

七月二日になって、博多津を四船そろって出帆するが、また逆風にあって、大使藤原常嗣《つねつぐ》の第一船、判官菅原善主《よしぬし》の第四船は漂流して肥前国に帰り着いた。第二、第三船の安否がまだわからなかった時に、大宰大弐《だざいのだいに》の藤原広敏《ひろとし》らに次のような勅府が下った。

●史料（『続日本後紀』）

承和三年（八三六）七月十七日条（巻五）

今月十日の飛駅奏《ひえきそう》により、遣唐使の第一・四船が肥前国へ引き返したことを知った。遣唐使らは西風により進むことができず、漂流して引き返し、困難な目に遭った。そこで大宰府の施設に収容し、再出発するまで供給して安らかに過ごさせよ。また、遣唐使の奏状に当たると、両船は壊れ、修繕が必要である。大宰府が適宜修繕を行い、渡海できるようにせよ。作業に当たる工人は朝廷から派遣する。また、第二・三船も引き返している疑いがある。値嘉島《ちかのしま》（五島列島）の船が着岸しそうな地点に監視人を配置し、事に備えよ。もし漂着したならば、速やかに上奏せよ。

（傍線―引用者）（森田悌《てい》氏全現代語訳『続日本後紀（上）』一九四頁）

副使小野篁《たかむら》が乗っていた第二船は、肥前国松浦郡別島《わけしま》に、帰着するが、船舶は破損しており、破損箇所の修理と流失した物品の補充が必要であった。八月に入ると、第三船は、船体がいくつかに分解し、筏に乗って対馬や肥前国に二十八人が漂着したという遭難の報告が入ってくる。判官丹墀文雄《たじひふみお》以下百十余人の命がうばわれ、被害も甚大だった。政府は破損した三隻の遣唐使船の修理にとりかかり、一年後の承和四年（八三七）七月二二日、二度目の出航の報告が、大宰府から届いた。

●史料（『続日本後紀』）

承和四年（八三七）七月二十二日条（巻六）

癸未《みづのとひつじ》（二十二日）、大宰府が飛駅《ひえき》により、遣唐使の三船が共に松浦《まつら》郡旻楽埼《みみらくのさき》を目指して出航したものの、第一、四船はすぐに逆風に遭って壱岐《いき》島に流着し、第二船は種々手立てを尽くして値嘉島（五島列島）へ漂着した、と言上してきた。（傍線―引用者）（森田悌氏前掲書二三五頁）

遣唐使の三隻が、肥前国松浦郡の旻楽埼（現長崎県五島市三井楽町）を目指して出帆するも、たちまち逆風に遭って、第一と第四船は、壱岐島へ流されてしまい、第二船は値嘉島へ漂着する。

二度目の渡海も、失敗におわり、石川橘継《はしつぐ》を修理船使長官《しゅうりはくし》に任命して、遣唐使船の修理が始まる。遣唐使船三隻が、五島列島福江島の西北にある三井楽半島を目指して出帆したとの記事から、この時代における五島列島の中国への海上交通の中継基地としての重要性を指摘できる。

この二度目の渡航失敗後、副使小野篁《たかむら》の乗船拒否事件が起こる。この他にも、知乗船事《ちじょうせんじ》（船長）の伴有仁《とものありひと》らの逃亡もあり、もはや遣唐使の派遣に意味を認めず、忌避《きひ》する者が続出する事態になっている。しかし、政府は遣唐使の進発を強行する。

第三回目の出国の様子を、後からこの使節に参加した円仁（慈覚大師）は、その著『入唐求法巡礼行記』のなかで、次のように書いている。


承和《じょうわ》五年（八三八）六月十三日、午時《うまのとき》（十二時）、第一・第四両船の諸使は船《はく》（渡航用の大船）に駕せり。順風なきに縁《よ》りて、停泊すること三箇日。

十七日、夜半、嵐風（陸上から吹出す和風）を得、帆を上げて艫《とも》を揺《ゆる》がして行く。巳時《みのとき》（十時）、志《し》賀島《がのしま》（福岡県粕屋郡志珂村、博多湾に臨む）の東海に到る。信風なきが為に五箇日停宿せり。

廿二日、卯時《うのとき》（六時）艮風《うしとら》（東北風）を得て進発し、更に澳《いりうみ》（船の碇船可能な海岸）を覓《もと》めず、夜暗に投じて行く。

廿三日、巳時《みのとき》（十時）有救《うく》島（五島列島の最北）に到る。東北風吹きて、征《ゆくもの》・留《とどまるもの》は別を執《と》る。酉時《とりのとき》（十八時）に至《いた》る比《ころ》、帆を上げて海を渡る。東北の風吹き、夜に入り暗行して、両船は火信（発火信号）を相通ず。

（傍線—引用者）（前掲書五頁）


苦労して大陸に上陸した時のうれしさを、円仁は「日本国の承和五年（八三八）七月二日、即ち大唐の開成《かいせい》三年七月二日なり。年号は殊《こと》なると雖《いえど》も、而も月日は同じ」（前掲書九頁）と表現している。

この使節の第一、第四船は到着後破壊されたので、帰路は新羅船九隻を雇い入れ、残った第二船と合わせて大小十隻に乗って帰国する。

●史料（『続日本後紀』）

承和六年（八三九）八月二十五日条（巻八）

参議大宰権帥《ごんのそち》正四位下兼左大弁《さだいべん》藤原朝臣常嗣《つねつぐ》・大弐《だいに》従四位上南淵《みなぶち》朝臣永河《ながかわ》らに、次のように勅した。今月十九日の奏状により、遣唐大使藤原常嗣朝臣らが、七隻の船を率いて肥前国松浦郡生属島《いけづき》に帰着したことを知った。先に戻っていた録事大神宗雄《おおみわのむねお》の船と合わせると、すべてで八隻が戻ったことになる。慣例により慰問するので、旅中、寛《くつろ》いでほしい。（中略）また、唐からの贈り物や大切な薬は、検校使《けんぎょうし》を遣わして陸路運ばせることにする。それ以外の人・物は、陸路によるか水路をとるかは、審議して定めるので、後勅《こうちょく》を待て。また、遣唐使第二船と、雇い上げた新羅船一隻が到着していないので、またよく監視せよ。到着したならば、すぐに奏聞せよ。

（傍線—引用者）（森田氏前掲書二〇九〜二一〇頁）

この使節を最後に、二百年にわたる遣唐使の歴史はピリオドを打つ。

その後、寛平《かんぺい》六年（八九四）に菅原道真《みちざね》を遣唐大使とする派遣が計画されたが、道真は在唐僧中瓘《ちゅうかん》から得た唐の情報を基にして、凋弊《ちょうへい》している唐に多大の危険を冒してまでも遣使する必要はないとして、遣唐使の停止を提案し、発遣は中止されている。

この背景には、八世紀後半から新羅、そして九世紀以降には唐の商船が来航するという新たな国際交易が活発化していたことがある。彼等がもたらした唐の文物に対する希求が一段と強まり、唐物入手のために、大神己井《おおみわのみい》や多治安江《たじひのやすえ》らの官人を数回派遣している。買い物目的の遣唐使である。また渡海する求法巡礼僧の往還にもこれらの商船が使用され、新しい日唐通交が展開されていく。

第八節　『日本三代実録《にほんさんだいじつろく》』（九〇一年撰進）にみえる五島

大宰権帥《ごんのそち》従三位在原朝臣行平《ゆきひら》の貞観《じょうがん》十八年（八七六）三月九日の起請文に、五島の重要性についての記事がみえる。遣唐使停止以降の五島に対する国家の認識を伺い知ることのできる貴重な公的史料である。五島は九世紀中葉も国家にとっては唐・新羅との海上交通の重要な中継地であったのである。

●史料（『日本三代実録』）

貞観十八年（八七六）三月九日条（巻二十八）

…其《そ》の二事《にじ》、肥前国松浦郡《まつらのこほり》の庇羅《ひら》、値嘉《ちか》の両《ふたつ》の郷《さと》を合せて更に二郡《にぐん》を建《た》て、上近《かみのちか》、下近《しものちか》と號《なづ》け、値《ち》嘉嶋《かのしま》を置かむことを請《こ》ひて曰《い》ひけらく、『案内《あんない》を検《けん》するに、元《もと》九国三嶋有り。天長《てんちょう》元年（八二四）に至り、多褹嶋《たねがしま》を停《ちょう》じて大隅国《おほすみのくに》に隷《つ》かしめき。是只百領《ひゃくりゃう》の鹿皮《しかのかは》を貢《こう》して、三萬六千餘束《よそく》の稲を費《つひや》すが故《ゆえ》なり。今件《くだり》の二郷《にきょう》は地勢曠遠《くわうゑん》にして戸口殷阜《ここういんぷ》なり。又土産《どさん》として出《い》だす所、物に奇異《きい》多し。而《しか》るに徒《いたづら》に郡司《ぐんじ》に委《まか》せて、恣《ほしいまま》に聚斂《しゅうれん》せしむ。彼《か》の土《くに》の民《たみ》私求《しきう》の苛《か》を厭《いと》ひて、切《しきり》に公家《くげ》に貢輸《こうゆ》せむと欲す。惣《す》べて是国司《こくし》巡撿《じゅんけん》し難く、郷長《きゃうちゃう》権勢《けんせい》少きの致す所なり。

加之《しかのみならず》、地《ち》は海中《かいちゅう》に居《を》りて境《きやう》は異俗《いぞく》に隣《とな》り、大唐新羅《だいたうしらぎ》の人の来《く》る者《もの》、本朝の入唐使等《にったうしら》、此の嶋を経歴《けいれき》せざるなし。府頭《ふとう》の人民申して云ひけらく、「去る貞観十一年、新羅人、貢船《こうせん》の絹綿等《けんめんとう》を掠奪《りゃくだつ》せられし日、其の賊《ぞく》同じく件《くだり》の嶋を経て来りき」と。此《これ》を以《もち》て観《み》るに、此の地は是当国枢轄《すうかつ》の地なり。宜《よろ》しく令長《りゃうちゃう》を択《えら》びて防禦《ぼうぎょ》を慎《つつし》むべし。又去年或る人民等申して云ひけらく、「唐人等必ず先《ま》づ件《くだり》の嶋に到《いた》り、多く香薬《かうやく》を採りて貨物《かもつ》に加へ、此《こ》の間《あいだ》人民をして其の物《もの》□（不明の意）を観《み》しめず。又其の海浜《かいひん》に奇石《きせき》多し。或は鍛練《たんれん》して銀を得、或は琢磨《たくま》して玉《たま》に似《に》す。唐人等好みて其の石を取り、土人《どじん》に暁《しら》せず」と。此を以て言ふに、委《ゆだ》ぬるに其の人を以《もち》てせざるの弊《へい》、大都《おほよそ》皆此《か》くの如き者なり。望請《ねが》はくは、件《くだり》の二郷を合せて更に二郡を建て、上近、下近と號《なづ》けて便《すなは》ち値嘉嶋《ちかのしま》と為し、新に嶋司《たうし》郡領《ぐんりゃう》を置きて任土《にんど》□（不明の意）貢《こう》せむ。但し其の俸料《ほうれう》は正税公廨《しゃうぜいくげ》の間《あいだ》を挙定《きょてい》し、肥前国の権官《ごんくわん》を兼《けん》任《にん》せしめむ』と。是《ここ》に公卿奏議《くぎゃうそうぎ》して曰《まを》しけらく、『（中略）両郷《りゃうきゃう》を合せて一嶋を號《がう》する事、苟《いやしく》も公《おほやけ》を利すと謂ふ、豈膠柱《あにかうちゅう》を期《き》せむや。請《こ》ふ、其の陳《の》ぶる所に随《したが》ひて改《あらた》め置かむ。謹《つつし》みて事状《じしゃう》を録《しる》し、伏《ふ》して天裁《てんさい》を聴《ま》つ』と。奏可《そうか》し給ひき。

（傍線―引用者）（武田祐吉氏『国文六国史第十』、三一三〜四頁）

最後の遣唐使派遣となった承和以降、新羅や唐の商人が競いあって来朝するようになるが、その殆んどが五島経由だったことを、在原行平の起請文から伺い知ることができる。『日本三代実録』に記録が残る大唐の商人、李処人《りしょにん》、張友信《ちょうゆうしん》、李延孝《りえんこう》、蔣承勲《しょうしょうくん》等が来日したのは、五島経由だったのである。李処人は、安祥寺の開山僧恵運《えうん》を渡島させた承和《じょうわ》九年（八四二）に遠値嘉島那留《なる》浦で新たに船を建造してから、出発している（第六章第四節参照）。戸田芳実氏は、この当時「五島の各所に唐人・新羅人が寄港する中継基地」があり、「一種の開放的・国際的な居留地や業界を形成していた」と想定している（「平安初期の五島列島と東アジア」三二四〜五頁）。

承和の遣唐使以降、恵運、円珍、真如親王らが五島経由で入唐したことが記録に残っているが、まさに「大唐新羅の人の来る者、本朝の入唐使等、此の嶋を経歴せざるなし」という状況であったので、平安京で、値嘉島やみみらくのことが話題になることが、頻繁にあったものと思われる。

道綱母も、この『日本三代実録』の記事や入唐僧等から、値嘉島やみみらくの知識を得ていたとの想像も許されるのではないだろうか。

第九節　『儀式《ぎしき》』にみえる五島

清和《せいわ》朝（八五八〜七六）に編纂された『儀式』にみえる大儺《たいな》の祭文は、次の通りである。

●史料（『儀式』）

…事別《ことわけ》て詔《みことのりし》く、穢《きたな》く悪《あし》き疫鬼《えやみのおに》の所所《ところところ》村村に蔵《かく》り隠《かく》ふるをば、千里《せんり》千里の外、四方《よもう》の堺《さかい》、東方《ひがしのかた》陸奥、西方《にしのかた》遠値嘉《とおちか》、南方土左、北方佐渡より乎知能所《おちのところ》を、奈牟多知《なむたち》疫鬼の住《すみ》かと定《さだめ》賜ひ行《おこない》賜ひて、五色宝物《ごしきのたからもの》、海山《うみやま》の種種味物《くさぐさのあじもの》を給ひて、罷《まかり》賜ふ所所方方《かたかた》に、急《いそぎ》に罷往《まかりゆ》くと追《お》ひ給ふに、奸心《かんしん》を挟《はさ》みて留《とどま》り加久良波《かくらは》、大儺公《おおなのきみ》、小儺公《こなのきみ》、五兵を持ちて、追走刑殺《おいはしりつみころ》すぞと聞《きこ》し食《め》すと詔《のり》たまふ。

（傍線―引用者）（訓み下し文は大日方克己《おびなたかつみ》氏『古代国家と年中行事』二四四頁より引用）

「疫鬼《えきき》に対して、五色宝物、海山の種々の味物を給うので日本国の四至《しし》―東は陸奥、西は遠値嘉、南は土左、北は佐渡―の外へ出て行くように、もし出て行かなければ大儺公、小儺公が五種の武器で追走して殺してしまう、と宣告する内容」（大日方克己氏）の祭文に、西方遠値嘉とみえる。追儺《ついな》の初見は、『続日本紀』慶雲《けいうん》三年（七〇六）是年条（巻三）の、「是《こ》の年、天下《あめのした》の諸国《くにぐに》に疫疾《えやみ》ありて、百姓《はくせい》多く死ぬ。始めて土牛《どぎゅう》を作りて大きに儺す《おにやらひ》」（新日本古典文学大系12『続日本紀一』一〇九頁）とされている。先の追儺の祭文にみえる四至観念の成立は、貞観《じょうがん》期（八五九～七七）で、「このような国家領域外への穢れ悪しき疫鬼の追放は、同時に国家領域外が穢れ悪しき空間であるという観念と相関関係にあり、「隣国」と観念された唐との境界に接する地域として国家的に位置づけられたのが、肥前国松浦郡値嘉島で、この認識にもとづき遣唐使の航路が設定された」(「古代における国家と境界」四七、五〇頁参照)と、大日方氏は解釈されている。

道綱母の夫兼家は、父師輔《もろすけ》から九条流の儀式作法をうけつぎ、『九条殿遺誡《ゆいかい》』、『九暦《きゅうれき》』、『九条年中行事』などの典礼の書によって、朝廷の四季の行事の儀式を公家流に正しく行なうことによって、忠平、師輔を経て、兼家から道長へと至る、摂関政治の礎を築いた人物であり、有職故実に関する深い知識をもっていた。この一族の一員であった道綱母も、『九条年中行事』等により宮中行事の儀式、作法についても、当然詳しく、大儺の祭文にある「西方遠値嘉」という四至《しし》の知識をもっていたとの推察もできるのではないか。

『蜻蛉日記』のなかには、平安中期の朝廷における年中行事がくわしく描かれている。正月七日の白馬《あおうま》の節会《せちえ》(天禄《てんろく》三年、天延《てんえん》二年)、三月三日の桃の節供(天暦《てんりゃく》十年、安和《あんな》二年)、天禄元年三月十五日の「内裏《うち》の賭弓《のりゆみ》」では、息子道綱の活躍を親として心の底から喜んでいる。四月の賀茂祭(応《おう》和《わ》三年、天延二年の臨時の祭)、五月五日の端午《たんご》の節会《せちえ》(康保《こうほう》三年、天禄三年、天延二年)、盂蘭盆《うらぼん》の供養(天禄元年)、七月末日の相撲《すまい》の節会(天禄元年)、十月下旬の大嘗会《だいじょうえ》の御禊《ごけい》(天禄元年)、そして十二月三十日の追儺《ついな》(安和元年、天禄二年、天延二年)の儀式が、この日記に彩りをそえている。これらの年中行事は、天皇の統治と律令国家の支配のために、重要な役割をはたしていた。

なかでも、一年の最後に行なう追儺の儀式は、諸臣が自ら桃弓《ももゆみ》・葦矢《あしや》をとって疫鬼《えきき》を追放し、天皇と日本国の領域の清浄化に奉仕することを表現しているとの大日方氏の解釈に従うと、元旦の行事に連続していくこの行事は、年中行事のなかでも特に重要なものである。この追儺に関する日記の記事は、次の三件であり、これらに値嘉島の地名はみえないが、道綱母は「西方遠値嘉」という認識を当然もっていたと考えられる。

なお、この祭文は、『貞観式巻十』（八七一年撰進）、『延喜式巻十六』（九二七年撰進）にも、「西方遠値嘉」とみえるので、道綱母がこれらの史料をみた可能性もある。

●史料（『蜻蛉日記』）

安和元年（九六八）登子《とうし》と歌の贈答

　つごもりの日になりて、儺《な》などいふ物《もの》こころみるを、まだ昼《ひる》より、こほこほはたはたとするにひとり笑《ゑ》みせられてあるほどに、明《あ》けぬれば、昼《ひる》つかた、客人《まらうど》の御方《かた》、男《おとこ》なんどたちまじらねば、のどけし（以下略）。

（新日本古典文学大系24『蜻蛉日記 上』八五頁）

天禄二年（九七一）師走《しはす》つごもりの日

　「忌《い》みの所になん、夜ごとに」と告《つ》ぐる人あれば、心《こころ》やすからであり経《ふ》るに、月日はさながら、「鬼やらひ来《き》ぬる」とあれば、あさましあさましと思ひはつるもいみじきに、人は童《わらは》、大人《おとな》ともいはず、「儺《な》やらふ儺やらふ」とさわぎののしるを、われのみのどかにて見聞《みき》けば、ことしも心《ここ》ちよげならん所《ところ》の限《かぎ》りせまほしげなるわざにぞ見えける。「雪なんいみじう降《ふ》る」といふなり。年のをはりには何ごとにつけても、思ひのこさざりけんかし。

（傍線―引用者）（新日本古典文学大系24『蜻蛉日記　中』一六八頁）

天延二年（九七四）年の暮

今年《ことし》いたうあるるとなくて、斑雪《はだらゆき》ふたたび許《ばか》りぞ降《ふ》りつる。助《すけ》のついたちのものども、また、白《あを》馬《むま》にものすべきなどものしつるほどに、暮《く》れはつる日にはなりにけり。明日《あす》の物《もの》、折《を》り巻《ま》かせつつ、人に任《まか》せなどして思へば、かうながらへ、今日《けふ》になりにけるもあさましう、御魂《みたま》など見《み》るにも、例《れい》の尽《つ》きせぬことにおぼほれてぞはてにける。京の果《は》てなれば、夜《よ》いたう更《ふ》けてぞたたき来《く》なる。

（とぞ本に）（傍線―引用者）（新日本古典文学大系24『蜻蛉日記　下』二三八頁）

第十節　後期遣唐使の遭難と五島

古代において、五島が正史に登場するのは、大半が遣唐使関連である。後期の七〇二年から五島列島から一気に東シナ海を横断する「南路」が採用されると、遭難が続発する。後期の遣唐使節の遭難発生状況の一覧表を次頁に提示するが、遭難・事件等によって亡くなった人の総数は、千人近くになる。氏名が判明するのは、幹部と留学生、留学僧のほんの一部で、東シナ海の藻屑と消えた一族の若きエリート達への追善の気持は、平安中期の道綱母の時代にあっても、依然強いものがあったことは、想像に難くないであろう。まして夫兼家の藤原北家は、後期の三人の大使が任命される遣唐使との関わりの深い一門である。天平勝宝《しょうほう》の大使藤原清河《きよかわ》は、帰路逆風に遭って、現在のベトナム北部の驩州《かんしゅう》にまで流され、遂に帰朝することが出来なかった悲劇の人物として、当然道綱母の知るところであったと思われる。さらに平安期に入って派遣された延暦、承和の遣唐使節については、先に提示した『日本後紀』、『続日本後紀』の記事によって、一門の葛野麻呂《かどのまろ》、常嗣《つねつぐ》の親子が、ともに苦労しながら、五島経由で入唐し、帰朝したことも鮮明に記憶されていたとの推測も許されるのではないか。そして、この遣唐使船で遭難した死霊の赴く先が、日本の西のはてにある「みみらくの崎」と考えられ、この伝説が「海人の宰《みこともち》」であった阿曇連《あづみのむらじ》によって平安貴族社会にもたらされたとする原田敦子氏に従うと、都の貴族達や道綱母にとって、

みみらくの崎はかつて遣唐船が発進した地として、船上の人が多く西海の藻屑と消えて行った事実と共に或いは記憶されていたかも知れぬ。その地理的な位置については殆んど知識は持たなかったであろうが、我国の西端の島であるというおぼろげな認識が、仏教の普及と共に広まりつ

後期遣唐使遭難発生状況一覧表（次数の○は遭難発生した年次、×は停止）

次数	出発	大使	遭難・事件発生状況（●遭難　■事件）	備考
⑧	大宝二（七〇二）六月	（執節使）粟田真人	●七〇一年夏、出帆後遭難（死者数不明）	本格的な南路の第一回目
9	養老元（七一七）三月	（押使）多治比県守	今回の使人「略闕乏なし」	吉備真備・阿倍仲麻呂ら留学
⑩	天平五（七三三）四月	（大使）多治比広成	■第三船、帰途遭難して昆崙に漂着、乗組員百人余り殺されたり病死（判官平群広成ら四人七三九年帰国） ●第四船、帰途遭難（判官田口養年富ら溺死）	菩提僊那来日 吉備眞備、玄昉ら帰国
×11	天平一八（七四六）任命	（大使）石上乙麻呂	東大寺大仏の金メッキ輸入のために計画されたが、陸奥に金の産出があり停止	
⑫	天平勝宝四（七五二）三月	（大使）●藤原清河（唐にて死亡）	■第一船、帰途驩州に漂着、百六十人余り殺される（大使清河、仲麻呂ら唐に戻る）	鑑真一行二五名第二船で来日 南島路経由で三船帰朝
13	天平宝字三（七五九）二月	（迎入唐大使使）高元度	大使藤原清河を迎える使（帰国出来ず）	判官内蔵全成、渤海路で帰国
×14	天平宝字五（七六一）任命	（大使）仲石伴	船破損のため停止	

×15	天平宝字六（七六二）任命	（送唐客使）中臣鷹主	風波便なく渡海できず停止	
⑯	宝亀八（七七七）六月	（大使）佐伯今毛人（病と称して行かず）	●第一船、帰途九州近海で遭難。副使小野石根ら六十三人溺死（生存九十七人）	唐使孫興進ら来日 藤原清河の娘、喜娘来日
17	宝亀一〇（七七九）五月	（送唐客使）布勢清直	唐使孫興進を送る使	
⑱	延暦二二（八〇三）四月 延暦二三（八〇四）七月再	（大使）藤原葛野麻呂	●延暦二十二年、難波津出帆後暴風に遭い請益生豊村家長ら溺死（死者数不明） ●延暦二十三年、第三船、往途五島近海で遭難（百五十人溺死と推定）	最澄、空海ら入唐
⑲	承和三（八三六）七月 承和四（八三七）七月再 承和五（八三八）六月再々	（大使）藤原常嗣	●承和三年、第三船、往途対馬沖で遭難（百十人余死亡） ●承和四年、旻楽埼を目指して出帆するも逆風に遇い、第一、第四船は壱岐に、第二船は五島に漂着（死者数不明） ●承和六年、第二船、帰途南海賊地に漂着（死者多数も数不明）	三度目の出帆で渡唐するも、到着後第一、第四船破損 承和六年、新羅船九隻に分乗して帰国
×20	寛平六年（八九四）任命	（大使）菅原道真	道真の上奏により停止	

つあった西方浄土観と結びついて、阿曇氏によってもたらされた死者に逢える島の伝承を受け入れる素地を作ったのであった。師輔の庇護のもとに入唐した日延が、天徳元年（九五七年）に『往生西方浄土瑞応伝』を持ち帰った事に象徴される、平安貴族社会に於ける西方浄土観の広まり、西方浄土への思慕の高まりの風潮の中で、死者に逢える島の伝承が初めて文献の中に登場する（蜻蛉日記康保元年—九六四年条）必然性もここに存する。（前掲書三九〇頁）

阿曇連については、すでに拙著『勝宝の遣唐使私考』のなかで、詳述した通り（「阿曇連と五島」一三一〜八頁参照）であるが、東シナ海を活動拠点としていた一族の死の歴史であるだけに、阿曇氏によって平安貴族社会にもたらされたとする原田氏の論考は、説得力のある考察に思われる。

さらに、道綱母の夫兼家が、遣唐大使を輩出させた藤原北家の一員であることから、遣唐使への関心が一段と強かったとの想像も許されるのではなかろうか。

最後の遣唐使の派遣から百二十余年、道真の停止から七十年の時を経て、遣唐使の最終寄港地、本涯の地、みみらくの崎は、死者に逢えるみみらくの島へと伝説化され、文学化されて、平安朝の貴族社会、それも摂関家の周辺において文献化された伝説となって、今に残っているのである。

以上、本章では、道綱母が奈良時代から平安前期にかけての正史から知り得たと思われる五島とみみらくの記録がみえる史料を提示してみた。これらの史料から、道綱母は、五島やみみらくに対して一族のエリートが東シナ海の藻屑と消え、西方浄土へ逝った都びとの魂がさまよう本涯の地としての印象を抱いたのではないだろうか。藤原一族の系図に名前の残らない若き留学生、留学僧、研修生等も多く命を落としているから、十世紀の中ごろにはまだ亡くなった遣唐使への鎮魂の気運は、平安貴族社会ではまだ残っていたとの想像は許されるのではないだろうか。そしてその場所は、天皇によって値嘉島と命名された五島であり、その西端に位置するみみらくの崎と道綱母に記憶されていたのであろう。そしてこの記憶は、遣唐使の停止以降も五島経由で入唐求法の為に大陸へ渡った天台や真言の僧侶たちの説法によって、益々強くなっていったのではないだろうか。

参考・引用文献（敬称略）

・『古事記』（倉橋憲司校注）岩波文庫　二〇〇八年
・荻原千鶴「六島生み神話の形成と遣唐使」（『国語と国文学』一九七七年八月号所収）
・櫻井隆『勝宝の遣唐使私考』清文社　二〇一一年
・『日本書紀四・五』（坂本太郎・家永三郎・井上光貞・大野晋校注）岩波文庫　一九九五年
・『肥前国風土記』（沖森卓也・佐藤信・矢嶋泉編著）前掲
・新日本古典文学大系1『萬葉集一』（佐竹昭広・山田英雄・工藤力雄・大谷雅夫・山崎福之校注）岩波書店　一九九九年、新日本古典文学大系4『萬葉集四』岩波書店　二〇〇三年

・新日本古典文学大系13『続日本紀二』前掲
・新日本古典文学大系16『続日本紀五』（青木和夫・稲岡耕二・笹山晴生・白藤禮幸校注）岩波書店 一九九八年
・中島功『五島編年史』国書刊行会 一九七三年
・吉見博「肥前国松浦郡田浦考序説」（『高野山大学大学院紀要一一号』二〇〇九年所収）
・瀬野精一郎『長崎県の歴史』山川出版社 一九七二年及び一九九八年版
「日本後紀」（『国史大系第三巻』（黒板勝美編）吉川弘文館 一九三四年所収）
・森田悌《てい》全現代語訳『日本後紀（上）』講談社学術文庫 二〇〇六年
・日本古典文学大系71『三教指帰《さんごうしいき》性霊集《しょうりょうしゅう》』（渡辺照宏・宮坂宥勝《ゆうしょう》校注）岩波書店 一九六五年
『傍訳弘法大師空海性霊集（中）』（宮坂宥勝編著）四季社 二〇〇一年
・森田悌全現代語訳『続日本後紀（上）』講談社学術文庫 二〇一〇年
・円仁『入唐求法巡礼行記1』東洋文庫 一九七〇年
・佐伯有清『最後の遣唐使』講談社学術文庫 二〇〇七年
「日本三代実録（中）」（『国文六国史第十』（武田祐吉・今泉忠義編）大岡山書店 一九四一年所収）
・戸田芳実「平安初期の五島列島と東アジア」（『初期中世社会史の研究』東京大学出版会 一九九一年所収）
・大日方克己《おびなたかつみ》『古代国家と年中行事』講談社学術文庫 二〇〇八年
・大日方克己「古代における国家と境界」前掲
・藤原師輔《もろすけ》「九条殿遺誡《ゆいかい》」前掲
・新日本古典文学大系24『蜻蛉日記』前掲
・原田敦子「死者に逢える島―みみらく伝承の成立と展開―」前掲

第六章　道綱母が入唐僧から知り得た五島とみみらく情報

『蜻蛉日記』の散文のなかに、仏教的な要素が数多く含まれていることは、第二章第一節で指摘した通りであるが、本章では五島（値嘉島）やみみらくを経由して入唐した僧のなかから、道綱母が、『蜻蛉日記』上巻を執筆したとされる安和《あんな》二年（九六九）夏以前に、五島やみみらくに関する記録（史料）を残している最澄、空海、円仁、恵運《えうん》、円珍、真如《しんにょ》の六人を取り上げることとする。

鎌倉時代の百科辞書である『二中歴《にちゅうれき》』十三には、遣唐使以外の入唐僧として、恵運、円珍、真如のほかに、宗叡《そうえい》、奝然《ちょうねん》、寂照《じゃくしょう》、成尋《じょうじん》の四人の名をあげている。宗叡については、真如に同行して入唐しているので、真如の節で取り上げることとし、東大寺僧奝然《ちょうねん》（九八三年入宋）、寂照《じゃくしょう》（一〇〇三年入宋）、成《じょう》尋《じん》（一〇七〇年入宋）の三人については、日記執筆以降の入唐であるので、対象外とする。勿論先の六人以外にも興福寺の寛建《かんけん》、天台僧の日延（生没年未詳）等の入唐僧の存在が知られている。

道綱母は、これら六人の入唐僧の記録（史料）によって、五島やみみらくに関する情報を幅広く得ていたものと推察している。これらの情報によって、貴族社会のなかに広まりつつあった西方浄土へのあこがれが強くなり、日常的世界からの救いを求めて、日本の西のはての亡き人に逢えるみみらく伝説を信ずるようになったのではないかと想像がふくらんでいくのである。さらに、夫兼家、その父の師輔の天台宗への手厚い庇護を考えると、九条家の一員である道綱母は、これら入唐僧の帰朝報告や記録に接する機会に恵まれていたので、これらの情報に精通していたのではなかろうか。

唐から帰った最澄（伝教大師）は天台宗を、空海（弘法大師）は真言宗を開き、個人の救済を中心とする新しい宗教が誕生する。平安時代はこの天台・真言の二宗が主流をなしていたので、道綱母の人生観、宗教観に大きな影響を与えたであろう。また、最後の遣唐使の一員として入唐した円仁（慈覚大師）は五台山の念仏を移植し、日本における天台浄土教発展の起源となる。円仁の念仏が良源らの努力によって不断念仏として復活し、比叡山の主流となるのは、道綱母が日記を書き始める頃である。

最澄、空海の事績をまとめることから始めたい。

第一節　伝教大師最澄《でんぎょうたいしさいちょう》と五島

最澄（七六七〜八二二）は、俗名を渡来系の氏族である三津首広野《みつのおびとひろの》といい、神護景雲《じんごけいうん》元年（七六七）比叡山の東麓、近江国滋賀郡古市郷に生まれる（七六六年生まれの説もある）。十四歳で得度《とくど》（出家）を許され、法名《ほうみょう》を最澄と名のった。十九歳で東大寺戒壇院《かいだんいん》で具足戒《ぐそくかい》（比丘《びく》・比丘尼《びくに》の守るべき戒）を受け、正式の僧の資格を得ると、近江国の山の修行道場の比叡山へ入った。

比叡山で世俗的な欲望を断ち、悟りに向かって専心努力していた最澄が、世に出る契機となったのは、延暦《えんりゃく》二十一年（八〇二）三十六歳の時、和気清麻呂《わけのきよまろ》（七三三〜九九）の子、弘世《ひろよ》・真綱《まつな》の求めに応じて、高雄山寺《たかおさんじ》（神護寺《じんごじ》、京都市右京区）において六ヵ月間開いた天台教学講義の法会であった。

この活躍を、桓武《かんむ》天皇（七三七〜八〇六、在位七八一〜八〇六）の知るところとなり、天皇から天台宗振興の方策を諮問された。和気氏と協議した最澄は、脱落のない完全な天台宗の書籍が欲しいこと、これまで独学してきた天台教学を、唐の天台宗の伝燈《でんとう》を承《う》けて正統な天台宗として確立したいとの希望から、延暦二十三年（八〇四）の遣唐使の還学僧《げんがくそう》（短期留学僧）として入唐する。

仁忠《にんちゅう》が著した『叡山大師伝』に、入唐理由が記されている。

●史料

『叡山大師伝』

沙門最澄言《もう》す。最澄早く玄門に預り、幸いに昌運に遇い、至道を聞くを希《ねが》い、心を法筵《ほうえん》に遊ばしむ。毎《つね》に恨《うら》むらくは法華の深旨、尚《なお》、未だ詳釈せず。幸いに天台の妙記を求め得て披閲《ひえつ》すること数年なるも、字謬《あやま》り行脱《ぬ》けて（注）、未だ細かき趣を顕さず。若し師伝を受けずば、得たりと雖《いえど》も信ぜられず。誠に願わくは、留学生《るがくしょう》・還学生《げんがくしょう》各一人を差《さしつかわ》して此の円宗を学ばしむれば、師師《ママ》（資）相続して、伝燈絶ゆること無からん。

（田村晃祐氏『最澄』六七頁より引用）

（注） 最澄が「字謬《あやま》り行脱《ぬ》けて、未だ細かき趣を顕さず」と記す天台法門の経典は、鑑真和上が天平勝宝《しょうほう》五年（七五三）十二月に将来したもの。遣唐使が日本文化に与えた影響力の大きさを示す事例のひとつといえよう。

最澄は、中国天台宗中興の祖である第六祖、荊渓《けいけい》大師湛然《たんねん》（七一一～八二）の天台三大部（止観・玄義・文句《もんぐ》）の注釈などの正確なテキストを求める目的と、もう一つは天台法門に関する正統なる師資相承《ししそうしょう》を得るために、入唐したのである。通訳に義真《ぎしん》（七八一～八三三、初代天台座主）、従者に丹福成《たんふくせい》（丹比福成《たじひのふくなり》）と写経生の真立人《しんりゅうじん》（真髪部立人《まかみべのたつひと》）を伴って、五島列島の田浦を副使石川道益《みちやす》の第二船に乗って出帆。『叡山大師伝』は、その時の航海の様子を、次のように記している。

●史料

『叡山大師伝』（巻五・附一六）

二十三年秋七月、第二の舶《はく》に上って西方を指す。滄海《そうかい》の中においてにわかに黒風《こくふう》（暴風）を起して船を侵すこと常に異なる。諸人、悲しみを懐きて生を恃むことなし、是において和上種種の願を発し、大悲の心を起して所持の舎利を（海《かい》）龍王《りゅうおう》に施さば、忽ちに悪風息《や》みて、始めて順風を扇《あお》ぐ。未だ久しからずして岸に著《つ》く。名づけて明州鄮県《ぼうけん》と為す。此れ台州の境の近くなり。

（田村晃祐氏前掲書　七三頁より引用）

船は、ほぼ真西に進み、明州鄮県《ぼうけん》に無事到着する。明州到着を九月一日とする説（『日本後紀』巻十二、延暦二十四年六月八日条）が散見されるが、最澄の乗った第二船は順調に航海して、七月中旬には明州に到着し、大使の乗る第一船の到着を首を長くして待った後に、九月になって台州（臨海府）へ赴いたと理解するべきであろう、空海の第一船が南の福州までで三十四日間要したことと比べても、明州到着まで五十三日間も漂流していたとするより、十数日で大陸に漂着していたと解すべきではないか。航海の困難さを強調するあまり、五十日漂流説が、田村晃祐氏などにみられるが、従えない。

最澄は、九月一日に一行が長安に出発したのを見送った後、病気のためしばらく明州に滞在し、十五日に天台山のある台州に向けて出発し、二十六日到着していると解釈しておきたい。

台州に着いた最澄は、台州刺史《しし》陸淳《りくじゅん》（?～八〇五）に会い、天台山修禅寺の座主《ざす》道邃《どうすい》（生没年不詳）を紹介される。道邃は、天台宗の第六祖・荊渓《けいけい》大師湛然《たんねん》（七一一～八二）の弟子で、陸淳の招きを受けて龍興寺《りゅうこうじ》で天台法門を講義していた。最澄は、ここで道邃に天台法門を学ぶとともに、彼の斡旋・助力により、天台の典籍を書写することができた。さらに、仏隴寺《ぶつろうじ》の座主・行満《ぎょうまん》に謁し、八十余巻の典籍を授けられ、禅林寺の翛然《しゅくねん》から牛頭禅《ごずぜん》を受法し、国清寺の惟象《いしょう》から大仏頂大契曼荼羅《まんだら》を受法する。

翌延暦二四年（八〇五）三月、最澄と義真は台州龍興寺において、道邃《どうすい》から円教菩薩戒を受法。これは帰国後、比叡山に大乗菩薩戒壇《だいじょうぼさつかいだん》を独立させる契機となった出来事であり、日本天台宗にとっては記念すべき重要な事績といえる（武内孝善氏「最澄・空海と霊仙」一五四頁）。

この後、最澄は越州（紹興《しょうこう》）の龍興寺に赴き順暁《じゅんぎょう》和上と出逢い、「三部三昧耶法《さんぶさんまやほう》」の灌頂を授けられている。多くの密教関係の典籍や法具も授かる（『越州録』）。

延暦二四年（八〇五）六月、大使の藤原葛野麻呂《かどのまろ》の第一船で、対馬島下県郡《しもあがた》阿礼村《あれ》に帰着。帰京後わずか半年で、新しく天台宗が独立して、天台宗自身の僧を養成することが認められ、新しい仏教の出発点を迎えるのである。この最澄の入唐求法の精神は、第三世天台座主の慈覚大師円仁（七九四〜八六四）、第五世の智証大師円珍（八一四〜九一一）に受け継がれていく。

最澄は、『顕戒論《けんかいろん》』の「雲を開きて月を顕《あら》わす篇第一」、入唐中の略歴を次のように書いている。

●史料（『顕戒論』）

「雲を開きて月を顕わす篇第一」

最澄・義真《ぎしん》等、延暦《えんりゃく》の末年、使を大唐に奉じ、道を天台に尋ぬ。謹んで国徳を蒙《こうむ》りて台州に到ることを得。即ち当州の刺史陸淳《ししりくじゅん》、求法《ぐほう》の誠《まこと》を感じて、遂に天台の道邃和上《どうずいわじょう》に付す。和上、慈悲にして、一心三観《いっしんさんがん》（注）を一言《いちごん》に伝へ、菩薩の円戒《えんかい》を至信《ししん》に授く。天台一家の法門、已《すで》に具《そな》はる。また明州の刺史鄭審則《ていしんそく》、更に越州に遂《わた》して灌頂《かんじょう》を受けしむ。幸《さいわい》に泰嶽霊巌寺順暁《たいがくれいがんじじゅんぎょう》和上に遇《あ》ふ。和上、鏡湖《きょうこ》東嶽の峰山《ほうざん》道場に両部《りょうぶ》（金剛界と胎蔵界）の灌頂を授け、種種の道具を与《あた》ふ。受法已《すで》に畢《おわ》りて船所《せんしょ》（港）に還帰《げんき》す。大使、処分して第一船に乗らしむ。遂に藤纜《とうらん》を望海《ぼうかい》に解き、布帆《ふはん》を西風に上ぐ。鷁旗《げきき》東に流れ、竜船《りゅうせん》、岸に著《つ》く。法宝《ほうぼう》を頂戴して金闕《きんけつ》（天子の宮城）に復命《ふくめい》す。

（（　）―引用者）（『日本思想大系4最澄』一六頁）

（注）一心三観《いっしんさんがん》

天台宗のあらゆる法の真実のすがたを見る見方を円融三諦《えんゆうさんだい》という。三諦《さんだい》とは、第一に空諦《くうたい》で、あらゆるものは空《くう》であるという真実をいい、第二は仮諦《けたい》で、空でありながら、すべてのものは種々の相違するすがたをもって、それぞれの現象として存在するをいう。こうしてすべては空でありながら有（仮《け》）であり、有でありながら空であることを第三の中諦《ちゅうたい》という。この空《くう》・仮《け》・中《ちゅう》の三諦は、説明しようとすれば、一つ一つ順を追って考え述べる他ないが、これは隔歴《きゃくれき》の三諦といって、一段低い考え方である。事実は一つ一つの現象に同時に三諦がそなわっているのであり、三諦が完全にとけあって一つになっている点に、諸法の実相があると考える。これを円融《えんゆう》の三諦《さんだい》という。実相が円融の三諦であれば、これを観察する時にも、三諦を円融の事実に即して見る時は、すなわち一心の中に同時に三諦を観じなければならない。これを一心三観という。

（田村晃祐氏『日本の仏典1最澄』九〇頁）

天台宗の宗祖・最澄の入唐求法の話題は、特に比叡山と親密な関係にあった九条一門では、頻繁に取り上げられ、なかでも五島から出帆して嵐に遭って苦労したことが強調されたのではないだろうか。五島には、最澄の足跡が各地に伝わる。

第二節　弘法大師空海《こうぼうたいしくうかい》と五島

空海（七七四〜八三五）は、俗名は佐伯直真魚《あたいまお》。宝亀五年（七七四）讃岐《さぬき》国多度《たど》郡（現在の香川県善通寺市）に生まれた。本籍地は讃岐国多度郡方田郷《かただのさと》で、郡司を出す地方の豪族であった。最初に、「後日本後紀」の空海卒伝を提示する。

●史料（『続日本後紀』）

承和二年（八三五）三月二十五日条（巻四）

空海法師は讃岐国多度《たど》郡の人で、俗姓は佐伯直《さえきのあたい》である。十五歳の時、叔父従五位下阿刀宿禰大足《あとのすくねおおたり》について書物を読習し、十八歳の時大学に入った。当時虚空蔵求聞持法《こくうぞうぐもんじほう》を説く僧侶がおり、その経説によれば、この法により虚空蔵菩薩の真言を百万遍《べん》読唱すれば、すべての経典やその解釈を暗記できる、ということであった。そこで、空海はこの菩薩の誠のこもった教説を信じ、修行への大勇猛心を起こし、阿波《あわ》国の大滝山《おおたきやま》に登り、また土佐《とさ》国の室戸崎《むろとみさき》で思念に耽《ふけ》り、深い谷で木霊《こだま》を聞き、星が口中に入る奇瑞《きずい》を経験し、これより智恵と悟りが日々進み、この体験を文章にした。世に伝わる『三教指帰《さんごうしいき》』は二晩で書き上げたものである。書法（書道）に勝れ、後漢《ごかん》の書家張芝《ちょうし》に並ぶほどであり、草聖《そうせい》（草書の名人）と称された。三十一歳の時得度し、延暦《えんりゃく》二十三年に留学僧《るがくそう》として入唐し、青龍寺《せいりゅうじ》の恵果和尚《けいかかしょう》に遭い、真言を受学した。そして、真言の宗義《しゅうぎ》に完全に通じ、大切な経典を伴って帰朝して、密教の宗門を開き、大日如来《だいにちにょらい》の教旨を弘めた。天長《てんちょう》元年に少僧都に任じ、同七年に大僧都に転じ、自ら終焉《しゅうえん》の地を紀伊国金剛峯寺《こんごうぶじ》に定め、隠棲《いんせい》した。行年六十三。

（森田悌氏訳『続日本後紀（上）』一三五頁）

三十一歳で入唐するまでの空海の事績で、確かなことは、武内孝善氏によれば、次の三つである。①十五歳で舅《おじ》の阿刀大足《あとのおおたり》について本格的に勉学をはじめたこと、②十八歳で都にあった大学に入学したこと、③二十四歳で儒教・道教・仏教の優劣を論じた『聾瞽指帰《ろうこしいき》』（のちの『三教指帰《さんごうしいき》』）を撰述し仏道修行に生涯をささげることを宣言したこと（「最澄・空海と霊仙」一五八〜九頁）。

空海入唐の動機・目的は、青年時代の求聞持法《ぐもんじほう》の実修によって体感された強烈な神秘体験が、いかなる世界であるかを探求するためであり、その世界が密教であることを知り、それを究めんとして、恵果和尚《けいかかしょう》と出会い、和尚のもっておられた密教の世界をあますところなく受法し、わが国に持ち帰ったと、先の武内氏は指摘している（前掲書一五九頁）。

延暦二十三年（八〇四）七月、大使藤原葛野麻呂《かどのまろ》（七五八～八一八、北家、小黒麻呂の子）の第一船で、長崎県五島列島の田浦を出帆した空海は、この航海の様子を『性霊集《しょうりょうしゅう》』巻五「大使福州の観察使に与《あた》ふるが為の書」に詳述している（第五章第六節二六九～七〇頁参照）が、三十四日も海上を漂蕩して、福州の赤岸鎮に漂着する。五島を出発した時の様子を、空海は「本涯を辞して」と表現している。現在、福江島三井楽半島柏崎灯台近くに、辞本涯の碑と弘法大師像が建っている（口絵写真）。

また、同じ『性霊集』巻五の「越州《えつしゅう》の節度使《せつとし》に請《こ》ふて内外《ないげ》の経書《きょうしょ》を求むる啓《けい》」にも、日本と唐との航海の厳しさが、格調高い名文で書かれている。

●史料（『性霊集』）

越州《えつしゅう》の節度使《せつとし》に請《こ》ふて内外《ないげ》の経書《きゃうしょ》を求《もと》むる啓《けい》（巻五）

…我が日本国《やまとのくに》は羲和《ぎくわ》初めて御《ぎょ》する天《てん》、夸父《こふ》歩まざる地なり。途径《とけい》は仲尼将《ちゅうぢまさ》に浮《うか》ばむとするに能《よ》くせざる所の海なり、山谷《さんこく》は秦王《しんわう》の往《ゆ》かむと欲して至《いた》らざる所の嶽《がく》なり。南嶽大士《なんがくだいし》、後身《こうしん》にして始めて到《いた》る。揚江《やうこう》の応真《ゐようじん》は棹《さを》を鼓《こ》して船破《やぶ》る。海《かい》に横《よこた》はれる鯨鼇山《けいがうやま》のごとくに峙《そばだ》つて舟を吞《の》む。鷁首《げきしゅ》の能《よ》く圧《えふ》するに非《あら》ず。漢に汲《そそ》ぐ驚波《けいは》、岳のごとくに崩《くづ》れて底を決《さく》る。禽高《きんかう》も何ぞ曾《かつ》て住むことを得《え》む。風緊《すみや》かなるときは百尺摧《はくせきくだ》け、吹緩《かぜゆる》きときは赤馬《せきば》動かず。日居月諸《ひびつきづきあした》朝に浴《よく》し、夕《ゆふべ》に浴す、東を望み、西を望めば、碧落《へきらく》波に接す。海《かい》に入っては唯魚鼈《ただぎょべつ》の遊楽《いうらく》するを見る。日月云《じつげつここ》に除《ちょ》しぬ。山に登っては空しく猿猴《ゑんこう》の哀響《あいきゃう》を聴《き》く。寒暑《かんしょ》推《お》し移《うつ》る。所謂《いはゆる》万死《ばんし》の難《なん》、斯《こ》の行《かう》、之に当《あた》れり。是《こ》の故《ゆゑ》に好勇《かうよう》憚《はばか》って之を陋《いや》しむ。乗牛《しょうぎう》、西《せい》して東《とう》せず。石室《せきしつ》見難《みがた》く、貝葉《ばいえふ》聞くこと罕《まれ》なることは、路《みち》の険《けん》なるが致《いた》す所《ところ》なり。（以下略）

■現代語訳

わが日本国は太陽の馭者がはじめて駆ける空である中国の東に遠くあって、夸父《こふ》のように、太陽と競争して西へ向かって走り、遂に死んだというくらい足の早い人であっても、歩みをしるさないほど日本は遠い国だ。中国から日本へいたる道は、仲尼《ちゅうぢ》といわれる孔子でさえ、いかだにのって、日本に至ろうとしたができなかったような大海である。そこに横たわる山谷は、それこそ秦の始皇帝でさえ行こうと思っていても至ることのできなかった嶽《がく》である。南岳の恵思《えし》禅師でさえ、聖徳太子に生まれ変わることによって、はじめて実現できたのである。揚州江楊県生まれの鑑真和上も、日本に渡るためには、棹《さお》を弓なりにして何回も難破するという苦労を重ねられたのである。大海に横たわる鯨や大亀は山のようにそばだって舟をも呑みこんでしまう勢いである。風波の難をさける呪いとして船首につけた鷁《げき》の力をもってしても、抑えきることができなかった。天にもそそぎかかるほどの大波は山が崩れるようにくずれて、舟底を抉《えぐ》ろうとしている。こんな有様だから、（水中に住んだといわれる）禽高《きんこう》のような人でも、どうしても一度でも住むことができ得ようか。風が激しく吹く時は、百尺もの帆柱がくだけ散り、逆に風が吹かない時は、大きい船は動くことができないのだ。太陽も月も、朝にその光をあび、夕べにもその光を浴びるのだ。東の方を望み見、西の方を望んでみれば、青空が波と接しているのである。海に入るならば、ただ魚や大亀が泳ぎ遊んでいるのが見えるだけだ。月日も長くここに費やされる。山に登ってみれば、ただ猿たちの鳴き声を聞くだけである。むなしく四季が移り変わっていくのである。（このように日本と唐との往来は）死を覚悟して難行そのものであった。中国に学びに来ることはこのように厳しいことである。だからこそ、勇を好んだ、あの子路のような孔子の高弟も、おそれるところがあって、日本をいとい軽んじたのだ。老子も青牛に乗って西へ去ったといわれ、ついに東の日本には来なかったのである。石の宝に蔵される仏教経典も日本では見ることがむずかしい。貝葉《ばいよう》に記されているインドの経典を目にすることはめずらしい。いずれも、日本へ来るための路程が困難なためである。（以下略）

（宮坂宥勝《ゆうしょう》氏、『性霊集』（中）、四〇～四頁）

この空海の名文と書が、一行のピンチを救うことになる。この話は、十世紀の平安京でも、有名な話で、道綱母も各方面から教えられていたであろう。また、『性霊集』は真済《しんぜい》の手によって、天長《てんちょう》四年（八二七）九月から承和二年（八三五）三月までの八年間に、編集されたものだから、道綱母もこの名文を読んで、遣唐使の航海の厳しさを認識していたものと思われる。

『御遺告《ごゆいごう》』にも、上陸後のトラブルが次のように書かれている。空海の得意満面の一場面である。

●史料

『御遺告《ごゆいごう》』（原文漢文）

天応殷懃《てんおういんぎん》にして、勅を載せて海を渡る。彼《か》の海路の間三千里なり。先例は、楊蘇洲《ようそしゅう》に至って質《さはり》なし云云。而《しか》るにこの度《たび》般七百里を増して衡洲《こうしゅう》に到り礙《さはり》多し。この間、大使越前国太守《たいしゅ》正三位《しょうさんみ》藤原朝臣賀能《かのう》、自ら手書を作って衡洲の司に呈す。洲司《しゅうし》披《ひら》き看《み》て即ちこの文を以て已了《すてをは》んぬ。此《かく》の如くすること両三度。然《しか》りといへども船を封じ人を追って湿沙《しつしゃ》の上に居らしむ。この時、大使述べていはく、切愁《せつしゅう》の今《とき》なり、抑《そもそも》大徳は筆の主なり、書を呈せよと云云。

爰《ここ》に吾《わ》れ書様を作って大使に替って彼の洲の長《おさ》に呈す。披き覧《み》て咲《えみ》を含み、船を開き問《とい》を加ふ。即ち長安に奏するに三十九箇日を経《へ》て、洲府の力使《りきし》四人を給《たま》ひ、且《か》つ資粮《しろう》を給ふ。洲の長《おさ》好問し借《かり》家《や》十三烟《えん》を作って住せしむ。五十八箇日を経て存問《ぞんもん》の勅使等を給ふ。彼の儀式極罔《きはまりな》し。これを覧《み》る主客各各涙を流す。次いで後、迎客使《げいかくし》を給ふ。大使に給ふに七珍の鞍を以てし、次次の使等にはみな粧《かざ》れる鞍を給ふ。長安入京の儀式、説き尽すべきなし。これを見る者遐邇《かじ》に満てり。

■現代語訳

勅命に天が応じて順調に海を渡ることができれば、わが国と唐との海路の距離は三千里である。以前からの例によれば、揚州《ようしゅう》や蘇州《そしゅう》に到着し、何の問題もなかった。ところが、今回、わたくしの乗った船は、七百里も増して（南下し）衡州《こうしゅう》に漂着し、さまざまな難関に直面した。その間、遣唐大使の越前国の太守・正三位藤原朝臣賀能《かのう》は、自ら親書を作って衡州の長官に送った。州の長官は、賀能の送った文書を披《ひら》いて見ただけで捨ててしまった。このように文書を送ることが二度、三度、と繰り返された。しかしながら、船は閉じてしまい、一行を追いやって湿った砂べに居らせた。このとき、大使の藤原賀能が、わたくしに、「いったい今や、事態はきわめて憂うべきときです。貴僧は名文能筆の人であられます。（わたくしに代わって）文書を差し出してください」と申された。
そこでわたくしは、文書らしきものをしたため、大使に替ってかの州の長官に提出した。長官は披いてみて笑みを浮かべ、船を開き、事情の聴取などをした。すぐに都の長安に申し伝えるのに三十九日間がすぎて（使者が帰着すると）、州の役所から世話係の者四人をいただき、あわせて物資や食糧を支給してくれた。州の長官は親切に尋ねられ、宿舎として仮の家屋十三棟を作って一行を住まわせた。五十八日間がすぎると遣唐使一行の安否を問う勅使などが来てくれた。その礼儀作法は極まりないものであった。これを見る唐側の人もわが国の人も、みなそれぞれ（感動の）涙を流した。そのつぎに（客であるわれわれを迎えるための使者である）迎客使《げいかくし》が来てくれた。大使は七宝で飾られた鞍をいただき、同行のつぎつぎの遣唐使の者たちにはみな飾った（美しい）鞍がおくられた。長安に入る儀式は、筆舌に尽くすことができないものであった。この儀式を見ようとする人々が遠くにも近くにも、いっぱいであった。

（遠藤祐純《ゆうじゅん》氏訳注「御遺告」四二～三頁）

この後、「星に発ち星に宿す」強行軍で長安に入った空海は、翌年五月当代随一の密教の師恵果《けいか》和尚と、青龍寺東塔院で出会い、三ヵ月足らずでインド直伝の密教をあますところなく受法する。
空海は、胎蔵と金剛界の両部灌頂を授けられたうえに、受法した正統な密教をつぎの世代に伝授する資格が与えられる最高の伝法阿闍梨位の灌頂を受法し、大日如来を意味する「遍照金剛《へんじょうこんごう》」という灌頂名を授けられている。まさに仏と仏との出会いがあったのである。先の武内氏によれば、空海がわが国に持ち帰った典籍などの全体は、①経律論・疏章《しょしょう》・伝記など二百十六部四百六十一巻、②仏・菩薩・金剛天の像、三摩耶・法曼荼羅、伝法阿闍梨等の影《えい》十鋪《ぽ》、③密教法具九種、④阿闍梨の付嘱物《ふしょくぶつ》十三種であった。そして空海将来品の特色を、①そのすべてがわが国にいまだ伝来していないものばかりであったこと、②中国密教の泰斗《たいと》・不空《ふくう》（七〇五〜七四、西域の人）の訳出経典をはじめて、しかもそのすべてを将来したこと、③曼荼羅を体系的に持ち帰ったこと、としている。

さらに、空海が恵果《けいか》から受法した密教の特色を、①仏教のなかで最高の教えである、②鎮護《ちんご》国家を祈るうえで最大の力を発揮できる教えである、③個人的な除災招福でも摩尼《まに》宝珠のごとき働きをする最勝《さいしょう》の教えである、④覚《さと》りにいたる最速の教えである、とする（前掲書一六五頁参照）。

次に、帰国を願う啓上文の「本国の使に与《あた》へて共に帰らむと請《こ》ふ啓《けい》」を提示する。

●史料（『性霊集』）

本国の使に与《あた》へて共に帰らむと請《こ》ふ啓《けい》（巻五）

留《る》住学問《じゅうがくもん》の僧空海啓《まう》す。某《それがし》、器《き》の楚材《そさい》に乏しく、聡五行《そうごかう》を謝《しゃ》せり。謬《あやま》つて求撥《ぐばち》を濫《みだ》りがはしくして海《かい》を渉《わた》つて来る。草履《さうり》を著《は》いて城中《せいちゅう》を歴《ふ》るに、幸ひに中天竺国《ちゅうてんぢくこく》の般若三蔵《はんにゃさんぞう》及び内供奉恵果《ないぐぶけいか》大阿闍梨に遇《あ》ひたてまつって、膝歩接足《しつぽせつそく》して彼《か》の甘露《かんろ》を仰《あふ》ぐ。遂に乃《すなは》ち大悲胎蔵金剛界大部《だいひたいざうこんがうかいだいぶ》の大曼荼羅《だいまんだら》に入《い》って、五部瑜伽《ごぶゆが》の灌頂法《かんじょうほう》に沐《ぼく》す。湌《さん》を忘《わす》れて読《とく》に耽《ふけ》る、仮寐《うたたね》して大悲胎蔵金剛頂《ちゃう》等を書写す。已に指南《しなん》を蒙《かうぶ》つて之の文義《ぶんぎ》を記す。兼ねて胎蔵大曼荼羅一鋪《ぶ》、金剛界九会《くえ》大曼荼羅一鋪を図《づ》す（並に七幅丈五尺）、并《あは》せて新翻訳経二百余巻《けん》を写《しゃ》して、繕装畢《せんさうを》へなむとす。此の法は仏の心《しん》、国の鎮《しづめ》なり。氛《ふん》を攘《はら》ひ、祉《さいは》ひを招く摩尼《まに》、凡《ぼん》を脱《まぬか》れ聖《せい》に入《い》る嘘径《きょけい》なり。是《こ》の故に十年《しふねん》の功《こう》、之を四運《しうん》に兼《か》ね、三密《さんみつ》の印《いん》、之を一志《いっし》に貫《つらぬ》く。此の明珠《めいしゅ》を兼ねて之を天命《てんめい》に答《たふ》す。嚮使《もし》、久《ひさ》しく他郷《たきやう》に客《かく》として、領《くび》を皇華《くわうくわ》に引かば、白駒《はくく》過ぎ易《やす》し、黄髪《くわうはつ》何《いかが》せむ。今、陋願《ろうぐわん》に任《た》へず。奉啓不宣《ほうけいふせん》。謹《つつし》むで啓《まう》す。

（傍線―引用者）（宮坂宥勝氏前掲書　五九～六二頁）

大同《だいどう》元年（八〇六）、第四船の判官高階遠成《たかしなのとおなり》の船で帰国。十二月『御請来目録』を呈上した。最澄との密教観の違いにより、二人は独自の道を歩みはじめ、最澄は天台法門の、空海は真言法門の流布と定着に心血を注いでいく。

第三節　慈覚大師円仁《じかくだいしえんにん》と五島

円仁（七九四～八六四）が、承和《じょうわ》の遣唐使に天台請益僧《しょうやくそう》（短期留学僧）として入唐したことは、すでに第二章一〇七頁で取り上げた通りであるが、彼と道綱母の夫である兼家一族「摂関家」とは大変親密な関係にあったので、再度九条家との関わりを含めて取り上げることとする。

平安遷都の七九四年、東国の下野《つもつけ》国都賀《つが》郡壬生《みぶ》氏の家に産声を上げた円仁は、九歳になる頃には仏教修行をはじめ、十五歳頃になると、比叡山に登って、最澄に師事するようになる（『慈覚大師伝』）。

そして、承和二年（八三五）入唐請益僧を拝命する。二度の渡唐失敗のあとの承和五年六月、大使藤原常嗣《つねつぐ》（七九六〜八四〇、葛野麻呂《かどのまろ》の第七子）の第一船に従僧の惟正《ゆいしょう》、惟暁《ゆいぎょう》らと乗り込み、入唐求法の為に海を渡っている。この船には、天台留学僧《るがくそう》の円載《えんさい》（注1）とその従僧の仁好《にんこう》・順昌《じゅんしょう》・仁済《にんせい》も同乗していた。空海の弟子の真言請益僧の円行《えんぎょう》（注2）、三論《さんろん》留学僧の常暁《じょうぎょう》（注3）と従僧は、第四船に乗り組む。この他に法相請益僧の戒明《かいみょう》（伝不詳）、その弟子義澄《ぎちょう》（伝不詳）がいた。天台宗や真言宗の僧侶は、「鎮《ちん》護国家《ごこっか》」を標榜して送りこまれたのである（佐伯有清氏）。

（注1）円載《えんさい》（八〇六?〜八七七?）

大和国の人。承和の遣唐使の天台留学僧。天台請益僧の円仁とともに、大使藤原常嗣の乗る第一船で、承和五年（八三八）七月二日、三度目の挑戦で渡唐する。

円載は、天台山国清寺の日本新堂で、『五百問論《ごひゃくもんろん》』（湛然《たんねん》撰述）の書写をはじめ、数多くの経論疏《しょ》の抄写、書写に精をだすことから、求法の生活を始め、在唐四十年の長きにわたる研鑽が始まる。その後、武宗《ぶそう》（在位八四〇〜六）の「会昌《かいしょう》の廃仏」に巻き込まれ、還俗せざるをえず、言いあらわせない労苦を身に受けている。その間弟子の仁好、順昌を伴って行動し、円載の統率力が卓越していたことがうかがえる。

大中《たいちゅう》七年（八五三）十二月十四日、国清寺で円珍と再会。円珍は円載に対して悪感情をいだくに至るやりとりを、詳細に記録している。さらに円載の悪業のかずかずを書きならべ、身持ちの悪さを詰《なじ》っている。

在唐中に、円載は、真如親王《しんにょ》（第六節参照）の長安入城、西天竺（インド）へ渡る勅許を得るために奔走するなど、重要な役割を演じている。

行動をともにしていた智聡《ちそう》の帰国報告に、「海を過《よぎ》るに、俄《にわ》かに悪風に遭い、舳艫《じくろ》（船首と船尾）は破散し、円載和尚、及び李延考《りえんこう》等は、一時に溺死す」とあり、円載は日本に将来しようとしていた「万巻の書」とともに海の藻屑となって失せてしまったのである。

（佐伯有清氏『悲運の遣唐僧―円載の数奇な生涯』を参照）

（注2） 円行《えんぎょう》（七九九～八五二）

平安時代前期の真言宗の僧。入唐八家の一人。左京一条の人。霊巌寺《れいげんじ》和尚。大同《だいどう》四年（八〇九）元興寺《がんごうじ》歳栄律《としえ》師に師事。弘仁《こうにん》五年（八一四）華厳宗《けごんしゅう》年分度者として得度。翌六年具足戒を受ける。同十四年空海に金剛界・胎蔵界両部の大法を受け、さらに杲隣《ごうりん》に灌頂を受ける。天長《てんちょう》元年（八二四）九月神護寺定額僧となる。承和四年（八三七）空海の十大弟子である実恵《じちえ》（七八六～八四七）の推挙によって入唐請益僧《しょうやくそう》となり、翌五年円仁・円載・常暁とともに入唐、青竜寺義真《ぎしん》に灌頂を受けた。この時実恵は円行の入唐に托して書と法衣《ほうえ》を贈り、空海の師である恵果《けいか》の墓に献じ、孫弟子の礼をとった。同六年義真らの信物と経疏六十九部百二十三巻、曼荼羅、霊仙三蔵《れいせんさんぞう》、難陀三蔵《なんださんぞう》（インド僧）に授けられた舎利などをたずさえて帰朝。帰朝後、勅命により山城霊巌寺を開創。また播磨の太山寺の開祖とも伝えられる。天王寺の初代別当に補任《ぶにん》された。仁寿《にんじゅ》二年（八五二）三月六日寂。五十四歳。

（『国史大辞典2』（和多秀乗氏執筆）三九二頁参照）

（注3）常暁《じょうぎょう》（?～八六六）

平安時代前期の僧。入唐八家の一人。小栗栖律師《おぐりせいりつし》・入唐根本大師とも称される。出自は不詳。常暁は、初め元《がん》興寺《ごうじ》の豊安《ほうあん》に三論（中論・十二論・百論）の教学を学び、別に真言宗を修める。その後空海から弘仁《こうにん》六年（八一五）灌頂を受けている。承和五年（八三八）の遣唐使には、三論の留学僧として入唐するも、長安への入京が許されず、一年余の短期間で求法を終えて、大使藤原常嗣《つねつぐ》らとともに、翌六年帰朝。この短期間に、揚州の栖霊寺《せいりょうじ》の文璨《もんさん》と、華林寺《かりんじ》の元照《げんしょう》に師事し、密顕両法を学んだ。特に文璨からは、密教と大元帥法《だいげんのほう》（怨敵・逆臣の調伏、国家安泰を祈る真言密教の法）を学び、伝法阿闍梨位灌頂を受けた。翌六年八月に帰国し、金剛界三十七尊種子曼荼羅一面、大元帥本身将部曼荼羅一鋪《ぽ》（総五十余身）などを将来している。翌七年六月、大元帥明王像を山城宇治郡の法琳寺《ほうりんじ》に安置して修法院となさんことを請い許された。ついで同年十二月には、はじめて宮中の常寧殿《じょうねいでん》において大元帥法を修した。以後大元帥法は国家鎮護の秘法として重んじられ、仁寿《にんじゅ》元年（八五一）に至り、真言院後七日御修法《ごしちにちのみしほ》に準じて、毎年正月八日より七日間宮中において同法を修することを勅許《ちょっきょ》された。貞観六年（八六四）二月権律師に任じられ、同八年十一月三十日示寂。

（『国史大辞典7』（石井正敏氏執筆）四八三頁参照）

入唐後の円仁の行程は、『入唐求法巡礼行記』に詳述されているが、その概略を示す。

八三八年七月二日揚州《ようしゅう》海陵県《かいりょうけん》に到着。天台山行を申請するも許されず、翌年二月まで揚州開元寺《かいげんじ》に止住。その間、長安西明寺《さいみょうじ》の宗叡《しゅうえい》より悉曇《しったん》（梵字《ぼんじ》の字母《じぼ》）を受学し、また、崇山院《すうざんいん》の全雅《ぜんが》より「金剛界の諸尊の儀軌《ぎき》」など数十巻を借写し、密教の作壇法などを学び金剛界の伝法灌頂《てんぼうかんじょう》を受けている。

天台山に入る目的が果たせないまま、帰国しなければならなくなった円仁は、半ば強引に唐に留まる決意をし、遣唐使船を下り、張宝高《ちょうほうこう》（？〜八四一）が山東半島突端近くに建立した、在唐新羅人たちの精神的支柱となっていた赤山法華院《せきざんほっけいん》に落ち着く。そして行き先を華北の文殊菩薩示現の聖地五台山へと転換し、法照《ほっしょう》ゆかりの竹林寺では五会《ごえ》念仏に接し、大花厳寺《だいけごんじ》では志遠《しおん》らの講筵に列し、台上の諸寺を歴訪する。特に竹林寺で会得した法照流五会念仏は、「日本における天台的浄土教興隆の直接の起源をなすものであった」（井上光貞氏『日本浄土教成立の研究』九七頁）。

その後、長安に移り、大興善寺《たいこうぜんじ》に元政《げんせい》を訪れ、密教儀軌《ぎき》類の書写を行なうとともに、金剛界（密教で説く両部・両界のひとつ。大日如来を智慧の方面から明らかにした部門）灌頂を受法する。ついで青竜寺《せいりゅうじ》に義真《ぎしん》を訪ねて、胎蔵界曼荼羅《たいぞうかいまんだら》と金剛界九会《くえ》曼荼羅を写し胎蔵大法《たいぞうたいほう》と蘇悉地大法《そしっちたいほう》（密教教典の一つ）の受法を果たして、入唐の目的をほぼ達している。さらに翌会昌《かいしょう》二年（八四二）には、玄法寺《げんほうじ》に法全《はっせん》を尋ねて、重ねて胎蔵大法を受学し、また大安国寺《だいあんこくじ》の元簡《げんかん》より悉曇《しったん》を学んでいる。

ところが同年六月皇帝の企てで道仏二教の論争対決が行なわれ、仏教が敗北するや、時の皇帝武宗《ぶそう》は廃仏を強行し、まず非行の僧尼を還俗《げんぞく》せしめ、年ごとに廃仏はその度を加え、同五年（八四五）にはごく限られた仏寺を残してすべての僧尼が、還俗せしめられることとなってしまう。そこで円仁は俗人に身をやつして長安を離れ、再び赤山院に戻り、帰国の船便を待つこと二年。大中《たいちゅう》元年（八四七）九月二日、文登県赤山《ぶんとうけんせきざん》浦を出帆、九年二ヵ月、五千キロメートルをこえる大旅行をおえる。

唐滞在中の円仁は、在唐新羅人から次のような恩恵をうけ、彼の求法活動を支えられている。

① 入唐僧の唐での滞在・移動の手続き支援
② 日本からの求法経費の伝送
③ 国際・国内書簡の伝送
④ 他の日本人らの動向に関する情報の提供
⑤ 弟子僧の日唐往還の支援や帰国船の調達
⑥ 貴重品の一時保管

（「田中史生氏「最後の遣唐使と円仁の入唐求法」二〇二頁」）

円仁が帰国時に乗った船も、新羅人・唐人の操る「蘇州船」であった。

円仁には、帰国後の第一声で、「今望むらくは、此の霊峰先帝本願の地に於て、国家の奉為《おおむため》に、永く灌頂を修して、皇祐《こうゆう》を増飾し、聖境を鎮護せん」（「太政官符」佐伯有清氏訓み下し文）と説いているように、鎮護国家《ちんごこっか》の思想が色濃くみられる。国家のために、灌頂《かんじょう》を修することを奏し、嘉祥《かしょう》二年（八四九）延暦寺において盛大に行なっている。同三年には文徳《もんとく》天皇のために除災招福を祈るための密教の本格的道場である惣持院《そうじいん》の建立（貞観《じょうがん》四年（八六二）完成）を許され、また天皇に両部灌頂と菩薩戒を授けるなど、天台密教の流布《るふ》につとめている。仁寿《にんじゅ》四年（八五四）四月に、第三世天台座主に任命され、延暦寺全寺を統轄する最高の地位に登りつめる。

円仁の天皇・皇族に対する灌頂と授戒とは、斉衡《さいこう》三年（八五六）以降活発化していく。文徳《もんとく》天皇・清《せい》和《わ》天皇ならびに太皇太后《たいこうたいごう》（藤原順子《じゅんし》）、さらに太政大臣藤原良房《よしふさ》（八〇四〜七二）らの貴族に対して灌頂を修し、菩薩戒を授けている。特に当時の権力者良房、その弟良相《よしみ》とは親密な間柄であった。貞観《じょうがん》六年（八六四）正月、不帰の客となる。のちに慈覚《じかく》大師と諡《おくりな》される。

慶滋保胤の『日本往生極楽記』円仁卒伝を提示する。円仁の将来した法照《ほっしょう》流念仏が、貴族社会に興隆する時期が、道綱母の日記執筆の時期と一致する。

●史料（『日本往生極楽記』）

円仁伝

延暦寺座主伝燈大法師位円仁は、俗姓壬生氏《みぶのうじ》、下野《しもつけ》国都賀《つが》郡の人なり。生るるに紫雲《しうん》の瑞《ずい》ありき。大同三年（八〇八）に出家し、伝教大師に師として事《つか》へたり。三年楞厳院《りょうごんいん》（叡山横川の中堂）に蟄居して、四種三昧《ししゅざんまい》を修せり。承和二年（八三五）にもて選ばれて唐に入り、一紀の間に五台山に登り、諸の道場に到りて、偏く名徳《みゃうとく》に謁して、顕密を受学せり。承和十四年（八四七）に朝に帰りぬ。弥陀念仏・法花懺法《ほっくゑせんぼふ》・灌頂《かんじょう》・舎利会《しゃりえ》等は大師の伝ふるところなり。およそ仏法の東流せる、半《なかば》はこれ大師の力なり。天安（文徳帝）・貞観（清和帝）の両帝、淳和（正子《せいし》内親王）・五条（藤原順子《じゅんし》）の二后、皆もて師となして、菩薩戒および灌頂等を受けたまへり。
大師嘗《むかし》熱病あり。夢に天の甘露《かんろ》（不老不死の天人の飲料）を食《じき》すとみたり。覚めて後に口に滋味ありて、身に余の恙《つつが》なかりき。貞観六年（八六四）正月十四日に一道《いちどう》和尚来りて云はく、微細《みさい》の音楽唐院《たうゐん》に聞え〈大師の房、唐院と号す〉、これを聞くに既にその声なしといへり。酉《とり》の一剋《とき》に令祐《りょうゆう》法師近く大師の前にあり。大師南方を指して云はく、客人《かくじん》入り到る。早く香を焼《た》くべしといふ。令祐言《まう》さく、人なしといへり。大師弥《いよいよ》もて敬重して、威儀を具して定印を結び、仏を念じて入滅せり。同年二月に勅ありて法印《ほふいん》大和尚の位を贈りぬ。七年諡《いみな》を慈覚《じかく》と賜へり。

（（　）―引用者）（日本思想大系7、井上光貞・大曽根章介氏校注、一九〜二〇頁）

第四節　恵運《えうん》『安祥寺資財帳《あんしょうじしざいちょう》』にみえる五島

恵運（七九八〜八六九）は、『国史大辞典2』（和多秀乗氏執筆）によれば、平安前期の真言僧で、入唐八家《にっとうはっけ》（最澄・空海・常暁《じょうぎょう》・円行・円仁・恵運・円珍・宗叡《そうえい》）の一人。安祥寺僧都《あんしょうじそうず》。山城国の出身で、俗姓は安曇氏。十歳頃から出家を志し、東大寺泰基《たいき》（生没年未詳）、薬師寺仲継《ちゅうけい》（?〜八四三）に師事、法相を学ぶ。弘仁《こうにん》六年（八一五）得度。比丘《びく》二五〇戒の具足戒《ぐそくかい》を受ける。その後、東寺《とうじ》（教王護国寺）で実恵《じちえ》（七八六～八四七、東寺第二代）から真言を学び、灌頂を受ける。天長《てんちょう》初年勅命により坂東に赴き、一切経書写を検校すること四年。天長十年（八三三）筑紫観世音寺講師《こうじ》、筑前国講師となり、大蔵経《だいぞうきょう》書写を勾当《こうとう》（事務担当）した後、承和《じょうわ》九年（八四二）唐商人李処人《りしょにん》の船で入唐。青竜寺義真《ぎしん》から密教の奥義《おうぎ》を受け、五台山、天台山を巡拝。承和十四年（八四七）に帰朝。密教の経軌《きょうき》など二百余巻を将来し、上進する。

恵運が、承和九年（八四二）に入唐した時の記録が、『安祥寺伽藍縁起資材帳《あんしょうじがらんえんぎしざいちょう》』（貞観九年（八六七）勘録）（本節では『安祥寺資財帳』と略す）に残っている。仁寿《にんじゅ》三年（八五三）十月権律師《ごんのりっし》、貞観《じょうがん》三年（八六一）三月東大寺大仏修理供養の導師を勤め、同六年少僧都《しょうそうず》。翌七年年分度者（年に許可される一定の得度者）の受戒制度を厳重にすることを奏上。貞観十一年（八六九）東大寺別当に補任《ぶにん》。同年九月（一説に十三年）寂。

●史料

『安祥寺資財帳』（原文漢文）

儻《たまたま》、大唐の商客李処人《りしょにん》らの化来《わたり》たるに値《あ》へり。恵運《えうん》、就化《おもむきゆ》きて、「公の帰船に乗り入唐し、〔大《だい》〕薦福《せんふく》〔寺《じ》〕・〔大《たい》〕興善《こうぜん》〔寺《じ》〕の曼荼羅道場を巡礼、青竜《せいりゅう》〔寺《じ》〕の義真和尚に得見《まみえ》て、秘宗を請益せん。兼ねて南岳《なんがく》〔湖南省衡山《ようざん》〕・五台の聖跡を看《たずね》たし」と要望す。船主、許諾して云うに、「東西《おちこち》するは命《さだめ》に任せ、駈馳《くち》するは力《うでまえ》に随うべし」と。遂に則ち承和九年、即、大唐の会昌《かいしょう》二年

（歳次《さいじ》壬戌《みづのえいぬ》）、夏五月端午《たんご》の日に、両国の講師を脱躧《だつし》して、即《ただち》に観音寺を出去し、大宰府に在す博多津の頭《ほとり》より、始めて船に上《の》り、肥前国松浦郡遠値嘉島那留浦《とおちかのしまなるうら》に到る。而《そこで》、船主の李処人らは、唐来の旧船を棄《す》て、便《すぐ》に島裏《うら》の楠木を採り、新たに船舶を織作し、三箇月日で、其の功《しごと》を已訖《お》える。秋八月廿四日午後、帆を上げ、大洋海を過《よぎ》り唐に入る〈正東の風を得て六箇日夜、船は大唐温州楽城県の玉留鎮守府前の頭《ほとり》に着す〉。五箇年の巡礼・求学を経て、承和十四年、即ち大唐大中元年・歳次《さいじ》丁卯《ひのとのう》・夏六月廿一日に、唐人張友信《ちょうゆうしん》・元静《げんせい》等の船に乗り、明州の望海鎮《ぼうかいちん》の頭より帆を上げる〈西南の風を得て三箇日夜、遠値嘉島那留浦に帰着す。纔《わづか》浦口に入るや、風即《ただち》に止む。船を挙《あ》げて歎《たん》じて云うに、「奇怪《きかい》なり、奇怪なり、云々」と〉。施《めぐ》まれ本朝に帰る。其の取来《もとめ》たる儀軌《ぎき》・経論・仏菩薩・祖師像・曼荼羅・道具などは、目録の如し。

（傍線―引用者）（吉見博氏の前掲書二〇〜一頁より引用〈　〉は吉見氏の補注）

資財帳によると、恵運は、承和九年（八四二）五月に、大唐商客・李処人等の船に便乗して、博多津を出帆してから遠値嘉島の那留浦《なるうら》に至って、唐からの船を破棄し、奈留島の裏側の楠木を切って、新しく船を建造している。三ヵ月間かけて完成させ、秋八月二十四日の午後に那留浦を出帆。正東風をえて六昼夜で中国東海を横断し、唐の温州楽城県に無事到着している。

五ヵ年間の「巡礼求学」を終え、唐人・張友信、元静等の船に乗り帰国する時は、西南風に恵まれ明州（寧波《ニンポー》）望海鎮からわずか三昼夜という記録的な速さで、遠値嘉島那留浦に帰着したとの記事がみえる。『続日本後紀』承和十四年（八四七）七月八日条（巻十七）に、「天台留学僧円載傔従《けんじゅう》仁好《にんこう》及僧恵《え》萼《がく》等至ㇾ自二大唐一。上二奏円載之表状一。唐人張友信等卌七人同乗而来着」（『国史大系』第三巻、一九九～二〇〇頁）とあるので、恵運《えうん》は、円載の傔従・仁好等と張友信の船で、五島奈留《なる》島経由で日本へ帰って来たものと思われる。五島を経由する航路が一般的であったので正史は省略しているが、資財帳で確認できるのである。戸田芳実氏は、この資財帳の五島の記事を、次のように解釈されている。

> 五島列島の那留浦では、島内の楠木を船材として、唐商人らが高性能の外洋船を建造していた。わずか三ヵ月でそれを完成するには、それに見合う技術者・労働者・資材・資本等が現場にそろっていなければならない。この造船・艤装《ぎそう》・進水に従事した人びとが、唐人船大工を頂点とし、日唐（あるいは新羅）の工人・人夫・水夫などを含む国際色豊かな集団であったことは容易に想像されるであろう。「大唐新羅人来者、本朝入唐使等、莫不経歴此嶋」（注）といわれたように、五島列島の各所に唐人・新羅人が寄港する中継基地があった。遠値嘉嶋那留浦はその主要な一つであったにちがいない。
>
> （「平安初期の五島列島と東アジア」三二四～五頁）

（注）『日本三代実録』貞観十八年三月九日条大宰権帥《ごんのそち》在原行平《ゆきひら》の起請文（第五章二七六～七頁参照）

藤原順子《じゅんし》の安祥寺創建

それから一年後の嘉祥《かしょう》元年（八四八）八月、仁明《にんみょう》天皇女御藤原順子（冬嗣の女、八〇九～七一）の発願で、京都山科に安祥寺《あんしょうじ》を創建、恵運が開基《かいき》となる。順子の施入による周辺の山五十町のほか多くの墾田を寺領として施入・買得していたが、平安末期、恵運の法流は絶える。

順子は、平安前期の仁明天皇（八一〇～五〇、在位八三三～五〇）の女御《にょうご》。藤原冬嗣《ふゆつぐ》と美都子《みつこ》の娘。五条后と称される。同母兄良房《よしふさ》（八〇四～七二）は、人臣最初の摂政。仁明天皇の東宮時代に後宮に入り、天長《てんちょう》四年（八二七）道康《みちやす》親王（後の文徳《もんとく》天皇）を生む。同十年（八三三）仁明天皇即位とともに女御となり、従四位下に叙される。

皇位をめぐる主導権争いである「承和《じょうわ》の変《へん》」（八四二年）を利用して、兄良房は、妹順子の子である道康親王を皇太子とすることに成功している。嘉祥《かしょう》三年（八五〇）仁明天皇が亡くなり、皇太子の道康親王が即位し、文徳天皇（八二七～五八、在位八五〇～八）となる。順子は即位とともに皇太夫人《こうたいぶにん》（『日本文徳天皇実録』（注）巻一、嘉祥三年四月十七年条）となり、斉衡《さいこう》元年（八五四）には皇太后《こうたいごう》（『日本文徳天皇実録』巻六、斉衡元年四月二十六日条）となる。

（注）六国史の一つ。「続日本後紀」の後をうけ、文徳天皇一代の事跡を藤原基経《もとつね》らが撰する。八九九年完結。

文徳天皇が三十二歳の短い生涯を、天安《てんあん》二年（八五八）八月に閉じ、九歳の清和《せいわ》天皇（八五〇～八〇、在位八五八～七六）が即位すると、良房の摂政政治が始まる。異母妹の藤原古子《こし》（文徳天皇女御）とともに、貞観《じょうがん》三年（八六一）二月落飾《らくしょく》入道し出家する。仏教に帰依し、東大寺戒壇諸僧に大乗戒を受けた後、貞観三年（八六一）六月、天台座主円仁に菩薩大戒を受けている。同六年（八六四）孫の清和天皇の元服に伴い、太皇太后《おおきおおみや》（『日本三代実録』貞観六年正月七日条）。

『日本三代実録』巻二十、貞観十三年（八七一）九月二十八日条に、「美二姿色一。雅性和厚」（姿色《かたちうるは》美しく、雅性和厚《ひととなりやはらぎあつ》かりき）（武田祐吉氏前掲書一六四頁）とみえ、容姿が美しい穏やかな女性だったと思われる。一門の先輩として、道綱母にとっても気になる存在の一人であったので、順子の関連の安祥寺創建の経緯などの知識ととも、『安祥寺資財帳』も読んでいたと推測している。

●史料（『日本三代実録』）

太皇太后卒伝《たいこうたいごうそつでん》（貞観十三年九月二十八日条）（巻二十）

是の日、太皇太后崩《かく》り給ひき。太皇太后、姓は藤原氏、諱《いみな》は順子《じゅんし》、贈太政大臣正一位《しょういちい》冬嗣朝臣の女《ぢょ》なり。母は尚侍《しょうじ》贈正二位藤原朝臣美都子《みつこ》なり。后姿色美《きさきかたちうるは》しく、雅性和厚《ひととなりやはらぎあつ》かりき。嘗《かつ》て父大臣の家に在《あ》り、晨《あした》に起きて手を澡《すす》ぐに、小《ちさ》き虹あり、降《お》りて両器に亙《わた》りき。卜占者《うらないびと》、『至貴《しき》の祥《しるし》、其の慶言《けいい》ふべからず』と曰《い》ひき。仁明《にんみょう》天皇儲貳《ちょじ》たりし日、聘《め》して宮《みや》に入れ給ひき。寵遇《みめぐみ》隆篤《あつ》くして、文《もん》徳《とく》天皇を生《う》み奉《たてまつ》り給《たま》ひき。天長《てんちょう》十年（八三三）、仁明天皇践祚《せんそ》の初《はじ》めに従四位下《じゅしいのげ》を授《さづか》り、承和《じょうわ》十一年（八四四）、従三位《じゅさんみ》を加へらる。嘉祥《かしょう》三年（八五〇）四月甲子《こうし》、文徳天皇即位し給ふ。是の日、尊《たふと》びて皇太夫人《こうたいぶにん》と為《な》し給ひき。斉衡《さいこう》元年（八五四）、皇太后《こうたいごう》と為り給ひき。天安《てんあん》二年（八五八）八月乙卯《いつはう》、文徳天皇崩《ほう》じ給ふ。后哀慟《かなしみ》柴毀《なげ》き給ひ、後遂《のちつひ》に落彩《かみけづ》りて尼《あま》と為《な》り、東大寺の戒壇《かいだん》の諸僧《しょそう》を五条《ごじょう》の宮に請《しゃう》じて大乗戒《だいじょうかい》を受《う》け、延暦寺の座主《ざす》円仁を屈《ま》せて菩薩戒《ぼさつかい》を受け給ひき。崩《ほう》じて、山城国宇治郡《うじのこおり》の後山階山陵《のちのやましなのみささぎ》に葬《をさ》めまつりき。后、貞《てい》は固《もとよ》り天、礼《らい》は則《すなわ》ち脩《をさ》め備《そな》へ、母儀《ぼぎ》の範《はん》、古《いにしへ》に求《もと》むるも比少《たぐひ》なし。深く釈教《しゃくきょう》を信じ給ひ、精舎《しょうじゃ》を建立《こんりゅう》し、額《がく》して安祥寺《あんしょうじ》と曰《い》ひ、資財《しざい》田園を割《さ》き給ふこと甚《はなは》だ多く、年分《ねんぶん》に僧を度《ど》し、大乗道《だいじょうどう》を修《ず》し給ひき。

（武田祐吉氏編『日本三代実録中』一六四〜五頁）

藤原一族の女御藤原順子の発願ということもあり、恵運の『安祥寺資財帳』は、道綱母にとって、大変興味のある資料だったと推察できるのではないだろうか。そして、この資料によって、五島が唐への航海の重要な中継基地であることを認識していたと思われる。

第五節　智《ち》証《しょう》大《たい》師《し》円珍《えんちん》にみる五島とみみらく

円珍（八一四〜九一）は、讃岐国那珂《なか》郡金倉郷《かなくら》（香川県善通寺市金蔵寺町一帯）で生まれ、本姓《ほんせい》は因支首《いなきのおびと》、俗名を広雄《ひろお》といった。父は宅成《やかなり》、母は佐伯直《あたい》氏の出で、弘法大師空海の姪《めい》にあたる。叔父の僧仁徳《にんとく》につれられて比叡山に登り、第一世座主義真《ぎしん》（七八一〜八三三）に師事する。天長《てんちょう》十年（八三三）三月、年分度者《ねんぶんどしゃ》として得度《とくど》を受ける。二十歳であった。その後十二年間の籠山《ろうざん》に入り、厳しい修行と修学につとめる。円仁・円載らの入唐求法に刺激を受けて、みずからも「唐に入り法《のり》を学ばんことを求め欲せ」た円珍は、右大臣藤原良房《よしふさ》、その弟良相《よしみ》の特別な尽力によって、入唐求法の旅に出立する。円珍も摂関家の強力な庇護の下にあったことがわかる。

仁寿《にんじゅ》三年（八五三）七月十六日、唐の商人欽良暉《きんりょうき》・王超《おうちょう》の船に乗り、博多の港を後にした。円珍の従者は、四十八歳の訳語《おさ》（通訳）の丁満《ていまん》（丁勝《よぼろのすぐり》小麻呂《おまろ》）、訳語物忠宗《ぶつちゅうそう》（物部忠宗《もののべのただむね》）、僧豊智《ほうち》（智聡と改名）、沙弥閑静《しゃみかんせい》、経生的良《きょうしょうてきりょう》（的臣《いくはのおみ》氏の一族）、伯阿古満《はくあこまん》（伯禰阿古麻呂《はくねのあこまろ》）、大全吉《だいぜんきち》（大宅全吉《おおやけのまたよし》）の七人がいた。三《さん》衣《え》、鉢器《はちき》、剃刀《かみそり》、雑資具《ざつしぐ》などの携帯品に加えて、経書四百五十巻の典籍も携《たずさ》えての旅立ちであった。

船は、値嘉島の鳴浦《なるのうら》（長崎県五島市奈留町）に停泊。八月九日まで風待ちして、東シナ海の大海原に乗り出す。強い東風に乗って船は飛ぶように走行した。四日後の十三日、高山《こうざん》が望見できた。北風がにわかに起こって翌朝、その高い山の麓の海に漂い着く。そこは琉球《りゅうきゅう》の国（台湾）であった。昔からこの国は食人《しょくじん》の地として、ひとびとに恐れられ、空海の詩にも「北気《ほくき》、夕《ゆう》べに発って胆《たん》を留求《りゅうきゅう》の虎性《こせい》に失ふ（北風が夕方に吹き、留求に漂着すれば、虎のような恐ろしい性質の人びとに脅《おびや》かされるのではないかと肝を冷やす）」（『性霊集』五）とみえる。その後、船は強い南東の風に乗って八月十五日唐の嶺南道福州《れいなんどうふくしゅう》の連江県《れんこうけん》（福建省連江県）の管内に着岸する。

これから六年にわたって、天台山の国清寺や禅林寺を始め、福州、台州、越州、長安で求法に努める。その間に求得した経典などの総目録の作成にとりかかる。『智証大師請来目録《ちしょうたいししょうらいもくろく》』（正式名は『日本国上都比叡山延暦寺比丘円珍入唐求法惣目録』）を、大中《たいちゅう》十二年（八五八）五月完成させ、六月八日に唐の商人李延孝《りえんこう》の船の人となった。乗船地は海門《かいもん》（浙江省黄巌県）か寧波《にんぽう》あたりと思われる。十一日後の六月十九日に、肥前国松浦《まつら》郡旻《み》美樂崎《みらくのさき》（長崎県五島市三井楽町）に到着し、博多の那津《なのつ》から大宰府の鴻臚館《こうろかん》に入ったのは、六月二十二日のことである。

『智証大師全集』に収められている「円珍伝」には、値嘉島とみみらくは次の通りに記されている。

●史料（『円珍伝』）

〔出国〕

至㆓仁寿二年閏八月㆒。値㆓唐国商人欽良暉《きんりょうき》交関船来㆒。

三年七月十六日。上㆑船。到㆓値嘉島㆒。停㆓泊鳴浦《なるのうら》㆒。

八月初九日。放㆑船入㆑海。十三日。申時。望㆓見高山㆒。縁《ヨリテ》㆓北風敏《ハヤキニ》㆒。

十四日。辰頭。漂㆓到彼山脚㆒。所㆑謂琉球国喫㆑人之地。四方無㆑風。莫㆑知㆑所㆑趣。

忽遇㆓巽風㆒。指㆓乾維㆒行。申刻見㆓小山㆒。子夜至㆓止脚下㆒。

十五日。午時。遂獲㆓著岸㆒。而未㆑知㆓何国界㆒。便問㆓所在㆒。

知㆓此大唐国嶺南道福州連江県堺㆒。于㆑時国号㆓大中七年㆒矣。合船喜躍。如㆓死得㆒㆑蘇。

〈帰国〉

六月八日。辞レ州。上二商人李延孝船一。過レ海。十七日。申頭。南海望二見高山一。

十八日。丑夜。至二止山島一。下レ矴停住。待二天明一。

十九日。平明。傍レ山行。至二本国西界肥前国松浦県管。旻美楽埼《みみらくのさき》一。

天安二年六月廿二日。迴至二大宰府鴻臚館一。八月十四日。幸蒙二先朝勅一。

追十二月廿七日。的達二帝都一。

（傍線—引用者）（佐伯有清氏「円珍伝の校訂と注解」二二〇～五頁、三三一～八頁より引用）

ここで帰国の記事に、「至本国西界肥前国松浦県管。旻美楽埼」とみえることに注意を払う必要がある。九世紀中ばの天台僧円珍に、「みみらくの埼」が日本国の西界と認識されていることが、この資料によって確認できるのである。承和《じょうわ》の遣唐使が帰朝してから、十年たらず、菅原道真の上奏により派遣が停止となる寛平《かんぺい》六年（八九四）よりも、三十数年前に、天台僧の間にみみらくが日本国の西界と認められていることが、十世紀中ばの『蜻蛉日記』に死者に逢えるみみらく伝説が執筆される契機、平安貴族社会での西方極楽浄土への憧れの誕生、を示唆していると考えたい。

そして、みみらくが、奈良朝の「美弥良久」から「旻美楽」へと漢字の表記が変更になっていることも、八世紀から九世紀にかけて、都びとの「みみらく」に対する意識の変化があったことを示唆しているように受け取るのは、筆者の思いこみなのだろうか。

円珍は、日本の西の、本涯の地「みみらくの埼」に、死者に逢える伝説があること、遣唐使船の最終寄港地で、周辺で遭難が多発し、多くの遣唐使人の命が失なわれたこと等を、すでに耳に聞いて知っていて、みみらくを西方極楽往生の伝説の場所と認識していたから、「本国西界肥前国松浦県管。旻美楽埼」と書いたのではないだろうか。

ところで、佐伯有清氏は、その著『円珍』に、円珍という人物を次のように書いている。

> 情熱をもって求法《ぐほう》につとめ、たゆまぬ修学《しゅうがく》に明け明け暮れ、また熱心に経典・経疏《きょうそ》の蒐集《しゅうしゅう》にはげみ、あわせて諸書の比較研究に精を出したことであろう。このような円珍の非凡な特質には、仏教教義の論弁において、いずれの論者をも容赦しない弁舌《べんぜつ》をふるい、また論著において、同宗の者といえども激しい口調でもって論難することがともなっていた。その舌鋒は鋭く、またその筆鋒は他者を圧倒する勢いを持っていた。円珍みずからも晩年になって、論弁の激しさを「抜舌《ばつぜつ》大獄《たいごく》の因」をなしたと語り、激越な文章を指して、「鬼語《きご》を吐《は》く」と書いた。　（五〜六頁）

このように、潔癖で、向学心の旺盛な、負けず嫌いの円珍に、みみらくは「本国西界」と認識され、西方の極楽往生の伝説の地と認められていたのである。九世紀中ばのことである。

ところで円珍は、入唐中に、性の合わない円載のような人物を終生憎悪したり、従僧の豊智《ほうち》（智聡《ちそう》）の離反をまねくなどの人間味あふれる話題を提供してくれる。

入唐僧　智聡《ちそう》の事績

智聡（生没年不詳）は、最初、豊智《ほうち》と称した。仁寿《にんじゅ》三年（八五三）七月博多を出発した円珍（智証大師）の従者七人のなかに、三十三歳の僧豊智の名がみえる。入唐後、円珍に従って、天台山国清寺、越州開元寺などに逗留し、蘇州・洛陽・潼関《とうかん》（陝西省の県）を経て、長安に向かった。大中《たいちゅう》九年（八五五）五月、潼関で智聡と改名。円珍は「此人（豊智）至二潼関一。権《カリニ》改《ム》二名《ヲ》智聡《ト》一。事由《ノヨシ》不レ能《アタワ》レ記《スコト》」（『胎蔵旧図様』巻末識語《しきご》）と意味ありげに書いている。佐伯有清氏は、改名の理由を円載が豊智を自分の従僧とし、円珍と訣別させる意味がこめられていたと推察している（『円珍』一一九～一二〇頁）。

長安に入ってのちの智聡は、円珍が長安を辞し天台に向ってからもなお長安に留まっていた。そこで真如《しんにょ》親王の入唐（第六節参照）を知ると、これを迎えて、咸通《かんつう》四年（八六三）十二月から翌五年五月まで、越州より長安まで随行している。道中の案内と通事に当ったのであろう。唐の咸通六年、日本の貞観《じょうがん》七年（八六五）六月、宗叡《そうえい》や伊勢興房らが帰国するとき、『頭陀《ずだ》親王入唐略記』に、「但智聡法師。尚住《トドマッテ》二大唐《ニ》一不レ来」と名がみえ、なお唐に留まっている。

それから十二年を経た元慶《げんぎょう》元年（八七七）、李延孝《りえんこう》の船で、円載らとともに帰国の途についたが、途中で難破して、円載や李延孝らは溺死するが、智聡は、「時に破舟の間に、一小板有り。智聡、儻之《たまたま》に乗り著《つ》くことを得たり。須臾《しゅゆ》にして東風迅烈にして、浮査《ふさ》（いかだ）西に飛び、一夜の中に大唐温州の岸に漂著」（佐伯有清氏前掲書二五二頁）して、九死に一生を得ている。そして、その年の十二月二十一日に帰朝したことが、『日本三代実録』巻三二に見える。

●史料（『日本三代実録』）

元慶元年（八七七）十二月廿一日条（巻三二）

是の日、大宰府をして唐人駱漢中《らくかんちゅう》并びに従二人《ともびと》に衣粮《いらう》を量《はか》り賜はしめ給ひき。入唐求法《にっとうぐほう》の僧智聡、彼に在《あ》ること廿餘載《にじゅうよさい》にして今年此《ことしこ》に還《かへ》る。漢中は智聡に随《したが》ひて来《きた》りき。智聡言《まお》しけらく、『漢中は是大唐の処士《しょし》（官に仕えていない人）にして身に伎芸《ぎげい》多し。其の才操《さいそう》（文才）を勧《すす》めて同《とも》に来《きた》らしむ。躁求《さうきゅう》を事とせず、独艱渋《ひとりかんじゅう》を取る。願はくは、優恤《いうじゅつ》（あわれんで手厚くあつかうこと）を加へて旅情を慰め給はむことを』と。詔《みことのり》して請《こひ》に依《よ》り給ひき。

（武田祐吉氏『国文六国史第十』三九八頁）

駱漢中が、その「伎芸」で日本の文化にどのような貢献をしたのかは、詳《つまび》らかでないが、すぐれた人物を智聡は招致している。また智聡は、『梵字仏頂尊勝陀羅尼《ぼんじぶっちょうそんしょうだらに》』一巻を将来したり、安然《あんねん》（注）に悉曇学《しったんがく》（インドの音声に関する学問）を伝え、二十余年の在唐中に方言にも精通していたことが伺える。

（注）安然《あんねん》（八四一～九一五?）

平安中期の天台僧。最澄と同族と伝えられている。近江国の生まれ。円仁、遍昭《へんじょう》に師事して顕教と密教の二教のほか、戒、悉曇《しったん》（梵語《ぼんご》の字母《じぼ》）を学んだ。『日本三代実録』巻三十、元慶《がんぎょう》元年（八七七）閏二月十七日条に、「延暦寺の僧伝燈大法師位斉詮《せいせん》（生没年不詳）、伝燈満位安然、玄昭《げんしょう》、観漢《かんかん》等の四人に伝食駅馬《でんしょくえきば》を給ひて、大宰府に向《おもむ》かしめき。斉詮等の求法入唐《ぐほうにっとう》するに縁《よ》りてなり」（武田祐吉氏『国文六国史第十』三五八頁）とある。入唐を目指したが果たせず、入唐八家の請来経典類を研究しまとめた。清和《せいわ》天皇（八五〇～八八〇、在位八五八～七八）の勅命で安然が著した梵語世界の学問全体を八帖に纏めた解説書の『悉曇蔵《しったんぞう》』の写本が延暦寺に残る。安然は、「大日経」を中心とする密教重視を極限まで進めて、円仁・円珍の後を受けて天台密教（台密）を大成した。元慶八年（八八四）元慶寺座主。晩年は比叡山に五大院を創建して天台教学、密教教学の研究に専念。密教に偏重して東密との相違が不明瞭になり、内部から反感を買い、晩年は不遇であった。

円珍の入唐求法の旅は道綱母の知るところで、西界へのあこがれをつのらせていたと思われる。

第六節　真如親王《しんにょしんのう》の入唐にみえる五島

真如親王は、第五十一代平城《へいぜい》天皇（七七四～八二四、在位八〇六～九）の第三皇子で、第五十二代嵯峨天

皇の皇太子に大同《だいどう》四年（八〇九）に立たれるが、翌年の薬子《くすこ》の変（注）で廃せられている。

（注）薬子の変
平城天皇は、治世わずか四年で皇位を弟の嵯峨《さが》天皇（七八六〜八四二、在位八〇九〜二三）に譲り、寵愛していた藤原薬子を連れて、平城京へ移る。薬子の兄仲成《なかなり》は旧都の改修工事に着工し、仲成・薬子は平城上皇に重祚《ちょうそ》（再び天皇の位に即くこと）を勧め、藤原式家の復活を図る。弘仁《こうにん》元年（八一〇）九月、上皇は平城京への遷都を企てるが、嵯峨天皇は仲成を逮捕して射殺。東国へ脱出を図る上皇を坂上田村麻呂率いる軍隊で阻止する。上皇は出家し、薬子は毒を仰いで自殺する。

この事件で、俗名高丘《たかおか》親王は、皇太子を廃せられ、弘仁《こうにん》一三年（八二二）二十四歳で出家し、東大寺に入寺し、真如《しんにょ》と称する。『日本三代実録』巻四、貞観二年十月十五日条に、「真如は平城太上天皇《へいぜいだいじょう》の皇子《おうじ》にして、弘仁《こうにん》の廃《はい》皇太子なり」（『国文六国史第八』九八頁）とみえる。

真如親王は、東大寺に於て三論を、次いで空海（弘法大師）に密教を学ぶが、貞観《じょうがん》四年（八六二）六十四歳のとき、「真言宗を介して、仏教の奥義を究めよう」（杉本直治郎氏）として、僧俗六十人を率いて入唐するも、「疑いを質《ただ》す」ほどの師が見当らず、さらに天竺《てんじく》（インド）へ渡って、広く仏道の秘奥を究めようとされる。

●史料（『日本三代実録』）

元慶《がんぎょう》五年（八八一）十月十三日条（巻四〇）
親王《しんのう》、心に自ら為《おも》へらく、真言の宗義《しゅうぎ》は師資《しし》相伝《あひつた》へて猶《なほ》通《つう》ぜざる有り。凡《およ》そ此間《ここ》に在りては質疑《しつぎ》すべきこと難《かた》し。況《いは》むや復《また》電露《でんろ》の遂《つひ》に空《むな》しきを観《み》、形骸《けいがい》の早く弃《す》てらるるを顧《かへり》みるをやと。苦《ねんごろ》に入唐《にったう》して幽旨《いうし》を了悟《れうご》するを求め、乃至《ないし》は天竺《てんぢく》を尋訪《じんはう》せむと庶幾《しょき》す。（武田祐吉氏『国文六国史第十』一五五〜六頁）

皇円《こうえん》の『扶桑略記』巻二十、陽成《ようぜい》天皇元慶五年（八八一）十月十三日条にも同じ記事がみえる。

入唐の勅許を得、宗叡《そうえい》（注）、伊勢興房《いせおきふさ》ら僧俗六〇人を率いて、貞観四年（八六二）大宰府を発し、九月明州に到着。同六年二月洛陽に入り、五月長安に入った。

（注）宗叡（八〇九〜八四）
平安初期の真言宗の僧。入唐八家の一人。京都の禅林寺に没したため禅林寺僧正と称される。

『日本三代実録』（巻四十五）元慶《げんぎょう》八年三月二十六日の卒伝によると、南都広岡寺《ひろおかでら》の義演《ぎえん》法師に法相の宗義《しゅうぎ》を学んだ後、比叡山で義真《ぎしん》や智証大師円珍に天台宗の大義を、密教を禅林寺の真紹《しんしょう》より受けている。貞観四年（八六二）真如親王と入唐した宗叡は、汴州《べんしゅう》から別行動をとり、五台山で聖跡《せいせき》を巡礼した後、天台山に入る。その後長安に入り、法全《はっせん》や知恵輪《ちえりん》に真言の秘奥を学んで、貞観七年（八六五）李延孝の船で五島経由で帰朝。清和天皇の帰依を受け、生涯その寵遇を得る。宗叡は、「性沈重《ちんちょう》にして言談《ごんだん》を好まず、斎食《さいしょく》に当りては口に濃淡《のうたん》を言はず、未だ嘗《かっ》て寝《しん》に衣裳を脱がず、念珠《ねんず》手を離れず」（卒伝）の人であった。

この時、真如親王に従って入唐し、貞観七年（八六五）に帰国した伊勢興房の『頭陀親王入唐略記《ずだしんのうにっとうりゃくき》』に、日程、航程等が詳述されているので、必要箇所を提示する。杉本直治郎氏の定本に従う。

●史料

『頭陀親王入唐略記』

〔貞観三年〕

七月十一日 其晩頭。到二難波津一。便倩二-得太宰貢綿帰船二隻一。七月十三日。駕レ船。

八月九日。到二-着太宰府鴻臚館一。于レ時主船司香山弘貞申レ符。即大弐藤原冬緒《ふゆお》朝臣・筑前守藤原朝臣貞庭等。率二随身騎兵百余人一到来。頂拝存問。

九月五日。去向二壱岐島一。島司并講読師等。亦来迎囲繞。親王弥厭二此事一。此事左右《シ》。自レ彼渡著二小島一（此小島名云二斑島一云々）。於レ是白水郎多在。仍不レ累《ワズラワサレ》。更移二肥前国松浦郡之柏島一。

十月七日。仰二唐通事張友信《ちょうゆうしん》一。令レ造二船一隻一。

〔貞観四年〕

五月。造レ舶已了。時到二鴻臚館一。

七月中旬。率宗叡《そうえい》和尚・賢真《けんしん》・恵蕚《えがく》・忠全《ちゅうぜん》・安展《あんてん》・禅念《ぜんねん》・恵池《えち》・善寂《ぜんじゃく》・原懿《げんい》・猷継《ゆうけい》並船頭高丘真岑《たかおかまみね》等及控者十五人（此等並伊勢氏人也）。柁師《かじし》絃《げん》・張友信・金文習《きんぶんしゅう》・任仲元《じんちゅうげん》（三人並唐人）建部福成《たてべのふくなり》・大鳥《おおとりの》智丸《ともまる》（二人並此間人）水手《かこ》等。僧俗合六十人一。駕レ舶離二鴻臚館一。赴二遠値嘉島一。〔于レ時大唐商人李延孝。

在前居二鴻臚館一〕

八月十九日。著二遠値嘉島一。

九月三日。従二東北風一飛レ帆。其疾如レ矢。四日三夜馳渡之間。

九月七日。午尅。遙見雲山。七日。未尅。著二大唐明州之揚扇山一。

〔貞観七年〕

正月二十七日。率二安展・円覚《えんかく》・秋丸《あきまる》等一。向レ西已了。須下停二赴来一。早駕二李延孝《りえんこう》船一。帰中本国上者。

因宗叡和尚・興房《おきふさ》等。

六月。駕二延孝船一。自二大唐福州一得二順風一。五日四夜。著二値嘉島一。

但智聰《ちそう》法師。尚住《トドマッテ》二大唐一不レ来。

（傍線—引用者）（杉本直次郎氏前掲書三三五〜九頁）


真如《しんにょ》親王は、貞観七年（八六五）正月二十七日に、広州から海路、更なる仏教の秘奥《ひおう》をきわめるために、天竺《てんじく》（インド）行きを決意され、三人の従者・安展《あんてん》・円覚《えんかく》（注）・丈部《はせつかべ》秋丸《あきまる》を伴って出帆するも、途中の羅越国《らえつ》（マレー半島南端）で遷化《せんげ》される。杉本直治郎氏の考定によれば、六十七歳である。

（注）円覚《えんかく》（生没年不詳）

円覚の名は、円珍の求法に力をかし、真如親王の入竺に随ったことに、みえている。円覚の俗名は田口氏。円珍の『入唐求法目録』に、「此本国僧田円覚。唐開成五年過来。久住二五台一。後遊二長安一。大中《たいちゅう》九年。城中相見」とみえ、開成《かいせい》五年（承和七年（八四〇））に私的に入唐したことが知られる。円仁らが入唐した翌々年である。久しく五台山に住していたが、後に長安に移った。円珍に逢ったのは、大中九年（八五五）五月のことで、円珍は彼の尽力で種々の便宜を得て、青龍寺の法全《はっせん》和尚から密教を学び、幾多の典籍を写して、目的を達し七ヶ月後の十二月長安を去る。円覚も同年九月に法全から胎蔵灌頂を受けている。その後天台山に到るまで終始行動を共にしたと橋本進吉博士は推測している（「真如親王と共に渡天の途に上った入唐僧円覚」三四頁参照）。また、円珍は大曼荼羅像《だいまんだらぞう》を画工の刁慶《ちょうけい》に図絵させた時、「円覚が専ら勾当《こうとう》（事務担当）に与《あづか》り、国の為に力を竭《つく》せり」（『円珍伝』）と、感謝の気持を表現している。

この後に、円覚の名は、咸通《かんつう》六年（貞観七年（八六五））の『頭陀親王入唐略記』に、「正月二十七日。率二安展・円覚・秋丸等一。向レ西已了」とある。側近の安展《あんてん》、仕丁《しちょう》の丈部《はせつかべ》秋丸《あきまる》と、真如親王の天竺行に随行したのである。広州を出帆して西方へ向ったが、その後の消息は不明である。それから十六年を経た元慶《がんぎょう》五年（八八一）在唐僧中瓘《ちゅうかん》の上奏により親王の薨去が明らかになっているが、その時親王と運命を共にしたと推察している。

真如親王は、老齢をも顧みず、生きたる仏法を求めて、入唐され、それでもまだ飽き足らないで、仏教発祥地の天竺を目指した最初の日本人として、高く評価されている。この真如親王の天竺での遷化は、道綱母にも、伊勢興房《いせおきふさ》の『頭陀親王入唐略記』、『日本三代実録』等によって、鮮烈な印象を与えたであろうし、親王の入唐航路が「値嘉島」と強く記憶されたとの推測も許されるであろう。

承和《じょうわ》五年（八三八）の最後の遣唐使が派遣されてから、道真が停止を決定する寛平《かんぺい》六年（八九四）までの間に、円覚《えんかく》が承和七年（八四〇）に、恵運が承和九年（八四二）に、円珍《えんちん》が仁寿《にんじゅ》三年（八五三）に、真如親王が貞観《じょうがん》四年（八六二）に、それぞれ唐や新羅の商人の船に便乗して入唐している。また、円覚や中瓘《ちゅうかん》のように私的に密出国のような形で入唐して長期に在唐している僧も散見されるのが、平安初期の日唐交流の新たな姿である。一方、平安貴族の「唐物」への憧憬もあって、私貿易は盛んになり、唐・新羅の商船の来航は頻繁になる。

以上、平安時代前期の入唐求法の僧六名の成果をまとめてみたが、最澄・空海が持ち帰った密教という新しい仏教が将来され、平安貴族社会に受け入れられ、天台宗と真言宗が、時代の主流となる。天台宗は、最後の遣唐使に留学僧の円載・請益僧の円仁が入唐した後も、承和九年（八四二）頃に円修が、そして仁寿三年（八五三）に円珍が、求法のために、私的に入唐している。

一方、真言宗でも最後の遣唐使には請益僧円行《えんぎょう》を派遣した後、承和九年（八四二）五月に恵運《えうん》が、貞観四年（八六二）には真如親王・宗叡《そうえい》が、求法のために入唐するなど、唐船の帰りを利用して渡海している。国家の支配層の要請にこたえる意味で、「鎮護国家」をかかげて、宗勢の拡大に乗りだした天台・真言の新しい仏教宗派にとっては、新たな仏法の導入は避けて通れない道であった。

寛平六年（八九四）九月、菅原道真の上奏により二六〇年にわたる遣唐使の歴史に終止符が打たれる。その後、私的な海外通交の禁止など一貫した対外方針の維持が図られ、大陸との交渉は唐船を介して行われるようになる。この間にも、天台山や五台山への巡礼僧には、特別に出国が認められた。

延久《えんきゅう》二年（一〇七〇）に天台山・五台山への巡礼を志し、その入宋の勅許を願い出た成尋《じょうじん》阿闍梨は、巡礼の先例として、天慶《てんぎょう》（九三八～四七）の寛建《かんけん》、天暦《てんりゃく》（九四七～五七）の日延、天元《てんげん》（九七八～八三）の東大寺僧奝然《ちょうねん》、長保《ちょうほう》（九九九～一〇〇四）の寂照《じゃくしょう》の四名を挙げている。日延は、すでに第三章で取り上げた。寂照は『蜻蛉日記』執筆後の長保四年（一〇〇二）の入宋であるので、考察対象から除外する。

延長《えんちょう》四年（九二六）五月二十一日、南都興福寺の寛建にお召しがあり、寛建一行十一人が、菅原道真・紀長谷雄《はせお》の詩集九巻、小野道風《どうふう》の行書・草書各一巻を持参して、延長五年正月博多津を出帆したのが、遣唐使停止後、朝廷の許可を得て大陸へ渡った最初の仏僧である。中国の内情を知らないまま出発した一行には、過酷な運命が待ち受け、寛建は建州《けんしゅう》（現在の建甌《けんおう》）で悶死する。

この後、東大寺学僧・奝然（九三八～一〇一六）の永観《えいかん》元年（九八三）の入宋となる。十二月十九日、宋都汴京《べんけい》に到着し、二十一日には崇政殿《すうせいでん》で太宗《たいそう》に謁見。太宗から紫衣《しい》と法済大師の号を下賜され、左街の明聖観音院に滞在することを許される。五台山などを巡拝。帰国後嵯峨に清涼寺《せいりょうじ》を建て、三国伝来の釈迦像などを将来して安置した。奝然については、日記執筆への影響は考えられない。

しかし、このような特例の恩恵に浴した者はごく僅かであり、聖蹟や中国文化を渇仰する人びとは、国禁を犯し中国商人の手をかりて密航するほかに方途はなかったのである。

参考・引用文献（敬称略）

・田村晃祐『最澄』吉川弘文館　一九八八年
・「叡山大師伝」（『続群書類従・第八輯下　伝部』一九二七年所収）
・武内孝善「最澄・空海と霊仙」（『遣唐使船の時代―時空を駆けた超人たち―』角川選書　二〇一〇年所収）
・日本思想大系4『最澄』（安藤俊雄・薗田香融校注）岩波書店　一九七四年
・田村晃祐『日本の仏典1最澄』筑摩書房　一九八七年
・森田悌全現代語訳『続日本後紀（上）』前掲
・日本古典文学大系71『三教指帰《さんごうしいき》性霊集《しょうりょうしゅう》』（渡辺照宏・宮坂宥勝《ゆうしょう》校注）前掲
・傍訳弘法大師空海『性霊集（中）』（宮坂宥勝編著）前掲
・遠藤祐純《ゆうじゅん》訳注「御遺告（二十五箇条）」（『弘法大師空海全集第八巻』筑摩書房一九八五年所収）
・佐伯有清『円仁』吉川弘文館　一九八九年
・佐伯有清『悲運の遣唐僧―円載の数奇な生涯―』吉川弘文館　一九九九年
・『国史大辞典2』吉川弘文館　一九九〇年

・『国史大辞典7』吉川弘文館　一九八七年
・田中史生《ふみお》「最後の遣唐使と円仁の入唐求法」（『遣唐使船の時代―時空を駆けた超人たち―』角川選書　二〇一〇年所収）
・慶滋保胤『日本往生極楽記』前掲
・「入唐五家伝」（『続群書類従・第八輯上伝部』（塙保《はなわほ》己一《きかず》編）一九七八年訂正三版所収）
・京都大学史料叢書17『安祥寺資財帳』（京都大学文学部日本史研究室編）思文閣出版　二〇一〇年
・『平安遺文古文書編　第一巻』（竹内理三《りぞう》編）東京堂出版　一九四七年
・「続日本後紀」（『国史大系第三巻』（黒坂勝美編）吉川弘文館　一九三四年所収）
・戸田芳実「平安初期の五島列島と東アジア」（初出一九八〇年）前掲
・吉見博「肥前国松浦郡田浦考序説」前掲
・佐伯有清『円珍』吉川弘文館　一九九〇年
・佐伯有清「円珍伝の校訂と注解」（『智証大師伝の研究』吉川弘文館　一九八九年所収）
・杉本直治郎『真如親王伝研究』吉川弘文館　一九六五年
・橋本進吉「入唐僧智聡と悉曇蔵の聡法師（初出一九二四年）（『伝記・典籍研究』岩波書店　一九七二年所収）
・『日本三代実録（中）』（武田祐吉編）（『国文六国史第八・第十一』大岡山書店　一九三五年・一九三六年所収）
・藤善真澄「不帰の客」（日中文化交流史叢書10『人物』大修館書店　一九九六年所収）
・橋本進吉「真如親王と共に渡天の途に上った入唐僧円覚」（初出一九二三年）（『伝記・典籍研究』岩波書店　一九七二年所収）
・「朝野群載」（『国史大系二十九巻上』（黒坂勝美編）吉川弘文館　一九三八年所収）

第七章　古代人の他界観

『蜻蛉日記』の執筆された十世紀後半に、都びとが抱いていた他界観をまとめて、日記の書かれた時代背景を考察する。日記に色濃く反映されている古代性は、作者道綱母が生きた時代がまだ古代の価値観に支配されていたことを示しており、第一節では「島がくれ」という表現に注目して、その典型を『萬葉集』に求めてみることとする。そして道綱母とほぼ同時代を生きた紫式部・和泉式部の他界観を、それぞれの詠歌を通して紹介し、この時代の女性の他界観をみることとする。第二節では、古代の死者のゆくえを、堀一郎氏の分類に従って、『萬葉集』の代表的な挽歌を提示して、その傾向を理解することとする。第三節では、帚木《ははきぎ》伝説と『蜻蛉日記』の亡き人に逢える伝説の同時代性について、私見をまとめて第一篇の時代背景の考察を終えることとする。

十世紀の中ばすぎに、平安京の都びとのあいだで、ひそかに語られた亡き人に逢えるみみらく伝説は、その後千年の時を超えて、現在に伝わっているのだが、その伝承の系譜については、第二篇で取り上げることとする。

第一節　「島がくれ」にみる古代の他界観

『蜻蛉日記』康保《こうほう》元年七月条にみえる「せうとなる人」の藤原長能《ながとう》（理能《まさとう》の説も）が、亡くなった母上のことを詠んだ歌の、

いづことか音にのみ聞くみみらくの島がくれにし人を尋ねん（傍線―引用者）

「島がくれ」という「死ぬ」という語を、敬避した表現にこめられた古代日本人の他界観のなかに、みみらく伝説発生の背景を考察してみる。ここでいう「他界」は、小松和彦氏に従い、

他界とは人々が周囲の世界の中に見出す、ある種の遠近的感覚の産物である。すなわち、他界とは、物理的にあるいは社会的にあるいはまた心理的に遠方に存在するものであって、これは双方、つまり自分の属する世界とそうでない世界（＝他界）との間に、必ず一定の距離（小松氏）が設けられていることを意味している。この距り（小松氏）が埋め尽くされない限りにおいて、他界は他界として存在しうるのである。恐らくは、この「距り」の徹底的追究によってこそ他界観の本質は明らかとなる、と私は考える。

（「海上他界の思想」一九九頁）

と規定しておきたい。「他界観」を、このような前提にたって、『万葉集』、『紫式部集』、『和泉式部集』のなかにみえる「他界観」を取り上げ、日記執筆時に、古代や同時代人の他界観に、作者道綱母がどのような影響を受けているかを考えてみたい。

『万葉集』にみる他界観

古代日本の他界観の種々相を垣間見せてくれる資料が、『万葉集』である。堀一郎氏は、「万葉集にあらわれた葬制と、他界観、霊魂観について」で、挽歌のなかから、死者の行方を詠じたもの、死者葬場についてよんだもの、死者について連想している自然現象や物などについて、九十四例を抽出し、以下に七種に分類している。二項目にわたる歌が、二十六首（内二首は三項目）含まれる。

I. 山丘に隠れる、山隠る、磐《いわ》かくる、山によって故人を偲ぶ…四十七例
II. 雲霧に乗って天に昇る、天隠る、雲隠る、高きに通う、雲霧によって故人を偲ぶ…二十三例
Ⅲ. 海辺にしずまる、島にしずまる、島隠る、海島について故人を偲ぶ…二十三例
IV. 樹木について故人を偲ぶ…十三例
V. 野にしずまる、野を過ぎてゆく…五例
VI. 川、谷にしずまる…四例

Ⅶ．冥道、黄泉、地下、はるかなる所へ行く…七例　（傍線―引用者）

Ⅲの「海辺にしずまる、島にしずまる。島隠る、海島について故人を偲ぶ」事例は、二十三例で、全体の四分の一を占めるだけで、堀氏は、当時の一般の観念を、

人の死するに当っては、死者の霊魂が高きにつくとした着想がいちじるしい。もしⅠの「山隠る」とⅡの「雲隠る」とを同一思想類型と見るならば、その合計は七〇首、七四・四七パーセントを占めることになる。そしてⅠは主として葬場、埋葬地についてよまれた例が多く、Ⅱはむしろ観念的に死者霊魂の行方を詠じたものと見ることも出来よう。これに山、丘、雲霧、煙などがこの連想を助ける媒体ともなっている。（前掲書六二頁）

と分析し、「死者霊魂が山丘にのぼり、そこにかくれ、もしくは天上の世界に雲隠れると表現した例が圧倒的に多いことは事実であり、注目すべきことといわなければならない」（前掲書六三～四頁）と結んでいる。これに対して、折口信夫氏は、「民族史観における他界観念」のなかで、

――私は日本民族の成立・日本民族の沿革・日本民族の移動などに対する推測から、海の他界観ま

づ起り、有力になり、後、天空世界が有力になり替ったものと見てゐる。

だから、天及び天につづく山に関しての場合、ある落ちつきのなさがあって、其が新しく起った思想に、如何にも適合してゐるかの感を与へるのではないかと思ふ。他界と祖霊との関繋は何としても合理的な点がある。之が天上説にたなびく根本の不安定感なのであろう。葬儀に関して、屍体処分の風習を思ふと、海彼岸説が極めて自然で、寧その事に引かれて、海中に他界を観じる様になったと考へてよい。（五三〜四頁）

として、この『萬葉集』にみえる他界観を比較的新しい思想としている。折口氏の考えに従い、海上他界観をまとめると「全日本の海岸線をずっとみてまわると神を祀らぬ岬がほとんどないということに関係があり」（村武精一氏「海上他界観」一六〇頁）、「たとえば日本本土では、〈この世〉と〈あの世〉との境にしばしば岬や地先の島が考えられている。たとえば、熊野や足摺岬などにみられる海上他界信仰である」（同頁）ということになり、「海のかなたに〈異界〉を想像し、そこは〈この世〉を支える何らかの〈霊力〉の源泉の国であると考えた」（同頁）のである。

このような海上他界観の一変形が、みみらく伝説誕生の背景にあると、筆者は考えるのだが、海上他界観について、堀一郎氏は全く言及していない。さらに、伊藤幹治氏は、「古代の葬制と他界観念の構造」のなかで、『萬葉集』の挽歌を分析して、次の四類型にわける。

Ⅰ．風葬・洞窟葬＝他界不明型
Ⅱ．土葬（埋葬・古墳式）＝山中他界型
Ⅲ．火葬＝天上他界型
Ⅳ．土葬＝地下他界型

伊藤氏は、これを担う集団を、（Ⅰ）下層社会＝庶民プロパーと（Ⅱ）上層社会＝貴族プロパーの二階層・二民群にわけ、仮説的に、次の二類型に集約している。

（Ⅰ）風葬・洞窟葬＝山中・洞窟他界型
（Ⅱ）土葬（埋葬・古墳式）・火葬＝山中・天上他界型

そして伊藤氏によれば、貴族階級を中心とする民群は、

葬所として定められた丘陵・台地の上に、壮大な墳墓を構築し、その中に屍体を奉安して、古くから持続・伝承されている山を霊魂の滞留場所とする観念を担いながらも、一方には、火葬法の受容によって、そこに他界観念の分化を生じ、冉々《ぜんぜん》と高く立ち昇る火葬の煙を、空に漂い、山際にたゆたう雲にたとえ、死後霊魂のゆくへを、空に浮遊する雲の彼方に、或は茫邈《ぼうばく》とした空の中に求めて、天上他界を想定したものである。（前掲書二九頁）

天上他界観を、貴族と支配層のものと想定している。大林太良氏は、「天上他界観を山上他界観から区別し、天上他界観をもって貴族ないし支配者層のものと認めたことは、堀論文に比べて大きな前進であった」（「天上他界観」八八頁）と評価している。天上他界観については、第二節で、提示する。

堀氏のⅢ類に分類された二十三例のうち、『万葉集』の挽歌に「島隠る」と詠まれた歌は、ただ一首。巻十五の、壱岐島で雪連宅満《ゆきのむらじやかまろ》が鬼病《きびょう》で亡くなった時に、葛井連子老《ふぢいのむらじこおゆ》が詠んだ反歌があるのみである。しかも佐竹昭広氏などは、「山隠《やまがく》れぬる」との訓釈を、新日本古典文学大系3『万葉集三』四三八頁に付けているように、解釈の分れる問題の歌の一首だけである。

三六九二 はしけやし妻も子どもも高々《たかたか》に待つらむ君や島隠れぬる（注）

（ああいたわしい、妻も子供も伸び上がるようにして待っているだろう君は、島かげに隠れてしまったのだなあ）

（注）佐竹昭広氏は、「之麻《しま》」を「也麻《やま》」の誤字として「山隠る」と主張されている（『白珠』第七巻第九号）が、筆者は、大浜厳比古《いつひこ》氏の「挽歌だからといって山を主張しなければならぬといふ事にはならない。山丘に関するものの多いのは、それが最も一般的で通常の場合であるからであり、島・海浜の場合は通常ならざる場合（入水・遭難・行路病死・客死・屍体放置）がその殆んどであるから、集録の結果の比率がさうなるのであって、その用例の多少から「山隠る」が「島隠る」よりも〝人の死を言ふ場合の表現として似つかはしい〟とは言へまい」（「コロンブスの卵」三六頁）との結論に従うべきと考える。

この他に、『萬葉集』には「島隠れ」と詠んだ次の三首の歌があるが、死者を悼む意ではなく、「島かげにかくれる」（『角川古語大辞典』一七〇頁）の意で詠まれている。

巻六、雑歌
辛荷島《からにのしま》に過《よき》りし時に、山部宿祢赤人《やまべのすくねあかひと》の作りし歌
九四四　島隠《しまがく》り我《わ》が漕ぎ来ればともしかも大和《やまと》へ上《のぼ》るま熊野《くまの》の船
（島に隠れながらわたしが漕いでくると、うらやましい大和の方へ漕ぎ上ってゆく熊野の舟よ）
（傍線—引用者）（新日本古典文学大系2『萬葉集二』三五頁）

巻十二、問答歌
三二一二　八《や》十《そ》梶《か》掛《か》け島隠《しまがく》りなば我妹子《わぎもこ》が留《と》まれと振らむ袖《そで》見えじかも
（たくさんの梶を取り付けて島の向こうに漕ぎ隠れたら、我妹子が「留まれ」と振る袖が見えないだろうなあ）
（傍線—引用者）（新日本古典文学大系3『萬葉集三』二一五頁）

巻十五、船に乗《の》りて海路上《かいろじゃう》に入《い》りて作りし歌
三五九七　わたつみの沖つ白波立ち来《く》らし海人娘子《あまをとめ》ども島隠《しまがく》る見ゆ
（海原の沖の白波が立って来るらしい。海人おとめたちが島に漕ぎ隠れるのが見える）
（傍線—引用者）（新日本古典文学大系3『萬葉集三』三九七頁）

この『萬葉集』の「島隠れ」のイメージは、平安・鎌倉の歌人たちへと引き継がれ、『新編国歌大観第一巻勅撰集』に採録されている「島隠れ」と詠んだ歌は、管見によると、以下の八首である。

『古今《こきん》和歌集』（延喜《えんぎ》五年（九〇五））（巻九、羇旅歌《きりょのうた》（序にもみえる））

四〇九　ほのぼのと明石の浦の朝霧に島がくれ行く舟をしぞ思ふ

（ほのぼのと明るくなる明石の浦に立ちこめている朝霧の中を、淡路島に隠れてゆく船をあわれに思うことよ）

この歌は、ある人のいはく、柿本人麻呂が歌なり　（傍線―引用者）（『窪田空穂全集二十巻』四三三頁）

この歌は、『古今和歌六帖』巻三にも採られている。

『後撰《ごせん》和歌集』（天暦《てんりゃく》五年（九五一））（巻十七、雑歌三）（読人不知）

いとしのびてかたらひける女のもとにつかはしけるふみを、心にもあらでおとしたるを見つけて、つかはしける

三三　島がくれ有そにかよふあしたづのふみおく跡は浪も消《け》たなん

（島の陰になっている磯にこっそり通ふ鶴が踏み置いた足跡は、寄せる浪がこっそりと消してほしいものです。こっそりとお贈りした手紙は、証拠が残らないようにしていただきたいものです）

（傍線―引用者）（新日本古典文学大系6『後撰和歌集』三六五頁）

『拾遺《しゅうい》和歌集』（長徳《ちょうとく》四年（九九八））（巻六、別）

笠金岡《かさのかなをか》が唐《もろこし》にわたりて侍りける時に、めのながうたよみて侍りける返し　かなをか

三五二　浪のうへに見えしこじまのしまがくれゆくそらもなしきみにわかれて
（波の上に見えた小島が、船が進むに従って島に隠れてゆく。私は旅立つ気持もしない。愛する貴女に別れ、後ろ髪を引かれる思いで）　（傍線―引用者）（新日本古典文学大系7『拾遺和歌集』一〇一頁）

『玉葉《ぎょくよう》和歌集』（正和《しょうわ》元年（一三一二））（巻六、冬歌）（読人不知）
九九　山のはも見えぬあかしのうら千どりしまがくれゆく月になくなり　（傍線―引用者）

『新拾遺《しんしゅうい》和歌集』（貞治《じょうじ》三年（一三六四））（巻一、春歌上）
春御歌中に　後鳥羽院御製
三六　明石がた春こぐ舟の島がくれ霞にきゆる跡のしらなみ　（傍線―引用者）

『新葉《しんよう》和歌集』（弘和《こうわ》元年（一三八一））（巻八、羈旅歌《きりょのうた》）
題しらず　前中納言為忠《ためただ》
五五七　しほがまのうらかなしかるふなでかな霧の籬《まがき》の島がくれして　（傍線―引用者）

『新読古今《しんしょくこきん》和歌集』（永享《えいきょう》一一年（一四三九））（巻六、冬歌）
題しらず　藤原雅顕《まさあき》
六七五　あかし潟せとの塩かぜさ夜ふけて島がくれなく友千どりかな　（傍線―引用者）

『新続古今和歌集』（永享《えいきょう》一一年（一四三九））（巻九、離別歌）
修理大夫顕季《あきすえ》はりまのすけにてくだりける時、川尻までおくりにまかりて、

舟こぎはなるるほどはるかにかすみわたるをみて　津守国基《つもりのくにもと》

九〇一　島がくれこぎ行くまでもみるべきにまだきへだつる春の霞か

（傍線―引用者）

紫式部にみる他界観

この八首にみられるように、平安・鎌倉期の歌では、「島隠る」は、一般的には「死ぬ」という意よりも、「島かげに隠れる」「島かげに隠れて視界から消えて行く」というイメージで詠まれている。

こうしたイメージが、原田敦子氏によると、

和歌の伝統の世界の中で、幽明境を異にしてあの世に去ってゆくというイメージに重ね合わされてきたのであった。現に紫式部は亡夫宣孝《のぶたか》のことを、亡くなりし人のむすめの、親の手書きつけたるものを見て、言ひたりし

四三　夕霧にみ島がくれし鴛鴦《をし》の子の跡を見る見るまどはるるかな　（紫式部集）

と詠じているが、清水好子氏も指摘された如く、この歌が古今羈旅歌《きりょのうた》四〇九の「ほのぼのと…」に全面的に拠っていることは明らかである。平安貴族社会に於けるこのような海上他界観の情化が、みみらく伝承の受容と文学化を容易にしたことは充分考えられる。

（傍線―引用者）（前掲書三九二頁）

道綱母とほぼ同時代を生きた紫式部に、亡夫宣孝が亡くなった時に、「み島がくれ」と詠んだ挽歌があることが注目される。式部は、『蜻蛉日記』を読み、その影響をうけて、著作、詠歌に励んだ人であるが、この歌も日記の康保元年七月条の記事を読んで詠まれた歌ではないだろうか。

紫式部が、「み島がくれ」を歌語として初めて用い、定着させた（南波浩氏『紫式部集全評釈』二四九頁）のであるが、この歌の大意は、南波氏によると、次の通りである。

> 残されたものの晴れやれぬ嘆きの中に亡くなって行った、いとしいあの方の、あとに残された娘が、父の筆跡をまねて書き記していたものを、私はじっとながめながら、亡き夫のことが偲ばれて、おのずと心が千々に乱れてくることでしたよ（やはりこの娘も同じく父のことが忘れかねて、思い偲んでいるのですわねえ）。
>
> （前掲書二四九頁）

ところが、伊藤博氏は、亡夫宣孝の他の妻との間の娘が詠んだ歌とし、次のように解釈する。

> 夕霧のたちこめる中を島陰に姿を隠した親鳥の、足跡を見ながら途方にくれている鴛鴦《をし》の子のように、亡くなった父の筆跡を見ながら悲嘆にくれていることです。

（新日本古典文学大系24『紫式部集』三三七頁）

さらに清水好子氏も、この歌を「亡くなりし人の娘」が継母の紫式部に贈った歌とされている（『紫式部』九四〜六頁）が、式部自身が詠んだ歌とするのが、妥当であるように、筆者には思われる。

また、式部はこの「み島がくれし」を、『源氏物語』澪標《みおつくし》の帖で、

数ならぬみ島がくれに鳴く鶴《たづ》を今日《けふ》もいかにと問ふ人ぞなき

（跡名も無きみ島の蔭に鳴く鶴のように、物の数でもない我が身の蔭に泣いている子を、この五十《いか》日の祝いの日に『如何《いか》にすごしているか』と尋ねてくれる人とてもありません）

（林望氏『謹訳源氏物語三』一八四頁）

と、明石の君の源氏への返事のなかに、使っている。

この「み島がくれ」の歌語は、紫式部の著作の影響力の大きさもあって、後世の歌人に使われるようになる。筆者が、確認できたのは次の六首である（傍線―引用者）。

『新勅撰《しんちょくせん》和歌集』（文暦《ぶんりゃく》二年（一二三五））（巻十二、恋歌二）

恋歌よみ侍りけるに　　藤原行能《ゆきよし》朝臣

七四　かずならぬ身しまがくれにこぐ舟のあとなきものは思ひなりけり

（『新編国歌大観第一巻』二七四頁）

『新撰和歌六帖』（寛元《かんげん》二年（一二四四）頃）（第三帖）

二九六　としをふるみしまがくれによる浪のおとにはたてず世をなげきつつなみ

（『新編国歌大観第二巻』三八四頁）

『新撰和歌六帖』（寛元二年（一二四四）頃）（第五帖）

一六二七　こぎかへるみしまがくれのもかりぶねほにはしこふな人しれずのみかくれづま

（『新編国歌大観第二巻』三九〇頁）

『続古今《しょくこきん》和歌集』（文永《ぶんえい》二年（一二六五））（巻十八、雑歌中）　従二位成実《しげざね》（なりざねとも）

一六二九　ともづるのむれゐしことはむかしにてみしまがくれにねをのみぞなく

（『新編国歌大観第一巻』三五一頁）

『夫木《ふぼく》和歌抄』（延慶《えんきょう》三年（一三一〇））（第二十七、雑部九動物部）

宝治《ほうじ》二年（一二四八）百首、島鶴　従二位頼氏卿《よりうぢきょう》

一三六五六　子を思ふ声もまがはしほがまのみしまがくれのまつのともづる

『新続古今《しんしょくこきん》和歌集』（永享《えいきょう》一一年（一四三九））（巻十一、恋歌一）　（『新編国歌大観第二巻』七五二頁）

洞院摂政家百首歌に、忍恋　正三位知家《ともいえ》

一〇三六 さても又人しれずのみきえわびぬみしまがくれのあまのいさり火　（『新編国歌大観第一巻』七四四頁）

和泉式部《いずみしきぶ》集にみる他界観

道綱母、紫式部とほぼ同時代を生きた和泉式部（生没年不詳）の歌に詠まれた、生死の関係に関する意識を、彼女の歌集のなかに探してみると、万葉びとの他界観が平安朝まで続いていることがよく理解できる。思いつくままに、提示してみる。

また人の葬送するを見て

一六一 立ちのぼる煙《けぶり》につけて思ふかないつまた我を人のかく見む

（立ちのぼる煙を見るにつけても、つい考へこんでしまひますわ。今はあたしもかうして人を葬る煙を同情しながら見てゐるけれど、いつ又、あたしをこのやうに人が見る事になるかしらと）

遠き所へ行く人に、「世の中のはかなき事」と言ひて

二一四 それと見よ都の方の山際《やまぎは》に結ぼほれたる煙《けぶり》けむらば

（あちらへいらしってから、もし都の方の山際に、何か物思ひありげにからみあって立ち昇る煙が煙ったならば、それは尽きせぬ物思いに乱れて亡くなったわたしを焼いているのだと思って見て下さいね）

二七三　はかなくて煙《けぶり》となりし人により雲居の雲のむつまじきかな

（はかなく煙となって立ち昇ってしまった人のために、大空にたなびく雲が、せめてものかたみに思われて、何だかなつかしくてたまりません）

紫式部にも、「世のはかなきことをなげくころ、陸奥《みちのく》に、名あるところどころ書いたる絵を見て、塩釜《しほがま》」と、頭書のある、次の歌がある。

四八　見し人の煙《けぶり》となりし夕《ゆうべ》より名ぞむつましきしほがまの浦

（あの人が煙となって立ちのぼられてから以後は、つねに煙の立ち昇っている塩釜の浦というところが、その名を聞いただけでも、なつかしく親しみをおぼえることだ）　（南波浩氏『紫式部集全評釈』二八七頁）

心にもあらぬ事にて、ほかへ行くとて

三九　我ながら身の行く方を知らぬかな漂ふ雲のいづちなるらむ

（わたし、これから自分がどうなって行くのか、自分でもまるで判らないの。大空を漂ふ雲のやうに、いったい、流れ流れてどちらへ行く身なのやら…）

「我不愛身命」（われ、身命《みいのち》をば惜《お》しまず）と言ふ心を、上《かみ》に据ゑて

四九　我を人無くは偲《しの》ばむものなれやあるにつけてぞ憂《う》きも憂きかし

（もし、わたしがゐなくなったら、あの人、懐かしく思ひ出してくれるかしら？　わたしがかうして生きてゐるから、それであの人の冷たさも、あんなにひどいのだわ）

我不愛身命《われみいのちをばおしまず》という法華経勧持品《かんじほん》の句の各一字を、一首の初めに置いて、十二首を詠んでいる歌のなかに、つぎのような二首がある。

四四　近《ちか》く見る人もわが身もかたがたに漂ふ雲とならむとすらむ

（身近かに見てゐる人―夫―も、わたしも、それぞれ別な方角へ漂って行く雲のやうに、別れ別れになって行く事でしょう）

四六　はかもなき露をばさらにいひおきてあるにもあらぬ身をいかにせむ

（はかないもののためしにされる露のはかなさは、むろん言ふまでもない事として、生きた心地もしない、このわたしの身は、いったい、どうしたらよいのでしょう）

五日、端近《はし》う行ひしてながむれば、雲のけしきも、いとあはれに覚ゆれば

六四　西へ行く雲に乗りなむと思ふ身の心ばかりはきたへ行くかな

（西へ西へと流れて行く雲、わが身はあの迎へる雲に乗って、西方弥陀の極楽浄土へと願ってゐるわたしなのに、ふしぎとわたしの心だけは、あの方が「来《き》」と同じひびきの、恋しい人のよそへと古歌にも詠まれた北の雨雲へと傾いてしまふのです）

仏教の往生、来迎思想の影響を受けた歌と、解釈すべきとは、小松登美氏の見解である。

（佐伯梅友・村上治・小松登美共著『和泉式部集全釈』、『和泉式部集全釈―続集編―』から引用）

和泉式部には、「島隠れ」を詠んだ歌は、みあたらないが、仏教の影響を受けた他界観を沢山詠んでいるので、道綱母と同時代の女流歌人として登場してもらった。

第二節　古代の死者のゆくえ

佐藤弘夫氏の『死者のゆくえ』によると、

古代人は、人間を霊魂と肉体からなる存在と考えていた。その二者は容易に分離することが可能であり、魂が遊離すればその人物は仮死状態に陥った。無意識のうちに、魂が身体から離脱していくこともあった。（中略）

人間を構成する二つの要素のうち、人格や個性の形成に関わるものは肉体ではなく魂の方だった。肉体は魂の入れ物であり、魂が分離した後はただの抜け殻に過ぎなかった。（四一頁）

ので、死は、身体を離れた霊魂が、二度と同じ肉体に戻らないことを意味した。

そして、死者の霊魂は、「山に隠れる」「雲霧に乗って天に昇る」という形で、「万葉集を分析した限りでは、死者霊魂が山丘にのぼり、そこにかくれ、もしくは天上の世界に雲隠れると表現した例が圧倒的に多いことは事実であり、注目すべきことといわなければならない」（堀一郎氏前掲書六三～四頁）。

『萬葉集』の中から代表的な歌を選んで提示する（以下、新日本古典文学大系『萬葉集』から引用）。

山に隠れる歌（山上他界観）

巻二、大津皇子《おほつのみこ》の屍《かばね》を葛城《かづらき》の二上山《ふたがみやま》に移し葬《はぶ》りし時に、大来皇女《おほくのひめみこ》の哀傷《あいしゃう》して御作《つく》りたまひし歌

一六五　うつそみの人なる我《われ》や明日《あす》よりは二上山を弟《いろせ》と我《あ》が見む

（この世の人である私は、明日からは、二上山を弟として眺めることでしょうか）

巻二、柿本朝臣《あそみ》人麻呂の、妻死して後に、泣血哀慟《きゅうけつあいどう》して作りし歌

二〇八　秋山の黄葉《もみち》をしげみ惑《まと》ひぬる妹《いも》を求めむ山道《やまぢ》知らずも

（秋山の黄葉が茂くて、迷い込んでしまった妻を捜しに行くのに、その山道が分らない）

巻三、悲緒《ひしょ》未《いま》だ息《や》まず、更に大伴宿祢家持《おおとものすくねやかもち》の作りし歌

四七一　家離《いへざか》りいます我妹《わぎも》を留《とど》めかね山隠《がく》しつれ心どもなし

（家を離れて行く妻を留めかねて、山深く隠してしまったので、今や気力もなくなった）

巻十五、葛井連子老《ふぢゐむらじこおゆ》の作りし歌

三六九三　もみち葉《ば》の散りなむ山に宿りぬる君を待つらむ人しかなしも

（黄葉がやがて散って行く山に宿ったあなたを待っているであろう人がかわいそうだ）

巻十六、筑前国志賀《しか》の白水郎《あま》の歌（山上憶良の作とする別伝を左注に記す）

三八六二　志賀《しか》の山いたくな伐《き》りそ荒雄《あらを》らがよすかの山と見つつ偲《しの》はむ

（志賀島の山の木はひどく切らないでくれ。荒雄のゆかりの山として、何時も見ながらあの人を偲ぼう）

肥前国松浦県美禰良久崎《みねらくのさき》より発船《ふなだち》して、暴風雨に遭遇し海中に沈没した、志賀の白水郎荒雄を偲んで、山上憶良が詠んだ歌の一首であるが、そのなかにも山が詠まれていることに、注意しておきたい。海での遭難に関する挽歌のなかにでも、山が詠まれるほど、古代の山上他界観が支配的だったことが伺える。『萬葉集』に、みみらくの地名が登場する唯一の事例が、荒雄の遭難死であることも、みみらく伝承発生の一因と思わせる暗示的な一句である。

雲隠る歌（天上他界観）

巻二、弓削皇子《ゆげのみこ》の薨《こう》ぜし時に、置始東人《おきそめのあづまひと》の作りし歌

二〇五　大君《おほきみ》は神にしいませば天雲《あまくも》の五百重《いほへ》の下に隠《かく》りたまひぬ

（我が大君は神であられるので、天雲の幾重にも重なった奥に、お隠れになった）

巻三、大津皇子《おほつのみこ》の死《ころ》されし時に、磐余《いはれ》の池の陂《つつみ》に流涕《りうてい》して御作《つく》りたまひし歌

四一六　ももづたふ磐余《いはれ》の池に鳴く鴨《かも》を今日《けふ》のみ見てや雲隠《くもがく》りなむ

（ももづたふ磐余の池に鳴いている鴨を、今日限り見て、私は死んでいくのか）

右は、藤原宮の朱鳥《あかみとり》元年（六八六）の冬十月なり。

巻三、神亀《じんき》六年（七二九）、左大臣長屋王《ながやのおほきみ》の死を賜はりし後に、倉橋部女王《くらはしべのおほきみ》の作りし歌

四四一　大君《おほきみ》の命《みこと》恐《かしこ》み大殯《おほあらき》の時にはあらねど雲隠《くもがく》ります

（天皇の御命令を謹んで受け、殯宮を営むべき時ではないのに雲の中にお隠れになりました）

巻三、天平《てんぴょう》元年（七二九）、摂津国の班田《はんでん》の史生丈部竜麻呂《ししゃうはせつかべのたつまろ》の自経《じけい》して死にし時に、判官《はんぐわん》大伴宿祢《すくね》三中《みなか》の作りし歌

四四四　昨日《きのふ》こそ君はありしか思はぬに浜松の上《うへ》に雲にたなびく

（昨日までこそ君は生きて世にあったのに、思いかげなくも、浜松の上に雲となってたなびいている）

巻三、天平七年（七三五）、大伴坂上郎女《さかのうへのいらつめ》が尼理願《あまりがん》の死去《しきょ》せしを悲嘆《ひたん》して作りし歌

四六一　留《とど》めえぬ命《いのち》にしあればしきたへの家ゆは出《い》でて雲隠《くもがく》りにき

（留めることのできない寿命ですから、しきたへの家を出て行き、雲に隠れてしまいました）

樹木に故人を偲ぶ歌

巻二、霊亀《れいき》元年（七一五）、志貴親王《しきのみこ》の薨《こう》ぜし時に作りし歌

二三一　高円《たかまと》の野辺《のへ》の秋萩《あきはぎ》いたづらに咲きか散るらむ見る人なしに

（高円の野辺の秋萩、今はむなしく咲いては散っていることだろうか、見る人もなくて）

巻三、石田王《いはたのおほきみ》の卒《しゅつ》せし時に、丹生王《にふのおほきみ》が作りし短歌

四二二　石上《いそのかみ》布《ふ》留《る》の山なる杉群《すぎむら》の思ひ過ぐべき君にあらなくに

（石上の布留の山の杉の木々、そのように私が思い過ぎてしまうような君ではないのに）

巻三、和銅《わどう》四年（七一一）、河辺宮人《かはへのみやひと》の姫島の松原の美人《びじん》の屍《かばね》を見て哀慟《あいどう》して作りし歌

四三四　風早《かざはや》の美《み》保《ほ》の浦《うら》廻《み》の白《しら》つつじ見れどもさぶしなき人思《おも》へば

（風早の美保の浜辺の白つつじの花。見ても心は寂しい。死んだ人を思うと）

巻三、天平二年（七三〇）、大宰帥《そち》大伴卿の、京《みやこ》に向《む》かひて上道《じゃうだう》せし時に作りし歌

四四六　我妹《わぎも》子《こ》が見し鞆《とも》の浦のむろの木は常世《とこよ》にあれど見し人ぞなき

（我が妻が見た鞆の浦のむろの木は、常住不変のものとしてあるが、それを見た妻はもはやこの世にない）

このように、万葉びとは樹木にも、死者の依《よ》り代《しろ》をみたのである。さらに死者の霊魂は、鳥が空を飛ぶように、移動可能な存在と観念されていたことを示す、次のような歌もみえる。

巻二、有間皇子《ありまのみこ》の結松《むすびまつ》に、山上臣憶良《やまのうえのおみおくら》の追和《ついわ》せし歌

一四五　翼《つばさ》なす（鳥翔成《つばさなす》）あり通《がよ》ひつつ見らめども人こそ知らね松は知るらむ

（鳥のように御魂は空を行き来しながら見ていらっしゃるだろうが、人には分らないだけで松は知っているだろう）

巻二、一書に曰《いは》く、近江天皇《あふみてんのう》の聖体不予《せいたいふよ》にして、御病急《おほみやまひきう》なりし時に、大后《だいごう》の献《すす》め奉《たてまつ》りし御歌《みうた》

一四八　青旗《あをはた》の木幡《こはた》の上《うへ》を通《かよ》ふとは目には見《み》れどもただに逢《あ》はぬかも

（青旗の木幡の山の上を、御霊《みたま》が行き来しているとは、目には見ているけれども、直接にはお逢いできない）

このように、万葉びとにとって、かつて生活を共にした人々の間を縫って、死者の霊魂は移動したのである。佐藤弘夫氏の指摘される通り、「古代日本では、霊魂は死後に身体を離れて独り歩きし、最終的にはこの世のどこかにあるという死者の国に落ち着くものと考えられていた」（前掲書四六頁）のであるが、十世紀になると、社会・経済・文化、すべての面において大きな転換期を迎える。

『萬葉集』にみえる貴族の他界観は、天上他界観が圧倒的であり、仏教の影響は限定的であったのだが、『蜻蛉日記』の執筆される十世紀中ばすぎになると、その生の終った後は、極楽浄土に往生したいという二世安楽的な思想をもつ天台浄土教が強い影響をもつ時代となり、みみらくく伝説が受け入れられる時代環境へと変化していたのである。死者は、この時代になると極楽浄土のある西方での往生を強く願うようになって、「みみらくの島」は日本国の西のはてにある浄福の島と認識される。そして「みみらくの島」は大往生した死者と逢えるという市民権を『蜻蛉日記』の作者によって与えられ、今日まで伝説として生き続けているのである。

第三節　帚木《ははきぎ》伝説と『蜻蛉日記』の同時代性について

本節では、僧が念仏のひまに物語したという、

「このなくなりぬる人の、あらはに見ゆる所なんある。さて近くよれば、消え失せぬなり。遠うては見ゆなり」「いづれの国とかや」、「みみらくの島となむ言ふなる」（傍点—引用者）

という叙述が、みみらく伝説の核心であるので、この内容の分析を進めてみることとする。

この『蜻蛉日記』の「念仏のひまに物語したという僧たち」を、天徳《てんとく》元年（九五七）に、『往生西方浄土瑞応伝《ずいおうでん》』を将来して帰朝した日延グループの僧たちと考えてみた。また、平安朝の貴族の間で、「上は兜率《とそつ》（弥勒）に往《ゆ》き西は弥陀に遇《あ》わん」（『本朝文粋』十二）、「横は弥陀に逢《あ》い、竪は兜率に往《ゆ》かん」（『江都督納言願文集《ごうとくなごんがんもんしゅう》』五（大江匡房《まさふさ》著））という信仰がひろく行なわれていた時代に、西方極楽浄土への往生という思想が持ちこまれ、平安末期にかけて「極楽に往生し三会《さんね》に値遇《ちぐ》する」という独特の信仰が生まれてきたこと（速水侑氏前掲書一五二頁）を、すでに第二章第三節で取り上げた。

この独特の信仰もった貴族社会に、「遠くからは見えるのに、近づけば消えてしまう」という帚木《ははきぎ》

伝説があったことを、『古今和歌六帖』第五巻の坂上是則《さかのうえのこれのり》の歌や『源氏物語』帚木の帖から、知ることができる。『源氏物語』帚木の帖を提示する。

源氏は、通じない思いを、次のように、歌に書いて女へ贈った。

「帚木《ははきぎ》の心を知らでそのはらの道にあやなくまどひぬるかな

（遠くから見れば見えるのに、近づけば消えてしまうというあの魔法のような帚木（傍点―引用者）。その帚木のようなあなたのつれない心を知らずに、帚木の生えていると伝える園原の道に、私はあえなく迷ってしまいました）

もはや申し上げる言葉も失いまして」

女も、さすがにまどろむことができずに、いたので、すぐに歌を返した。

数ならぬふせ屋におふる名の憂さにあるにもあらず消ゆる帚木

（取るに足りないあばら屋に生えるという帚木、その名の情けなさに、そこにいることもできずに姿を消してしまう帚木なのでございます）

（林望氏『謹訳源氏物語一』一三二～三三頁）

長野県と岐阜県との境にあるとされる「園原《そのはら》」に生えている「帚木」は、遠くからは見えても近付くと見えなくなるという伝説の木であるが、紫式部のこの歌は、『古今和歌六帖』第五巻にみえる坂上是則の、次の歌に拠っていることは明らかである。

延喜《えんぎ》五年（九〇五）四月二十八日平定文家歌合《たいらのさだぶんけのうたあわせ》　坂上是則《さかのうえのこれのり》
園原《そのはら》や伏屋《ふせや》に生ふる帚木《ははきぎ》のありとてゆけどあはぬ君かな
（遠くから見れば見えるのに、近づけば消えてしまうという帚木の生えている園原の、あばら屋に生えている帚木があるときいて、見に行ったのに、会ってくれないつれないあなたですね）
（『新編国歌大観　第五巻』三〇頁）

この遠くから見れば見えるのに、近づけば消えてしまうという帚木伝説の、十世紀中頃における、平安貴族社会での受容が、『蜻蛉日記』作者にとって、亡き人に逢えるみみらく伝説と、母を亡くして喪にこもっている自らの状況とが、うまくマッチしたのではないか。道綱母はこの是則の延喜五年の歌を当然知っていたであろうし、この歌を参考にして「みみらくの島」の「近くよれば、消え失せぬなり。遠うては見ゆなり」の物語（伝説）を作り上げたと推測できないだろうか。

鈴木日出男氏の主張される通り、

作者は、語り手を、読者と共同しあうものとして仮構しているのである。そのように〈語り〉の共同の場が設定されるところから、語り手と読者に共有される伝承（傍点―引用者）や先行物語、あるいは和歌なども持ちこまれ、それを根拠に二者の共同による想像が広がっていく。

語り手は多様な伝承をさりげなく型として取りこんだり、さまざまな歌言葉や詩句などをふまえたりしながら、新しい物語の世界へとすり抜けていくのである。（「物語としての光源氏」四四二頁）

『蜻蛉日記』の作者も、同時代の帚木伝説を、みみらく伝説にさりげなく取り込むことで、新しい物語の世界を創り上げているると推測するのは、筆者の思い込みであろうか。

また、折口信夫氏は、伝説を次のように「地名」に関連した伝承と考えている。


日本における伝説は、ひろい意味において言ふ説話とは違ひ、偶然にも、地理・地物・地名に関連した伝承を持つもので、物自身固有名詞を伴ひ、固有名詞の説明のやうな形をとる。柳田国男先生の「伝説」の用語例は、その正しさと、周到において比類がない。だから普通伝説と一つに言はれる昔噺とは、重大な相違点を持ってゐることは確実である。

（「民族史観における他界観念」一二三頁）


帚木は「園原」、みみらくは「みみらくの島」という固有名詞をもつ伝説ということになる。遠くからは見えても近付くと見えなくなるという内容に、先行した帚木伝説からの影響がみてとれる。

この是則の帚木の歌は、源俊頼《としより》（一〇五五〜一一二九）が、関白藤原忠実《ただざね》（一〇七八〜一一六二）の依頼でその娘勲子《いさこ》（一〇九五〜一一五五、高陽院《かやのいん》）のために、述作した『俊頼髄脳《としよりずいのう》』（一一一一〜四年頃成立）の「季語・歌語の由来」の項でも、取り上げられ、次のように説明されている。

この歌の心、たしかに書きたる物なし。信濃《しなの》の国に、園原伏屋《そのはらふせや》といへる所あるに、そこに森あるを、よそにて見れば、庭掃く箒《ははき》に似たる木の、こずゑの見ゆるが、近くよりて見れば、うせて、皆ときは木（繁った常緑樹―引用者）にてなむ見ゆると、いひ伝へたるを、このごろ見たる人に、問へば、「さる木も見えず」とぞ申す。昔こそは、さやうにありけめ。

（日本古典文学全集87、一四六〜七頁）

この歌は、藤原仲実《なかざね》（一〇五七〜一一一八）の歌学書『綺語抄《きごしょう》』、藤原清輔《きよすけ》（一一〇四〜七七）の『和歌初学抄』、藤原範兼《のりかね》（一一〇七〜六五）の歌学書『和歌童蒙抄《わかどうもうしょう》』、鎌倉初期の建久《けんきゅう》五年（一一九四）に成立した上覚《じょうかく》（生没年未詳）の『和歌色葉《わかいろは》』にもとられている。さらに、清輔は、平安末期の平治《へいじ》元年（一一五九）頃成立した歌学書『袋草紙』で、源師賢《もろかた》（一〇三五〜八一）の帚木の歌をとりあげている。

―　承暦《しょうれき》二年（一〇七八）内裏歌合《だいりうたあわせ》　判者六条右府（源顕房《あきふさ》）

経信記《つねのぶき》に云はく、「この歌もと権弁《ごんのべん》（源師賢《もろかた》―引用者）の「伯耆木《ははきぎ》」の歌を入る。不快の事なりてへれば、もって書き改む。不快の難は避くる所を知らず。件《くだん》の歌は、

ははきぎのこずゑやいづこおぼつかなみなそのはらは紅葉《もみぢ》しにけり

（遠くからはよく見えるという帚木の梢《こずえ》も、どこへいってしまったのか、よく分らない。園原は紅葉一色になってしまった）

（金葉集　秋二四）（新日本古典文学大系29、二四二頁）

さらに清輔は、別の歌学書『奥義抄《おうぎしょう》』でも、師賢の別の帚木の歌をとりあげている。

ゆかばこそあはずもあらめははき木のありとばかりはおとづれよかし

この歌は、『袖中抄』、『和歌色葉』、『物語二百番歌合』、『古今著聞集《ここんちょもんじゅう》』（鎌倉時代の説話集。橘成季《なりすえ》撰）、『狭衣物語《さごろも》』（平安中期の成立）にもとられているが、今回は省略に従うこととする。

さらに顕昭《けんしょう》の『袖中抄《しょうちゅうしょう》』にも、「帚木」が取り上げられている。鎌倉初期における解釈の事例として提示する。古代から中世にかけての伝説として、人口に膾炙《かいしゃ》した伝承であったようである。

●史料（『袖中抄』第十九）

はは木《きぎ》

そのはらやふせやにをふるはは木《きぎ》のありとはみれどあはぬ君かな

顕昭云、ははきとは信乃国にそのはらふせやと云所《いふところ》に杜《もり》あり。其の森によそにてみれば箒《ははき》にたる木のすえのあるを、立寄《たちより》てみれば、その木もみえずとなん申伝《つたへ》たる。はは木とは庭はく木ははき也。此歌は平定文家《たいらのさだぶんのいえ》の歌合歌也。（中略）

無名抄（俊頼髄脳）云此歌の心慥《たしか》に書たる物なし。信乃国にそのはらふせやと云所あるに、そこに杜のあるをよそにてみれば、庭《には》はくははきに似《に》たる木のこずえのみゆるが、近く寄《より》てみればうせて皆《みな》ときは木にてなんみゆると云伝《いひつた》へたるを、此比《このごろ》みたる人に問へばさる木もみえずとぞ申す。昔こそはさやうにみえけめ。このごろは箒《ははき》とみゆる木のみえばこそは近く寄りてもかくれめとぞ申。（中略）

又俊頼朝臣、田家秋興歌

やまだもるきその伏屋《ふせや》に風ふけばあぜづたひしてうづらおとなう

（散木奇歌集四七三）

是は谷のふせや、しづのふせやなどいふ躰欤と存ずるに信乃の岐岨《きそ》にも彼布施屋あるにや。又きそ園原《そのはら》相近といへり。又信乃国にはあなをほりてふきいたのかたかたをば土《つち》にうづみて、かたかたにくちをあけて、それより降りのぼる。冬雪のふかきをりの析《み》と云へり。それをもふせやとぞ申《まうす》なる。

（『袖中抄の校本と研究』四三〇～四頁）

このように、十世紀の中ばすぎから都びとにとって、帚木伝説は人口に膾炙した伝説であったので、道綱母もみみらく伝説を創り上げる過程で、帚木伝説をさりげなくとり入れ、新しい物語の世界を創造したのではないだろうか。

参考・引用文献（敬称略）

・小松和彦「海上他界の思想―「うつぼ舟」を中心に―」（『神々の精神史』北斗出版　一九八五年所収）
・堀一郎「万葉集にあらわれた葬制と、他界観、霊魂観について」（『日本宗教史研究Ⅱ　宗教・習俗の生活規制』未来社　一九六三年所収）
・折口信夫「民族史観における他界観念」（『折口信夫全集20』中央公論社　一九九六年所収）
・村武精一「海上他界観―南島文化の祭祀的世界から―」（『講座・日本の民族宗教3神観念と民俗』弘文堂　一九七九年所収）
・伊藤幹治「古代の葬制と他界観念の構造―階層規制による一分析―」（『国学院雑誌』一九五九年七月号所収）
・大林太良「天上他界観」（『日本民族研究大系第二巻　信仰伝承』国学院大学　一九八二年所収）
・佐竹昭広「「島隠る」か「山隠る」か」（『白珠』（第七巻第九号）一九五二年九月号所収）
・大浜厳比古《いつひこ》「コロンブスの卵―「島隠る」か「山隠る」か―」（『万葉』（第十三号）一九五四年十月号所収）
・新日本古典文学大系1『萬葉集一』、新日本古典文学大系4『萬葉集四』前掲
・新日本古典文学大系2『萬葉集三』（佐竹昭広・山田英雄・工藤力男・大谷雅夫・山崎福之《よしゆき》校注）岩波書店　二〇〇二年
・『新編国歌大観　第一巻　勅撰集編』角川書店　一九八三年、『同第二巻　私撰集編』角川書店　一九八四年
・新日本古典文学大系5『古今和歌集』前掲

・窪田空穂「古今和歌集評釈Ⅰ」（『窪田空穂全集　第二十巻』角川書店　一九六五年所収）
・新日本古典文学大系6『後撰和歌集』（片桐洋一校注）岩波書店　一九九〇年
・新日本古典文学大系7『拾遺和歌集』（小町谷照彦校注）岩波書店　一九九〇年
・原田敦子「死者に逢える島—みみらく伝承の成立と展開—」前掲
・南波浩『紫式部集全評釈』笠間書院　一九八三年
・新日本古典文学大系24『紫式部日記』（伊藤博校注）岩波書店　一九八九年
・清水好子『紫式部』岩波新書　一九七三年
・林望『謹訳源氏物語一』、『謹訳源氏物語三』祥伝社　二〇一〇年
・佐伯梅友・村上治・小松登美『和泉式部集全釈』東宝書房　一九五九年
・佐伯梅友・村上治・小松登美『和泉式部集全釈—続集編』笠間書院　一九七七年
・佐藤弘夫『死者のゆくえ』岩田書院　二〇〇八年
・井上光貞『新訂日本浄土教成立史の研究』前掲
・速水侑『弥勒信仰』前掲
・『新編国歌大観　第五巻私家集』角川書店　一九八五年
・鈴木日出男「物語としての光源氏」（新日本古典文学大系19『源氏物語一』（柳井滋・室伏信助・大朝雄二・鈴木日出男・藤井貞和・今西祐一郎校注）岩波書店　一九九三年所収）
・源俊頼「俊頼髄脳」（橋本不美男校注・訳）（新編日本古典文学全集87『歌論集』小学館　二〇〇二年所収）
・『新日本古典文学大系29『袋草紙』（藤岡忠美《ただはる》校注）前掲
・橋本不美男・後藤祥子『袖中抄の校本と研究』笠間書院　一九八五年

まとめ

筆者の関心は、故郷長崎県五島市三井楽町が、十世紀の中ばすぎに亡き人に逢える島として、『蜻蛉日記』に取り上げられた背景と、それにいかなる人びとが関与しているのか、ということにある。

私達が、二十一世紀初めの時点で手にすることのできる史料に、その手掛りを求めると、大げさに言うと古代から中世にかけての日本の歴史そのものの知識を必要とすることが判明してきた。日記執筆自体に、当時の最高権力者の摂関家の藤原兼家が関与していることが明らかになり、単なる一女性の「身の上を書いた日記」、「かげろうのごとき身の上を書いた文学作品・日記文学」（上村悦子氏）ではなく、兼家の政治家としての野望を実現させる意図をもった作品としてこの日記を読むと、十世紀中ばすぎの平安前・中期の権門貴族の人生観・価値観等が巧妙に表現された兼家喧伝書ということを理解できるのではなかろうか。そのような兼家の強引さに対する反発もあって、鎌倉から近世にかけて『蜻蛉日記』は、学僧達から敬遠されたのではないかと想像したくなるほど、不人気である。

第二篇で、みみらく伝説の伝承の系譜をまとめるが、六条藤家の学僧・顕昭も、江戸時代の儒学者・貝原益軒も、『蜻蛉日記』に関心を示していないのである。

第一篇では、道綱母が『蜻蛉日記』を書いた時代背景と作者が知り得たみみらく情報を、現存する史料のなかに探し、まとめて提示してみた。やはり作者の、時代を代表する高い教養も、兼家の支援があればこそなのだと、筆者がひがみを覚えるのは、僻地に生まれ、征服された土蜘蛛一族の子孫の血なのだろうか。

こうして、みみらく伝説は、当時の最高権力者九条一族の兼家の政治的野心のもとに、平安の都で活字となり、現在に伝わっているのである。

第二編

みみらく伝説伝承の系譜

本篇では、『蜻蛉日記』康保《こうほう》元年（九六四）の道綱母の母親の死去の記事に初出の亡き人に逢えるみみらく伝説が、日記以降どのように伝承されたのかを、現在に伝わる文献と先人の論考に従いながら、その跡を辿ってみることとする。

道綱母の異母弟藤原長能《ながとう》から始まるみみらく伝説は、その和歌の弟子能因《のういん》法師への師資相承《ししそうしょう》から始まり、源俊頼《としより》、顕昭《けんしょう》へと継承され、近世の木下長嘯子《ちょうしょうし》へと受け継がれ、現在に到っている。現存する文献を探し求めて、この伝承の系譜を探ることで、みみらく伝説が、どのような系譜で、今日まで伝わってきたのかを明らかにしていきたい。

作者の異母弟の藤原長能の事績から、始めることとする。

第一章　藤原長能《ながとう》の功績

亡き人に逢えるみみらく伝説が、現在にまで伝承されているのは、作者道綱母とは異母弟（諸説ある）にあたる従五位上伊賀守藤原長能《ながとう》（ながよしとも）（九四九～？）の功績によるところが大きい。

彼と道綱母の間柄については、昭和十年代の吉川理吉氏の「藤原長能とかげらふの日記の記者ら」

（『国語・国文』昭和十七年六月号所収）と三好英二氏の「長能と道綱母との関係について」（『国語・国文』昭和十七年九月号所収）の論争以来、諸説が入り乱れているが、異母弟とする増田繁夫氏らの説に従っておきたい（『長能集注釈』二〇二～四頁）。彼の略歴は、第一篇第一章の五一～三頁を参照いただき、本章では歌人長能の事績を辿ることから始め、『蜻蛉日記』作者の一子道綱との関係、能因との師弟関係をまとめ、長能がみみらく伝説の伝承にはたした役割、貢献の大きさを考えてみることとする。

長能は「すき者」的性格から、それまでの『古今集』的歌風から外れる新しい傾向の歌を詠み、能因法師や源俊頼らの作歌に影響を与え、和歌資料等も受け継がれていくのである。

第一節　歌合《うたあわせ》にみる長能の事績

天延《てんえん》三年（九七五）三月十日一条中納言為光《ためみつ》歌合《うたあわせ》

長能の作歌年時の明らかな歌は、この天延三年の一条中納言為光《ためみつ》（九四二～九二、師輔《もろすけ》の第九子、太政大臣）歌合で詠んだ、

底《そこ》清《きよ》き井手《いで》の川べに影みえて今日さかりなる山吹の花　（『平安朝歌合大成一』五六九頁）

（底が清く井手の川瀬にその影をうつして今を盛りに咲いている山吹の花のみごとなこと）（『長能集注釈』一八一頁）

が最初である。『群書類従・第十四輯《しゅう》和歌部』所収の「藤原長能集」の勘物《かんもつ》（注記）（六九九頁）に従

うと、長能は天暦《てんりゃく》三年（九四九）生まれで、道綱母よりも十歳以上も年少となる。このとき二十六、七歳で、肩書は「帯刀先生《たちはきのせんじょう》」となっている。春宮坊《とうぐうぼう》で皇太子の護衛にあたる役人の筆頭者という役目で、長能には武術の心得があったのだろうか。

萩谷朴《はぎたにぼく》氏の『平安朝歌合大成一』に、この歌合の詳細な考証がなされているが、萩谷氏によると、この歌合は、為光と義懐《よしちか》（九五七～一〇〇八、伊尹《これまさ》の五男、権中納言）の、「単に叔父甥の関係のみならず、義懐の姉が為光の室《しつ》となり、為光の女《むすめ》が義懐の室となるという兄弟親子にも等しい緊密な関係」（前掲書五七二頁）が存在しているので、中納言為光を中心とした私的で小規模な歌合であった。この私的な歌合に長能が出席している意味を、萩谷氏は、倫寧《ともやす》の女《むすめ》（長能の姉妹）の一人が藤原為雅《ためまさ》の室であり、為雅の女が義懐の室であるという血縁関係から、「為光・義懐の一条家に対して、藤原倫寧一家を軸とする家司《けいし》階級の緊密な脈絡の存すること」（前掲書五七五頁）を推察されて、「家司階級が、権門勢家に蜘蛛手の如く張り廻した縁故の絆《きずな》」（前掲書五七五頁）を読みとり、長能が義懐を手蔓《てづる》として、権門の一条家に接近を図ったものと指摘する。従うべき推察であり、倫寧一家は、「父の倫寧は小野宮家の別当であり、道綱母は九条家の兼家の妻であり、長能は一条摂政家にという具合に、時の主要な勢力にそれぞれ連って一家の保全をはかっていた」（「藤原長能とその家集」二〇七頁）との増田繁夫氏の指摘もあり、このような処世は、当時の受領《ずりょう》層一般に認められるものである。

長能と義懐のつながりは、『藤原長能集』に、

入道中納言（義懐）下﨟《げろう》におはせし時、一条殿（義懐の父伊尹の邸宅、後に為光が伝領）の桜を
おしむ心の歌、人々によませたまひしに、
身にかへてあかなく花をおしむかないけらばのちのはるもこそあれ
（命にかえてもこの春をとめたいと、わけもなく惜しまれる。生きていたら後々の春もあるのだけれど）
（（　）―引用者）（『長能集注釈』四三～四頁）
とみえることからも伺えるのだが、長能は義懐《よしちか》を介して花山院《かざんいん》の外戚《がいせき》の一条家へ入りこんでいく。
永観《えいかん》二年（九八四）八月の花山院即位とともに、長能は六位蔵人《くろうど》に補せられている。三十六歳の時で
ある。（『中古歌仙三十六伝』三九〇頁）。

寛和《かんわ》の内裏歌合《だいりのうたあわせ》

花山天皇《かざんてんのう》（九六八～一〇〇八、在位九八四～六）の主催の歌合が、寛和《かんわ》元年（九八五）八月十日、五人の方《かた》
人《うど》即歌人《かじん》の構成で俄かに催される。長能は、二十歳の藤原公任《きんとう》（九六六～一〇四一、四条大納言）とともに
右方をつとめ、次の三首を詠んでいる。

みかき野《の》の草《くさ》こそなびけ万《よろ》づ代のはじめの秋《あき》の風《かぜ》の声かも
かりにとや妹《いも》は待つらむ秋の野の花みるほどは家路《いへぢ》わすれぬ
いかにして珠《たま》にも貫《ぬ》かむ夕《ゆふ》されば荻《おぎ》の葉《は》分《わ》けにむすぶ白露《しらつゆ》

さらに、翌寛和《かんわ》二年（九八六）六月十日に、花山《かざん》天皇は、春夏秋冬という四季題に、祝・恋の人事題を加えた晴儀の内裏《だいり》歌合を催される。この歌合に、長能は右の講師《こうじ》として参加し、次の歌を詠んでいる。

一重だに飽《あ》かぬ心をいとどしく八重《やへ》かさなれる山吹《やまぶき》の花

（一重の山吹ですら見飽きない心持であるのに、一層すばらしく八重になって咲いている山吹の花だ）

（『長能集注釈』一五一頁）

この歌合には、道綱の名も見え、母親の代作の歌を詠んでいる。

都人《みやこびと》寝《ね》で待《ま》つらめや時鳥《ほととぎす》いまぞ山辺《やまべ》を鳴《な》きて過《す》ぐなる

（都の人は、ほととぎすの声を聞きたいと、ずっと起きて待っていることであろう。当のほととぎすが、今ちょうど、この山のあたりを鳴きながら飛んでゆくようだ）

（上村悦子氏全訳注『蜻蛉日記（下）』三四三頁）

この歌合の僅か十三日後に、花山天皇は、道綱母の夫兼家一族の陰謀によって落飾《らくしょく》出家させられるのだが、子息の道綱、道長が本歌合に参加していることを、萩谷氏は「恐るべき陰謀の実行を目前に控えての、陽動的な行為であったともいえよう」（前掲書六五〇頁）とみている。また、上位者の歌人《かじん》を措いて右方の講師をつとめたことを、増田繁夫氏は「長能に対する花山帝の寵愛が認められるとともに、この時期には、長能も講師をつとめても不自然でないと考えられるほどの歌人として評価されていたことを示すものであろう」（前掲書二〇七～八頁）と、長能が花山天皇に高く評価されていたことを指摘している。

しかし、花山朝は、寛和二年六月二十三日、院の突然の落飾で幕を閉じる。長能が、花山院の出家後も院のもとに出入りしたことを、『藤原長能集』の歌によって知ることができる。寛弘《かんこう》二年（一〇〇五）六月からの同四年正月の成立と推定される花山院親撰の『拾遺《しゅうい》和歌集』にも、「花山院の側近であった長能の関与の可能性は大きい」（新日本古典文学大系7、四七八頁）とみる小町谷照彦氏の見解が定着している。また、『藤原長能集』の、

花山院に、三月小なりし時、春のくれおしむ心人々よみしに

心うき年にもあるかな廿日《はつか》あまり九日《ここぬか》といふに春のくれぬる　（「長能集」）

という歌は、天永《てんえい》二年（一一一一）正月から永久《えいきゅう》二年（一一一四）末の頃成立した源俊頼《としより》の作歌手引書『俊頼髄脳』や保元《ほげん》二年（一一五七）八月から三年八月頃の成立とされる藤原清輔《きよすけ》の撰した歌論書『袋草紙』で取りあげられ、公任《きんとう》に「春は三十日やはある」と言われ、それを苦にした長能は食事が喉を通らなくなってやがてそのまま死んでしまった、という説話となって伝えられている。

ただ、『俊頼髄脳』では、長能がこの歌を詠んだのは四条大納言公任の家でのこととなっているが、歌道に執心した長能を、俊頼は好意的に評価しており、同書の「秀歌等の例」の項で「身にかへてあやなく花をおしむかな」を、「季語・歌語の由来」の項で「さばへなすあらぶる神もおしなべて」と「すがの根のなかながしてふ」の二首を、さらに、「歌と故事」の項では　鷹狩を詠んだ「あられふる

交野《かたの》のみののかり衣」の歌を取り上げている。「心うき年」の説話を、『俊頼髄脳』から提示する。

●史料（『俊頼髄脳』）

歌と故事

心うき年にもあるかなはつかあまりここぬかといふに春のくれぬる　（「長能集」）

（今年という年は、本当に名残惜しくつらく感じる年だ。まだ二十九日だというのにもう春が終ってしまうとは）

これは、四条大納言の家にて、三月尽《じん》の夜、人々あつめて、暮れぬる春を惜しむ心を詠みけるに、長能《ながとう》が詠める歌なり。大納言、打聞《うちぎ》きけるままに、思ひあへず、「春は三十日やある」とばかり、申されたりけるを聞きて、長能、そのやうをも聞きはてで、やがていでにけり。さて、またの年の病をして、かぎりに成りけりと聞きて、とぶらひに、人をつかはしたりければ、「よろこびて承《うけたまわ》りぬ。ただし、この病は、去《い》んじ年の、三月尽《じん》の歌講ぜさせ給ひし夜、春は三十日やはあると仰せられしに、心憂き事かなと承りしに、病に成りて、その後《のち》、いかにも物の食はれ侍らざりしより、身《み》かくまかりなりて侍るなり」とぞ、申しける。さて、またの日亡《う》せにけり。大納言、ことのほかに嘆かれけりとぞ、承りし。されば、かばかり思ふばかりの人の歌などは、おぼつかなき事ありとも、難ずまじき料《りょう》にしるし申すなり。

（日本古典文学全集87「俊頼髄脳」、二二七〜八頁）

長保《ちょうほう》の道長歌合

長能は、官人であり歌人である立場から、時の権力者左大臣道長の歌合に参加している。

権大納言藤原行成《ゆきなり》（九七二〜一〇二七）の日記『権記《ごんき》』長保《ちょうほう》元年（九九九）九月十二日条に、左大臣道長が人々をひきつれて、京都嵐山の麓にある紅葉の名所大堰川《おおいがわ》を遊覧した時、長能はその供をして「処々尋二紅葉」の題で、次の歌を詠んだことがみえる。

いづこにかこまもとどめむもみぢばのいろなるものはこころなりけり

（いったいどこに馬もとめようか。様々な変化をみせて美しい紅葉の色だが、そのそれぞれに心ひかれて移り気なのは私の心である）

（『長能集注釈』一八七〜八頁）

次に、道長が長保五年（一〇〇三）五月十五日に主催した左大臣道長歌合に、大中臣輔親《おおなかとみのすけちか》、源兼澄《かねすみ》らとともに、長能も歌人《かじん》として召され、三首出詠している。

ねざめする秋もこそあれ天の原のどけくてらせ夏の夜の月

（寝覚めして見る秋の長夜の月も飽きないものだ。秋の月は、寝覚めして見ることだってあるものだ。のどかに空を照らしてくれ、夏の夜の月よ）

（『長能集注釈』一〇〇頁）

たが里《さと》にあかずきくらん郭公《ほととぎす》あるかなきかに鳴《な》きわたるなる

（誰の所で、郭公をいつまでもあきずに聞いているのだろうか。ここでは、かすかな声で鳴いて渡るばかりなのに）

（『長能集注釈』一〇二頁）

君《きみ》が代《よ》の千歳《ちとせ》の松のふかみどりさわがぬ水《みづ》に影はみえつつ

（殿様のお命は、千年の寿命のある松と同じ、そのいつも変らぬ深緑の姿は、静かなここのお庭の池の水にいつまでもうつりつづけて）

（『長能集注釈』一〇四頁）

本歌合に登場した十四人の歌人の閲歴と御堂家《みどうけ》に対する親近関係を一瞥して見るなかで、萩谷氏は長能を次のように特別に厳しい目でみている。

（前上総介藤）長能《ながとう》、藤原倫寧《ともやす》の男。勅撰歌人、中古三十六歌仙。歌合七五（天延三年一条中納言為光歌合）・八七（寛和元年内裏打合）・八八（寛和二年内裏歌合）にも見え、常に時の権勢に転転阿付《あふ》（へつらい従うこと―引用者）して、保身出世に汲汲たる家司《けいし》階級詞人の典型的なものである。中古歌仙三十六人伝には「正暦《しょうりゃく》二年（九九一）四月廿六日任上総介《かずさのすけ》」とある。

（『平安朝歌合大成二』七四一頁）

この後、花山院《かざん》が寛弘《かんこう》四年（一〇〇七）一月から五年二月の間に撰者となった『後十五番歌合』にも、長能は次の一首を出詠している。

さばへなす荒振《あらぶ》る神もおしなべてけふは名越《なごし》の祓《はら》へなりけり

（荒々しく災いをもたらす神々も、一様に、今日は和やかになられる夏越しの祓えの日であったのだなあ）

（『長能集注釈』八七〜八頁）

犬養廉《きよし》氏は、長能の詠風を、意識的に『万葉集』を摂取した歌人と位置づけておられる。

同時代歌人のそれと際立って異っており、意識的に三代集（古今・後撰・拾遺）的な規範からの脱皮を志向したかに見える。これを以て直に梨壺《なしつぼ》古点（源順らが『万葉集』につけた訓点）の影響と結びつけるものではないが、花山院歌壇の一つの傾向として注目しておきたい。そしてこれが長能に師事した能因、さらには能因を師と仰ぐ六人党歌人（藤原範永《のりなが》・平棟仲《むねなか》・源頼実《よりざね》・源兼長《かねなが》・藤原経衡《つねひら》・源頼家《よりいえ》）に受け続がれてゆくものと思うのである。

（（　）―引用者）（「王朝和歌の世界」二一五頁）

第二節　長能による『道綱母集』撰述

長能は、松原一義氏によると、晩年の寛弘五年（一〇〇八）四月から同六年正月にかけて成立した『道綱母集』の編集に携っている（「藤原長能と『道綱母集』の成立」）。巻末の『道綱母集』が道綱母の筆録でないことは、戦前に三好英二氏が「蜻蛉日記巻末と道綱の母の集について」で、

⑴集中の詞書に作者に対する敬語が用ゐられてゐること

⑵集中、道綱を傅《ふ》殿と呼んでゐること（道綱母は長徳《ちょうとく》元年（九九五）に歿し『小右記』長徳二年五月二日条に「新中納言道綱亡母周忌法事」とある。道綱が東宮《とうぐう》傅《ふ》に任ぜられたのはそれより十二年後の寛弘四年（一〇〇七）正月廿

八日（尊卑分脈・公卿補任《くぎょうぶにん》）である）

を、理由に疑いを挿む余地はないとされ、歌集の編者を、長能と推定している。三好氏はその理由として、次の四点を挙げている。

(1)長能は道綱母の弟であること

(2)長能は優れた歌人であると同時に、拾遺集の選者と擬せられて居る位で歌集の輯録者《しゅうろくしゃ》たるに相應しきこと

(3)寛和二年内裏歌合に道綱と共に出席し、この時の道綱の歌が、その母の代作したものであることを知って居たと思はれること

(4)長能集に道綱を「傅殿《ふ》」とし、義懐《よしちか》を「入道中納言」とするは、巻末歌集の表記と合致すること

また、上村悦子氏も、

道綱母子《おやこ》には敬語が用いられているから他撰である。道綱を「傅の殿《ふとの》」と呼んでいるので、道綱が東宮傅《とうぐうふ》になった寛弘《かんこう》四年以後の成立と考えられ、道綱母の歌の四散するのを惜しんで誰か（長能《ながとう》あたりか）が歌集を編纂《へんさん》。それが後に『蜻蛉日記』の巻末に付載されたものであろうか。

（講談社学術文庫『蜻蛉日記（下）』三〇九頁）

と、『道綱母集』の編者を長能と推定している。

この三好氏・上村氏の推論を承けて、松原氏は、寛弘四年（一〇〇七）四月二十五・二十六日、一条院で催された作文会に注目される。その時の長能の官職が「東宮少進《とうぐうしょうしん》」（『体源抄』）で、道綱の「東宮傳」とは、上司・下司の関係にあったことから、次のように『道綱母集』の成立を推定される。

その上司・下司の関係も、花山院在世時には、さほど注目にあたいすることではなかった。長能は、社会生活においては、花山院の後ろ楯を期待することができたからである。（中略）ところが、寛弘五年二月八日、長能は、年来の主君であり、後ろ楯でもあった花山院を失う。後ろ楯のない下級官僚は悲惨である。長能とて例外ではない。長能は、花山院にかわる後ろ楯を、この頃、切実に求めることとなる。そこに浮かびあがってくるのが、長能の甥であり、現在の上司でもある道綱であった。

花山院をめぐっては、何かと確執のあった両者も、この頃は、すでに年老いた叔父と大宮の甥、血のつながりもあり、両者の利害の一致もあり、それが両者をあい寄らせることとなる。

つまり、長能は、道綱にその庇護を求め、道綱は、その母の集の編纂を依頼する。そこに、『道綱母集』編纂の話がまとまったものかと思われるのである。（前掲書五〇〜一頁）

こうして『道綱母集』の編纂を始めた長能は、道綱に対して様々な配慮していることがみえてくる。まず、道綱関係の歌を二十九首も収録している。全歌数五十首の六〇パーセントにあたる極端な数である。この事実を、松原氏は、「この集の依頼者であり、上司でもある道綱に対する意識のあらわれ」（前掲書五二頁）とみて、長能の手になる一傍証としている。従うべき考察であろう。

そして、長能には『拾遺《しゅうい》和歌集』の撰者として、道綱母の歌資料を、『拾遺集』編纂時には入手していたものと松原氏は考え、「原道綱母集」の存在を想定されている。

長能が、『拾遺集』に撰進した道綱母の歌は、次の六首である（新日本古典文学大系7より引用）。

①寛和《かんわ》二年（九八六）内裏歌合《だいりうたあわせ》に　右大将道綱母

宮《みや》こ人寝《ね》で待《ま》つらめや郭公《ほととぎす》今ぞ山辺《べ》を鳴《な》きて出《い》づなる　（夏一〇二）

（長能が『道綱母集』三八に採録）

②屏風に、法師の舟に乗《の》りて漕《こ》ぎ出《い》でたる所　右大将道綱母

わたつ海は海人《あま》の舟こそありと聞《き》けのり違《たが》へても漕《こ》ぎ出《い》でたるかな　（雑下五三〇）

（海には漁師《あま》の舟があるものだ、と聞いている。尼ならぬ法師が舟に乗っているというのは、仏法に背き、乗り間違えて漕ぎ出したのかなあ）　（長能が『道綱母集』三九に採録）

③入道摂政（兼家）まかりたりけるに、門《かど》を遅く開けければ、立ちわづらひぬと言《い》ひ入《い》れて侍ければ　右大将道綱母

嘆《なげき》つつ独寝《ひとりぬ》る夜のあくる間《ま》はいかに久《ひさ》しき物とかは知《し》る　（恋四、九一二）

（『蜻蛉日記』上巻、天暦九年（九五五）十月条からの採録）

④五月五日、小《ちひ》さき飾粽《かざりちまき》を山菅《すげ》の籠《こ》に入《い》れて、
為雅《ためまさ》の朝臣の女《むすめ》に心ざすとて　春宮大夫《とうぐうだいぶ》道綱母

心ざし深《ふか》き汀《みぎは》に刈《か》る菰《こも》は千《ち》年《とせ》の五月《さつき》いつか忘《わす》れん　（雑賀一一七二）

（厚意深く、水の深い汀に刈る菰は、千歳も続く五月五日を、何時忘れることがあろうか。これからも幾久しく、
毎年の五月の節句には、菰で巻いた粽《ちまき》を進上しよう）

⑤入道摂政まかり通《かよ》ひける時、女のもとに遣《つか》はしける文《ふみ》を見侍《はべり》て　春宮大夫道綱母

うたがはしほかに渡《わた》せるふみ見れば我やと絶《だ》えにならむとすらん　（雑賀一二〇二）

（疑しいことだ。他の女性に渡そうとする手紙を見ると、私の所はもう跡絶えになろうとするのだろうか）

（『蜻蛉日記』上巻、天暦九年（九五五）十月条からの採録）

⑥為雅朝臣、普門寺《ふもんじ》にて経供養し侍《はべり》て、又の日これかれもろともに帰《かへ》り侍けるついでに、
小野《をの》にまかりて侍けるに、花のおもしろかりければ　春宮大夫道綱母

たき木《ぎ》こる事は昨日に尽《つ》きにしをいざおのの柄《え》はここに朽《くた》さん　（哀傷一三三九）

（長能が『道綱母集』三六に採録）

④の「心ざし」の歌が、『道綱母集』に入っていないのは、この歌が、花山院の重臣、藤原義懐《よしちか》室

（為雅朝臣女）への祝いの歌なので、花山院退位事件で、花山院方と確執があった依頼主の道綱への配慮で削除したと、松原氏は考察している。

長能は、『道綱母集』を、『蜻蛉日記』との重複歌をさけ、道綱関係の歌を重視して編集して、献上する。この私家集は日記とともに、道綱母の資料として評価され、後世の『大鏡』の「この母君、きはめたる和歌の上手《じゃうず》にておはしければ」というような歌人としての世評をうむ資料として、世に流布していったものと思われる。長能が、『蜻蛉日記』、『道綱母集』の流布・喧伝の面でも、大きな貢献をしていることを、次節で考察してみる。

第三節　長能と能因の師弟関係

長能と能因の師弟関係については、第一篇第一章の長能の項に、『袋草紙』の記事（五二～三頁参照）を提示しているが、この師弟関係を藤原清輔《きよすけ》（一一〇四～七七）ら後世の歌学者は、「能因の入門に師資《しし》相承《そうしょう》の濫觴《らんしょう》（始まり）」（後藤祥子氏「王朝和歌の新生」二九九頁）を見て、和歌史の転換と認識している。能因肥後進士《ひごのしんじ》十九歳、長能五十八歳の寛弘《かんこう》三年（一〇〇六）初冬の頃と思われる（松原一義氏「長能・能因の師弟関係」八三頁参照）。

松原氏は、能因が長能に師事した理由を、二人とも受領《ずりょう》階級の出身という共通の基盤に加え、当時、長能は、まがりなりにも、『拾遺集』撰者のはしくれであり、歌道の権威者としての地位にあった。これは、能因の先輩歌人、嘉言《よしとき》などにはないものであり、これが能因を長能に師事させる大きな要因になったかと思われるのである。能因が長能を師とするに際して、そのような計算がなかったとは言えまい。（傍線―引用者）（「長能・能因の師弟関係」八六頁）

としている。能因が「和歌は何様に読むべきや」と問うと、長能は能因の先輩歌人大江嘉言《よしとき》の、

山ふかみ落ちてつもれる紅葉《もみぢ》葉《ば》のかわける上《うへ》にしぐれ降《ふ》るなり

（山が深いので、落ち積った紅葉の葉の乾ききったうえに、時雨《しぐれ》の降る音がかすかに聞こえる）

（『袋草紙注釈上』三五三頁）

という歌を引き、「この歌のように詠みなさい」と教えている。この歌は「句切れの無い一と筋に詠み下して平淡な、しかし含みのある秀作」（犬養廉氏）で「無機質なまでに詠嘆を沈潜させた自然観照に評価の高かった」（後藤祥子氏「王朝和歌の新生」三〇〇頁）秀歌で、伝統の上に立つ公任《きんとう》秀歌撰の流れとはおのずと趣を異にしている。

この大江嘉言は、能因とは文章生《もんじょうしょう》として「両者が大学において交友を持ち始めた可能性は十分に存するのである。よって、両者の交友の契機が大学における先輩後輩の関係に求められるものにしてお

きたい」（川村晃生氏「能因法師考」二九頁）とする関係にあり、能因の敬愛する歌人であった。また嘉言《よしとき》と長能も、能因が長能の門を叩いた時、「長能の弟子として功を積んでいた」（犬養廉氏）との説があり、川村氏も「両者の師弟関係の可能性はないことはない。むしろかなりあり得ることと考えられるが、少なくとも嘉言が先輩歌人としての長能を仰ぎ、行動を共にして和歌を詠み合うような間柄であったことだけは確実であろう」（『摂関期和歌史の研究』二〇六頁）として、両者の詠歌に立ち入って考察して嘉言詠と長能の歌との影響関係を認めて、嘉言詠の『万葉集』からの影響を「長能の進もうとした方向と軌を一にしたものにちがいないであろう」（前掲書二一〇頁）とする。そのうえで、

さらに想像を逞しくすれば、『拾遺集』の編纂途上、嘉言は長能の私的な助手くらいはつとめたかもしれないと思うのである。長能としても単独に花山院の相談相手になることには多少の心もとなさがあったかもしれず、『拾遺集』編纂上の様々な要件を嘉言に持ちかけた可能性も否定しきれない。（前掲書二一三頁）

と長能と嘉言の交友を重視している。これほどまでの親密な関係を想定できるとすると、長能から嘉言への師資相承も考察の対象となるのではないだろうか。ここでは、長能から嘉言・能因への歌道の師資伝承がなされた可能性が大きいことを指摘するに留めておくこととする。嘉言については次の

第二章第一節で能因との交友の項であらためて取り上げる。

和歌資料の相伝

松原氏は、『袋草紙』雑談の「始めて長能を師となす」という記事を、「歌書相伝をともなう師弟関係のはじめ」と理解され、長能から能因へ和歌資料の相伝があったとする。その存在の事実を、『玄々集《げんげんしゅう》』に入集している道綱母の歌八首に求めている。八首のうち、三首は『蜻蛉日記』から、残りの五首を『道綱母集』から採られており、そこに『蜻蛉日記』と『道綱母集』が、長能から能因に相伝された可能性があると推測される。『拾遺集』の編纂に必要な資料として、手元にあった『蜻蛉日記』や自ら手を下した『道綱母集』は、弟子の能因に相伝したい作品集であったと思われるので、この二人のあいだに、歌書相伝があったと推測した松原氏の考察を支持する。

この結果、亡き人にあえるみみらく伝説は、長能によって能因へ確実に継承されたのである。我々は、能因の『坤元儀《こんげん》』の記事によっても、この歌書相伝の事実を確認することができる。

能因は、長能が亡くなった後もその教えを忠実に守っていたことを、『袋草紙』は、次のように伝える（全文は第一章第一節五二〜三頁に提示済）。

一　賀陽院一宮歌合《かやのいんいちのみやのうたあわせ》に、能因の歌に云はく、

はるがすみしがの山ごえせし人にあふ心ちする花ざくらかな
（この花桜を見ていると、かつて春霞のかかった滋賀峠を越える時に見た人にふたたび行き会ったような心地がする）

時の人、意を得ざるの由を称すと云々。ある人能因に問ひて云はく、「この御歌、世もって不審となせり。その趣《おもむき》如何」と。能因答ふることなし。仍《よ》りて興違《たが》ひして座を起ちて退去せし時、能因窃《ひそ》かに云はく、「故守《こかみ》は、歌をばかやうによめとこそありしか」とつぶやくと云々。故守は伊賀守長能なり。
（新日本古典文学大系29『袋草紙上巻』一一八頁）

永承《えいしょう》五年（一〇五〇）祐子《ゆうし》内親王家歌合は、能因の最晩年にあたる。このような能因だったからこそ、長能は信頼して歌書相伝をしたという想定が成立するように思われてくる。

以上みてきた通り、長能は、『拾遺和歌集』の撰者の一人とされ、時代を代表する歌人として評価され、嘉言《よしとき》・能因の歌道の師としても認められる存在であったのだが、生活のために、一条家、道長、道綱と権門家の庇護を節操なく求めた一面もある受領《ずりょう》階級の歌人である。しかし、みみらく伝説の系譜を考えるうえで、彼のはたした役割は極めて重要で大きいものがある。彼が始めとされる歌道の師資相承のなかで、『蜻蛉日記』、『道綱母集』を弟子の嘉言や能因へ相伝し、後の世に残し、広める役目をはたした功績は、はかりしれない。

長能が「いづことか音にのみ聞くみみらくの島がくれにし人を尋ねん」の作者であるか否の判断を留保しても、伝承にはたした功績は、正当に評価しておきたい。伝承のバトンは能因へわたった。

長能の他に、『蜻蛉日記』、『道綱母集』を、後世に伝えた可能性をもつ系譜として、一人息子の右大将道綱の存在を忘れてはならないだろう。『蜻蛉日記』、『道綱母集』によって母親の和歌が高く評価されると、道綱の地位、評判に良い影響を与えるのだから、道綱なりに喧伝したものと想像される。道綱の息子の道命《どうみょう》阿闍梨（九七四〜一〇二〇）も、『後拾遺和歌集』に一六首入集しており、祖母の歌人としての資質を受け継ぐ一方、『蜻蛉日記』『道綱母集』の相伝もなされていたとの推測も当然成り立つのではないかと考えている。さらに、一族の『更級日記』作者の菅原孝標女《たかすえのむすめ》のルートも、検討の対象となる可能性を秘めているが、今回は省略に従いたい。

道命阿闍梨《どうみょうあじゃり》

道命阿闍梨（九七四〜一〇二〇）について、その略伝を記しておくこととする。

道命は、父を傅《ふ》大納言藤原道綱とし、『蜻蛉日記』作者の孫にあたる平安中期の歌人で、『後拾遺和歌集』以下に五十七首入集する中古三十六歌仙の一人である。父道綱の手元にあった『蜻蛉日記』、『道綱母集』は、道綱から道命へ伝授され、道命の作歌に影響を与えている。

道命は、永延《えいえん》元年（九八七）比叡山延暦寺に入山。良源、尋禅《じんぜん》の弟子となる。声美しく『法華経』読誦の名手として知られる。嵯峨法輪寺《ほうりんじ》（京都市西京区嵐山）に住し、長保《ちょうほう》三年（一〇〇一）延暦寺総持寺《そうじじ》阿闍梨、長和《ちょうわ》五年（一〇一六）天王寺別当。幼少から花山院《かざん》とは親しい間柄にあり、永観《えいかん》元年（九八三）七夕の花山院歌合に出詠しており、その崩御に際しては、多くの哀傷歌を残している。藤原定頼《さだより》（九九五～一〇四五、父は公任《きんとう》）、赤染衛門《あかぞめえもん》（生没年未詳）らと交遊をもち、和泉式部との恋愛を語る説話も多く、希代の好色家であった（松本真奈美氏）とされる。家集に『道命阿闍梨集』。寛仁《かんにん》四年（一〇二〇）四十七歳で没。

次々と親しい人を送った道命は、次のような歌を詠んでいる。

　みる人はみななくなりぬわれをたれあはれとだにもいはむとすらん

この歌の大意を、三保サト子氏は、「恋人も友達も、私の親しんだ人はみな逝ってしまった。こんなに誰もがいなくなると、私が死んだ時（傍点―三保氏）、いったい誰が、ああ恋しいと私を偲んでくれるだろうか」（「道命阿闍梨伝考」一三九頁）と解し、「道命は人間が好きである。この現世の、人と人のつながりがこよなく愛しいと思っていた人であったと思う。寂蓮《じゃくれん》（一一三九？～一二〇二、御子左家《みこひだりけ》の有力歌人、俊成の猶子）が歌ったように、

　ひえの山に道命阿闍梨房いまにあり、まかりて見るに、所のありさままことに心ぼそかりければ、書付ける

九三　ことのはに心の色はすてずしてむなしき跡は嶺のしら雲

（『私歌集大成第三巻中世Ⅰ』一八八頁）

「「心の色はすてずして」生きた生涯であった」（前掲書一三九頁）と三保氏は結んでいる。

この道命が、『蜻蛉日記』の伝承に、関わっている可能性のあることも、付記しておきたい。

参考・引用文献（敬称略）

・吉川理吉「藤原長能とかげらふの日記の記者ら」（『国語・国文』一九四二年六月号所収）
・三好英二「長能と道綱母との関係について」（『国語・国文』一九四二年九月号所収）
・平安文学輪読会『長能集注釈』塙書房　一九八九年
・萩谷朴《はぎたにぼく》『平安朝歌合大成』第一巻・第二巻　同朋舎出版　一九九五年
・「藤原長能集」（『群書類従・第十四輯《しゅう》和歌部』（塙《はなわ》保《ほ》己《き》一《かず》編）一九八〇年訂正三版所収）
・上村悦子全訳注『蜻蛉日記（下）』前掲
・源俊頼「俊頼髄脳」（橋本不美男校注・訳）前掲
・新日本古典文学大系7『拾遺和歌集』（小町谷照彦校注）前掲
・藤原行成《ゆきなり》「権記」（渡辺直彦校訂）（『史料纂集』続群書類従完成会　一九七八年所収）
・犬養廉《きよし》「王朝和歌の世界」（和歌文学講座第五巻『王朝の和歌』勉誠社　一九九三年所収）
・松原一義「藤原長能と『道綱母集』の成立―「原道綱母集」の想定―」（『国語と国文学』一九八三年二月号所収）
・三好英二「蜻蛉日記巻末と道綱の母の集について」（『国語・国文』一九四二年二月号所収）
・新日本古典文学大系29『袋草紙』（藤岡忠美《ただはる》校注）前掲

・後藤祥子「王朝和歌の新生」(『王朝文学史』(秋山虔編) 東京大学出版会一九八四年所収)
・松原一義「長能・能因の師弟関係」—『玄々集』の原資料の考察から—(『平安文学研究』一九八三年十二月号所収)
・川村晃生《てるお》「能因法師考—大江氏歌人との交友をめぐって—」(『国語と国文学』一九七六年一月号所収)
・川村晃生『摂関期和歌史の研究』三弥井書店 一九九一年
・三保サト子「道命阿闍梨伝考—晩年の軌跡—」(『論考平安王朝の文学』(稲賀敬二編) 新典社 一九七八年所収)
・『国史大辞典十』吉川弘文館 一九八九年
・「寂蓮Ⅱ」(『和歌集大成 第三巻中世Ⅰ』明治書院 一九七四年所収)

第二章　能因法師の役割

長能から『蜻蛉日記』、『道綱母集』、『長能集』などの歌書相伝を受けた能因（九八八〜一〇五一？）は、師の期待に応える活躍をみせる。

能因の「すき」の対象が、古歌の地名（歌枕）であり歌語であったこともあり、歌枕のための地名辞書『坤元儀《こんげんぎ》』を著《あらわ》し、そのなかにみみらく伝説を記している。この書は散佚《さんしつ》しているが、鎌倉時代の学僧顕昭《けんしょう》が、その著『袖中抄《しょうちゅうしょう》』第三の「みみらくのしま」の条に、引用している。

能因坤元儀云、肥前国ちかの島、此嶋にひひらこの崎と云所有。其所には夜となれば死たる人あらはれて父子相見と云々。（傍線―引用者）（『日本歌学大系別巻二』五一頁）

「みみらく」を「ひひらこ」に書き誤っているが、肥前国ちかの島に死者に逢える所があると場所は正確に記している。筆者は拙書『みみらく雑稿《くさぐさ》』で、「ひひらこ」を、崖・坂を意味する古代朝鮮語「ビラン」が「ひら」に転訛したとの恩師山中亀久朗先生の説を紹介したが、能因の「すき」な性格を考えると、彼の遊び心によって、みがひに書き換えられているような気がしてならない。単なる誤字ではなく、彼の洒落っ気を感じるのであるが、どうであろう。

本章では、能因の生い立ち、長能の影響、源経信・俊頼への継承を通して、能因がみみらく伝説の伝承にはたした役割をみていくこととする。能因の中継者としてはたした役割も、正当に評価される必要があり、期待に応えてくれる人物だ。

ところが、『能因歌枕』（広本）の「国々の所々名」には、「みみらくの島」の名前はみえない。参考までに、肥前国、壱岐国、つしまの国の地名を提示する。値嘉島の名前もみえないのは、遣唐使が停止になって、都びとの関心がなくなったからなのだろうか。

肥前国

あめやま　露のさと　いがきの森　いつきの嶋　みかづきの里

壱岐国

つさて嶋　ちぢの里　もみぢの橋　あまがは　くれがたの礒

つしまの国

すずのうら　いまのやま　人づまばし　みその浦　まゆみの森

（『日本歌学大系第壱巻』一〇一頁）

第一節　能因法師伝

能因（九八八～一〇五一？）は、永延《えいえん》二年の生まれで、俗名は橘《たちばな》永愷《ながやす》。父は従四位上近江守忠望《ただもち》で晩年の出生。いわゆる受領《ずりょう》層の出身である。京に出て大学で文章生《もんじょうのしょう》として作文《さくもん》や中国の古典を履習する。能因の漢文の素養はこの時代に身についたものと思われる。長能に弟子入りした時に、肥後進士《ひごのしんじ》と号していたのは、二人目の養父元愷《もとやす》が肥後守であったためと推測される。

出家

前途を嘱望された能因は、長和《ちょうわ》二年（一〇一三）、二三年ごろ出家する。二十六、七歳の頃である。出家の理由を、川村晃生《てるお》氏は、次のように推測している。

老父忠望は能因の幼少時に去り、続く養父為愷《ためやす》も彼の青年時に横死するという、きわめて悲痛な体験が、能因の多感な生育期に影を落とさなかったはずはない。それは或る意味で、以後の彼の歩むべき人生や精神を方向づけるに至ったのではあるまいか。かくして死をきわめて身近なところで体験し、人の生のはかなさを実感したであろう能因が、さらに親しかった女性の死にも遭遇し、それを契機として出家へと踏み切ったと考えられはしないであろうか。とすれば忠望《ただもち》と為愷《ためやす》という二人の父は、死という不幸によって、能因の精神史にきわめて密に関ったとも言えるのである。

（「能因法師研究」五三頁）

永愷《ながやす》は、出家後初めは融因《ゆういん》と名乗っている。川村氏は、先輩の源道済《みちなり》（？～一〇一九、中古三十六歌仙）、大江嘉言《よしとき》（生没年未詳、中古三十六歌仙）に導びかれる形で、河原院（京都市下京区。安法《あんぽう》法師在住）に親しく交らっていたので、旧主源融《とおる》（八二二～九五、左大臣）を敬慕したからであろうと、推測している。

その後能因と改名する。川村氏によると、「おそらく長能から一字を得たものと思われる。それは長能の没時（長和《ちょうわ》年間（一〇一二～七）―引用者）でもあったろうか」（『能因集注釈』三八頁）ということなので、能因二十代後半の頃である。能因が、長能から歌の指導を受けた期間は、出会いの十九歳の時から十年足らずあるが、師に対する敬愛は、終生変わらぬものがあった。『袋草紙』に、歌道の師弟関係の始めといわれる所以《ゆえん》である。

長能の影響

長能の私邸での歌会で詠んだ歌にも、長能の影響がみてとれる。

長能朝臣のもとにて二首、織女《しょくじょ》（たなばたと詠む―川村氏）

秋の夜《よ》をながきものとは星《ほし》あひの影見《かげみ》ぬ人のいふにぞありける（注）　（『能因集注釈』三七頁）

（秋の夜を長いものだとは、七夕の星が逢う時の光を見ない人が言うことだよ）

恋ひわたる涙の川のしがらみはたまづさばかり見《み》る間《ま》なりけり　（『能因集注釈』三九頁）

（恋ひ続けている私の涙の川を塞いてくれるのは、あなたからの手紙だけを見る時です）

（注）この歌は、川村氏によると、長能の次に二首に依っており、師の影響がうかがえる。

菅《すが》の根《ね》の長々《ながなが》してふ秋の夜は月見ぬ人のいふにぞありける　（『後拾遺和歌集』秋下三三八）

（菅の根のように、秋の夜というのはじつに長いものであるというのは、飽かず明月を眺めない人が言うことであるのだ。月を観賞すれば秋の夜は短い）　（橋本不美男氏訳「俊頼髄脳」一五七頁）

袖《そで》ひちてわが手《て》にむすぶ水《みづ》の面《おも》にあまつ星《ほし》あひの影《かげ》を見《み》るかな　（『長能集』七六）

（七夕の夜、袖をぬらして我が手にくみ上げた、その水の面に、天上の二つの星の出会う姿をうつしてみることだ）　（『長能集注釈』一〇四〜五頁）

また、晩年の永承《えいしょう》元年（一〇四六）の頃に成立したとされる私家集『玄々集《げんげんしゅう》』には、長能の歌は最大の十首が採られており、能因の長能への傾倒ぶりをあらためて確認できる。この集には道綱一首、道綱母七首（二番目）がとられ、長能から相伝された歌書が能因によって活かされていることがうかがえる。その七首を提示する。後世に道綱母の秀歌として人口に膾炙《かいしゃ》した句を選んでいることがわかる。

なげきつつひとりぬるよのあくるまはいかに久しきものとかはしる　(日記天暦《てんりゃく》九年十月条)

わがやどのやなぎのいとはほそくともくるうぐひすはたえずもあらなん　(道綱母集十四)

みやこびとねてまつらめやほととぎす今ぞ山べをなきてすぐなる　(道綱母集三八)

たれかこのかずはさだめし我はただとへとぞおもふやまぶきのはな　(道綱母集十一)

たきぎこることはきのふにつきにしをいざをののえはここにくたさん　(道綱母集三六)

ふぢごろもながすなみだのかはみづはきしにもまさるものにぞありける　(日記康保《こうほう》二年七月条)

ふるあめのあしともおつるなみだかなこまかにものをおもひくだけば　(日記天禄《てんろく》二年二月条)

相伝された『蜻蛉日記』から三首、『道綱母集』から四首をとっており、能因の師への心くばりがみてとれる採歌である。そして能因のこの道綱母歌に対する評価が、後世の人びとの彼女の歌人としての高い評価につながっていくことを想うとき、長能から能因の歌書相伝のもつ意味の大きさが重要な意味をもって追ってくるのである。長能が関った『拾遺《しゅうい》和歌集』の歌と、「なげきつつ」、「みやこびと」、「たきぎこる」は重なり、道綱母の代表歌になっていくのである。

出家した能因は、三十代後半までは二人目の養父となった次兄の元愷《もとやす》に経済的支援を仰ぐ一方、橘為義《ためよし》を頼って、寛弘《かんこう》七年(一〇一〇)~九年頃摂津国古曽部《こそべ》(大阪府高槻市)に下向し、陸奥との馬の交易によって生計を維持していたとする目崎得衛氏の指摘がある(「能因伝における二、三の問題」三三〇~六頁)。能因は馬喰《ばくろう》によって生活の手立を講じていたのである。古曽部は牧の適地であった。

能因には信仰者としての影が薄く、俗世と絶縁して深山に入り修行三昧の類いの生活ではなく、自由な境涯を得て和歌に専念したいための出家であるようにみえる。
彼の交友については、犬養廉《きよし》、川村晃生《てるお》氏らの詳細な考証があり、その主要な人物を紹介する。

藤原広業《ひろなり》・資業《すけなり》

大学の師で、有力官僚であった藤原広業《ひろなり》（九七七〜一〇二八）、その弟で学窓を共にした資業《すけなり》（九八八〜一〇七〇）とは生涯の友人であり、資業の伊予守《いよのかみ》赴任に従って長暦《ちょうりゃく》四年（一〇四〇）春、伊予国に下向している。『能因集』に、次の歌がみえる。

長暦四年春、伊予《いよ》のくにに下《くだ》りて、浜《はま》に都鳥《みやこどり》といふ鳥《とり》のあるを見て、ながむ

もしほ焼くあまとや思《おも》ふ都鳥なをなつかしみ知《し》る人にせむ

（藻塩を焼いている海人とでも私を思っているだろうか。都鳥、お前の名が慕わしいので友と思おう）

（『能因集注釈』二七九頁）

この翌年の夏、祈雨の歌一首を詠んで雨を降らしている。『俊頼髄脳』の史料を提示する。

●史料（『俊頼髄脳』）

和歌の効用

実綱《さねつな》（資業《すけなり》の誤り―引用者）が、伊予《いよ》の守《かみ》にてくだり侍りけるに、歌好む者にて、能因《のういん》法師をぐして、伊予にくだりて侍りけるに、その年、世の中日照《ひで》りして、いかにも雨降らざりけり。その中にも伊予の国は、ことのほかに焼けて、国のうちに水絶えて、飲みなむずる水だになかりければ、水に飢ゑて死ぬる者あまたありければ、守実綱《ママ》、嘆きに思ひて、祈りさわぎけれど、いかにもしるしも見えざりければ、思ひわづらひて能因法師に、「神は、歌にめでさせ給ふものなり。三島《みしま》の明神に、歌詠みてまゐらせて、雨祈れ」とせめければ、ことに清《きよ》まはりて、いろいろの御幣《みてぐら》に書きつけて、御社に参りて、伏し拝《おが》みけるほどに、にはかに曇りふたがりて、おほきなる雨降りて、堪へがたきまで止《や》まず。

天の川苗代水《なはしろみづ》にせきくだせあまくだります神ならばかみ

（「金葉和歌集」雑下）

（あの天上の天の川の水をせきとめて、この伊予の国の苗代水として下ろしてくださいませ。もし三島大明神が、天上からこの伊予《いよ》に天降《くだ》り給うた神ならば）

そののち、三日ばかり小止《おや》みもせず降りて、のちには、三四日ばかり三たび降りて、国の中、思ふさまにぞなりにける。世、末《すゑ》なれども、神はなほ歌を捨てさせ給はぬとぞ、実綱《ママ》申しける。これら、よしなき事なれど、神の御歌のつづきに、さることのありけりとも、聞こし召さむ料《れう》に、書きて候なり。（以下略）

（新編日本古典文学全集「俊頼髄脳」四九〜五〇頁）

この歌は、『金葉和歌集《きんよう》』（巻十雑下、六二五）、『袋草紙』巻四（一一五九年頃成立）、『十訓抄《じっくんしょう》』第十（一二五二年成立）、『古今著聞集《ここんちょもんじゅう》』巻五（一二五四年成立）に採録され、人口に膾炙するところとなる。後年、家経《いえつね》（九九二〜一〇五八）、経衡《つねひら》（一〇〇五〜七二）とも、交流をはかっている。

藤原保昌《やすまさ》

保昌（九五八〜一〇三六）は、能因より三十歳年長で、能因の二十代から五十歳近くまで交友があり、能因の庇護者的役割を果たした人物と目されている。有能な官吏、勇猛な武人として知られ、任地にしても、京に近い枢要な大和守、丹後守、摂津守を歴任している。保昌関係歌は、『能因集』に八首みえ、とりわけ親しい人であったことがわかる。能因が出家直後、保昌とはじめて会った時の歌の詞書に「右馬頭《うまのかみ》保昌朝臣」とあり、馬寮の長官である保昌を介して、能因の馬とのつながりがふかまっていったとする奥村晃作氏の推論（『隠遁歌人の源流』一三〇頁）がある。

むまのかみ保昌朝臣に、月夜《つきよ》に物語などして後、いひやる

今更に思ひぞいづる故郷に月夜に君とものがたりして　能因

（今あらためて思い出しますよ、この荒れた里で月夜にあなたと楽しくうちとけて話して）

返し

見《み》てしより我《われ》は宿《やど》をぞかれぬべき山の端《は》の月思ひやられて　保昌

（月を見てからというもの、私は身も心も家から出て行ってしまいそうです。山の端の月が思いやられて）

（『能因集注釈』一〇七〜九頁）

保昌は武勇の人でありながら、なかなかの風流人でもあったらしい。和泉式部と寛弘《かんこう》七年（一〇一〇）五十三歳のときに結婚している。のちに離縁するが、ここに和泉式部と能因の接点ができている。

この後、風流人保昌が、六条の自宅の宮城野を模した庭園に植えた萩に思いを馳せて、能因は、次のように共鳴の挨拶を贈っている。

津の守保昌《かみやすまさ》の朝臣《あそむ》、六条の家に宮城野《みやぎの》の萩《はぎ》をおもひやりつつ植ゐたるを見《み》て

宮城野《みやぎの》を思《おも》ひいでつつうつしけるもとあらの小萩花咲きにけり　能因

（宮城野を思い出しながら、まねて移し植えたもとあらの小萩の花が咲いたなあ）

返し

宮城野をこふる宿《やど》に露かくることの葉さへぞ哀れなりける　保昌

（宮城野を恋しく思っているこの家には、露もかかりますが、少しでもかけてくださるあなたの言葉さえも哀れに思われますよ）

（『能因集注釈』一八一〜三頁）

能因は、しばしば保昌の六条の家を訪れたらしく、「夏のかげは花にまされり」という題や、一緒に舟に乗って難波江に遊んだことを歌に詠んで、二人の交友を示している。そして、能因は保昌の訃報に接した感慨を、次の二首の歌にこめている。

故津守保昌朝臣の六条の家を見れば、宮城野《みやぎの》を思《おも》ひ出でて植《う》ゑし秋草どもいとあはれなり

宮城野をうつしし宿の秋の野は忍ぶぐさのみ生《お》ふるなりけり

（宮城野を模した屋敷の庭の秋の野は、昔を忍ぶという忍草ばかりが生えているなあ）

植ゑおきて雨ときかする松風にのこれる人は袖ぞぬれける

（植え置いて雨かと聞き紛らわす松風の音に、残された私の袖は涙でぬれることよ）　（『能因集注釈』二四三～五頁）

平野由紀子氏は、その著『平安和歌研究』のなかで、『能因集』を、「歌の選択において実によく整理され、排列において細く考慮され」、「実人生から自律しつつ、実人生を文学的に再現しようとしている家集」（二八七頁）ととらえたうえで、「実人生に対する能因の認識が明確にあり、他方に人生のどの面を文学にするかという明確な意識を一貫してもち、それに基いて歌を選択し、排列することによって、自律的な家集の世界を創りあげている」（二八七頁）ので、保昌との交友も、「宮城野の萩」に結びつけて哀傷歌を詠んでいるところに、能因歌の特色があるとしている。従うべき解釈であろう。

光孝《こうこう》源氏歌人たち

■——源道済《みちなり》

一族のなかで、能因との交友が知れるのは、源道済（?～一〇一九）で、文章生出身の官僚で大学の先輩である。両者の交友を伝える資料は、『能因集』に七首、『道済集』に五首を数える。

『能因集』のなかから二首を提示する。

雨の夜常夏《とこなつ》を思ふ心、道済《みちなり》が家にて人々よみしに

いかならむ今夜《こよひ》の雨にとこなつの今朝だに露のおもげなりつる

（どうだろうかなあ、今夜の雨で、常夏は今朝でさえ露が重そうだったよ）　（『能因集注釈』三五～六頁）

その夜、参会の人々はこの歌を第一席としたのである。

道済朝臣、筑前にてうせにけりと聞きて

すみのえに我はしほたる君は又死出《しで》の山ごえあはれなるらん

（住の江で私は涙にくれている。あなたはまた死出の山越えとか、悲しいことだなあ）　（『能因集注釈』一二二頁）

始めの歌は、『能因集』の配列からして寛弘《かんこう》三年（一〇〇六）頃と思われるので、能因十九歳頃から交友が始まり、道済が筑前に没する寛仁《かんにん》三年（一〇一九）まで、かなり親密な交わりが続けられていたことがうかがえる。能因の初期の詠歌に道済から受けた影響は、はかり知れないものがあったと川村晃生氏はみている（「能因法師研究」九四頁）。

■――莫逆《ばくげき》の友・源為善《ためよし》

次に、道済とは従兄弟《いとこ》の関係にある源為善《ためよし》（?～一〇四二）との交友をみてみる。為善は『後拾遺《ごしゅうい》和歌集』に八首入集する典型的な受領層歌人で、能因の庇護者として親密な関係にあった人である。

『能因集』に、その交友をみてみると、

三河《みかは》にあからさまに下《くだ》るに、信濃《しなの》の御坂《みさか》の見《み》ゆる所にて

白雲の上《うへ》より見ゆる足引の山の高《たか》ねやみさかなるらん

（白雲の上の方から見える山の高嶺が、御坂《みさか》なのだろうか）

（『能因集注釈』一二六頁）

この歌は、『後拾遺和歌集』（羈旅《きりょ》、五一四）に採られ、その詞書に、「為善朝臣、三河守にてくだり侍りけるに、すのまたといふわたりにおりゐて、信濃のみさかを見やりてよみ侍ける」とあるので、能因が為善の三河守赴任に随伴して三河下向したことがわかる。さらに、長久《ちょうきゅう》四年（一〇四三）秋には、能因は亡くなった備前守源為善を憶って、次の歌を詠んでいる。

命あればことしの秋も月は見《み》つわかれし人にあふよなきかな

（命があるから、私は今年の秋も月を見たのだが、死別した人にはもう会う夜とてないのだなあ）

（『能因集注釈』二九九〜三〇〇頁）

この歌は、『新古今和歌集』（哀傷、七九九）に入集。その詞書に、「源為善朝臣身まかりにける又の年、月を見て」とある。両者の深い交友を認めることができる。

この他に、御願寺僧都《ごがんじそうず》と号した観教《かんきょう》（九三〇?〜一〇一二、俗名信輔《のぶすけ》、権大僧都）、道済《みちなり》の子親範《ちかのり》（?〜一〇四五）、登平《なりひら》（生没年未詳）ら光孝《こうこう》源氏歌人と能因の交友が知られている。

大江氏歌人との交友

次に、能因と交友があった大江氏歌人を取り上げてみる。

■——大江正言《まさとき》

まず、最初に、大江正言（嘉言《よしとき》の兄、生没年未詳）との交友が知られる。

長楽寺《ちょうらくじ》にて、人々故郷の霞《かすみ》の心をよむ中に

渡りつる水の流れをたづぬれば霞《かす》める程や都《みやこ》なるらん　嘉言《よしとき》

（渡ってきた川の水の流れを尋ね来て見ると、霞のかかっているあたりが都なのだろうか）

山たかみ都の春を見わたせばただ一《ひと》むらの霞《かすみ》なりけり　正言《まさとき》

（山の高みにいて、都の春景を見渡すと、ただ一かたまりの霞であるよ）

よそにてぞ霞《かすみ》たなびく故《ふる》郷《さと》の都《みやこ》の春は見るべかりける　能因

（都の外に出て、霞のたなびいている故郷の都の春景色は、見るのがよいよなあ）

（『能因集注釈』四二〜五頁）

『能因集』の配列からして寛弘《かんこう》五年（一〇〇八）前後の詠と認められ、正言は大学寮（官吏養成機関）に大学允《じょう》（四等官の第三位）として勤務し、嘉言《よしとき》・能因は文章生《もんじょうしょう》として学問の研鑽に励んでいた頃と、川村氏は想定している。

正言《まさとき》、出雲《いづも》へ下るとて、かういひおこせたり

故郷の花《はな》の都《みやこ》に住みわびて八《や》雲《くも》たつてふ出雲《いづも》へぞ行く　正言

（故郷の花の咲く美しい都を住みあぐねて、八雲立つという出雲の国へ行くのです）

とつくにはいづにもあるを君などて八《や》雲《くも》たつてふうらにしも行く　能因

（都から遠く隔たった国はどこにもあるのに、あなたはどうして八雲が立つという浦に行くのでしょうか）

（『能因集注釈』七四～五頁）

小町谷照彦《こまちやてるひこ》、川村晃生氏は、「花の都」という語句に注目され、この表現を扱う作者層の範囲として能因圏を想定され、その作者の大半が受領層《ずりょうそう》歌人に属することに注目している。受領層歌人である長能にも、「花の都」を詠んだ歌が二首ある。

いまよりはあらぶるこころましますなはなのみやこにやしろさだめつ

（今日からは、わざわいをもたらす荒々しい御心をお持ちにならないで下さい。この美しい都に、お社を定め申し上げましたからには）

（『長能集注釈』三二～三頁）

やたのさとにて

やたのなるももへやはらのつかのまもこひずやあらぬはなのみやこを

（矢田野の「ももへやはら」の塚を見るにつけ、しばしの間も恋しく思わずにいられないことだ、はなやかな都を）

（『長能集注釈』一三六頁）

長能と大江氏歌人、能因との交友、師弟関係の影響がこれらの歌を通してみてとれる。

■——大江嘉言《よしとき》

嘉言（?〜一〇一〇）については、第一章第三節（三八四〜七頁）の「長能と能因の師弟関係」で、長能との交友について述べているが、ここでは能因との交友に限定して記することとする。

嘉言と能因の交友は、正言より早く寛弘《かんこう》二年（一〇〇五）以前と推定する犬養廉《きよし》氏の論考がある。犬養氏に従うと、大学の先輩と後輩という関係で始まり、その親交は、嘉言の卒去まで続く。

嘉言あづまへ下《くだ》るとて、送之

長月《ながつき》は旅《たび》の空にて暮《く》れぬべしいづこにしぐれあはんとすらん　能因

（九月は、旅の空のもとで暮れてしまうだろう。いったいいずれの地で、時雨に降られることでしょうか）

返し

東路はいづかたとは思ひ立つ富士《ふじ》の高嶺《たかね》は雪降りぬらし　嘉言

（東国への道は、どちらと思って出立するのでしょう、火を噴く富士の高嶺にはもう雪が降っているはずです）

（『能因集注釈』二三〜五頁）

嘉言つしまになりて下《くだ》るとて、津《つ》の国《くに》のほどよりかくいひおこせたり

命あらば今《いま》かへり来《こ》む津の国のなにはほり江の蘆《あし》のうら葉に　嘉言

（命があったらすぐにも帰ってきましょう、摂津の難波堀江の蘆の葉が裏返るように、この蘆《あし》の浦へ）

（『能因集注釈』五一頁）

嘉言、対馬にてなくなりにけりとききて
あはれひと今日《けふ》の命をしらませば難波《なには》の蘆《あし》に契らざらまし
（ああ、彼《か》の人が今日の命を知っていたならば、決して難波の葦にこと寄せて再会を約さなかったであろうに）
（『能因集注釈』五六頁）

川村氏は、嘉言《よしとき》詠が能因への影響が生涯にわたったことをつぶさに検証されている。

年ふとて忘れざらなむ都にはさる人ありと秋もたのまむ
（『嘉言集』二六）

世々ふとも我忘れめや桜花苔の袂《たもと》に散りてかかりし
（『後拾遺集』春上一一八、能因）

最後に道綱母との関係をみてみたい。

身をつけば哀れなるかな嘆きつつひとりや寝ぬるかかる霜夜に
（『嘉言集』一四一）

という第三、四句には、明らかに道綱母の次の歌の影響が認められる。

嘆きつつひとりぬる夜の明くるまはいかに久しきものとかは知る
（蜻蛉日記天暦九年十月条）

道綱母の歌が、長能から嘉言へと伝承されていることをうかがわせる事例と思われる。さらに嘉言の周辺にいる受領層歌人達へと伝承の輪が広がっていったと想像を逞しくしている。

■――大江公資《きんより》

つづいて、正言《まさとき》・嘉言《よしとき》の甥にあたる大江公資（?～一〇四〇）との交友について述べたい。川村氏は、能因の大江氏との交友の発端を、能因と公資がほぼ同期の学生として交友を持ち始めたことに求めている。公資を介して正言・嘉言との交流が始まったと考察される。『能因集』より引用する。

公資朝臣の、相模《さがみ》になりて下《くだ》るに

ふるさとを思ひいでつつ秋風に清見《きよみ》が関をこえむとすらん

（この故郷を思い出しながら、秋風の吹くなか清見が関を越えようとするのだろうか）　（『能因集注釈』一二四～五頁）

詞書「相模」の右傍に「寛仁《かんにん》四年云々」の注記があることから、寛仁四年（一〇二〇）のことと思われる。さらに、浜名の橋の秋景を想像して詠んだ一首がある。

遠江《とうとうみ》に、公資朝臣許に送之　于時在摂洲

目にちかき難波《なには》の浦《うら》に思《おも》ふかな浜名《はまな》の橋《はし》の秋霧のまを

（間近な難波の浦を見て思うことです。そちらの浜名の橋が秋霧の間に見えるのを）　（『能因集注釈』一九一頁）

能因の願いは、長元《ちょうげん》七年（一〇三四）末か、同八年初の頃に実現する。

浜名の橋をはじめて見て

今日《けふ》みれば浜名《はまな》の橋を音《おと》にのみ聞《き》きわたりけることぞくやしき

（今日みると、浜名の橋を評判でばかり聞いてきたことが悔しいよ）　（『能因集注釈』二一五頁）

能因は、毎年花盛りに摂津国古曽部《こそべ》より上洛して、公資宅を訪れ、庭の桜を観賞している。

●史料（『袋草紙』）

雑談六五

　能因は、古曽部《こそべ》より毎年花盛りに上洛して、大江公資《きんより》が五条 東 洞院《ひがしのとういん》の家に宿すと云々。件《くだん》の家の南庭に桜樹有り。その花を翫《もてあそ》ばんが為と云々。勧童丸《けんどうまる》と云ふ童一人相ひ従ふと云々。公資が孫公仲《きんなか》には常に云はく、「数奇《すき》給へ、すきぬれば歌はよむ」とぞ諷諫《ふうかん》しける。これ公仲が子有経《ありつね》の語る所なり。

（新日本古典文学大系29『袋草紙』八八頁）

このように能因は「風流の心（数奇《すき》）を持てば、歌は詠める」と、自らも歌道一筋に打ち込み、周囲に古曽部入道と尊敬される歌人となったのである。

この他に、公資の妻だった相模《さがみ》（生没年未詳）との交友もあり、能因と大江氏歌人との交友、かかわり合いは、能因の歌へ大きな影響を与えるとともに、能因も歌道に専念して歌会の重鎮として彼らに尊敬される存在になっていく。

ところで、能因は歌道数奇に身を投じるあまりに、後の世におびただしい説話を残している。『俊頼髄脳』の「歌と故事」に採録される説話を提示する。この説話は、『袋草紙』や『十訓抄《じっくんしょう》』、

『古今著聞集《ここんちょもんじゅう》』等に数多く採録されている。さらに江戸天保時代に大阪の学者尾崎雅嘉《まさよし》の『百人一首一夕話《ひとよがたり》』巻六にも、八項目の説話がとられ、能因は人気者だ。

●史料（「俊頼髄脳」）

歌と故事

能因法師は、歌をも、うがひして申し、草子《そうし》などをも、手洗ひて取りもひろげける。ただ、うちするかと思ひけれど、讃岐《さぬき》の前司兼房《ぜんじかねふさ》と申しし人の、能因を、車のしりにのせて、ものへまかりけるに、二条と、東《ひんがし》の洞院とは、伊勢が家にてありけるに、子日《ねのひ》の小松のありけるを、さきを結びて植ゑたりけるが、生《お》ひつきて、まことに大きなる、松にてありしが、木末の見えければ、車のしりより、まどひおりければ兼房の君、心も得ず、「いかなる事ぞ」と尋ねければ、「この松の木は、高名の、伊勢が結び松には候はずや。それが松をば、いかでか、車にのりながらはすぎ侍らむ」といひて、はるかに歩みのきて、木松の隠るる程になりてこそ、車にはのれりける。また、右近《うこん》の大夫国行《くにゆき》と申しける歌よみの、陸奥《みち》の国《くに》に下《くだ》りけるに、歌よみあつまりて、餞《せん》しけるに、「白河の関すぎむ日には、水鬢《びん》かき、うちぎぬなど着てすぎよ」と教へければ、「いかなれば、さはすべきぞ。国の人の、あつまりて見るか」と問ひれけば、「いかでか、能因法師、秋かぜぞ吹く白河の関（注）と、詠みたらむ関にては、けなりとて、鬢ふくだめてはすぎ給はむ」いひければ、人々わらひけりとや。さりとも、「この道を好まむとおぼさば、さやうにしてぞ、歌は詠まれ給はむ」とぞ申しける。されば、この道の好まむ人は、世の末《すゑ》なりとも、かしこまるべきなめり。（前掲書二三六～八頁）

（注）都をば霞《かすみ》とともに立ちしかど秋風ぞ吹く白河《しらかは》の関（「後拾遺和歌集」羇旅）

能因の交友は、実に幅広く多方面にわたる。この他にも、左大臣源融《とおる》の曾孫安法《あんぽう》法師の河原院に、文章生の頃から源道済《みちなり》、大江嘉言《よしとき》に導かれる形で足繁く出入していたとの犬養廉《きよし》氏の論考（「河原院の歌人たち」七八頁）もある。『能因法師集』に、安法法師没後のことかと思われるが、次の一首がみえる。

河原院《かはらの》にて、むすめにかはりて
ひとりふすあれたる宿《やど》のとこの上《うへ》にあはれいく夜《よ》のねざめしつらん
（一人寝をしている荒屋の床の上で、ああ、いったい幾晩ねざめしたことか）（『能因集注釈』五三頁）

藤原範永《のりなが》

さらに、能因は、藤原範永《のりなが》（九九三?～一〇七四?）・平棟仲《むねなか》・源頼実《よりざね》（一〇一五～四四）・源兼長《かねなが》・藤原経衡《つねひら》・源頼家《よりいえ》の和歌六人党に先輩歌人として迎えられ、グループの中心として彼等の作歌に影響を与える。なかでも範永と能因は、能因の歌道の師長能が、範永の祖母の兄弟にあたる関係などもあって、深い交友を持っていたもの（千葉義孝氏「藤原範永試論」三〇頁）と思われる（範永家系図参照）。

範永の歌人としての非凡さは、父方の血による所が大のようである。千葉義孝氏の、

> 彼は理能《まさとう》・長能《ながとう》・道綱母・菅原孝標妻《たかすえのつま》を兄妹とする倫寧女《ともやすのむすめ》を祖母に持ち、さらに、祖父為雅《ためまさ》の弟為信《ためのぶ》には、藤原為時《ためとき》の室にはいり、紫式部を生んだ女《むすめ》も見えるといった具合である（為信は式部の母方の祖父にあたる―引用者）。このような文才豊かな一門との姻戚関係は、歌人範永の生涯を考える場合、常に考慮されるべき問題であろう。
>
> （「藤原範永試論」二八頁）

との指摘を待つまでもなく、彼の歌才は六人党のなかでも群を抜き、『後拾遺和歌集』に十四首入集している。

範永の祖父為雅《ためまさ》は、『蜻蛉日記』上巻天暦《てんりゃく》十年（九五

範永家系略図

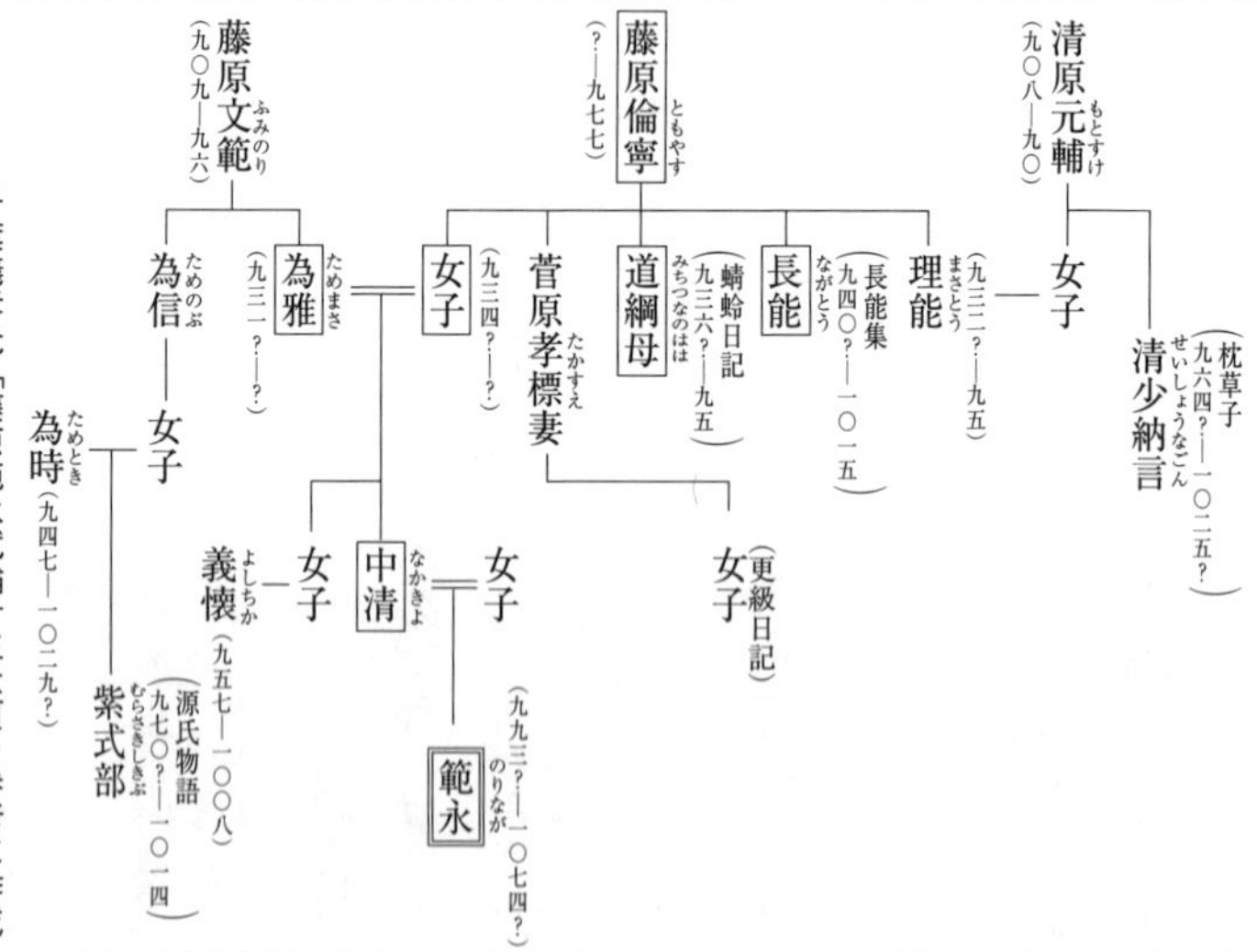

千葉義孝氏「藤原範永試論」三六頁を参考に作成

六）三月条に姉の夫（新日本古典文学大系24、四七～八頁）とみえる。また父中清は、中巻天禄《てんろく》元年（九七〇）三月条の「内裏《うち》の賭弓《のりゆみ》」に、「それもをなじほどの童《わらは》にて、我《わ》がおひなり」（前掲書一〇九頁）と、道綱と同年代の従兄弟と出ている。

範永は「後撰集の青表紙本の伝来に関与したり、古今集を書写したか、乃至は彼が注を施したような古今集伝本が流布していた可能性も考えられる」（千葉氏前掲書二八～九頁）など文学の伝承に強い関心をもっていたので、為雅—中清—範永の系譜で、『蜻蛉日記』相伝の可能性も大きい。このルートでも後世へ伝えられたものと推測している。

範永と能因との交友が知れる事例として、『後拾遺和歌集』の歌を提示しておく。

美作《みまさか》にまかり下りけるに、太まうち君のかづけ物の事を思ひいでて範永朝臣の許につかはしける

よよふとも我わすれめや桜花苔《こけ》のたもとに散りてかかりし　（後拾遺集　春上　一一八）

（どんなに時がたっても、私はけっして忘れはしません。桜花の花びらが私の僧衣に散りかかったことを）

（新日本古典文学大系8　『後拾遺和歌集』四五頁）

以上、能因の幅広い交友をみてきたが、長能から相伝された『蜻蛉日記』、『道綱母集』は、彼の手を通して後輩の歌人達へ継承されていったのである。能因自身の歌道に対する周囲の高い評価もあり、後世の歌人たちへと、みみらく伝説も確実に語り継がれていくこととなったのである。

第二節　能因の旅

能因は、漂泊詩人の先駆として位置づけられている。彼の歌の特徴のひとつに、歌枕を詠み込んだ歌が多くみられるということがあげられる。『能因集』には、詞書に九十ヶ所もの地名がみえるし、晩年の永承《えいしょう》五年（一〇五〇）年には『能因歌枕』を著している。歌枕とは、『俊頼髄脳』に従うと、

世に歌枕といひて、所の名書きたるものあり。それらが中に、さもありぬべからむ所の名を、とりて詠む常のことなり。それは、うちまかせて詠むべきにあらず。常に、人の詠みならはしたる所を、詠むべきなり。その所にむかひて、ほかの所を詠むはあるまじきことなり。

（前掲書八九頁）

ということであり、能因の歌には、ほとんどに歌枕が詠み込まれているの特徴である。能因の旅については、多くの学者の論考があるが、川村晃生氏によると、以下の六期に分けられる。

甲斐《かい》下向まで（寛弘《かんこう》八年（一〇一一）頃）

学曹時代の能因の旅は、長谷寺《はせでら》、龍門《りゅうもん》等の大和下向、住吉《すみよし》・長柄橋《ながらばし》等の摂津下向、あるいは熊野下向など京周辺のものが目立つ。これらが有名な社寺や歌枕として著名な地であることに、川村氏は「若年時における能因の歌枕への意識を、言いかえれば、のちに羇旅《きりょ》歌人として光彩を放つ能因の原型」（前掲書五七頁）を見てとる。この期の長途の旅に、甲斐下向がある。何らかの公務を帯びて、二十四歳頃に甲斐下向し、「山梨岡」という歌枕を詠み込んだ歌を残している。

甲斐《かひ》にて、山なしのはなをみて

甲斐《かひ》がねに咲《さ》きにけらしな足曳《あしびき》の山梨岡《やまなしをか》の山なしの花

（甲斐の山の嶺に咲いたようだなあ、山梨岡の山梨の花）（『能因集注釈』六三〜四頁）

三河下向（寛仁《かんにん》〜治安《ちあん》年間）

長和《ちょうわ》二（一〇一三）、三年頃出家した能因は、しばらく東山辺に住んだらしいが、寛仁四年（一〇二〇）頃、友人源為善《ためよし》が三河守として赴任するに際し、随伴して三河へ下向している。

三河《みかは》にあからさまにくだるに、信濃《しなの》の御坂《みさか》の見ゆる所にて

白雲の上《うへ》より見ゆる足引の山の高《たか》ねやみさかなるらん

しかすがのわたりに宿《やど》りて

（四〇五頁参照）

思ふ人ありとなければ故郷《ふるさと》はしかすがにこそ恋しかりけれ
（恋しく思う人がいるというのではないけれども、故郷の都はさすがに恋しいことよ）（『能因集注釈』一二八～九頁）

能因は、為善の在任中、殆んどの期間を三河国で過したらしく、歌枕踏査の欲求を満たしている。

両度陸奥《みちのく》下向（万寿《まんじゅ》二年（一〇二五）春～長元《ちょうげん》年間前半）

万寿二年春、三十八歳の能因は、陸奥への旅に出立する。有名な一首が詠まれる。

二年の春、陸奥《みちの》国《くに》にあからさまに下《くだ》るとて、白河《しらかわ》の関に宿《やど》りて
都をば霞《かすみ》とともに立《た》ちしかど秋風ぞ吹く白河の関
（都を霞が立つのとともに出立したのだけれど、もう秋風が吹いている白河の関）（『能因集注釈』一四三頁）

この下向の目的を、馬の交易のためとする目崎徳衛氏（「能因の伝における二、三の問題」三三〇～六頁）や奥村晃作氏（『隠遁歌人の源流』一三〇～四頁）の説に従う。この歌は『袋草紙』（雑談六五）に、「能因、実には奥州に下向せず。この歌を詠まんが為に窃《ひそ》かに籠居して、奥州に下向の由を風聞すと云々」（新日本古典文学大系29、八九頁）とあり、この下向が能因の作り話とする説話が語られるようになる。「都と白河の関との空間上の距離を、春と秋という時間の推移によって詠もうとする、遠隔感の表現」（川村氏『能因集注釈』一四四頁）により、後に能因の名声を高からしめる著名な詠となる。

長元元年（一〇二八）前後に、再び陸奥へ下向する。『能因法師集』に次のようにみえる

なすべきことありて、また陸奥国《みちのくに》へ下《くだ》るに、はるかに甲斐《かい》のしらねの見《み》ゆるを見て

甲斐《かひ》がねに雪の降《ふ》れるか白雲かはるけきほどは分きぞかねつる

（甲斐の山の嶺に雪が降っているのか、白雲なのか、遠くのあたりは区別しがたいことよ）（『能因集注釈』一四八頁）

この後、「常陸国筑波山《つくばさん》」（茨城県）を通り、「信夫《しのぶ》の里」（福島市）、「武隈《たけくま》の松」（宮城県岩沼市稲荷町）、「末の松山」（宮城県多賀城市）、「塩竈《しほがま》の浦」（宮城県塩竈市）など歌枕を詠み込みながら旅を続けている。この旅は、のちの能因の詠歌に影響を与え、「想像奥州十首」などをうみ、能因の以後の和歌詠作に与えた影響ははかり知れないものがあったようである。

遠江《とおとうみ》下向（長元《ちょうげん》八年（一〇三五）前半）

文章生時代からの友人の遠江守大江公資《きんより》を頼って長元八年前半に、遠江（静岡県西部）へ下向する。

浜名の橋を初《はじ》めて見て

今日《けふ》みれば浜名《はまな》の橋《はし》を音《をと》にのみ聞《き》きわたりけることぞくやしき　（四一〇頁参照）

「浜名の橋をはじめて見て」詠まれたこの歌の前に、能因は、長元六年（一〇三三）頃に、「浜名の橋」を詠み込んだ一首を残している。

遠江《とおとうみ》に、公資《きんより》朝臣許に送之　于時在摂州

目にちかき難波《なには》の浦に思ふかな浜名《はまな》の橋の秋霧のままを　（四一〇頁参照）

この歌意を、焼失した「浜名の橋」が再建されたことを聞いた能因が、公資《きんより》へ遺した一首と読みとり、「そうした歌枕「浜名の橋」への志向が、大江公資を頼っての遠江志向という形で表われた」(川村氏前掲書七一頁)ものとすると、能因の歌枕志向を物語る興味深い一首である。

両度美濃下向(長元末〜長暦《ちょうりゃく》初)

長元九年(一〇三六)頃の秋に二度目の美濃へ下向する。

美濃《みの》へ下《くだ》るとて、あづさの山にて

宮木《みやぎ》ひくあづさの杣《そま》をかき分けて難波《なには》の浦をとほざかりぬる

(宮木を伐り出す梓の杣を分け入って、難波の浦からはるかに遠ざかったなあ)

(『能因集注釈』二三七頁)

そのまま美濃に滞留して、春に「美濃の南宮」で二首詠んでいる。

春、美濃の南宮にて二首、榊等

をとめごがとる神垣《かみがき》のさか木葉とやとせつばきはいづれ久しき

(巫女たちが手にもつ神垣にある榊の葉と、やとせ椿はどちらが久しいことでしょう)

瑞籬花《みずがきのはな》

万代をこめてしめゆふみづ垣《がき》の花をぞ人はかざすべらなる

(万代をこめて標縄《しめなわ》を結んでいる瑞籬《みずがき》(神社の周囲に巡らした垣根)の花を、ああ人が髪に挿しているようだ)

美濃の南宮は、岐阜県不破郡垂井町宮代《ふわたるい》にある南宮神社《なんぐうじんじゃ》で椿が有名であった。この神社が美濃国府《みののこくふ》のごく近くにあることから、美濃守橘義通《よしみち》を頼ってのものと川村氏は推察している。
（『能因集注釈』二四一〜二頁）

伊予《いよ》下向（長暦《ちょうりゃく》四年（一〇四〇）春〜長久《ちょうきゅう》年間）

長暦四年春、友人藤原資業《すけなり》の伊予守《いよのかみ》赴任に従って、伊予に下った時、能因は次の歌を詠んでいる。

もしほ焼《や》くあまとや思《おも》ふ都鳥《みやこどり》なをなつかしみ知《し》る人にせむ
（三九九頁参照）

伊予滞在中の長久二年（一〇四一）夏、能因は祈雨の歌一首を詠んで雨を降らしめ、その歌が『俊頼髄脳』などの歌論書、説話集に採録されたことは先述の通りである（第一節藤原広業《ひろなり》・資業《すけなり》の項参照）。

以上、能因の旅を、川村晃生氏に従って年次的に記してみたが、受領層歌人たちの助力を得て、新たに歌枕の発見をし、旧来の歌枕の見直しを旅を通して実行していることが伺える。『後拾遺和歌集』巻九羇旅《きりょ》歌三六首中に、能因の歌が五首入集していることを見ても、「能因における旅のもつ意味の重さと、同時に後世の歌人達の能因に対する把握の仕方を理解する」（川村氏前掲書八一頁）ことができるのである。そこに込められた漂泊の思いが、能因の特質といえるのではないだろうか。

これほど歌枕に執着した能因に、「みみらくの島」を詠んだ歌が残されていないのは残念であるが、長能から相伝された日記、歌集を、友人、弟子へ責任をもって伝承し、自らの地名辞書『坤元儀《こんげんぎ》』(散佚)には、「ちかの島ひひらこの崎」に「夜となれば死たる人あらはれて父子相見云々」という新しい伝説を創作してくれているのである。

第三節　源経信《つねのぶ》への影響

久保田淳氏によると、源経信(一〇一六~九七)は、「後冷泉《ごれいぜい》朝(一〇四五~六八)から院政期へかけての重要な歌人として、まず第一に挙げられるべき存在」で、「貫之・公任と続いてきた宮廷和歌の伝統を受け継いで、これを息子の俊頼へ、そして俊頼を媒介として、俊成・定家へと受け渡した人物である」(「源経信の和歌について」三〇一頁)。しかも、「叙景歌に新生面を拓いた点において、彼の和歌史上の位置は極めて重要」(三〇一頁)であることを認識したうえで、能因が経信に与えた影響を考察してみることとする。本節では、みみらく伝説が、能因―経信―俊頼と伝承されたとする立場から、経信の存在を考えていきたい。

関根慶子氏の『中古私家集の研究』に、経信の詳細な年譜が収められている。それによると、経信は、正三位宮内卿《くないきょう》源道方《みちかた》の第六子として、長和《ちょうわ》五年(一〇一六)に生まれ、承徳《しょうとく》元年(一〇九七)正月に大宰府にて八十二歳で没している。正二位大宰権帥《ごんのそち》であった。俊頼は、三男。

経信が登場する最初の歌合《うたあわせ》は、長元《ちょうげん》八年（一〇三五）五月の関白左大臣頼通《よりみち》主催の賀陽院水閣歌合《かやのいんすいかくうたあはせ》で、二十歳の時に方人《かたうど》として参加している。この歌合には、四十八歳の能因も加わっており、

君が代は白雲かかるつくばねの峰のつづきの海となるまで

（君の御寿命は、白雲がかかっている筑波山の峰が続いていって、海に変わるまで長くあってほしい）

（『能因集注釈』二三九頁）

などの問題作を詠んでいる。経信がこの歌合の左方の選歌に当たった七十歳の公任《きんとう》を、当時籠っていた北山の長谷に、兄の経長《つねなが》の車の後ろに便乗させてもらって訪ね、選歌の批評を聞いたとの逸話を、『袋草紙』雑談は伝えている。経信を公任の後継者として、二人を結びつけようとする後世の人の心理がうんだ作り話であるようだ。この時、経信の詠んだ一首に、

大井川いはなみ高しいかだしよ岸のもみぢにあからめなせそ

（大井川は岩波が高いから、筏師《いかだ》よ、岸の紅葉が美しいからといって、脇見をするな、筏をまちがいなくあやつるために）

（関根慶子氏校注『大納言経信集』二〇七頁）

がある。経信の歌合作者としての活動が確認できるのは、永承《えいしょう》四年（一〇四九）十一月の内裏《だいり》歌合を以て初めとするが、この歌合にも能因は参加し、次の有名な二首を詠んでいる。

春日山いはねの松は君がためちとせのみかはよろず世ぞへむ

（後拾遺集　賀四五二）

（あの春日山の巌《いわ》の根本にしっかり根を張り立っている松は、天子の寿命を守り千年どころか万年も、そのままお守り

するであろう）

（橋本不美男氏訳）

あらしふくみむろの山のもみぢ葉はたつたのかはのにしきなりけり

（後拾遺集　秋下三六六）

（はげしい風が吹くみ室の山のもみじ葉は、竜田川のまるで錦であったよ）

（新日本古典文学大系8『後拾遺和歌集』一一九頁）

この時、経信は、次の「月」を詠んだ歌が選ばれている。

月かげのすみわたるかな天の原雲吹きはらふ夜半《よわ》のあらしに

（金葉集　秋）

（月の光が澄んでひろがっているよ。天空の雲を吹き払いのける夜半の嵐によって）

（新日本古典文学大系9『金葉和歌集』二〇四頁）

経信は、「能因の歌友源為善《ためよし》を母方の叔父とする縁で、早くからその交友圏に近づ」（後藤祥子氏「王朝和歌の新生」三〇八頁）いていたようであるから、能因の影響を彼の歌にうかがうことができる。

川村晃生氏は、『袋草紙』の伝える寛治《かんじ》八年（一〇九四）九月の鳥羽殿歌会において「池上月」の題のもとに、経信が詠んだ、

てる月のいはまの水にやどらずはたまゐる数をいかでしらまし

（『袋草紙注釈上』三五六頁）

（空に照る月が岩間を流れる水に影を映さないならば、玉となってちる水玉の数をどうやって知ることができようか）

という歌を、能因が「池月」という題で詠んだ、

山の井の水にうつれる月影はぬれてくもらぬ鏡《かがみ》なりけり

（山の井の水に映っている月の光は、ぬれてもくもらない、水鏡だなあ）　（『能因集注釈』一三四頁）

という一首の詠み込みとみて、能因が経信に与えた影響の一つとしている。経信の能因観を、後藤祥子《しょうこ》氏は「経信は強いて能因を認めようとしなかったけれども、その歌人形成期に於る実際的影響はもはや疑えない気がする」（川村氏「能因法師研究」九九頁）としている。

田仲洋己氏は、「『俊頼髄脳』の一断面」のなかで、

経信と晩年の能因との間に交渉が成立し得た可能性については後藤祥子氏の論考（「源経信伝の考察」─引用者）があるが、頼通《よりみち》的世界の一面を代表する能因から経信へという伝承経路を明示することによって『俊頼髄脳』はその背後にある歌語りの世界の拡がりを暗示するとともに、後冷泉＝頼通時代の体験者でありかつ説話伝承者でもある経信の歌壇的地位のさらなる宣揚、強化を図ったもの　（四二頁）

と考え、『俊頼髄脳』の中で、志賀寺上人の説話について、能因から経信への伝承の継受が明記されていることに注目されている。『俊頼髄脳』に、『万葉集』巻二十の大伴家持《やかもち》の「はつ春の初子《はつね》の今

日の玉ばはき手にとるからにゆらぐ玉の緒《を》」（初春の初子《はつね》の日の今日、選ばれた私が蚕室《さんしつ》を掃く玉箒《たまばはき》よ、ちょっと手にとっただけで命が少し延びる気がするよ、橋本不美男氏訳）の歌語の由来を叙述した後、京極《きゃうごく》の御息所《みやすどころ》と志賀《しが》寺上人の説話が、能因から経信への伝承と明記されている事例を、次に提示する。

●史料（『俊頼髄脳』）

歌語の由来

よしさらばまことの道のしるべしてわれをいざなへゆらぐ玉の緒《を》

（さあ法師よ、そのような事情ならば、後生菩提《ごしょうぼだい》の正道を道しるべとして、私を浄土へ案内しなさい。私の命もつかの間のものですから）

とぞ、仰せられれける。これを聞きて、よろこびながら、泣く泣く帰りにけりとぞ、能因法師《のういん》、帥《そち》の大納言に語り申しけるに、この歌は、万葉集二十巻にあれば、ことのほかそらの事にてぞ。ひとへに、物がたりのひが事と思ふべきに、この歌ある万葉集にも、有る本あり、無き本あり。この歌のみあらず。いま歌、五十余首なければ、おぼつかなし。よくよく尋ぬべし。その歌に、ゆらぐ玉の緒と詠める、ゆらぐは、しばらくといへることばなり。玉の緒とは、命《いのち》といへる事なり。されば、この御手をとりたるによりて、しばしの命なむのびぬると詠めるなり。させる事なけれども、かやうのことども、しろしめしたらむに、悪《あ》しかるまじき事なれば、しるし申すなり。

（傍線―引用者）（日本古典文学全集87「俊頼髄脳」一四一～二頁）

このように、能因の歌学が経信へ継承されていることを、息子俊頼の著作によって知ることができる。そのなかに、みみらく伝説の入った『蜻蛉日記』も含まれていたとの推測も成り立つのではないだろうか。ここに、能因から経信、そして俊頼へという伝承の系譜をみることができる。

一般的に、経信は公任の宮廷和歌の伝統を受け継ぐ歌人と評価され、鎌倉時代の承元《しょうげん》三年（一二〇九）に藤原定家が源実朝《さねとも》（一一九二～一二一九、鎌倉三代将軍）に贈るべく著作した『近代秀歌』では、近代の優れた歌人の筆頭に、大納言経信卿が挙げられ、秀歌例三首が採られている。

夕されば門田《かどた》の稲葉《いなば》おとづれて葦《あし》のまろ屋に秋風ぞ吹く　（金葉集巻三　一七三）

（夕方になると、家の前にある田の稲の葉をそよそよとそよがせて、葦葺きの田舎屋《いなかや》に秋風が吹き通ってくる。さみしくもさわやかなこの山里である）（藤平春男氏訳『歌論集』四五五頁）

君が世はつきじとぞ思ふ神風やみもすそ川の澄まむ限りは　（後拾遺集巻七　四五〇）

（天皇のお治めになる時代はいつまでも続いてゆくのだと思うことである。この伊勢《いせ》の御裳濯川《みもすそがわ》の水が澄み、天照大神《あまてらすおおみかみ》のご威光の絶えない限りは）（藤平春男氏訳前掲書四五七頁）

沖つ風吹きにけらしな住吉《すみよし》の松のしづえを洗ふ白波《しらなみ》　（後拾遺集巻十八　一〇六三）

（沖の風が吹いたのであるらしい。ここ住吉の浜の松の下枝に、寄せて来る白波が洗うようにかかっていることだ）

（藤平春男氏訳前掲書四六四頁）

経信の自然観照には、能因の体験主義とは異なり、客観的な対象把握がみられ、その歌は格調の高さ「たけ」を好み、近代六歌仙の筆頭にあげられ尊崇される歌人として扱われている。

経信を介して、息子俊頼へと、みみらく伝説が伝承されていたことを、俊頼の『散木奇歌集』の一首が、教えてくれるのである。

参考・引用文献（敬称略）

・顕昭「袖中抄第三」（『日本歌学大系別巻二』（久曽神昇《きゅうそじんひたく》編）風間書房　一九五八年所収）
・「能因歌枕」（『日本歌学大系第壱巻』（佐佐木信綱編）風間書房　一九五七年所収）
・川村晃生《てるお》「能因法師研究」（『摂関期和歌史の研究』三弥井書店　一九九一年所収）
・川村晃生『能因集注釈』貴重本刊行会　一九九二年
・新日本古典文学大系8『後拾遺和歌集』（久保田淳・平田喜信校注）岩波書店　一九九四年
・平安文学輪読会『長能集注釈』前掲
・能因「玄々集」（『群書類従第十輯和歌部十三』（塙保己一《はなわほきかず》編）一九七九年所収）
・新日本古典文学大系7『拾遺和歌集』前掲
・目崎徳衛「能因伝における二、三の問題」（『平安文化史論』桜楓社　一九六八年所収）
・奥村晃作『隠遁歌人の源流』笠間書院　一九七五年
・平野由紀子『平安和歌研究』風間書房　二〇〇八年

・川村晃生「能因法師考―大江歌人との交友をめぐって」前掲
・犬養廉《きよし》「能因法師研究（一）―その歌人的出発まで」（『国語国文研究』三〇号　一九六五年三月号所収）
・犬養廉「能因法師研究（二）―青年期の周辺―」（『国語国文研究』三五号　一九六六年九月号所収）
・犬養廉「王朝和歌の世界―伏流の系譜」（『和歌文学講座5王朝の和歌』勉誠社　一九九三年所収）
・犬養廉「河原院の歌人達―安法法師を軸として―」（『国語と国文学』一九六七年十月号所収）
・『袋草子注釈上』（小沢正夫・後藤重郎・島津忠夫・樋口芳麻呂著）前掲
・小町谷照彦「拾遺集時代の和歌―受領層歌人を中心とする一視点の設定―」（『国語と国文学』一九六四年七月号所収）
・犬養廉「和歌六人党に関する試論―平安朝文壇史一齣として―」（『国語と国文学』一九五六年九月号所収）
・千葉義孝「藤原範永試論―和歌六人党をめぐって―」（『国語と国文学』一九七〇年八月号所収）
・源俊頼「俊頼髄脳」（橋本不美男校注）前掲
・新日本古典文学大系29『袋草紙』前掲
・久保田淳「源経信の和歌について」（『山岸徳平先生頌寿中古文学論考』有精堂　一九七二年所収）
・関根慶子『中古私家集の研究―伊勢・経信・俊頼の集』風間書房　一九六七年
・「大納言経信集」（関根慶子校注）（日本古典文学大系80『平安鎌倉私家集』岩波書店　一九六四年所収）
・後藤祥子「王朝和歌の新生」前掲
・田中洋己「『俊頼髄脳』の一断面」（『国語と国文学』一九九一年十一月号所収）
・藤原定家「近代秀歌」（藤平春男校注・訳）（日本古典文学全集87『歌論集』小学館　二〇〇二年所収）

第三章　源俊頼《としより》による「みみらく」詠歌

源俊頼（一〇五五〜一一二九）の晩年の私家集『散木奇歌集』第六悲歎部に、

尼上うせ給てのち、みみらくの島の事をおもひ出てよめる

みみらくのわが日のもとの島ならばけふもみかげにあはまし物を

（みみらくの島が、わが日本の国の島であるなら、今日もそこで、恋しい尼上のお姿にお会いしようものを）

（日本古典文学大系80、関根慶子氏訳二五三頁）

と、亡き人に逢えるみみらく伝説が詠まれる。この歌が詠まれた時期は不明であるが、関根氏の考察に従い、尼上を俊頼の母とすると、俊頼母は寛治《かんじ》三年（一〇八九）頃死亡しているから、その頃に詠まれた歌となる。俊頼三十五歳で、父経信《つねのぶ》に従って大宰府に赴く六年前の詠歌である。とすれば、俊頼は早くから道綱母の『蜻蛉日記』を読み、亡き人に逢えるみみらく伝説を知っていたということになる。長能―能因―経信による日記の相伝の系譜がここにみてとれる。

また、「わが日のもとの島ならば」と詠んだところに、俊頼の「故実に囚はれることなく、比較的

自由な心を以て和歌を詠じていた」（宇佐美喜三次氏「源俊頼伝について」六五頁）作歌態度がみてとれる。道綱母の母の死に詠まれた「みみらくの島」が、俊頼の母の死を悼む歌として、復活したということになる。道綱母の日記から、およそ百年後のことである。

この歌は、鎌倉時代の学僧顕昭《けんしょう》の『袖中抄』に採られて、近世へと伝承される。みみらく伝説の継承にはたした俊頼の功績は大きい。その俊頼の生涯、和歌史的評価を概説してみる。

第一節　源俊頼伝

俊頼伝は、宇佐美喜三次氏の「源俊頼伝について」（『国語と国文学』一九三九年六月号所収）や関根慶子氏の『中古私家集の研究』にも詳しいが、今回は橋本不美男氏の「源俊頼」に従って概説する。

天喜《てんき》三年（一〇五五）に源経信の三男として生まれ、大治《たいじ》四年（一一二九）七十五歳で没というのが、通説となっている。白河朝期に右近衛少将《うこんのしょうしょう》、やがて堀河朝期に左京権大夫《さきょうごんだいふ》、長治《ちょうじ》二年（一一〇五）従四位上木工頭《もくのかみ》となり、天永《てんえい》二年（一一一一）退官。以後散位ですごし、晩年出家、能貧《のうたん》と号した。・能因の一字をとっているところに、能因の影響がみえる。篳篥《ひちりき》の名手。父経信は、宮廷貴族として必要な才能・知識を兼備した人であったが、俊頼はそのうち音楽・和歌の才能のみをうけつぎ、作文《さくもん》は不得手で性格も消極的なため、官途には恵まれなかった。彼の生涯はほぼ特徴的な三期に区分される。

はじめは、父に従い九州に下る四十歳ころ（寛治《かんじ》八年）まで。堀河天皇近習の管絃に堪能な殿上人《でんじょうびと》として、御会・内裏御遊の篳篥《ひちりき》、祭りの陪従《べいじゅう》（神楽の音楽）を奉仕する楽人の面が強い。歌人としてのおもな活動は、父経信《つねのぶ》判の『高陽院《かやのいん》七番歌合《うたあはせ》』への出詠のみ。
次は、承徳《しょうとく》元年（一〇九七）父の死により九州から帰京してから退官に至る十数年。堀河院内宴グループから発展した堀河院歌壇のリーダーとなり、源国信《くにざね》（一〇六九～一一一一）・藤原仲実《なかざね》（一〇五七～一一一八）・藤原基俊《もととし》（一〇六〇～一一四二）らとともに、時代粧の確立に努め、『国信卿家歌合《くにざねきょうのいえのうたあはせ》』（康和《こうわ》二）・『俊忠《としただ》家歌合』（長治《ちょうじ》元）などの判者。ついには組題《くみだい》百首をはじめて企画し、長治初年に『堀河百首』を成立させ、和歌史上のエポックとなった。

第三期は、歌壇の指導者として認められた退官後の五十六歳ころから死に至る二十年間。この期は白河仙洞《せんとう》歌壇を継承し、宮廷内外に強い勢力をもつ藤原顕季《あきすえ》（一〇五五～一一二三、歌道家六条家の始祖）中心の歌壇と、堀河院歌壇を吸収し縁辺のみの孤立した藤原氏長者忠通《うじのちょうじゃただみち》家の歌壇とが併存した。俊頼は、基俊《もととし》・藤原顕仲《あきなか》（一〇五九～一一二九）らの専門歌人とともに、この両歌壇に作者・判者として招かれ、特に一連の『内大臣（忠通）家歌合』（元永《げんえい》元年等）にみられる俊頼・基俊二人判は、和歌の評論意識を高めた。このように文壇の区分をこえて、和歌の指導者となった俊頼は、永久《えいきゅう》三年（一一一五）ころ、その歌論を凝集した『俊頼髄脳《としよりずいのう》』を著わす。天治《てんじ》元年（一一二四）には白河法皇から第五の勅撰集撰進の院宣《いんぜん》が下った。これが『金葉《きんよう》和歌集』十巻で、三度の改訂により約四年後に完成した。同時に最後の事業として、大治《たいじ》三年（一一二八）ころ私家集『散木奇歌集《さんぼくきかしゅう》』十巻一六二二首を自撰した。

俊頼は、官僚貴族に不向きな生得の芸術家で、三大集的な規範をこえて、歌境・歌詞を拡充し、和歌に新しさと珍しさを加えた。その清新で豊かな詩想は、藤原俊成《しゅんぜい》（一一一四〜一二〇四）に継承されて、中世和歌の大きな底流となった（橋本氏「源俊頼」二九五〜六頁参照）。

俊頼の和歌を高く評価した藤原定家《ていか》（一一六二〜一二四一）は、『近代秀歌』初撰本で、近代の優れた歌人六人のなかに、父経信と共に俊頼をあげ、秀歌例二十五首のうち俊頼歌は七首と最も多い。しかも、定家は、晴《はれ》の歌以下四つの評言を連ね、俊頼歌の多面性を示すものとして注目される。

藤原定家選　俊頼秀歌七首

山桜《やまざくら》咲き初《そ》めしよりひさかたの雲ゐに見ゆる滝の白糸《しらいと》　（金葉集巻一　五〇）
（山桜が咲きはじめてからは、それを遠くから眺めると、滝の水を遠望すると白い糸が垂れているように見えるものだが、ひさかたの空にかかるその滝の白糸だ、山桜は）
落ちたぎつ八十宇治川《やそうぢがは》の早き瀬に岩こす波は千世《ちよ》の数かも　（千載集巻十　六一五）
（激しく流れ落ちる宇治川の水流の早い瀬に、川の中の岩を流れ越しながら無数の波が立って数えきれないほどである。その波の数の数えきれないほどに、お重ねになるであろう君の長い寿命よ）
これは、晴《はれ》の歌の躰と申すべきにや。

（この二首は、公《おおやけ》の催しの場で詠まれるいわゆる晴の歌の詠みぶりと申すべきでしょうか）

うづら鳴くまのの入江の浜風に尾花《をばな》波寄る秋の夕暮　（金葉集巻三　二三九）

（鶉《うずら》が鳴いている、ここ真野の入江あたりに浜風が吹き渡り、すすきが波の寄せるように起伏を見せてなびいている、いま秋の夕暮れ時である）

ふるさとは散るもみぢ葉に埋《うづ》もれて軒のしのぶに秋風ぞ吹く　（新古今集巻五　五三三）

（以前に住んでいた家のあたりは、折から散るもみじの落葉にすっかり埋れて、葉を吹き落した秋風が、荒れた家の軒にまつわる忍ぶ草を吹きそよがせていることだ）

これは、幽玄に面影かすかにさびしきさまなり。

（この二首は、幽玄さがあり、微妙なイメージが浮んできてさびしい気分を感じさせる詠みぶりである）

明日《あす》も来《こ》む野路《のぢ》の玉川萩《たまがははぎ》こえて色なる波に月やどりけり　（千載集巻四　二八一）

（明日も見に来ようよ。近江《おうみ》の野路の玉川は、たくさん花の咲いている岸の萩の下枝に川波がかかっているが、その波が花の色に色づき、そこに月の光が映って心ひかれる美しさである）

思ひ草葉末《はずゑ》に結ぶ白露《しらつゆ》のたまたまきては手にもたまらず　（金葉集巻七　四一六）

（「思い草の葉末に白露がふとかかるがすぐに散りこぼれるそのように」たまに恋しい人が来ても、すぐに帰って行ってしまう。はかないことである）

これは、面白く見所あり、上手のしごととみゆ。

（この二首は、構想がおもしろく心ひかれるところがある。上手な歌人でないと詠めない歌と思われる）

憂《う》かりける人をはつせの山おろしよ烈《はげ》しかれとは祈らぬものを　（千載集巻十二　七〇八）

（私につらい思いをさせた人をどうか私になびかせてください、と長谷《はせ》の観音に祈りはしたが、初瀬山《はつせやま》の山から吹き下ろす風よ。そなたのようにさらに烈《はげ》しくつらくなれなどとは、祈りはしなかったことだのに）

これは、心深く、詞《ことば》心に任せて、まなぶとも言ひ続け難く、まことに及ぶまじき姿なり。

（右の一首は、余情が深く、その深い余情を巧みに表現していて、他人にはまねのできない微妙な詞の続け方であり、まことに何人も及びがたい詠みぶりである）　（藤平春男氏訳「近代秀歌」四六五〜七頁）

天保《てんぽう》三年（一八三二）に尾崎雅嘉《まさよし》が著した『百人一首一夕話《ひとよばなし》』巻六には、「俊頼は性質温厚なりければ、人これを愛する者多し。この故を以て当時の誉れますますこの人に帰したり」（岩波文庫下巻五六頁）とあるように、後世の人びとは俊頼を君子人に近い人物と考えるようになっている。

ところが、宇佐美喜三次氏は、俊頼を基俊に比べると「学才の乏しい人」（「源俊頼伝の研究」二八頁）で、「人前で大きな声を出せなかった人のやう」で、「『金葉集』撰進の態度からは自信のない臆病とでも称すべき性格の人であったやうに考へられ、歌合の判者としての態度も優柔不断」（前掲書二八頁）なタイプの人であったが、「秀歌を詠むため、歌の風情に意匠を凝らして、おのづから進歩的な傾向を得たのであろう。堂々と革新の論陣を張った訳でなく、工夫により清新なものがその作品の上に表れた」（前掲書二九頁）歌人であったとし、次のように表現している。

その時代に俊頼は殿上人であっても故実に囚はれることなく、比較的自由な心を以て和歌を詠じてゐた。彼の作歌態度や表現の問題などには、その時代のものとして考へると、彼一個の性格的なものに帰するを得ない所もある。然し俊頼の性格には時に触れて奇を衒《てら》ひ、人を驚かして笑みを洩らさうとするやうな傾向もあって、それが彼の歌の新しさの一面に関連してゐることは考へなければならないであろう。（前掲書二九〜三〇頁）

彼の奇を衒う性格が、みみらくの島を「わが日の本の島ならば」と詠ませたと考えると、説得力のある宇佐美氏の論考である。

金葉《きんよう》和歌集の撰集

経信の死後、九州から帰郷してからの俊頼は、堀河院歌壇のリーダーとなり、組題《くみだい》百首を企画し、『堀河百首』を成立させ、歌人としての声望を決し、歌壇の長老として尊敬される存在となる。この堀河院歌壇にことのほか大きな影響を与えたのが、『能因法師集』であったと川村晃生氏は指摘し、俊頼への影響として、次の歌を提示している（「私家集と歌壇」二四六頁）。

君が代は白雲かかるつくばねの峰のつづきの海となるまで　（能因集一六八）

君が代は松のうは葉に置く露のつもりてよもの海となるまで　（散木奇歌集六八六）

晩年の天治元年（一一二四）、七〇歳の俊頼に、勅撰和歌集撰進の院宣《いんぜん》が下る。俊頼は下命後ただちに編纂の仕事に着手し、同年末に『金葉和歌集』初度本十巻（散佚）を編纂、白河法皇に奏上するも法皇の意に叶わず、却下される。書名の金葉は、「金はすぐれた、葉は言の葉」の意で、『万葉集』を意識した名称で、俊頼の新風をねらった意図がみてとれる。

　この初度本は、古今・後撰・拾遺の三代集歌人と近現代歌人とがほぼ均等の構成の内容であったと思われるが、却下される。すぐ二度目の撰集にかかり、多くの当代歌人の詠歌によって構成する革新的な内容を盛り込んだ二度本を奏覧するも、法皇納得せずに、再び却下される。現存する『金葉集』はほとんどがこの二度本である。そこで俊頼は三度目の編纂に着手し、今度は対象歌人を後撰―拾遺時代にまで遡り、初度本と二度本の中間的な歌人構成とした。古今的抒情から新たに芽生え始めた王朝の典雅な詠風と、革新的な近代の詠風とを総合した内容で、法皇は清書途中の下書の本をあっさりと納められたので、三奏本は撰者の手許に残されず、ほとんど世に流布しなかった。

　このような経緯のもとで、白河法皇の好みを明確に反映した第五勅撰集の『金葉和歌集』は成立したのであるが、以上の理由により、二度本を『金葉和歌集』としている。その構成等は省略するが、濃厚な私的意図による撰歌がみられ、俊頼歌三十一首、父経信歌二十六首の入集を数える。俊頼一人の編述であることで、彼の姿がきわめて色濃く投映されている『金葉和歌集』と読むことが必要であろう。（川村晃生・柏木由夫氏「『金葉和歌集』解説」（新日本古典文学大系9、四二九〜四六頁）を参照）。

第二節　『俊頼髄脳《としよりずいのう》』にみる長能・能因の影響

俊頼が、関白藤原忠実《ただざね》（一〇七八〜一一六二）の命により、その娘勲子《いさこ》（一〇九五〜一一五五、のち鳥羽上皇に入内、皇后となり泰子《やすこ》と改名、院号は高陽院《かやのいん》）のために述作した『俊頼髄脳』は、永久《えいきゅう》三年（一一一五）正月頃完成した。俊頼六十歳すぎの作品である。述作目的が若い女性のための実作手引書であったため、和歌全般に対する知識を与え、興味を覚えさせるための和歌説話などを取り上げている。

本書は、序にはじまり、和歌の種類、歌病、歌人の範囲、和歌の効用、実作の種々相、歌題と詠み方、秀歌等の例、和歌の技法、歌語とその表現の実態という構成になっている。このうち最後の、歌語を基底に置いての、その意味と表現の実態説明が全体の約三分の二を占め、異名・季語・歌語等の由来、表現の虚構と歌心、連歌の表現、歌語の疑問等を具体的に述べ、最後に、詠まれた和歌と、その発想の基となる説話・伝承等の記述で終っている。説話・伝承に、長能・能因が取り上げられ、二人が俊頼に与えた影響をみてとれる。本節では『俊頼髄脳』に取り上げられた長能・能因の歌、説話と俊頼の関係を中心にまとめるが、その前に和歌史的な位置づけと俊頼の歌論を概説する。

本書の中で、俊頼は「秀歌等の例」の項の冒頭に、歌の理想を提示している。

おほかた、歌の良しといふは、心をさきとして、珍しき節《ふし》をもとめ、詞《ことば》をかざり詠むべきなり。心あれど、詞かざらねば、歌おもてめでたしとも聞えず。詞かざりたれど、させる節《ふし》なければ、良しとも聞えず。めでたき節あれども、優《いう》なる心ことばなければ、また、わろし。気高く遠白《とほしろ》きを、ひとつのこととすべし。

■現代語訳

だいたい、歌がよいと評価されるのは、まず詠む対象に対する感動が第一であり、それを表現する時には、どこかに新しい趣向をこらし、しかも一首全体を美しく花やかに表現すべきである。感動が強く発想がよくても、表現がぎこちなければ、作られた歌はすばらしいとは享受されない。また表現は美しくても、これといった趣向がなければ、よい歌とも思えない。立派な趣向を盛り込んであっても、優れた情趣・発想・表現を伴わなければ、これもよい歌とはいえない、概して、歌の品格が高くしかも雄大に受け取られるように詠むことを第一の目的とすべきである。

（傍線―引用者）（橋本不美男氏訳）（新編日本古典文学全集87、六四〜五頁）

これは、俊頼が傾倒する藤原公任《きんとう》（九六六〜一〇四一）の『新撰髄脳』にみえる「およそ歌は、心ふかく、姿きよげにて、をかしき所ある、をすぐれたりというべし」という歌論を、心を「先とし」、めづらしき節《ふし》を「求め」る歌論へと展開させていることに、関根慶子氏は「十分に新風歌人としての意識と自負」（前掲書四二九頁）とを感じている。髄脳とは、「和歌の精髄の意で、歌の法則・奥義《おうぎ》（極意）を述べた書」（広辞苑）のことで、この書で俊頼は自らの歌論を表明しているのである。

俊頼の歌論は、藤原俊成《しゅんぜい》（一一一四〜一二〇四）により分析理念化され、中世和歌へと展開していく。

長能の影響

俊頼は、長能を『俊頼髄脳』で、次の五件取り上げている。

①秀歌等の例

身にかへてあやなく花ををしむかないけらばのちの春もこそあれ　（拾遺集五四）

（我が生命に代えてなど、無分別になるまで花は惜しまれるものである。考えてみれば、生きておれば来年、再来年と春はまた巡って来るものなのに）　（「俊頼髄脳」七三〜四頁）

②季語・歌語の由来

さばへなすあらぶる神もおしなべてけふはなごしのはらへといふなり　（拾遺抄夏八五）

（騒がしくて天つ神に従わない国つ神も、皆一様に今日は自分たちを和めるための夏越《なごし》の祓《はらえ》の日だというのであろうよ）

この歌は、拾遺抄《しゅういしょう》の歌なり。さばへといふは、あらき神の、さばへ（蠅《はえ》）のごとくに、多く集《あつ》まり、人のために、たたりをなす。これを、はらへなごめてなむ、世はよかるべきといひて、水無月《みなづき》（陰暦六月）のつごもりの日は、はらへなごむるなり。（前掲書一二八頁）

③季語・歌語の由来

すがの根のながながしてふ秋の夜は月みぬ人のいふにぞありける（後拾遺集秋下三三八）

（菅の根のように、秋の夜というのはじつに長いものであるというのは、飽かず明月を眺めない人が言うことであるのだ。月を観賞すれば秋の夜も短い）

これは、山すげの根を申すなり。これが根は、物のほどよりは、ながき根なり。（前掲書一五七頁）

④歌と故事

心うき年にもあるかなはつかあまりここぬかといふに春のくれぬる（長能集六八）

（本歌については、三七六頁に資料として提示ずみ）（前掲書二一七～八頁）

⑤歌と故事

あられふる交野《かたの》のみののかりごろもぬれぬやどかす人しなければ　長能（玄々集六三）

（霰が降りはじめたこの交野の御野《みの》では、蓑《みの》の借り衣もなくすっかり狩衣《かりぎぬ》が濡《ぬ》れてしまった。また濡れないように雨宿りの場所を貸す人もいなかったので）

ぬれぬれもなほかりゆかむはし鷹《たか》のうはげの雪をうちはらひつつ　道済《みちなり》（金葉集冬二八一）

（降る雪で濡れに濡れながらも、いっそう大鷹狩りを進めて行こうよ。このはい鷹の上羽《うわげ》に降りかかる雪をつねに払

いのけながらも）

これは、長能、道済《みちなり》と申す歌よみどもの、鷹狩を題にする歌なり。ともに、よき歌どもにて、人の口《くち》にのれり。後人《のち》人、我も我もとあらそひて、日ごろへけるに、なほこのこと、今日きらむとて、ともに具して、四条大納言（公任）のもとにまうでて、「この歌ふたつ、たがひにあらそひて、今に事きれず。いかにもいかにも、判ぜさせ給へとて、おのおの参りたるなり」といへば、かの大納言、この歌どもを、しきりにながめ案じて、「まことに申したらむに、おのおの腹立たれじや」と申されければ、「さらに。ともかくも仰せられむに、腹立ち申すべからず。その料《れう》に参りたれば、すみやかに、承《うけたまは》りて、まかり出《い》れなむ」と申しければ、さらばとて、申されけるは、「交野《かたの》のみのといへる歌は、ふるまへる姿も、文字遣《もんじづか》ひなども、はるかにまさりて聞ゆ。しかはあれども、もろもろのひが事のあるなり。鷹狩《たかがり》は、雨の降らむばかりにぞ、えせでとどまるべき。霰《あられ》の降らむによりて、宿かりてとまらむは、あやしき事なり。霰などは、さまで、かりごろもなどの、ぬれ通りて惜しき程にはあらじ。なほ、かりゆかむと詠まれたるは、鷹狩の本意もあり、まことにも、おもしろかりけむと覚ゆ。歌がらも、優《いう》にてをかし。撰集などにも、これや入《い》らむ」と申されければ、道済《みちなり》は、舞ひかなでて、出でにけり。（前掲書二三一～三頁）

この故事は、清輔の『袋草紙』上巻では、「相ひ挑みて四条大納言に申しければ、道済《みちなり》が歌をなんかんせらるるの由申し侍るは、如何」（新日本古典文学大系29、九四頁）と、「勝劣なし」になっている。

能因の影響

また、俊頼は、能因を『俊頼髄脳』で、次の五件を取り上げている。

①和歌の効用

天の川苗代水《なはしろみづ》にせきくだせあまくだります神ならばかみ　（金葉集雑下六二五）

（本歌は、第二章第一節に提示ずみ。四〇〇頁を参照のこと）

②季語・歌語の由来

錦木《にしきぎ》はたてながらこそ朽《く》ちにけれけふのほそぬの胸あはじとや　（後拾遺集恋一　六五一）

（私の立てた錦木は受け入れられることなくそのまま朽ちてしまった。毛生《けふ》の細布《ほそぬの》が胸まで合わないように、遇う意志はまったくないのであろうか）

このけふの細布《ほそぬの》といへるは、これもみちのくにに、鳥の毛して織りける布なり。おほからぬものして、織りける布なれば、機張《はたばり》（織幅）もせばく、尋《ひろ》（長さ）も短ければ、上《うへ》に着る事はなくて、小《こ》袖《そで》などのやうに、下に着るなり。されば、背中ばかりをかくして、胸まではかからぬよしを詠むなり。

（前掲書一〇九〜一一〇頁）

③季語・歌語の由来

後冷泉院《ごれいぜいいん》の御時、永承《えいしょう》四年（一〇四九）十一月九日の歌合《うたあわせ》に詠める歌、　左　能因法師

春《かす》日《が》山《やま》いはねの松は君がためちとせのみかはよろづ世やへむ

（あの春日山の巌《いわ》の根本にしっかり根を張り立っている松は、天子の寿命を守り千年どころか万年も、そのままお守りするであろう）

これを、大二条殿《おほにでうどの》（教通《のりみち》）と申しし関白殿の、その座にさぶらはせ給ひて、いまだ判者の定め申されぬさきに、「春日と詠まれたらむ歌は、いかが負けむ。沙汰《さた》にも及ぶまじ」と申させ給ひければ、さる事とて、また沙汰する事もなくて、勝ちにけり。（以下略）　（前掲書一一二頁）

④季語・歌語の由来

「玉ばはき」の歌の説話を、能因が、俊頼の父大納言経信に話し聞かせたという話が、前掲書の一三七〜一四二頁に記述されている（本件は第二章第三節四二五〜六頁参照）。

⑤歌と故事

「能因法師は、歌をも、うがひして申し、草子《そうし》などをも、手洗ひて取りもひろげける」云々の故事は、第二章第一節四一二〜三頁で取り上げた。『袋草紙』上巻では、次のように俊頼が下馬する内容に変わって、取り上げられている。

●史料（『袋草紙』）

能因の秀歌への執心

人々大原なる所に遊行するに、おのおの馬に騎《の》る。而して俊頼朝臣俄かに下馬す。驚きて問はしむと云々。答へて云はく、「この所は良暹《りゃうせん》が旧房なり。いかでか下馬せざらんや」。人々感歎して、皆もつて下馬すと云々。これ能因の先蹤《せんしょう》か。能因、兼房の車の後《しり》に乗りて行くの間、二条東洞院《ひがしのとういん》にて俄かに下りて数町歩行す。兼房《かねふさ》驚きてこれを問ふ。答へて云はく、「伊勢《いせ》の御《ご》の家の跡なり。かの御の前栽の植松、今に侍り。いかでか乗り乍ら過ぐべけんや」と云々。松の木の末の見ゆるまで車に乗らずと云々。件の良暹が房、今に在りと云ふ。（以下略）（新日本古典文学大系29、八八～九頁）

『俊頼髄脳』が成立してから、五十年も経過していない『袋草紙』の記事内容が、俊頼を引用しつつも、このように一変していることに驚きを覚える。参考にした底本によって、内容が違うことは想定できるが、ここまで恣意的に引用されると、常に原典を確認してから、記事を読むということの重要さを改めて考えさせられる。

第三節　「みみらくの島」のみえる『散木奇歌集《さんぼくきかしゅう》』

『散木奇歌集』は、『金葉《きんよう》和歌集』の編纂をなしとげた七十歳を過ぎた最晩年の大治《たいじ》三年（一一二八）頃成立した全十巻一六二二首の大家集で、平安私家集の白眉《はくび》と称されている。

これまでの家集にはみられない、勅撰集にも匹敵するような歌員と整然とした部立構成をもつ一方で、従前の私家集的性格をも留めていることと通底しているように思われる。従前の私家集的性格は、例えば巻六の悲歎部にその典型がある。同部は父経信と「尼上」―関根（慶子）氏が指摘されるように実母であろう―の死に関する哀傷歌群のみを収めている。本来、哀傷歌は、事に臨んで日常の折々に詠まれる「褻《け》の歌」であるが、『散木奇歌集』のように、父母の死に限定した例を知らない。極めて私的性格が強いだけに、俊頼は従前の勅撰集の部立名「哀傷」を敢へて用いず、「悲歎部」と部類したのだろうと思われるのである。

以上、述べてきたごとく、勅撰集にも匹敵するような歌員、「晴の歌」中心の入集、勅撰集に倣った整然とした部立構成、歌人としての自負と自覚とを込めた命名、いずれをとっても、『散木奇歌集』は従来の家集より抜きんでており、「晴の家集」の代表と称するに相応しい。

（竹下豊氏『王朝私家集の成立と展開』二八八〜九頁）

竹下氏のいう整然とした部立構成は、次のように部類されている。

第一　春部一九三首（正月六四首、二月八三首、三月四六首）

第二　夏部一七七首（四月二六首、五月九二首、六月五九首）

第三　秋部一九八首（七月二〇首、八月一一三首、九月六五首）

第四　冬部一一六首（十月四〇首、十一月一九首、十二月五七首）
第五　祝部四三首　別離二四首　旅宿二八首
第六　悲歎部六八首　神祇二一首　釈教一二六首
第七　恋部上一二九首
第八　恋部下一一九首
第九　雑部上二七五首
第十　雑部下一〇五首（長歌六首、旋頭歌四首、混本歌二首、折句歌二首、沓冠折句歌二首、隠題三四首、連歌五五首）

以上総数一六二二首

「みみらくの島」は、悲歎部の八四六番にみえる。

『散木奇歌集』という書名については、「散木」が『荘子』第二巻「人間世」第四に由来する語で、不材の木、役に立たないものの意で、「奇歌」は新奇な歌の意で、関根慶子氏の「自身の家集が従来にない大家集で而も珍し味のある事を自覚もし誇りもして、之を暗示的な散木奇歌の名に託してその抱負をほのめかした」（「散木奇歌集の研究」三五七頁）というのが定説となっている。竹下氏は、「散木」には「散位で、前木工頭《もくのかみ》である自身のことを掛けているのではないか」（前掲書二八七頁）と二つの意が込められていると考えられ、「晴の家集」にふさわしい命名とする。「奇歌」を「弃歌」とする系統の本もあるが、関根氏らの『散木奇歌集』に従っておきたい。

悲歎部の構成

『散木奇歌集』では、他の家集では「哀傷」に相当するこの部に、諸種の哀傷歌を挙げずに、父経信と「尼上」（母親）の死のみを揚げている。全歌六十八首のうち、五十八首が経信の大宰府での死から、京の仁和寺に骨を散らし服を脱ぐ日まで、一連となっている。次のような詞書から始まる。

帥《そち》大納言（経信）、筑紫《つくし》にてかくれ給ひにければ、夢などの心地してあさましさに、かかることは世のつねの事ぞかしなど思ひ慰《なぐさ》むれど、それは旅の空にて、物おそろしさもそひ、人の心もかはりたるやうにて、われが身もたひらかにと着《つ》かむことも、ありがたかりぬべきやうにおぼへて、ほけすぐる程に、おのづから涙のひまにおぼえける事を、わざとにはあらねど書きおきたる中に、きぬの色などかへける次《ついで》によめる

墨染《すみぞめ》の衣を袖にかさぬれば目《め》もともにきるものにぞありける

（黒い喪服を着るにつけ、涙の霧に目もかすんでくるようだ）（日本古典文学大系80、二三八頁）

経信が大宰府で亡くなり、悲歎にくれる俊頼は、歌日記のように、京の旧居に帰り着き喪服を脱ぐまでを詠んだ後に、「むかしの尼上におくれたりし時、人のもとよりおくりてはべりける」という詞書から、尼上関係の十首が続く。俊頼は、母の喪に服する悲歎を次のように詠んでいる。

思ひ出るたびに心のくだくればとふ人さへも恨《うらめ》めしきかな
（尼上を思い出す度に心が砕ける思いがするので、弔問してくださる人さえも恨めしいことよ）
（関根氏訳『平安鎌倉私家集』二五一～二頁）

「尼上」については、経信の妻、俊頼の母とする関根氏の考証（「散木奇歌集の研究」四七三～六頁、日本古典文学大系80「散木奇歌集第六」の補注五六八頁）があり、それに従うと、俊頼の母の死は寛治《かんじ》三年（一〇八九）で、俊頼三十五歳の頃である。悲歎部の最後の三首を提示する。

清家《せいか》みまかりぬと聞きて永実《ながざね》がりつかはしける

八四六　あだにおきししもとにだにもぬれしかばいとどや袖のくちはてぬらん
（空しく置いて消えた霜《しも》のような母の死、その軽い方の母の死にさえ涙したのだから、更に重い父清家が亡くなられて一層袖が涙に朽ちはててしまうことでしょう）

尼上うせ給てのち、みみらくの島の事をおもひ出てよめる

八四七　みみらくのわが日のもとの島《しま》ならばけふもみかげにあはまし物を
（みみらくの島が、わが日本の国の島であるなら、今日もそこで、恋しい尼上のお姿にお会いしようものを）

年こへにければよめる

八四八　あらぬ世にふる心ちしてかなしきにまたとしをさへへだてつるかな
（慕わしい人が亡くなって、まるで今までとは違った別世界に過ごしている気持ちで悲しいのに、その上、年をさえ

隔てて故人に一層遠ざかってしまったことよ）　　　　　　（関根氏訳前掲書二五三頁）

関根氏は、この最後の「あらぬ世にふる心ちして」の歌を、父母両方への哀傷歌と解している。

この悲歎部は、俊頼にとって特に記念さるべき経信に関する哀傷歌群を主とし、それに並ぶべき「尼上」関係の哀傷歌群を加えて、おそらくは父母への哀悼歌、挽歌となしたこと、そして勅撰集等の「哀傷」の部とは全く違った二歌群の個性ある構成を試み、一貫した悲歎・感慨を盛り上げ得て、極めて効果的な終結にいたっているということである。（「散木奇歌集の研究」四七八頁）

俊頼の「みみらくの島」は、池田富蔵氏のように、「異国の如く錯覚している」（『源俊頼の研究』三八一頁）と解釈する学者が多数であるが、筆者は、実在のみみらくの島の所在は知っていたうえで、幻の島、死者再見の霊域みみらくを詠んだものとする松田修氏の解釈に従いたい。

そして、俊頼の「みみらくの島」の歌は、『万葉集』巻十六の「筑前国志賀の白水郎の歌十首」の左注に拠るのではなく（勿論読んで知識はあった可能性までは否定しない）、能因から経信へ相伝されたと推察している『蜻蛉日記』上巻の康保元年七月条と、能因の『坤元儀』の記事をふまえて詠まれた歌と考えている。長能―能因―経信―俊頼と続く歌道の継承があって、詠まれた歌ではないだろうか。

この歌によって、「みみらくの島」は、歴史の中に埋没することなく、今日まで「歌枕」として、

「伝説」として生き残ることができたのである。みみらく伝説にとって、俊頼の存在が伝説の継承という点で、大変な価値をもっていることを今一度確認しておく必要がある。彼の歌論書『俊頼髄脳』、私家集『散木奇歌集』、さらに勅撰集『金葉和歌集』に影響を受け、それらの注釈書を書いている鎌倉時代の学僧顕昭へと、みみらく伝説は継承されていく。これ以降、全ての文献に俊頼の歌が引用され、「みみらくの島」は、『蜻蛉日記』から『散木奇歌集』の伝説となっていく。

参考・引用文献（敬称略）

・源俊頼「散木奇歌集第六悲歎部」（関根慶子校注）（日本古典文学大系80『平安鎌倉私家集』岩波書店　一九六四年所収）
・宇佐美喜三次「源俊頼伝について」（『国語と国文学』一九三九年六月号所収）
・宇佐美喜三次「源俊頼伝の研究」（『和歌史に関する研究』（復刻版）一九九二年所収）
・関根慶子『中古私家集の研究―伊勢・経信・俊頼の集―』風間書房　一九六七年
・橋本不美男「源俊頼」（『王朝和歌―資料と論考―』笠間書院　一九九二年所収）
・竹下豊「源俊頼」（『和歌文学講座第五巻　王朝の和歌』勉誠社　一九九三年所収）
・尾崎雅嘉『百人一首一夕語《ひとよがたり》（下）』（古川久校訂）岩波文庫　一九七三年
・川村晃生「私家集と歌壇」（『和歌文学論集4王朝私家集の成立と展開』風間書房　一九九二年所収）
・川村晃生・柏木由夫「『金葉和歌集』解説」（新日本古典文学大系9『金葉和歌集』岩波書店　一九八九年所収）
・新編日本古典文学全集87「俊頼髄脳」（橋本不美男校注・訳）前掲

・新日本古典文学大系29『袋草紙』（藤岡忠美《ただはる》校注）前掲
・関根慶子『散木奇歌集集注篇上巻』風間書房　一九九二年、『散木奇歌集集注篇下巻』風間書房　一九九九年
・関根慶子「散木奇歌集の研究」（『中古私家集の研究』所収）前掲
・竹下豊「晴の家集」（『和歌文学論集4　王朝私家集の成立と展開』風間書房　一九九二年所収）
・池田富蔵『源俊頼の研究』桜楓社　一九七三年

第四章　学僧顕昭《けんしょう》の役割

俊頼の「みみらくの島」の歌は、鎌倉初期の学僧顕昭（一一三〇?〜一二〇九?）に、継承される。

顕昭が十二世紀末に著した歌学書『袖中抄《しょうちゅうしょう》』第三に、「みみらくのしま」を歌枕として取り上げ、能因と俊頼の二人の「みみらく」を論評している。六頁に提示しているので、重複をさけるが、顕昭は、歌枕「みみらくの島」の証歌に、『散木奇歌集』の俊頼の歌を例示し、『蜻蛉日記』にはふれていない。顕昭へ日記は伝承されていなかったのであろうか。さらに、顕昭は、能因坤元儀《こんげんぎ》と『万葉集』巻十六の左注の「美《み》彌《み》良《ら》久崎《くのさき》」を論拠として提示している。

顕昭の歌枕「みみらくのしま」は、近世の『歌枕名寄《うたまくらなよせ》』に引用される。

美《み》於《み》良《ら》久嶋《くのしま》

みみらくの我が日の花《如本》の島ならばけふもみかけにあはましものを　俊頼

能因歌枕《ママ》云肥前国ちかの嶋と云所あり其所に夜になれは死人あらはれてあふと云々

一　万葉十六巻詞云肥前国松浦贈美祢良久崎発舟云々。

（『謌枕名寄本文篇』一二三一頁）

澄月《ちょうげつ》によって十四世紀始め頃に原形が成立したとされる作家手引書『歌枕名寄』では、『袖中抄』を要約引用しているのだが、俊頼の歌も「日の花の島」と錯誤が見られ、能因の『坤元儀』も『能因歌枕』の出典に変わっている。『能因歌枕』には「みみらくの島」に関する記述が見られないことは先述した通りであるが、時間の経過とともに伝承の内容が変わっていくのは、書写と口伝に頼らざるを得なかった時代の宿命であるが、俊頼、顕昭の著作によって、亡き人に逢える島という伝説だけは、引き継がれていく。近世でも『蜻蛉日記』の名がみえないのが、不思議である。

第一節　顕昭伝

大治《たいじ》五年（一一三〇）頃出生。実父は不明。藤原顕輔《あきすけ》（一〇九〇〜一一五五）の猶子《ゆうし》（兄弟の子で養子になること）。若くして叡山にて修行。のち仁和寺に入り、守覚《しゅかく》法親王（一一五〇〜一二〇二）と親交を結び、法親王の求めに応じて多くの著作を書いている。幼年の時から家学を受けて、清輔《きよすけ》（一一〇四〜七七）、重家《しげいえ》（一一二八〜八〇）、季経《すえつね》等と共に、歌道の家として重きをなした六条家の一門に属し、平安期末から鎌倉初期にかけての歌壇の一名匠として名高い。ただ顕昭はその歌はさほど優秀ではなかったようで、彼の特色は、「和歌に関する学才にあって、和歌の学に於ては宏学博識並ぶものなく、造詣する所極めて深かった」（橋本進吉氏「法橋顕昭の著書と守覚法親王」二一三頁）ところにあるとされる。

義兄の清輔を分野によっては凌ぐものがあると評され、ライバルの御子左家《みこひだりけ》の藤原定家《ていか》（一一六二～一二四一）から、「此の道の勤学博覧これより後たれかはいでき侍らん。まことの逸物にこそ侍しか」（『顕注密勘《けんちゅうみっかん》巻二十』奥書、『大日本史料第四編之九』六九四頁）と賞讃され、さらに上覚《じょうがく》法師が著した鎌倉時代の歌学書『和歌色葉《いろは》』で、「讀口譜代《どくこうふだい》はいふにいますする人多かれど、運心劬労《うんしんくろう》こゆべき輩すくなければ件《くだん》の阿闍梨（顕昭―引用者）を廣学なりとこの入道がわたくしにゆるし侍るなり」（『日本歌学大系第三巻』二五一頁）と称揚されている。佐佐木信綱氏も「六条家の家学を承けて、最も精《くわ》しきを顕昭法橋とす」（『日本歌学史』四二頁）と、彼の歌論を評価されている。彼の宏博な学識は、その著書、特に注釈に関する述作に遺憾なく発揮され、一頭地を抜いている。

顕昭は、川上新一郎氏の『六条藤家歌学の研究』によると、次のように位置づけられる。

藤原清輔亡きあとの六条藤家を支えて御子左家に対抗し、『六百番歌合』において、寂蓮《じゃくれん》と独《とっ》鈷《こ》鎌首《かまくび》の争い（注）を演じ、『顕昭陳状《けんしょうちんじょう》』を著した顕昭は、歌才は乏しかったが、歌学者としての力量は、分野によっては義兄清輔を凌ぐものがあった。

御子左家との争いにおいては、歌人としての力量不足と僧侶としての身分とが障害となって、歌道師範家《のりいえ》としての六条藤家の衰退を食い止めることはできなかったが、彼の残した多くの著作は、訓詁注釈、考証共にその論証の手堅さと博引旁証において際立っている。（前掲書七三四頁）

（注）十四世紀中ばすぎに成立した歌学書『井蛙抄《せいあしょう》』第六（頓阿《とんあ》著）に、寂蓮顕昭《じゃくれんけんしょう》の「独鈷鎌首《とっこかまくび》」の逸話は、「寂蓮顕昭は毎日に参ていさかひ有けり。顕昭はひじりにて独鈷《とっこ》を持たりける。寂蓮は鎌首《かまくび》をもたてていさかひけり。殿中の女房例の独鈷かまくびと名付られけりと云々」（『続群書類従・第十六輯下 和歌部』九〇八頁）とみえる。また、「六百番歌合のとき、顕昭が独鈷を手にもち、寂蓮が鎌首のように首をもたげて論争したのを女房たちが「例の独鈷鎌首」とはやしたところからいう」と、『大辞泉』（一九一七頁）にも記される有名な逸話である。

顕昭の主な著書と執筆時期は、次の通りである（◎は俊頼本）

- 今撰集　永万《えいまん》元年（一一六五）頃
- 桑門集　仁安《にんあん》元年（一一六六）以前（散佚）
- 萬葉時代之勘文　寿永《じゅえい》二年（一一八三）以前（散佚）
- 萬葉集時代難事　寿永二年（一一八三）以前
- 古今秘注抄　寿永二年（一一八三）五月以前
- 後撰集抄　寿永二年（一一八三）五月以前（散佚）

・拾遺抄註　寿永二年（一一八三）五月八日注進
・後拾遺抄注　寿永二年（一一八三）七月注進
◎金葉集抄　寿永二年（一一八三）七～八月頃（散佚）
◎堀河百首注　寿永二年（一一八三）七～八月頃（散佚）
・詞華集抄　寿永二年（一一八三）八月注進頃
◎散木集注　寿永二年（一一八三）十月七日注進
・古今集序注二巻　寿永二年（一一八三）十二月中旬注進
・柿本人麿勘文　寿永三年（一一八四）二月七日勘注
・古今集注　巻三・巻六・巻十・巻十二・巻十四　文治《ぶんじ》元年（一一八五）十月注進
　巻十六・巻十八　文治元年（一一八五）十一月注進
　巻二十　文治元年（一一八五）十一月勘注
・袖中抄　文治年間（一一八五～九）か
・顕秘抄
・六百番陳状　建久《けんきゅう》四年（一一九三）頃
・日本紀歌注　建永《けんえい》二年（一二〇七）

この他に、「顕昭歌枕」があったとの、井上宗雄氏の指摘がある（『中世歌壇史の研究』三四七頁）。

久曽神昇氏《きゅうそじんひたく》の『顕昭・寂蓮』によると、顕昭が猶子に入った六条藤家は、平安末期から鎌倉初期にかけて栄えた和歌の家筋で、義祖父の顕季《あきすえ》（一〇五五～一一二三）に起こり、義父顕輔《あきすけ》（一〇九〇～一一五五）その子清輔《きよすけ》（一一〇四～七七）がでて、考証訓話の学的方面に力を注いでいる。これに対して御子左家《みこひだりけ》は、藤原俊成《しゅんぜい》（一一一四～一二〇四）とその子定家《ていか》（一一六二～一二四一）が確立した和歌師範の家筋で、幽玄美を追求し、一世を風靡する。定家は、従前に例をみない和歌の境地を切り開いていくが、あまりに尖鋭的で常識を超えていたので、顕昭ら旧派の歌人からは、「新儀非拠達磨歌《しんぎひきょだるまうた》」（新しがりのみで拠りどころをもたぬ難解晦渋《かいじゅう》な歌）と非難される。逆に新風歌人たちは、旧派の和歌を顕宗《けんしゅう》（事理は明らかだが底の浅い顕昭らの一派）と名づけて、互いに譲らなかった（佐藤恒雄氏「新古今の時代」一一七頁）。

顕昭は旧派の代表的歌人として、新風歌人からみられていたのである。久保田淳氏は、『新古今歌人の研究』のなかで、「顕宗」という語には、「その一派の頭目的存在である、顕昭の名を響かせるといった、いかにも歌人らしい機智が秘められていたかもしれない」（前掲書七六五頁）とみて、当時の人にとって判りやすい評語で「特定のグループの作品を指す歌論用語であると考える方が適当であろう」（同頁）との見解を示されている。承元《しょうげん》元年（一二〇七）五月七十八歳で法橋に叙せられる。八十歳前後に入寂と久曽神氏は推定している（前掲書三～一五頁参照）。

俊頼の影響

顕昭の著作のなかに俊頼の『金葉《きんよう》和歌集』と『散木奇歌集』の注釈が入っていることが注目される。「金葉集抄」は、散佚《さんしつ》して内容は不明であるが、久曽神《きゅうそじん》氏は、「詞華集抄《しかしゅうしょう》（冬部）」に、

> あられふる交野《かたの》のみののかり衣《ごろも》ぬれぬ宿かす人しなければ
> 是は長能歌也。長能道済《みちなり》は一雙歌讀也。道済鷹狩歌は入㆓金葉㆒。ぬれぬれもなほ狩ゆかんはしたかの上毛《うはげ》の雪をうちはらつつ、此歌と相互論㆓勝劣㆒遂参㆓公任卿之許㆒、請㆓評定㆒者也。其子細等金葉集に委注申了
> （傍線—引用者）（前掲書一六一頁）

とあるので、長能道済の歌が「金葉集抄」のなかで注釈されていると推測している。長能の歌が引用されていることにも注意を払っておきたい。義兄清輔の『袋草紙』雑談《ざふたん》からの引用である。

「散木集注」は、寿永《じゅえい》二年（一一八三）十月七日に成立している。本書の順序は、春之部五首、雑春四首、夏之部三十三首、雑夏二首、秋部三十四首、雑秋五首、冬部十二首、雑冬四首の計九十九首となっていて、現存の『散木奇歌集』の構成とは著しく異なっていて、別系統本を参照したのであろう。解釈の方法は、他の本と同様で、多くの例歌を挙げて、帰納法的に解釈した自説を述べる実証的態度は、ここでもみられる。彼の研究態度を最もよく明確に表現している事例を提示しておく。

花薄《すすき》まそほの糸をくりかけてたえずも人をまねきつるかな

まそほのいとおぼつかなし。人々たづぬれどたしかにいひきたれることなし。登蓮《とうれん》といふ人、そのかみ天王寺に此の事を知る人ありときゝて、わざとゆきてとぶらひき。眞蘇芳《まそほ》と云ふことを略するなり。承和菊《じょうわぎく》を略して承和《そが》菊と云ふがごとし。薄《すすき》のほは蘇芳色《すおういろ》（黒みを帯びた赤色）なれば、如レ此よめるなりと云々。経盛《つねもり》卿云、まそと云ふ苧《からむし》（麻の一種）あり。色の黄ばみたるなり。薄のほはいづるはじめ件《くだん》の苧の色に相似云々。或人云、黄色といひつべし。萬葉云、まかねふくにふのまそほの色にいでて（注）と讀めり。このまがねをば眞金といひて、金篇に類聚萬葉には入れたり。然ればまそほの色をば黄色と可レ得レ意歟。顕昭云、まがねふくきびの中山と云ふ歌につきて、鉄とのみいひ伝へたり。金をいふべからず。金を眞《ま》がねといふ事ぞおぼつかなき。而萬葉歌はにふは播磨《はりま》の所名なり。然れば彼所のまそと云ふ歟。まその色さらにまがねの色によるべからず。まそは苧なり。夫を糸といはむ事ぞおぼつかなきに、或人云、ゐなかのものは、糸をまそといふと云々。其の事まことならば、薄のほの糸に似たれば、糸をよりかけてまねくとぞよみたるにもやあらむ。和歌の難義といふは日本紀、萬葉、三代集、諸家集、伊勢大和両物語、諸家歌合、神楽《かぐら》、催馬楽《さいばら》（雅楽の歌物《うたいもの》の一種）、風俗等の詞などにある詞をぞむねと尋ね勘《かんが》ふることにてあるに、このまそほの糸は件《くだんの》等書にまたく見えず。ただ俊頼許《ばかり》（り）よみたれば、とてもかくてもありぬべし。非二大事一歟。

（傍線―引用者）（『群書類従・第十六輯和歌部』二六二～三頁）

（注）『萬葉集』巻十四、未《いま》だ国を勘《かんが》へざる相聞往来《さふもんわうらい》の歌
真金《まかね》吹く丹生《にふ》の真朱《まそほ》の色に出《で》て言はなくのみそ我《あ》が恋《こ》ふらくは　読み人知らず
（真金吹く丹生の地の赤土のように、色に出して言わないだけです。私が恋することは）
（新日本古典文学大系3『萬葉集三』三七六頁）

竹下豊氏は、顕昭の実証的態度からすれば、諸書に見えない「まそほの糸」は否定されるべきであるのに、「ただ俊頼許りよみたれば、とてもかくてもありぬべし」と容認していることを、

顕昭が『散木集』を注するに当たり、自ら俊頼自筆本を書写した本を使用し、勅撰集の注釈の外に、特に『堀川百首注』と『散木集注』を著わしていることなど、顕昭の俊頼への関心の深さを窺わせる。顕昭が後半、自歌の中に積極的に万葉語などを使用するようになったのには、父祖の影響とともに、俊頼の影響が大きいようである。
（「晩年の顕昭」二一五頁）

と、俊頼の影響の大きさを指摘している。また、「顕昭が『俊頼髄脳』を受読していて、少なくとも二度の書写あるいは校合が知られる」との、鈴木徳男《のりお》氏の指摘もある（『俊頼髄脳の研究』一七七頁）。

さらに、川上新一郎氏の『六条藤家歌学の研究』によると、顕昭の、

・久寿元年《きゅうじゅ》（一一五四）　俊頼自筆本により『散木奇歌集』を書写校合する　（一〇二五頁）
・寿永《じゅえい》二年（一一八三）八月　紫金台寺にて『俊頼無名抄』書写する
十月　『散木集注』成り、守覚《しゅかく》法親王に進らす　（一〇二八頁）
・建久《けんきゅう》四年（一一九三）　仁和寺大聖院において、『俊頼無名抄』を校合する　（一〇二九頁）

との記録がみえ、鈴木氏の指摘を裏付けている。

顕昭に俊頼の影響が強くみられるのは、特異な語を使用した点にある。俊頼が新風歌を打ちたてるために、万葉語や俗語を積極的に取り入れたことを、参考にしながらも、

> 顕昭が「風情」の主張を実践するに当たり、ともすれば、自己の広汎な学識に頼り、自己の研究と短絡的に結び付けて、素材や趣向の新奇さ、万葉語を中心とした特異な詞によって、従来の狭隘な歌境を拡げようとしがちであったところに、彼の「風情」の限界があるし、そこに歌人としてより、歌学者としての顕昭を感じざるを得ない。（前掲書四五～六頁）

との、竹下豊氏の指摘は正鵠《せいこく》を得ている。

六条藤家の旧派の代表的歌人の顕昭の限界をふまえつつ、顕昭の歌学者としての功績によってみみらく伝説は、近世へと継承されたことを、ここで確認しておかねばならない。

中世の歌学書の中で、顕昭的な方法に対して、様々な批判が見受けられるが、同時代人の後鳥羽院《ごとばいん》（一一八〇～一二三九、在位一一八三～九八）の顕昭弁護を記して、顕昭への感謝の気持を表しておきたい。

凡そ顕宗《けんしゅう》なりとも、よきはよく愚意《ぐうい》にはおぼゆる間、一筋に彼の卿（定家―引用者）がわが心に叶はぬをもて左右なく歌見知らずと定むる事も、偏執《へんしゅう》（かたよった見解）の義也。すべて心には叶はぬなり。歌見知らぬは、事缺《か》けぬ事也。（日本古典文学大系65「後鳥羽院御口伝」一五〇頁）

藤原定家《ていか》

『蜻蛉日記』の伝承に、定家（一一六二～一二四一）のはたした役割を、簡潔に述べておきたい。

藤平春男氏は、定家の歌学乃び歌書研究に認められる研究態度上の特色を、次の三点にまとめる。

・家説を継承確立しようとする意識（基俊―俊成―定家と伝授されてきた御子左家《みこひだりけ》の家説―引用者）
・推論上における合理性及び実証性の重視
・作品の文芸的価値についての主体的批評精神の存在

（「中世における和歌研究・Ⅰ」六〇頁）

藤平氏は、この「三つがつねにからみあって定家の研究態度の一貫した性格を成している」（前掲書六〇頁）とみているが、定家については、父俊成《しゅんぜい》（一一一四～一二〇四）から譲られた歌書や物語や日記等の文学書の書写・校訂及び内容に関する考証の業績が知られている。

池田亀鑑《きがん》氏も、定家の原本に対する態度を、次のように評価している。

> 定家は、その点について可なり厳密であったらしく、御物本更級日記に、しばしば空白を残し、「さい□とをきみ」「をや□なりなば」等の如く書きその空白の傍に、それぞれ「中将」とか「と」とか書き加へてゐる。これは原本が不明であったので、かく余白をのこし、私考を傍に細書しておいたのであらう。枕草子・蜻蛉日記・うつぼ物語・浜松中納言物語等にも、たしかにさういふものがありさうなことは想像が出来る。
>
> （傍線―引用者）（「異本は如何にして生ずるか」一九頁）

また、定家は、日記の『明月記《めいげつき》』に、『蜻蛉日記』のことを、二ヵ所書いている（傍線―引用者）。

寛喜《かんき》二年（一二三〇）六月十七日条

但馬前司来臨（午の時許り）。清談時刻を移す。草子等を借す。蜻蛉日記・更科日記・隆房卿日記（仮名。安元の御賀）・治承右大臣家百首・卅六人伝。同心の人に依り、隔心を存せず。（以下略）

（今川文雄氏『訓読明月記第五巻』一六二頁）

天福《てんぷく》元年（一二三三）三月廿日条

又蜻蛉日記十所許り撰び出し、同じく金吾の許に送る。紫日記・更級日記（中宮大夫之を書き進す。承明門院より其の所を撰ばる。已に書き出し、進せ了んぬと云々）。其の外、蜻蛉の残る所か。仍て之を書き

出さしむ。近日此の画面又世間の経営するか。（以下略）
（今川文雄氏『訓読明月記第六巻』三三三頁）

荒木田楠千代氏は、この記事を、「十所許撰出、とは日記の中、文章の勝れた箇所を示したのであらうか。又次に所残歟、とは日記の零本《れいほん》（わずかの部分しか残っていない本—引用者）と考へらる。此等の定家の詞は、勿論、軽率に判断すべきではなかろうが、私は蜻蛉日記が彼の時代に於て既に完全なる形を為してゐなかったのではなからうかと考へるのである」（「蜻蛉日記に関する二三の考察」二〇一頁）と読んでいる。また、近日此画面又世間之経営歟の言葉に依って、「其本人は近世の写本の如くには乱れず、又相当世に行はれた事も想像するに難くないのである」（前掲書二〇一頁）と、鎌倉時代に『蜻蛉日記』が広く読まれていたと解釈されている。定家は、自ら書写し、厳密な考証を加えて、『蜻蛉日記』流《る》布《ふ》に貢献しているのである。

定家によって書写・校訂された『蜻蛉日記』は、その子為家《ためいえ》（一一九八〜一二七五）に相伝されていることを、飛鳥井《あすかい》雅有《まさあり》（一二四一〜一三〇一）の『嵯峨のかよい（路）』によって知ることができる。雅有は、為家から『蜻蛉日記』を借りている（藤平春男氏前掲書六五頁参照）。定家から為家へと御子左家の蔵書として伝えられているのである。

また、定家は、歌論書『近代秀歌』（一二〇九年成立）のなかで、

一　然れども、大納言経信卿《つねのぶきょう》・俊頼朝臣《としよりのあそん》・左京大夫《だいぶ》顕輔《あきすけ》卿・清輔《きよすけ》朝臣・近くは亡父《まうぶ》卿（俊成—引用者）、

即ちこの道を習ひ侍りける基俊《もととし》と申しける人、このともがら、末の夜の賤しき姿を離れて、つねに古き歌をこひねがへり。この人々の思ひ入れて秀《すぐ》れたる歌は高き世にも及びてや侍らむ。

（新編日本古典文学全集87『歌論集』、四五〇頁）

と、六人の近代歌人のなかに、源経信《つねのぶ》・俊頼《としより》父子を入れていることが注目される。

さらに、顕昭《けんしょう》の歌学（六条家）の持つ研究上の客観性を「定家はその客観性のゆえに肯定し、自分の歌学研究の立場との関係では、むしろ同質性を認め、少くとも同次元にある研究という評価をしていた」（藤平春男氏前掲書四八〜九頁）ので、俊頼の『散木奇歌集』、顕昭の『袖中抄』の「みみらくの島」の記事を読んでいた可能性も大きいと推測される。定家によって、歌道の中心にある御子左家《みこひだりけ》へ、みみらく伝説は伝承されたのであるが、この一派によって詠まれた歌は、残念ながら残されていない。

第二節　『袖中抄《しょうちゅうしょう》』にみる俊頼の影響

『袖中抄』二十巻は、六条家の歌学僧顕昭が、その蘊蓄を傾けて書いた歌語注釈書で、解釈されている歌語は、二九八語（『袖中抄の校本と研究』目次）の多くを数える。その注釈の方法は、最初に顕昭の信ずる説を挙げ、さらに他の諸説を挙げて一々批判していくもので、多くは引用者の本文をそのまま挙げているので、『袖中抄』所引の参考文献から、今日散佚《さんしつ》している書の名を知る得ることができる、国語学的価値の大きい書である。みみらく伝説も顕昭のおかげで、能因『坤元儀《こんげんぎ》』に記載があったことを知り得て、大きな利益をうけている。その成立は、岡田希雄《まれお》氏に従って、「文治《ぶんじ》元年（一一八五）十一月よりは後」「文治末年（一一八九）ぐらいのところ」（「袖中抄の著述年代に関する疑問（二）」）としておきたい。

本書の内容は、難解な歌語の注釈である、その目次の一部を提示する（傍線—引用者）。

第一　ひをりの日　鬼のしこ草　あぢむらこま　ひぢかさ雨　もずの草ぐき　かひ屋がした　おきつしら浪たつた山　くものはたて　あけのそほふね

第二　わがなもみなと　たちつくりえ　七夕つめ　とりがなくあづま　いそのまゆ　よしゐやし　はしきやし　ゐふの身なればなほやまず　えやはいぶきのさしも草　はたすすき　いそなつむめさし　まとりすむ　さではへししの夢　白露のおけるめ

第三　まひなし　ひじき物　はねず色　わがせしがごとうるはしみせよ　うけらが花　たるみのうへのさわらび　かたちの小野　みみらくのしま　かつまたの池　たまのむらぎく　さほひめ　おしてるや　きぎす　つつゐの井づつ　をがさはらみつのみまき　ひざくら　みつつのがしは　からひとの船をうかべてあそぶ（以下略）

ここに顕昭の注釈学が大成したと久曽神氏はみている。そして引用されている文献も極めて多く、久曽神氏の調査では百六十八種に及んでいる。その一部を提示すると、

萬葉集　同裏書　萬葉五巻抄　萬葉抄　菅家萬葉集　古今集　同目録　同公任卿注　新撰和歌
後撰集　行成本後撰集　古今六帖　拾遺集　拾遺抄　和漢朗詠集　良暹《りょうせん》打聞　亀鏡集　後拾遺集
同目録　同問答　金葉集　散木集　俊頼髄脳（無名抄）　能因坤元儀　能因歌枕　古事記　日本紀
続日本紀　扶桑略記　肥前風土記　土佐日記　伊勢物語　大和物語　恵心僧都物語　為憲三宝絵
源氏物語　大鏡　……

（傍線―引用者）（『顕昭・寂蓮』二三二～五頁）

『蜻蛉日記』が入っていないのが、気にかかるが、みみらくの地名が記載されている『萬葉集』巻十六、『続日本紀』、『肥前風土記』に加え、みみらく伝説の収載されている能因の『坤元儀《こんげんぎ》』、俊頼のみみらくを詠んだ歌を収めた『散木集』が引用されていることが注目される。

次に、みみらく伝説と関わりのあった歌人からの引用をみてみると、長能三件、能因十三件、俊頼は、『俊頼髄脳』五十三件、『散木奇歌集』四十六首となっており、俊頼からの引用が圧倒的である。

その要点を提示すると、長能の歌語は次の三件である、

①第九「92とかへる鷹」（『袖中抄の校本と研究』二百三頁）　②第一四「165ゆたのたゆた」（前掲書三二五～六

頁)、③第一七「216志賀の山越　しがの花ぞの」(前掲書三八一〜二頁)

能因については、『袖中抄』に、次の十三件の歌語が、引用掲載されている(( )内は『袖中抄の校本と研究』の掲載頁)。「能因坤元儀」(佚書)四件、「能因歌枕」四件、「能因法師集」からの引用がみられ、顕昭の能因への関心の高さがうかがえる引用となっている(傍線―引用者)。

①②第二「18えやは伊吹《いぶき》のさしも草」(三八頁、坤元儀と能因歌枕の引用あり)、③「19はたすすき」(四〇頁)④第三「31みみらくの島」(五七〜八頁)、⑤「32かつまたの池」(五八頁)⑥第十六「213武隈《たけくま》の松　はなは」(三七四頁)⑦第十七「215岩代《いわしろ》の松　たむけ草」(三七九頁)、⑧「216志賀の山越　しがの花ぞの」(三八一〜二頁)、⑨「228玉箒《たまははき》」(三九四頁)⑩第十八「242宝《むろ》の八島」(四一四頁)、⑪「243末《すゑ》の松山」(四一六頁)、⑫「244錦木《にしきぎ》　あらてくむ」(四二〇頁)、⑬「245けふのほそ布」(四二五頁)

最後に、俊頼からの引用については、『俊頼髄脳』(『袖中抄』では『無名抄』という書名になっている)からの五十三件の提示にとどめる(( )内は『袖中抄の校本と研究』の掲載頁)。

①第一「2鬼のしこ草」(七〜八頁)、②「4ひぢかさ雨」(一三頁)、③「5もずの草ぐき」(一六頁)、④「7沖つ白浪立田山」(二二頁)、⑤「8雲のはたて」(二二〜三頁)、⑥「9朱《あけ》のそほ船」(二五頁)

⑦第二「16はしきやし」（三五頁）　⑧第四「48若草の妻」（七九～八〇頁）、⑨「49いりぬる磯の草」（八三頁）、⑩「河社《かはやしろ》」（八六～七頁）　⑪第五「54あさもよひ　いつさやむさや」（九九～一〇〇頁）、⑫「56くれはとり　くれはくれし・あなはとり」（一〇四頁）、⑬「58翁《おきな》さび」（一〇九頁）、⑭「60いなむしろ」（一一六頁）　⑮第六「64久米路《くめぢ》の橋　いは橋」（一二七頁）、⑯「66芹《せり》つみし昔の人」（一三一～二頁）、⑰「68井守のしるし　ぬぐ沓のかさなる」（一三八～九頁）　⑱第七「71しなが鳥猪名野《いなの》」（一四六頁）、⑲「73かつみふき」（一五一頁）　⑳第八「79飛火《とぶひ》の野守《のもり》」（一七〇頁）、㉑「81おほをそどり」（一七四～五頁）、㉒「83さくさめの刀自《とじ》」（一七九頁）、㉓「84かごとばかりも　ひたちおび」（一八二頁）　㉔第九「87かぞいろは　ひるこ」（一八九～一九〇頁）、㉕「89百千鳥《ももちどり》」（一九五頁）、㉖「91しるしの杉」（一九九～二〇〇頁）　㉗第十「96すがるなる野」（二〇九頁）、㉘「108横ほりこせる　けけれなくさやの中山」（二二三頁）、㉙「109たまきはる」（二二六頁）　㉚第十一「111たのむのかり」（二三二頁）、㉛「117しでの田をさ」（二四六頁）　㉜第十二「119神風　はまをぎ・みもすそ川」（二五二頁）、㉝「122いな舟　最上川」（二五九頁）、㉞「124そが菊」（二六四頁）、㉟「126をろのはつをに鏡かけ」（二六八頁）　㊱第十四「156夏刈《なつから》の玉江《たまえ》の芦《あし》」（三〇七頁）、㊲「157海士《あま》の縄《なわ》だき　ひなのわかれ」（三一〇頁）　㊳第十五「170こしあめ　埴生《はにふ》の小舎《こや》」（三三五頁）　㊴第十六「212かつしかわせに」（三七一～三頁）　㊵第十七「215岩代《いわしろ》の松　たむけ草」（三七八～八〇頁）、㊶「218姨捨山《をばすてやま》」（三八五～六頁）、㊷「228玉箒《たまははき》」（三九三～五頁）　㊸第十八「237野守《のもり》の鏡」（四〇二～三頁）、㊹「240八橋《やつはし》の蜘蛛手《くもで》」（四一二頁）、㊺「244錦木《にしきぎ》　あらてくむ」（四二一～二頁）、㊻「245けふのほそ布」（四二四頁）、㊼「246

しのぶもぢずり」（四二六〜七頁）　㊽第十九「248はは木《きぎ》」（四三二頁）、㊾「251そとも」（四三六頁）
㊿第二十「287木綿《ゆふ》つけ鳥」（四六九頁）、(51)「288放《はな》ち鳥」（四七〇頁）、(52)「290いなおほせ鳥」（四七二頁）、
(53)「297葉守《はもり》の神」（四八〇頁）

一見して、全く意味不明の歌語の一覧であるが、この歌語全てに『俊頼髄脳』は引用され、顕昭の注釈の参考文献として活用されている。但し、その引用の仕方については、「『俊頼髄脳』の記述に忠実かというと、案外に恣意的である点を指摘しなければならない」（『俊頼髄脳の研究』一八六頁）との鈴木徳男《のりお》氏の指摘がある通り、本文を省略したり、一部分のみ引用したり、様々である。

『散木奇歌集』四十六首の引用も、『万葉集』の古語・難語・奇語が数多く使われている延長上にあり、俊頼歌の万葉語や俗語の積極的な摂取を評価したからであろう。晩年の顕昭歌に、俊頼の影響とみられる特異な語が見出されることを、竹下豊氏も指摘している（「晩年の顕昭」三三〜四頁参照）。

顕昭は、歌枕についても、自己の学識に満々たる自信を持ち、『顕昭歌枕』（佚書）を残している。また、鴨長明の『無名抄』には、顕昭の有名な逸話「せみのを川事」がみえる。

せみのを川事

光行《みつゆき》賀茂社の歌合とて侍し時。予、月の歌に、

石川やせみのを川の清《きよ》ければ月も流れを尋《たづ》ねてぞ澄《す》む

（石川の瀬見の小川は水が清いので、賀茂の神がここに鎮座されたように、月もこの川の流れを尋ねて川面に澄んだ月影を映している）

とよみ侍しを、判者師光《もろみつ》入道、「かかる川やはある」とて負《まけ》に成り侍《はべ》りにき。思ふ所ありて読みて侍しかば、いぶかしく覚《おぼ》え侍し程に、「其度《たび》の判すべて心得ぬ事多《おほ》かり」とて、又改《あらた》めて顕昭法師に判せさせ侍し時、この歌の所に判して云《いはく》、「石川せみのを川、いとも聞き及び侍らず。但おかしく続《つづ》けたり。かかる川などの侍るにや。其所の者《もの》に尋ねて定むべし」とて事をきらず。後に顕昭に会《あ》ひたりし時、この事語《かた》り出て、「これは賀茂河の異名なり。当社の縁起《えんぎ》に侍りし」と申ししかば、驚きて、「賢《かしこ》くぞおちて難ぜず侍りける。されども顕昭等が聞き及ばぬ名所あらじやはと思ひて、ややもせば難じつべく覚え侍しかど、誰とは知らねども歌様の宜《よろ》しく見えしかば、所を嫌《きら》はずさ申して侍しなり。是既《すでに》老の功《こう》なり」となん侍し。（以下略）

（傍線—引用者）（日本古典文学大系65「無名抄」四三〜四頁）

顕昭の限界

『袖中抄』第三の「みみらくの島」は、俊頼の『散木奇歌集』悲歎部所収の歌の引用から書き始められる。その後、能因坤元儀、万葉集十六を引用して、「みみらくの島」を「此国と云う事は一定也」

として、俊頼歌の「わが日の本の島ならば」と詠んだ誤ちを指摘している。

筆者は、顕昭のこのような実証的な注釈を加える方法に、彼の限界を感じるのである。この例証も俊頼歌を日本ではないと詠んだことへの誤りの指摘にとどまり、『蜻蛉日記』母の死の条は提示されていない。道綱母の先行歌をふまえて詠まれた俊頼歌は、「みみらくの島」を日本の西のはてに位置する「亡き人に逢える島」と認識したうえで、彼岸への遠さを「わが日の本の島ならば」と詠んだ俊頼の創作歌と解釈すべき内容をもった歌なのである。俊頼が歌枕「みみらくの島」に新しい表現を生み出そうとする模索のなかで詠まれた歌なのである。俊頼の地名に対する知識の深さは、この同じ悲歎部の前半における、父経信《つねのぶ》が永長《えいちょう》二年（一〇九七）に任地で亡くなったあとの大宰府から京都への一ヵ月半の旅で詠んだ和歌をみると、一目瞭然である。彼の地名に対する関心の強さが理解でき、川尻秋生氏に「博多から平安京までの旅程は明らかではなかった。しかし、源俊頼は、道すがら地名を詠み込んだ和歌を残したので、瀬戸内海を船で上京するルートが明らかになった」（『揺れ動く貴族社会』三二〇頁）と評価されるレベルにあったのである。

とすると、俊頼は、現実のみみらくの島の所在地を知らない訳がなく、また『蜻蛉日記』等から幻の島、死者再見の霊域みみらく伝説も耳に入っていたと考えられるのが自然であり、この俊頼歌は、松田修氏のように、「二つのみみらく情報（知識）が、すれちがい、くいちがう、そのひずみの歎きを、うたったもの」（「みみらく」五一頁）と理解すべきであり、歌意も、「彼岸と此岸の間隙を知った者の、どうしようもない絶望と悲哀をうちかすめたものなのである」（松田氏前掲書五一頁）。このように「みみらくの島」を、実在を超えた異次元の島、幻の島と認識することによって、独創性のある歌となっているのである。顕昭のように、俊頼の地理的感覚の欠如と捉える認識では、この歌の心をよみとることはできないのではないか。顕昭の解釈の字面《じづら》だけを追う一面性に狭隘さを感じ、彼の方法では「みみらくの島」に対する認識の不徹底さがあると言わざるを得ない。

このような限界をかかえた顕昭の『袖中抄』は、南北朝頃成立した『歌枕名寄』に引用され、近世の歌人に影響をもつのであるが、顕昭の俊頼歌の解釈が定着するのは困ったことだ。

『蜻蛉日記』―俊頼と継承された異次元の島、幻の島である「みみらくの島」は、顕昭の手によって観念性が拒否され、現実性が主張されて、現実の肥前国の値嘉島にある「みみらく」が、市民権を獲得してくる。能因―顕昭―澄月―貝原益軒の系譜である。二つの系譜がうまれたのである。

俊頼歌は、木下長嘯子の歌によってよみがえる。次章で取り上げることとする。

第三節　『歌枕名寄《うたまくらなよせ》』への伝承

『歌枕名寄』については、渋谷虎雄氏『校本謌枕名寄　研究索引篇』（桜楓社一九七九年）に、現存諸写本で、存在の明らかなものをすべて比較検討された詳細な考証がある。

渋谷氏によると、『歌枕名寄』の編者は、写本及び木版本とともに一致して、内題《ないだい》（本文の初めにある題名）の下に、「乞食活計客澄月《ちょうげつ》撰」と記してあり、「澄月」（生没年未詳）と称する人物であることは疑問の余地はないとされている。

ところが、この「澄月」という人物については、その伝記等は全く不明である。そのため、『歌枕名寄』の編者「澄月」と、江戸期堂上和歌《とうしょうわか》（二条家歌学の一流派）四天王の一人として著名な「澄月」（一七一四〜九八、渋谷氏は垂雲軒《すいうんけん》澄月と称して区別している）と、しばしば混同されている。

その人物像については、井上宗雄氏は、典拠とした書に、「顕昭歌枕」（散佚）などがみえることに注目されて、「いわゆる反御子左家《みこひだりけ》の人々やそれに関する書が多いことである。或いは、この名寄成立に反御子左派またはその中の歌道家たる六条家末流の誰かが関与したのではあるまいか」（『中世歌壇史の研究　南北朝期』三五一頁）と、顕昭の末流ではないかと考察されている。これに対して、渋谷氏は『歌枕名寄』と『夫木《ふぼく》和歌抄』（藤原長清《ながきよ》編）の採録歌の多い作者二十四人を比較して、六条派の光俊《みつとし》・知家《ともいえ》・基家《もといえ》らが両書に多数採録されていることから、反御子左派に偏したものでないことを証明された後で、「二条家所縁の地下《じげ》（庶民）の歌人が、二条家関係の人物の意図を受けて、編纂した」（前掲書一〇二頁）と推定しているが、正体は不明である。

俊頼の歌が、二六九首（みみらくの歌を含む）も採られ、断然のトップであることが注目される。

成立の年代は、「『新後撰《しんごせん》和歌集』（後宇多上皇の院宣による二条為世《ためよ》（一二五〇〜一三三八）の撰、一三〇三年奏覧）成立の前、しかもそれに極めて近い時期」（前掲書一〇七頁）と、渋谷氏は考えられている。ここでは、鎌倉末期の千三百年頃に成立した歌論書であるとしておきたい。

『謌枕名寄』の巻三十六の「西海部下」肥前国謌の最後のひとつ前に「美旀良久嶋《みみらくのしま》」がみえる。俊頼の歌が「わが日の本の島ならば」が「わが日の花の島ならば」、能因の『坤元儀《こんげんぎ》』が『能因歌枕』との錯誤がみられることはすでに指摘した（四五三〜四頁参照）が、「死人あらはれてあふ」伝説は継承されている。また、みみらくの島の前には、ちかのしま、ちかの浦の歌が提示されている。

千香浦　正字不詳

あかつきのちかの浦風おとつれてともなし千とり浪に啼なり　家隆
ちかの浦に浪よせまさる心ちしてひるまなくしてくらしつるかな（後拾遺集）　道信
ちかのうらにやくしほけふり春はまた一かすみにもなりにけるかな（新六帖）　知家
もろこしもちかのうらはの夜の夢おもはぬかたそとをつ舟人　家隆

嶋

おもかけのさきたつ月にねをそへてわかれはちかのしまそかなしき
名をたのむちかのしまへをこきくれはけふもしほちにくらしつるかな
（傍線―引用者）（渋谷虎雄氏『本文篇』一二三〇〜一頁）

片桐洋一氏によれば、歌枕とは「歌によまれた土地（あるいはその地名）」で「作者や享受者に、その地名と観念の結合が一般的なものとしてとらえられた時に、始めて歌枕が成立したということになる」（「歌枕の成立」二一四頁）ので、歌枕「みみらくのしま」が歌枕になったのは、俊頼の歌が重要な役割をはたしているのである。『蜻蛉日記』は、澄月の引用文献の中にみえないので、江戸期においては、俊頼の歌が、歌枕「みみらくのしま」の本歌ということになるのだろう。

この『歌枕名寄』は、近世の木下長嘯子《ちょうしょうし》、下河辺《しもこうべ》長流《ちょうりゅう》、打它公軌《うだきんのり》、山本春正《しゅんしょう》、貝原益軒らの歌の手引書として活用される。井上豊氏の「「歌枕名寄」論考」に、「「日本歌学史」に、天正《てんしょう》十八年（一五九〇）豊臣秀吉の小田原征伐の際に、細川幽斎《ほそかわゆうさい》（一五三四〜一六一〇）が陣中で「歌枕名寄」を書写したとある。歌人の間では相当に珍重されていたことがわかる」（四一頁）との記述がみられ、長嘯子の和歌の師匠幽斎が、戦乱の最中に書写するほど重用した『歌枕名寄』は、長嘯子の和歌などの蔵書二百六十部のなかに含まれていた可能性が高いと筆者はみている。宇佐美喜三八氏によると、武人時代の長嘯子こと木下勝俊《かつとし》は、若くして幽斎について和歌の指導をうけ、作歌の心得などを述べた書き物を与えられる師弟関係にあり、細川氏と木下氏の間には姻戚関係が結ばれていた（「木下長嘯子の生涯」一二二頁）ので、筆者は、幽斎から長嘯子へ、『歌枕名寄』が与えられたと推測している。

さらに、慶長《けいちょう》六年（一六〇一）九月十三日長嘯子が東山霊山《りょうぜん》の隠栖《いんせい》の地で催した歌会に、招かれたことのある中院通勝《なかのいんみちかつ》が書写した『歌枕名寄』の写本が、宮内庁書陵部に伝わっている（井上豊氏前掲書三六頁）ことも、長嘯子周辺における関心の高さを示す傍証のひとつと考えてよいのではないか。

伝来を重ねる間に種々の異本がうまれ、増補も行なわれて、混乱を生じているが、『歌枕名寄』は、『新後撰和歌集』の成立の前の、一三〇〇年頃に成立した「二条家関係の人物の意図を受けて」、「乞食活計客澄月」なる人物が編纂した書で、近世の歌人に重用された名所解説の書と位置づけられる。

参考・引用文献（敬称略）

・橋本進吉「法橋顕昭の著書と守覚法親王」（初出一九二〇年）（『伝記・典籍研究』岩波書店　一九二七年所収）
・久曽神昇《きゅうそじんひたく》『顕昭・寂蓮』三省堂　一九四二年
・『大日本史料第四編之九』（東京帝国大学編纂）一九〇九年
・鈴木徳男《のりお》『「袖中抄」所引の『俊頼髄脳』』（『俊頼髄脳の研究』思文閣出版　二〇〇六年所収）
・佐佐木信綱『日本歌学史』博文館　一九四二年
・佐佐木信綱『和歌史の研究』大日本学術協会　一九一五年
・川上新一郎『六条藤家歌学の研究』汲古書院　一九九九年
・佐藤恒雄「新古今の時代」（『和歌史―万葉から現代短歌まで―』和泉書院　一九八五年所収）
・顕昭「散木集注」（『群書類従・第十六輯和歌部』（塙保己一《はなわほきかず》編）一九八〇年所収）
・久保田淳『新古今歌人の研究』東京大学出版会　一九七三年
・頓阿「井蛙抄《せいあしょう》」（『続群書類従・第十六輯下和歌部』（塙保己一編）一九七八年所収）
・『大辞泉』（松村明監修）小学館　一九九五年
・竹下豊「晩年の顕昭―『六百番歌合』を中心として―」（『国語国文』（第四五巻第五号）一九七六年六月号所収）

・「後鳥羽院御口伝」（日本古典文学大系65『歌論集　能楽論集』（久松潜一・西尾実校注）岩波書店　一九六一年所収）
・藤平春男「中世における和歌研究・Ⅰ」（『和歌文学講座12　和歌研究史』桜楓社　一九八四年所収）
・池田亀鑑《きがん》「異本は如何にして生ずるか」（『国語と国文学』（第八巻第四号）一九三一年四月号所収）
・今川文雄『訓読明月記第五巻』河出書房新社　一九七八年、『訓読明月記第六巻』河出書房新社　一九七九年
・荒木田楠千代「蜻蛉日記に関する二三の考察」（『国語と国文学』（第八巻第四号）一九三一年四月号所収）
・藤原定家「近代秀歌」（『新編日本古典文学全集87『歌論集』小学館　二〇〇二年所収）
・岡田希雄《まれお》「袖中抄の著述年代に関する疑問」（一）・（二）（『国語・国文』第二巻第四号・第五号　一九三二年所収）
・橋本不美男・後藤祥子『袖中抄の校本と研究』笠間書院　一九八五年
・鴨長明「無名抄」（日本古典文学大系65『歌論集　能楽論集』（校注者久松潜一・西尾実）岩波書店　一九六一年所収）
・川尻秋生『日本の歴史第四巻揺れ動く貴族社会』前掲
・松田修「みみらく―非在を求めて」前掲
・渋谷虎雄編『校本謌枕名寄　本文篇』桜楓社　一九七七年
・渋谷虎雄編『校本謌枕名寄研究索引編』桜楓社　一九七九年
・井上宗雄『中世歌壇史の研究　南北朝期』明治書院　一九六五年
・片桐洋一「歌枕の成立―古今集表現研究の一部として―」（『国語と国文学』一九七〇年四月号所収）
・井上豊「「歌枕名寄」論考」（『国語と国文学』一九七三年三月号所収）
・宇佐美喜三八「木下長嘯子の生涯」（『復刻版和歌史に関する研究』若竹出版　一九五二年所収）

第五章　木下長嘯子《ちょうしょうし》への継承—近世—

俊頼『散木奇歌集』、顕昭『袖中抄』、澄月『歌枕名奇』と継承されたみみらく伝説は、近世に入ると、木下長嘯子（一五六九〜一六四九）の『挙白集《きょはくしゅう》』巻十の寛永《かんえい》四年（一六二七）に、亡くなった娘を追悼する長歌のなかに詠まれる。その全文を提示する（『長嘯子全集第二巻』一七九〜一八四頁）。

詠一回忌長哥

いにしはる　かすみの衣　さかさまに　きてし月日の　ゆきめぐり
いつしかけふは　あづさゆみ　やよひの中の　五日にも　なりにけるぞと　あはれなれ
あととふ法の　ともし火の　ひかりさやかに　かかげなし　わがやの内に　ありとある
人のかずかず　こと更に　いもひをしつつ　こひしのび　仏につかへ　さくらばな
をりたむくれば　かをりあふ　かうのにほひも　よそならず　みだのみくにぞ
おもほゆる　またうへもなき　ここのしなの　はちすの花の　うてなにし

ことあやまたず　むまれよと　いのるこころは　ひただくみ　うつすみなはの
ひとすぢに　思ひ入江の　たまかしは　かわかぬそでの　ためしかも　としへぬるかと
なげきあまり　せめてわするる　くさをだに　つまんとすれば　住よしの
きしに生てふ　たねたゆる　ときにしあへば　かひもなし　かへす衣の
ゆめぢまで　ゆるさぬ関の　せきもりは　たれあふさかに　すゑつらむ
しなえうらふれ　くさも木も　すべてむかへる　ものごとに　そのおもかげは
まづぞたつ　あないきづかし　**これやこの　ひのもとならで　ありときく**
みみらくの嶋　たれかしる　われにをしへよ　なき人に　あふとかいへば
なみぢわけ　たづねもゆきて　はるけえぬ　ありしわかれの　うきはを
いまひとたびは　かたるべく　身までありぬと　たどられて　けぬるものとも
しらつゆの　おくとはもとめ　ぬるごとに　いづちかとのみ　またるらん
雲風さわぎ　あまのはら　ふみとどろかし　なるかみの　すごき夕は
ふるづかに　いそぎとぶらひ　うづもれし　苔のしたにも　まどふやと
ちからをそへて　おもひやる　なほくやしきは　かげろふの　あるにもあらぬ
みのほどを　千世もや千世も　ありへんと　行末かけて　とにかくに　などかをりをり
いさめけん　あさまの山の　あさましく　いけるかぎりは　ふるさとの

よもぎむぐらに　まじりぬる　ただつれづれと　ふかきねやに　ひとりながむる
やまとうた　したしき友と　くちずさみ　おやのかふこの　まゆごもり
こもれるからに　おほかたの　いもせの中も　まだしらず　子のひとつだに
とどめねば　何をよそふる　かたみとて　おのが愁を　なぐさめむ
やまひの床に　ふししづみ　たえずもむねを　くるしみし　その有さまの
かなしさを　めにみすみすも　いかがせし　ひととせあまり　うばたまの
夜ひるわかず　たちさらで　あとよりたすけ　まくらより　なづとはすれど
おのづから　ひと日ひとひに　よわりゆく　けしきもいまは　しるかりき
たのむことは　おいらくの　いのちにかへて　とどめんと　ねがひをすてぬ
八百萬の　神にちかひし　ことのはも　うけずなるみの　うらちどり
立ゐになきて　ふみおける　よしやはかなき　あとなりと　後みん人の
情ありて　かたりもつたへ　いひつがば　ながれての世の　名やはくちせん

反　哥

わがなみださらぬわかれに袖ぬれしこそのけふにもおとりやはする

三回忌に

なみだ河ながれてはやき月日かなみとせの夢をおどろかすにも

寛永《かんえい》六年（一六二九）三月十五日

第一節　長嘯子《ちょうしょうし》の生涯

長嘯子（一五六九〜一六四九）の生涯は、宇佐美喜三次氏の「木下長嘯子の生涯」に詳しい。

木下長嘯子は、永禄《えいろく》十二年（一五六九）に、父を、豊臣秀吉の北の政所ねねの兄にあたる木下家定《いえさだ》として生まれる。名を勝俊《かつとし》といった。退隠後、長嘯子と号した。以後、慶安《けいあん》二年（一六四九）に八十一歳で没するまでの生涯を、次の三期に分けて考察する（嶋中道則氏「木下長嘯子・人と作品」六八頁）。

・武人時代、慶長《けいちょう》五年（一六〇〇）、三十二歳まで
・東山（霊山《りょうぜん》）隠栖時代、寛永《かんえい》十七年（一六四〇）、七十二歳まで
・西山（小塩山《おしおやま》）隠栖時代

武人時代

長嘯子は三十二歳の年までは、豊臣家の武人木下勝俊としての日を送っている。秀吉の縁戚につながることから、早くからその殊遇《しゅぐう》を得、天正《てんしょう》十五年（一五八七）十九歳で播州竜野《たつの》城主、翌十六年に侍《じ》従《じゅう》に任ぜられ、さらに文禄《ぶんろく》二年（一五九三）には若狭小浜《おばま》六万二千石の城主になっている。

この間、天正十八年の秀吉の小田原征伐に従い、「あづまのみちの記」（『挙白集』巻八）を著し、文禄元年には朝鮮の役の秀吉の九州名護屋《なごや》遠征に、千五百人の将士を率いて従軍し、「九州のみちの記」（『挙白集』巻八）にその道中のことを書いている。この記は、嶋中氏によると、

軍陣のことは冒頭にわずかに触れられるのみで、それ以外はすべて歌枕の記述や私的叙情で占められている。しかも、通常の「日次《ひつぎ》の記」の形をとらず、王朝の物語めかした筆致《ひっち》でつづられているところに特色がある。そこには過剰なまでの古典文学への傾倒が見られるのだが、中でも注目されるのは、『伊勢物語』の世界への惑溺《わくでき》であるといえようか。（前掲書六九頁）

という内容のもので、『万葉集』、『古今集』などの古典をふんだんに引用しているのが、効果的な働きを示している作品と評価されている。『新編日本古典文学全集48中世日記紀行集』（小学館）の五七一～八六頁に、本文と現代語訳が収録されており、参考となる。

慶長《けいちょう》三年（一五九八）八月の秀吉の死を契機として、長嘯子の華かな武士生活に暗い影が射して来る。徳川家康が天下の政権を掌握して、時代は急速に転変する。慶長五年の初冬の頃、

あらぬ世に身はふりはてて大空も袖よりくもる初しぐれ哉　（『挙白集』巻四）

と詠じて、世を遁《のが》れたと伝えられている。

東山隠栖時代

長嘯子は、城主の身分を捨て、京都東山の霊山《りょうぜん》に退隠する。後に小塩山《おしおやま》に移り住むまでの四十年間近くこの地で、藤原惺窩《せいか》（一五六一〜一六一九、漢学者）、松永貞徳《ていとく》（一五七一〜一六五三、地下《じげ》歌壇の第一人者）、林羅山《らざん》（一五八三〜一六五七、漢学者）ら多くの文化人との交歓を楽しみながら、文雅の生活を送る。この東山の閑雅な隠栖の有様は、『挙白集』巻六の「山家記《さんかき》」、「朝ぼらけ」等に詳しい。山荘の一間を「独笑《とくしょう》」と名づけたことを、次のように書いている。

いまひとつは、独笑《とくしょう》とぞいふなる。ある人いかなるぞとたづねはべりしかば、もろこしの文一千五百巻をあつめをきて、かつこれをたどりよむに、ほのぼのこころゆくまきまきの所にいたりては、うちえまるるときもあるにや。また代々のすべらき、えらみをかせたまへる集ども、歌合のたぐひ、ものがたりさうしのしなじな、いへいへの集、をよそ二百六十部にをよべり。しづかなるうちのもてあそびものとし、こころをやれるなかだちとす。

（傍線―引用者、『長嘯子全集第二巻』六頁）

「漢籍一千五百巻に、勅撰集・歌合・物語草子・私家集およそ二百六十部に及ぶという、その豊富な蔵書こそ、実に長嘯子の文学を培ったものにほかならない」（嶋中氏前掲書七三頁）ので、『挙白集』巻十における「みみらくの島」も、俊頼の『散木奇歌集』や顕昭の『袖中抄』、澄月の『歌枕名寄』が二百六十部のなかに含まれていたから、娘の死の長歌に引用されたとの推測が成り立つのではないか。長嘯子の和歌の特色のひとつに、古典のことばのふんだんな引用があげられているので、彼の蔵書に俊頼らの著作が含まれていた可能性は大きいのではないだろうか。ちなみに娘の死は寛永《かんえい》四年（一六二七）三月で、長嘯子五十九歳の頃で、東山在住時代に詠まれた歌である。

嶋中氏は、顕昭の『袖中抄』からの引用例として、

わぎもこがよとでの姿霧こめていとど思ひのはれぬけさ哉　（『挙白集』一三九八）

という長嘯子の歌を提示して、この歌が『萬葉集』巻十二の、

我妹子《わぎもこ》が夜戸出《よとで》の姿見てしより心空《そら》なり地《つち》は踏めども　（寄物陳思《きぶつちんし》の歌二九五〇）

（我妹子の夜の外出姿を見てからというもの、心は上《うわ》の空だ。足は地を踏んでいるけれども）

（傍線—引用者）（新日本古典文学大系3『萬葉集三』一五二～三頁）

を本歌とするが、「よとでの姿」という歌語は、『袖中抄』第十五所収の「よとでの姿」にある顕昭説の「崇徳院《すうとくいん》の御製の例」を引いているとされる（前掲書七四頁）。長嘯子が顕昭の『袖中抄』を蔵書としていたことの傍証となるのではないか。

西山隠栖時代

寛永《かんえい》十七年（一六四〇）の暮ごろ、長嘯子は東山を去り、洛西小塩山《おしおやま》の、勝持寺《しょうじじ》の近くに移住する。七十二歳の時である。古希を過ぎて小塩山に移った理由を、宇佐美氏は「生活上の根本問題のために余儀なくされたのではないか」（前掲書一三九頁）と推察されて、『挙白集』雑歌の、

東山に住みうかりけん、行くへなくいで給ひし時

いける日の宿のけぶりぞ先づたゆるつひのたきぎの身はのこれども

の歌を引用し、「此の歌によりて思へば、財ともしく、此の山荘もささへ難くなり給ひしにや」との『続近世畸人伝《しょくきんせいきじんでん》』（巻之五）（伴高蹊《ばんこうけい》加筆）の記事を紹介している。

小塩山の閑居の様子は、『挙白集』巻六の「山家記《さんかき》（小塩山山家記・西山山家記）」（『長嘯子全集』第二巻三七～四二頁所収）にみえる。

この度は、ささやかな庵の生活であったようだ。近くに花の寺とよばれる勝持寺があって、方丈の前には西行《さいぎょう》（一一一八～九〇）が植えたと伝える桜の老木が、春になると朽ち残った枝に花を開いた。また在原業平《ありわらのなりひら》（八二五～八〇）が、「神代のことも思ひいづらめ」と詠んだ大原野《おおはらの》神社も間近い所であった。長嘯子は、

やまふかくすめるこころははなぞしるやよいざさくらものがたりせむ

と詠んで、自然を相手とした余生を、此処に於いて過した。酒を竹筒に盛って、なにくれの花を、

四季の折々につけて賞でぬ日はない、という風な悠々たる生活を送ったとされているが、西山の「山家記」には、余命いくばくもない長嘯子の老いの嘆きが色濃く流れている。長嘯子は、

あはれむべし。八十年遠からぬ老のね覚の、うちもまどろまれずくるしければ、幾度となく身をそばたてうちかへして、はやあけ給へうは玉のきみ、よくまひはせんといはるるこそおさなけれ。窓にさし入月のこころぼそう、山の端ちかくのこれるも、なを身の齢《よはひ》になずらへがたし。すでにをのれは黄《き》なる泉《いづみ》の人なればなり。ややかひにさけふましらだに、いかがあはれとおもはざらん。そもきのふは東山、わしの山陰に松の扉《とぼそ》をしめ、けふは大原野《おおはらの》のすそわの田井に、根芹《ねせり》をつむすことなる。むかしや夢。いまやうつつ。いまやゆめむかしやうつつ。

（前掲書四二頁）

と書いている。

しかし、長嘯子の和歌には、「俳諧歌風のものが少くはない。そのやうに滑稽洒脱な歌を詠んで、長嘯子自身もそのをかしみを喜んだ」（宇佐美氏前掲書一四三頁）ところがある。彼の没年となった八十一歳の年を迎えた折に詠んだ、

ことしわがよはひのかずを人とはば老いてみにくくなるとこたへん

という歌にも、その洒脱な気持ちはみえている。「みにくく」の「くく」は九々《くく》の意をかけて、九×九＝八十一と洒落ているのである。

長嘯子は世俗において一度は栄華に身を置いた人である。豊臣政権が持続、発展していったならば、枢要な地位を占めていた人であろう。しかし、三十二歳から退隠者として生きざるを得なくなる。そのような境遇にあっても、長嘯子は、

> 貞徳などとは違って歌道・歌学を人に教えて、それで生活の資を得てゆく、という職業歌人ではなかったはずである。それは彼の身分から考えるならば当然であろう。俳人に業俳といわれる職業俳人が居り、一方、俳諧を業としないで、それに遊ぶ遊俳の徒が居るように、歌人にも遊詠歌人とでもいうような人々が多数居るのである。
>
> （宗政五十緒《いそお》氏「木下長嘯子」四七頁）

というような生き方を全うする。その清新な詠歌の魅力によって、多くの支持者を得ている。

第二節　『挙白集《きょはくしゅう》』の成立とその影響

長嘯子の没した慶安《けいあん》二年（一六四九）に、山本春正《しゅんしょう》（一六一〇～八二）の跋文《ばつぶん》（あとがき）を付して、家集

『挙白集』は刊行される。その跋文によれば、長嘯子自身は家集を編む意思は全くなかったようだが、弟子の打它公軌《うだきんのり》（?〜一六四七）・景軌《かげのり》（?〜一六七〇）父子がその詠草を収集。これに山本春正《しゅんしょう》が協力して出版したということである。

打它公軌《うだきんのり》・景軌《かげのり》

打它は、「ウタ」「ウッタ」、「ウツダ」とも呼ばれる。珍しい氏《うじ》であるが、打它公軌は、山本春正とならんで、長嘯子門下の双璧をなす歌人である。長嘯子の門人の中で、『挙白集』に最も名前の出てくるのは、公軌《きんのり》である。公軌について、宇佐美氏は、次のように書いている。

公軌《きんのり》即ち糸屋十右衛門は、右のやうに敦賀《つるが》出身で京に住んだ豪商であった。三井高房《たかふさ》の「町人考見録」（上）によると、彼は元来敦賀の湊で米商売をして、大坂廻しの米で年々富を重ね、京に出て烏丸《からすま》三条下ル町に住んだが、西国の大名たちに貸した取替が滞り、後に聚楽《じゅらく》辺に引籠り、身上が果てたとある。豪奢な生活をして人目を惹いたこともあり、また洛西鳴滝の妙光寺を再建し、印金堂《いんきんどう》を建立した。「挙白集」の春歌の詞書にも、「鳴滝の妙光寺そのかたもなくたえ侍りしを、何がし公軌あらためつくりて、かたはらにわたくしの草庵をしつらひて驚月《きょうげつ》と名づく。そこにて人々にうたすすめけるに、云々」と見える。（中略）

晩年の長嘯子はこの富裕な門弟を後援者として、特に頼る所があったのではないかと思はれる。「挙白集」の離別の歌には、「をしほ山にあすばかりうつらんとし給ひける日、雨のふりければ、公軌がもとにつかはしける」と詞を附した、

別れゆく涙よさらば雨とふれ空をかごとにけふはとまらん

といふ歌も見え、何かにつけて公軌は重要な門人であったらしい。（前掲書一八八～九頁）

『挙白集』の成立は、公軌が長嘯子の歌を集めようとしたことにその動機はあるのだが、志半ばにして正保《しょうほう》四年（一六四七）に歿したため、息子の景軌《かげのり》に引き継がれる。

景軌も、越前敦賀に問屋商売を相続した商人で、父とともに長嘯子に歌を学び、歌会を催したりしている。父の没後、親友の山本春正に協力を依頼して、『挙白集』は成立するのである。

打它《うだ》公軌《きんのり》・景軌《かげのり》は、二人とも松永貞徳から長嘯子の門下に入ったため、師の没後、貞徳門から厳しい批判を受けるが、公軌たちはその豪放な成り金の町人気質で、長嘯子の歌を集め、家集の編集を企てるなど、「弟子としての仕え方は実に献身的で、豪商であっただけに、師に対する経済的援助もして」（吉田幸一氏『長嘯子全集第六巻』一七九頁）、長嘯子を支えていたことを正当に評価する必要があろう。

さらに吉田氏は、「『挙白集』の刊本には、（慶安二年板にも三年板にも）板元名が記してないのは、あるいは打它家《うだけ》が自費出版の形で上木したからではないであろうか」（前掲書一七九頁）と憶測しているが、

『挙白集』は打它家の財力で出版されたのである。公軌・景軌の伝は、小高敏郎氏の「打它公軌とその子孫」(『近世初期文壇の研究』所収)に詳しいが、今回は省略に従う。

山本春正《しゅんしょう》

春正は、慶長一五年(一六一〇)京都で蒔絵師《まきえし》を家職とする家に生まれ、少年の頃松永貞徳に入門し、和歌を学び、三十歳ころから長嘯子の指導をうける。春正の父山本俊正は、長嘯子、播州龍野城主の少将木下勝俊の家臣であった。詠歌の指導を受けるよりも以前から、長嘯子は知る人であったのだが、宗政五十緒氏は、春正が長嘯子に指導を受けたのは、その主従関係ゆえの従学ではなく、

春正は新しい工芸デザインの創造のための通路を得んものとして、新奇性をもつ長嘯子の詠歌に惹かれていったのではなかったか。春正の家職は塗師《ぬし》である、蒔絵師である。歌道は、彼にとっては、もともと家職のために役立つ道として存在していたのではなかったか。

(「木下長嘯子」四八頁)

とみている。春正はもともと世にいう「春正蒔絵」の創始者であり、蒔絵工芸において新風を樹立した専門蒔絵師であったのである。その創案による「春正蒔絵」は、その華麗さをもって日本工芸史

上注目されているが、その蒔絵師の職人であったのである。

慶安《けいあん》二年（一六四九）、長嘯子が八二歳で没し、春正は『挙白集』の編輯に従う。個人歌集の出版のなかった時代である。春正によって刊行された『挙白集』十巻八冊は思はぬ反響を巻き起こす。

春正は、寛文《かんぶん》五年（一六六五）ごろ、水戸徳川家に歌学者として招かれ、万葉集研究の事業に従事する。この研究は、長流・契沖に引継がれ、契沖の『万葉代匠記《まんようだいしょうき》』となって、江戸期における古典研究全体の端緒となる。同六年には、公軌《きんのり》の作りかけていた編書『古今類句《こ こんるい く》』三十四巻二十冊を刊行する。類句集の刊行の最初であり、歌人、歌学者に欠くことのできない便利な書物として評判であった。

そして、絵入本の「源氏物語」を出版した後、徳川光圀《みつくに》の命によって、慶長《けいちょう》末年（一六一四）以降の近現代の和歌を編集した『正木《まさき》のかづら』（一四二〇首・作者四七八人）を、延宝《えんぽう》二年（一六七四）に完成させる。本書は、上野洋三氏によると、

京都堂上《とうしょう》方における後水尾院《ご みずのおいん》（一五九六〜一六八〇、在位一六一一〜二九）時代と同じ時代の江戸を中心とする武家方・庶民層の作品を概観するための絶好の資料となっている。歌数は長嘯子の作三六首が最も多い。貞徳の作は二一首をいれているものの、貞徳系の門人の作は一首として選入していないところなどに、党派意識が窺われるが、江戸中心のものとして眺めれば、一級の資料である。

（「堂上と地下」一八九頁）

という評価になる。また家集に『舟木集《ふなき》』があるが、完本の伝存未詳。天和《てんな》二年(一六八二)、七三歳で没。春正は、長嘯子の第一の歌道継承者であるが、人格面では色々と批判される一面をもった人物であったようだが、彼の編輯した『挙白集』巻十に採られた長歌によって、「みみらくの島」は近世において復活するのである。

『難《なん》挙白集』・『挙白心評《しんぴょう》』の刊行

春正《しゅんしょう》の『挙白集』編纂について、長嘯子一門内にわだかまりをもつ人々がおり、異本『挙白集』が編纂されている。岡本聡氏は、冷泉為景《れいぜいためかげ》という下冷泉家を再興した堂上《とうしょう》歌人一派と新参の地下《じげ》歌人春正の対立と捉えて、鳥山榛名氏の論文を引用する(「『挙白集』成立の周辺」三六頁)。

写本挙白集の写者も亦、刊本挙白集の編纂者たる公軌《きんのり》、春正《しゅんしょう》等の態度をあきたらずとしてゐた一人ではなかろうか。事実に於いては既に考察した如く刊本の方が採録作品も多いが刊本のみを以て長嘯の家集と認め難いと観じた一人ではなかろうか。長嘯子の没後、挙白集刊行に関し、同門の間に幾多の見解が対立したであらうと云ふ事を、私はこの写本挙白集の奥書や挙白心評の記事より推し考へ、刊行の事業は円満に行われなかったのではないだろうかと云ふ疑問を抱くのである。(「異本『挙白集』」九四頁)

吉田幸一氏も、この異本『挙白集』が、『難挙白集』の著者尋旧坊《じんきゅうぼう》（古きを尋ねる坊）の手沢本《しゅくたくぼん》であった可能性を示唆されている（『長嘯子全集』第六巻一八三頁）。異本『挙白集』から、『挙白集』に未載歌三四首をとりあげて、内容の不備を指摘する『難挙白集』三冊が、慶安《けいあん》三年（一六五〇）刊行される。その序に、「灯かかげて又くりひろげてみるに、いささか心ゆかぬ所々あなるをまぬき、たよりしてたづねまほしくかきつく」とある通り、長嘯子の歌二三一首と和文五篇を『挙白集』から抄出して、不審な点を俎上にあげている。ただ、この『難挙白集』の出現は、却って長嘯子の歌人としての評価をあげる結果になったようである。『難挙白集』の出版後間もなく、『難挙白集』に対する難書の『挙白心評』（難々挙白集）が刊行される。尋旧坊の行き過ぎを戒めると同時に、批難を受けた側の公軌や春正らの義理をわきまえぬ振舞や思い上りをたしなめる内容となっており、長嘯子・貞徳を尊敬している人が撰者であると吉田幸一氏は推測している（前掲書一九五頁）。

その後、長嘯子の理解者として下河辺長流《しもこうべちょうりゅう》があらわれ、長嘯子の風雅の精神は、芭蕉やその門人に受け継がれて行く。芭蕉との関係については、宇佐美喜三次氏の「芭蕉と挙白集」に詳しい。

芭蕉が、元禄《げんろく》二年（一六八九）十二月十五日、京都の去来《きょらい》宅で詠んだ句に、

長嘯《ちょうしょう》の墓《はか》もめぐるかはち敲《たたき》

（寒い夜、京中をめぐり歩く鉢たたきの鉦の音が聞える。この鉢たたきは東山の高台寺《こうだいじ》にある長嘯子の墓の辺りもめぐ

り歩くことであろうか）　（『新編日本古典文学全集70』三二四頁）

がある。この句は長嘯子の、

鉢たたき暁《あかつき》がたの一こゑは冬の夜さへも鳴くほととぎす

を偲んでるものであり、芭蕉の長嘯子への敬愛がうかがえる。長嘯子に関心をもち、影響を受けている近世の文人は多いのである。

第三節　下河辺《しもこうべ》長流《ちょうりゅう》『林葉累塵集《りんようるいじんしゅう》』への採歌

長嘯子の交友については、藤原惺窩《せいか》（一五六一〜一六一九）、林羅山《らざん》（一五八三〜一六五七）、松永貞徳（一五七一〜一六五三）などの錚錚《そうそう》たる人物の名がみえるが、省略に従う。

ただ、長嘯子の理解者として、下河辺長流（一六二三〜八六）があらわれ、その撰集『林葉累塵集』（寛文十年（一六七〇）刊）に長嘯歌を一〇五首、『萍水《ひょうすい》和歌集』（延宝《えんぽう》七年（一六七九）刊）に二八首撰入、さらに『長嘯歌選《ちょうしょうかせん》』（天和《てんな》元年（一六八一）成立）二九九首を編んだことを取り上げておきたい。特に、『林葉累塵集』と『長嘯歌選』には、「おなじむすめの一周忌によめる長哥」が採られ、「これやこの　ひのもとならで　ありときく　みみらくのしま」を秀歌として喧伝してくれていることを評価しておきたい。長嘯子の「おなじむすめの一周忌によめる長哥」は、長流によって、江戸期の多くの地下《じげ》歌人の知るところとなる。長流のこの歌集の編集意図は、序に詳しく述べられている。

ここにえたる歌かれこれ一千三百六十首にあまれり、世につかさくらゐ有る人はわがともがらにあらねば、その人々のうたにおいてはまれにもこれをのすることなし、ただくらゐなき武士《もののふ》の八十氏人《やそうぢびと》（多くの氏人）をはじめとして、あるは市にになふ商人、あるは山田につくる農夫、あるは木の下岩の上にありかさだめぬ桑門《そうもん》（僧侶）の言のはに、さるべきひとふしこもれるをば、これをたづねもとむ、中にもちかくをしほの山の幽棲《ゆうせい》にして身まかりたまへし長嘯子のことのはは、かの家集挙白よりふたたびこれをぬきいだしてここにまじふることは、そのたぐひなき金玉のこゑをもて、まきまきのひびきとなさむためなり。

（傍線―引用者）（『新編国歌大観　第六巻』六四八頁）

庶民の商人、農夫、僧侶の和歌を収めたなかに、長嘯子の和歌だけは例外として一〇五首撰入している。師弟の関係にあった期間はわずか二年間程度であるが、その作歌の上に受けた感化は大きかった。森銑三氏は、その著「下河辺長流」で、

―

二十六歳（二十三歳の誤り―引用者）にて江戸より登候節、私に霊山《りょうぜん》（小塩山の誤り―引用者）へ立寄、

長嘯に推参して向後詠出する和歌の添削を可奉頼由約しかへり、其後和州より便毎に被差登、點取被申候之処、二年にて長嘯逝去し給ふより、彌仕《いよいよ》へを止んとおもひ立、暇を申けりと云々。

（「下河辺長流」一〇頁）

と、門人の風竹（伝未詳）の手記にあることから、長流は二十三歳の正保《しょうほう》四年（一六四七）から二年間作歌の指導を受けたと推定し、「長流の長は、長嘯子の長にも通うて、長流はそのことを意識の上で自ら命名したものと思はれる」（前掲書一七〜八頁）としている。尊敬は、終生変らなかったようだ。

『晩花和歌集』には、「長嘯子を賛する歌」二首が載っている。

・後瀬山《のちせやま》これよりのちのよよふとも又やはおひん椎《しい》がひともと

・をしほ山雪をしのぎて高砂の松のすがたにみゆることのは

森銑三氏の長流の略年譜によると、

寛永《かんえい》二年（一六二五）　大和国宇陀―或は龍田―に生る。

正保《しょうほう》四年（一六四七）　長嘯子を京都の西郊外小塩山に訪ね、その門に入る

寛文《かんぶん》七年（一六六七）　『林葉累塵集』の編纂に着手

寛文十年（一六七〇）　『林葉累塵集』刊行

延宝《えんぽう》七年（一六七九）　『萍水《ひょうすい》和歌集』成る

天和《てんな》元年（一六八一）　『長嘯歌選』成る
貞享《じょうきょう》三年（一六八六）　六十二歳で大阪に歿す

となっている。この他、長流が貝原益軒と交際があったことを、森氏は記している（前掲書五一頁）。益軒の『雑記』に、「旧識」と題して各地の知人の氏名住所等を列挙しているが、その大坂の部の中に、「下河辺長流、歌学者」とみえている。この益軒の晩年の作とされる『扶桑紀勝』巻之七「西海道」肥前肥後の条に、「みみらくの島」は記載されるのである。幸田露伴の「法縁微妙、玉環の相連なるが如し」の人と人とのつながり、かかわりが、ここにもみられるのである。

契沖《けいちゅう》

長流と契沖（一六四〇〜一七〇一）との関係についても、簡単にのべておきたい。延宝元年（一六七三）から『万葉集』の注を書き始めていた長流は、中風になり研究を進めえなくなり、契沖を水戸家に推薦する。契沖は長流に対する友情のために、また水戸家の熱心な勧めもあり、『万葉代匠記《まんようだいしょうき》』という注釈書を成立させる。長流は『代匠記』の完成をみないで貞享《じょうきょう》三年（一六八六）に歿するが、契沖は貞享四年に初稿本を成立させ、その後元禄三年（一六九〇）に精撰本を書き上げる。契沖はその生涯を『万葉集』の注釈の完成に力を注いでいくことになる。このなかに、顕昭《けんしょう》の説が多く引用されているのが、注目される。久松潜一氏は、この間の事情を、契沖が病友の果さなかった仕事をひきうけて筆をとるようになったのは、長流に対する友情のためもあり、また学問に熱心な水戸家のすすめに報ゆるためもあったろうが、このころ契沖はそれまで蓄えた古典の深い造詣を万葉集注釈によって思うままに書き表わそうという情熱のために、執筆に喜んでたずさわることにもなったのであろう。

(『契沖』一〇六頁)

と説明している。こうして成立した『万葉代匠記』は、契沖の代表作で、初稿本に多く引用された長流の説は精撰本では多くを削って、顕昭《けんしょう》や仙覚《せんがく》の説を多く引用している点で、「文献学的・実証的という」(久松氏前掲書一一七頁)注釈の特色がある。「文献そのものにより所を求めるということはそれ以後の近世国学の方法としてうけつがれてゆくが、契沖はその点で近世国学の先駆となり得たのである」(同書一一七～八頁)。

また契沖は、多くの古典の書写や校合や書入れを行なっている。なかでも、『かげろふ日記』の契沖の自筆書入本は彰考館に蔵せられ、その本文校注は、吉川理吉氏の「かげろふの日記の本に就いて」(『国語国文』昭和十一年十月号所収)で、契沖以前と以後にわけられて、その説が採られ、契沖のすぐれた見識をみることができる。『蜻蛉日記校本』は、元禄九年(一六九六)に成立している。

長流は、『林葉累塵集《りんようるいじんしゅう》』と『長嘯歌撰《ちょうしょうかせん》』によって、「みみらくの島」を地下歌人へ喧伝し、契沖は

『かげらふ日記』の書写によって「亡き人に逢えるみみらくの島」を近世において復活させてくれたのである。このような人びとの功績によって、みみらく伝説は、現在に伝わるのである。

第四節　貝原益軒《えきけん》『扶桑記勝《ふそうきしょう》』への展開

みみらく伝説は、長流の『林葉累塵集』、『長嘯歌撰』から、貝原益軒（一六三〇～一七一四）の『扶桑記勝』（一七〇二年刊行）へと展開される。ここでも長流と益軒の交友が基盤にある。伝承の系譜を検証していくと、個人的な交遊がみられる。森銑三氏の「下河辺長流」に、次のようにみえる。

その外、貝原存斎《ぞんさい》（次兄、元端《げんたん》―引用者）が長流と識ってゐたらしいことは既に述べたが、存斎の弟益軒も長流と交際があったらしい。益軒の『雑記』に、「旧識」と題して各地の知人の氏名住所等を列挙してゐるが、その大坂の部の中に、「下河辺長流、歌学者」と見えてゐるのである。この記は元禄の初年度に成ったらしく思はれるが、益軒もまだその頃長流の死を知らずにゐたのであらう。そして、長流の住所を書添へていゐないのを見ると、二人の間には、別に書信の往復もなかったのかと思はれる。益軒は寛永《かんえい》七年に生れ、長流よりは五歳の後輩になる。益軒は明暦《めいれき》（一六五五～五七）以降しばしば京坂に出でゐる。そして長流とも交を諦したのであらう。

（『森銑三著作集第二巻』五一頁）

一　益軒の読書目録の『玩古《がんこ》目録』（福岡県立図書館蔵）を調べてみると、彼が八十歳までに読んだ千三百五十三部のなかで、「みみらく」情報が収載されている本は、次の通りである。

益軒が知り得た五島・みみらく情報

西暦	年次	益軒年齢	『玩古目録』による読書事蹟
一六六五	寛文五	三六	・『続日本紀』四十巻二十冊 巻三三、宝亀六年（七七五）四月条「川部酒麻呂授位」、巻三四、宝亀七年（七七六）八月条「松浦郡合蚕田浦に到りて」、巻三五、宝亀九年（七七八）十月条「松浦郡橘浦に到りて」等遣唐使の中継地としての五島記事あり
一六六九	寛文九	四〇	・『萬葉集』二十冊 巻一、「麻続王の一子血鹿島に流される」、巻五、「好去好来の歌」に「値嘉の岬より」、巻一六「筑前国志賀の白水郎の歌十首の左注に「美弥良久埼より発船」の記事がみえる
一六七七	延宝五	四八	・七月、『続日本後紀』二十巻十冊 巻六、承和四年（八三七）七月条に「松浦郡旻楽埼を目指して出帆」の記事あり ・八月、『三代実録』五十巻 巻二八、貞観十八年（八七六）三月条に「値嘉嶋の重要性」を訴えた在原行平の起請文がみえる

一六八五	貞享二	五六	•『日本後記略』二十巻 巻十二、延暦二四年（八〇五）六月条に「松浦郡鹿嶋に到来」等遣唐使の記事がみえる •『海東諸国記』一冊 文明三年（一四七一）に申叔舟《シンスクチュ》が撰進。日本の歴史・地理・通行等を克明に記述した研究書で、特に地図が好資料
一六八九	元禄二	六〇	•四月、『袖中抄』二十巻 第三、「みみらくのしま」の記事がみえる（俊頼の『散木奇歌集』のみみらくの歌を引用）
一七〇二	元禄一五	七三	『扶桑記勝』刊行

『扶桑記勝』八巻は、『益軒全集』第一巻の著述年表によれば、元禄《げんろく》一五年（一七〇二）七十三歳の出版となっている。益軒は、五十歳代から数多くの紀行記を出版しているが、井上忠氏によると、

これらの紀行に共通した特色は平明な表現で且つ情緒豊かなを和文をもって書かれており、彼の深い国文学への教養を偲《しの》ばせる。わが国の紀行文学が中世における霊験を求めての社寺参詣記といった神秘的描写をもつ情感本位の記述から脱し、清新な写実でその地方独特の自然美や産業・地理を記すに至ったのはこのころからで、彼をもってその初めとするといってよかろう。

（『貝原益軒』一一〇頁）

益軒によって、五島とみみらくがどのように記述されているかを、『扶桑記勝』にみてみたい。凡例に、「扶桑記勝は我国諸道の名勝を記したるもの、即ち天下の名勝志なり。且つ末尾に外国の事を附記せり、成るの年月未だ明ならざるも、蓋し晩年の著なり」とみえる。この巻之七「西海道」の肥前肥後の条に、次の六項目に分れて五島の記事がみえる（傍線—引用者）。

●肥前五嶋の南に、めしまをしまとて小嶋二有。是唐船おらんだ船の通る海路也。五嶋より四十八里有。五嶋に属す。薩摩よりも四十八里有と云。めしまを唐人は里順馬と号す。めぐり三里有。
此嶋に鷹大明神の社あり。其下に大神の平と云處有。（五〇八頁）

●五島の長二十里餘、其間島多くつらなれり。地つづきたるにはあらず。（五〇九頁）

●三代実録（二十八巻六張右）貞観十八年三月。令二肥前国松浦郡庇羅《ひら》値嘉《ちか》両郷一。更建二二郡一。号二上近下近一。置二値嘉嶋一。（五一〇頁）

●五島にいつく山と云所有。五島の領主の館有所なり。深江と云所より四里あり。地つづきなり。いつく山の劫徳寺《ごうとくじ》（現在の宝泉寺）より深江の大圓寺《だいえんじ》と云。寺に柚《ゆず》の樹を移し植ける。深江に柚の木なき故也。しかるに柚の木深江に来りて橙《だいだい》となる。又いつく山に橙なき故に、深江よりいつく山に橙を移し植けるか、皆柚となれり、是土地のかはれるにや。橘 准《たちばなわい》をこえて北すれば枳《からたち》となると周礼《しゅらい》に見えたる意なるべし。（五一〇頁）

●同国五島、此内有二宇久島一。高三千石。在二最東一。宇久大和守領二其地一。後悉領二五島一。今島主某。是宇久大和守之孫也。或曰、昔呉国に属す。故に呉島と云。島大小二十許、其間三町、或十六町、或三里有。其中の大者五にかぎらず。五島と名づくべきやうなし。呉島なるべしと云。其中にみみらくと云所あり。今みらくと云。俊頼の歌に、

　みみらくの我が日の本の国《ママ》ならばけふもみかげにあはまし物を

俗説に、昔は此島に人死して三年にして再生すと云、故にかくよめり。此歌も又みみらくを異邦に属せりとす。此島の土産、宇久のうに、するめ、材木、薪、舵《かぢ》(ねばくして不二裂折一)等也。民家を作るに、材大なるを用。台風甚しきが故なり。日本の西のはてなり。対馬は其西北にあり。遠し。痘を病めば野山へ出す。痘を病者まれなり。民族淳朴なり。　(五一〇～一頁)

●五島は肥前に属せり。此島は小島多く分れちりて、壱岐対馬の如くに一所にあらず。故にあつめては大なれど、一州と称せず。　(五一二頁)

益軒の五島、みみらくに関する記述態度は、「科学者的な眼光が随所に及び、各地に伝わる古歌伝説に対しても非合理的なものには実証により飽くまでその嘘《いつわ》りをあばくに容赦がない」(井上忠氏前掲書一二五頁)ものであり、みみらく伝説も、「俗説に、昔は此島に人死して三年にして再生すと云」と、断定され、その地理は「日本の西のはてなり」と明確に実証されている。『蜻蛉日記』、『散木奇歌集』

の亡き人に逢える島が、有していた「風情」は消えうせ、地理の説明書と化した感がある。

『居家日記』元禄十五年条では、長嘯子の『扶桑拾葉集』所載歌を、「文章戯謔《ぎぎゃく》（おどけ）多し、且富贍《ふせん》にほこりて質実なる風なし。筆力はあれど風雅ならず。詩歌も多し、詩は拙し、歌もよからず。時勢ある者にへつらへる文辞多し」（井上忠氏前掲書九〇頁）と批判している。「一見識」と井上氏は評価しているが、歌の評論ではなく個人的な好き嫌いのレベルでの長嘯子歌への酷評である。益軒は、『扶桑記勝』に、みみらくの記事を書くとき、『挙白集』を参考にしていないだろう。

また、元禄五年（一六九二）に著した『続和漢名数巻之上』には、「第七暦世」に、「本朝三美婦　光明皇后（聖武之后）衣通姫《そとおりひめ》（允恭之妃《いんぎょうのひ》、皇后之妹）右大将道綱母（兵衛佐倫寧之女《ともやすのむすめ》、東三條《とうさんじょう》入道関白兼家公之室）」（『益軒全集巻之二』八九二頁）とあり、益軒が道綱母に対する情報を持っていたことをうかがえる記事や、「第八文籍」には「能因歌枕　俊頼無名抄（又号俊秘抄）」（八九九頁）の名がみえ、また「和歌三夕」の項では「俊頼朝臣歌　鶉鳴《うづらなく》真野《まの》乃《の》入江《いりえ》之《の》浜風《はまかぜ》爾《に》。尾花《をばな》浪《なみ》寄《よる》秋《あき》能《の》夕暮《ゆうぐれ》」（九〇〇頁）とあり、俊頼歌を読んでいることがわかる。益軒の和書への教養と博識は、多方面にわたる蔵書を読むことによって培《つちか》われており、その旺盛な好奇心は生涯消えることはなかったようである。

益軒によって、みみらく伝説は俗説として斥けられているが、初めて九州福岡の地で、「人死して三年にして再生す」る島として、取り上げられる。

『江海風帆草《こうかいふうはんそう》』への展開

『扶桑記勝』を刊行した二年後の、宝永《ほうえい》元年（一七〇四）に発行された『江海風帆草』に、みみらくの記事がみえる。この書の序文を書いている実山《じつざん》立花重根《しげもと》（一六五五〜一七〇八）は、福岡藩で益軒の上司にあたる好学の人で、益軒は、「立花家の後楯《うしろだて》のもとに立身出世」（井上氏前掲書二八頁）したといわれている。実山は、博学多識、詩文をよくするインテリで、侘茶《わびちゃ》思想を伝える利休の唯一の秘伝書『南《なん》方録《ぼうろく》』五巻を、元禄三年（一六九〇）に世間に紹介した功績が、知れ渡っている茶人でもある。しかし、黒田家の権力争いに巻きこまれ、宝永五年（一七〇八）藩により差し向けられた刺客によって、斬殺される。五十四歳である。殿守権現《とのもりごんげん》として警固《けご》神社《じんじゃ》の一角に祀られている。

益軒の後楯として、実山の影響力は大きかったようで、「『筑前国続風土記』（一七〇三年成立）の序文を求める手紙が残っている（「貝原益軒書簡」）」との松岡博和氏の指摘もある（『南方録と立花実山』二二五頁）。

実山の人物評は、善人説と悪人説が入り乱れ、人物評価が混乱している。益軒にならって深入りをさけ、政情変化の波に翻弄されないように身の安全を持つことが肝要と考え、省略に従いたい。

その実山が、序文を書いている海路記『江海風帆草』の「長崎海上道程」の最後に、「肥前国にて方角不レ知名所美《み》彌《ら》良《ら》久島《くの》」として、「みみらくの島」（一〇頁参照）がみえる。航海の参考となる情報として記されている内容は、「五島深江の沖を俗にみいらく（傍線—引用者）といふ此所なるべし云々」というもので、この頃「みみらくの島」は、五島深江の沖にある「みいらく」とよばれる地であったとされている。『五島編年史』にみえる「三井楽《みいらく》」の地名は、「五島近古年代記」に大永《たいえい》元年（一五二一）の玉の浦の戦いで、「（玉の浦）納《おさむ》遂に敵すること能はず、小舟を艤《ぎ》して三井楽（傍線―引用者）に落ち嵯峨島に自刃」（上巻一三〇頁）とあるのが、初出である。それから凡そ二百年後の福岡藩の「みみらく」認識は、五島福江島の沖にある島というアバウトなものであり、益軒の地理学者らしい正確な記述とは正反対の記述である。

みみらく伝説も、近世のなかば十八世紀の初頭になると、都を西下して福岡の地でも語られるようになる。益軒、実山という福岡藩の好学の人によってはじめて九州の地で記事になり、九州地区でも人びとの知る伝説となったのである。その内容は、『蜻蛉日記』、俊頼『散木奇歌集』の亡き人に逢える「みみらくの島」から、「現実の五島みみらくに伝わる俗説」、「福江島の沖にあるみいらく」へと変化して、名所名勝の紀行文や海路記で取り上げられている。都びとの亡き人に逢える島から、現実の西のはての島へと変化する。話ぶりも近隣の名所のひとつの紹介記事という取り扱いになっている。

以上、本の流布《るふ》には書写に頼る以外に方法のなかった時代における、みみらく伝説の伝承の系譜をみてきたが、西のはての島の伝説が、今日まで継承されているのは、権門摂関家の一員によって取り上げられたことの幸運と、長能以降多くの歌人の努力によることを確認して、擱筆としたい。

参考・引用文献（敬称略）

・『長嘯子全集第二巻』（吉田幸一編）古典文庫　一九七二年、『長嘯子全集第六巻』（吉田幸一編）古典文庫　一九七五年
・『校註挙白集全』（藤井乙男編）文献書院　一九三〇年
・宇佐美喜三次「木下長嘯子の生涯」前掲
・嶋中道則「木下長嘯子・人と作品」（『和歌文学講座8近世の和歌』勉誠社　一九九四年所収）
・「九州の道の記」（稲田利徳校注・訳）（『新編日本古典文学全集48中世日記紀行集』小学館　一九九四年所収）
・橋本不美男・後藤祥子『袖中抄の校本と研究』前掲
・宗政五十緒《いそお》「木下長嘯子」（『国文学解釈と鑑賞』（第六一巻三号）一九九六年三月号所収）
・岡本聡「『挙白集』成立の周辺」（『国語と国文学』一九九九年四月号所収）
・上野洋三「堂上と地下」（『和歌史―万葉から現代短歌まで―』和泉書院一九八五年所収）
・宇佐美喜三次「芭蕉と挙白集」（『和歌史に関する研究』若竹出版　一九五二年所収）
・鳥山榛名「異本挙白集―彰考館所蔵写本挙白集の紹介―」（『国語と国文学』一九三五年八月号所収）
・小高敏郎『近世初期文壇史の研究』明治書院一九六四年
・『新編日本古典文学全集70松尾芭蕉①全発句』（井本農一・堀信夫注解）小学館一九九五年
・『新編国歌大観第六巻私撰集編Ⅱ歌集』角川書店　一九八八年
・『和歌大辞典』明治書院　一九八六年
・森銑三「下河辺長流」（『森銑三著作集第二巻』中央公論社　一九八八年所収）
・森銑三「新資料に據る下河辺長流の研究」（『国語と国文学』（第八巻第四号）一九三一年四月号所収）
・小高道子「下河辺長流―「万葉集」研究の歌人―」（『国文学解釈と鑑賞』（第六一巻三号）一九九六年三月号所収）

・久松潜一『契沖』吉川弘文館　一九六三年
・橋本進吉「下河辺長流の「萬葉集管見」」（『伝記・典籍研究』岩波書店　一九七二年所収）
・上田賢治『国学の研究―草創期の人と業績―』大明堂　一九八一年
・吉川理吉「かげろふの日記の本に就いて」（『国語国文』一九三六年十月号所収）
・貝原益軒「玩古目録」（『益軒資料（七）補遺』（九州史料刊行会編）一九六一年所収）
・貝原益軒「扶桑記勝」（『益軒全集巻之七』（益軒会編纂）一九一一年所収）
・井上忠『貝原益軒』吉川弘文館　一九六三年
・松浦博和『南方録と立花実山』海鳥社　一九九八年
・「江海風帆草」（『続々群書類従第九』（国書刊行会編纂）一九六九年所収）
・中島功『五島編年史』（上・下）前掲

終章

みみらくの島

柳田国男氏が、「中世の文学に幾たびか取上げられた美々良久《みみらく》の島、亡くなった人に逢《あ》うことができるという言い伝えのあるその島は、はたして遣唐使が船を寄せたという肥前五島《ひぜんごとう》の三井楽《みいらく》の崎と同じであったか、または何処かの海上の弥勒の浄土を、こういう風に語る人があったものか」(「みろく船のこと」二九五頁)と考えた「みみらくの島」は、『蜻蛉日記』に道綱母によって取り上げられることによって、伝説となったことを、残された文献で考察してきた。筆者の結論は、十世紀の平安貴族社会のなかに影響力を持ち始めた天台浄土教、日延が将来した『往生西方浄土瑞応伝』などにみえる西方極楽浄土への往生の憧憬《どうけい》と、南路を経由した遣唐使節の遭難死が、背景にあるとしたのだが、「何処かの海上の弥勒の浄土を、こういう風に語る人があったものか」については、着手できていない。

この伝説が日記に書かれるはるか以前に、「みみらくの島」は、「日本に古くから伝わっている死者の国、それも海の彼方に隔絶して、稀々に生者も往き通うと信じられた第二の世界」(柳田氏「根の国の話」一二五頁)である。「故に、それを日本の西の突端、外国に渡る境の地、是非とも船がかりをしなければならぬ御崎《みさき》の名にしたのにも、埋もれたる意味があるのではないか」(前掲書一二六頁)と考えて、みみらく伝説の起源を追う必要があるとの認識はもっているものの、今一つ手掛かりになる史料・文献をみつけ出せない状態に陥っている。

わずかに松村武雄氏の論考によって、古典神話における「みみらくの島」の位置づけのヒントを得ることができる。

松村武雄氏「みみらくの島」論

松村武雄氏の『日本神話の研究第四巻』に、「ニライ・カナイ及びみみらくの島」という論考が収載されている。松村氏は、「古典神話に於ける特殊世界・霊界の一としての根ノ国は、或る衆族がおのれ等の発祥した、従って強い憧憬・回想を持つ本《もと》つ国従ってまた死後は彼等の霊魂が復帰すると信ぜられた本つ国の神話的詮表であるとするわれ等の推定は、自分の見るところでは、我が国民間に存する或る二つの特殊世界の観念・信仰によってその妥当性を保証されていると思ふ。一は、ニライ・カナイの観念・信仰であり、他の一は、みみらくの島の観念・信仰である」（前掲書三八二頁）との認識にたって、「みみらくの島」論を展開されている。松村氏は、柳田国男氏の「根の国の話」を引用されて、柳田氏の「是は亡き人の往《い》って住むといふ、此の世の外の隠《かく》れ里《さと》、恐らくは「遙《はる》けき」を意味する大昔の根の国であり、同時に神と祖先との今も住む本つ国の言ひ伝へが、丸々消え失せては居なかった例証の一つとまでは、推定して置いてよいかと思ふ」（岩波文庫「根の国の話」一三七頁）を、先人未発の創見であると評価して、ミミラクの島がニルヤ・カナヤ及び「根ノ国」のやや崩れたものとする柳田氏の推考を受納して、根ノ国の本然性を明確にする。

　我が国人の本原的な観念・信仰からすると、

（Ⅰ）地下・地底の世界ではなくて、遙けき海の彼方の世界であった。

（Ⅱ）それは、多くの学者が考へてゐるやうに、専ら死人を受け入れるための特定の死界ではなくて―従って黄泉国と同一視する見方は、本原的には成立し得ない―潑剌《はつらつ》たる「生」の世界であり、我が国人が「本つ国《もと》」と観じ且つ信じた境地であった。亡き人がそこに往くといふ信仰も含まれてゐたが、それは、多くの民族に共通な観念・信仰―人の子は「本つ国」を憧憬してゐるが故に、亡くなるとその霊魂がそこに復帰するといふ観念・信仰―から来てゐるのであって、ding an sich（物それ自体）に死界であるが故に、否応なしにそこに行くことを強ひられるからではない。

（Ⅲ）それは、死界でないと共に、また溝口駒造氏が主張されるやうな、仙境でもない。「仙境」は異郷意識の産物であり、選ばれた特別な人の子が迎へられる世界であり、おのが住むところの不如意に悩む人の子が想定した如意の世界に他ならぬ。根ノ国はおよそかうしたものから遠い。根ノ国は異郷意識の産物ではない。それとは全く対蹠《たいしょ》的な故土《こど》（ふるさと）意識の産物である。「選ばれた特殊人だけが望外に往くことのある世界ではなくて、「本つ国」としてそこから出自した人の子の魂なら、除外例なく行かれる世界であり、格段な悦楽・自由・不老・不死に恵まれたところとしてあこがれる別世界ではなく、「本つ国」なるが故にあこがれ心を起させる世界である。これを仙境と観ずることは、かうした顕著な差隔の存在に気がつかないか、若しくはこれを無視することに他ならぬ。

(Ⅳ)それは、「本つ国」なるが故に先祖の住む世界であり、移住先で今でも信奉してゐる神々の坐す世界であり、従ってそこからさまざまの善きもの・願はしきものの、現住地域に齎《もた》らされる世界である。これが本原的な根ノ国の根本性質であって、亡き人の赴く世界であるといふのは、副次的な一つの「つけたし」に過ぎない。亡き人がそこに赴くのは、死界の儼然たる定めに従って行くことを余儀なくされるのではなくて、放たれて自由になった魂が祖先や神々の住む故土を恋ひ慕って復帰するに他ならぬ。亡き人が赴くところであるからといって、直ちにこれを死界であり黄泉国《よみのくに》であると推定するのは、根ノ国の根本性質とその性質が自ら誘致する亡き人の復帰といふ一種の　by-product(副産物)との混同であり、若くは末なるby-productをば根ノ国の本なる性質と推断する弊に陥ったものとしなくてはならぬ。(傍線―引用者)(前掲書三八六～七頁)

ところが、石原昭平氏などの文学者は、松村氏の否定する異郷、仙境的聖域的な捉え方をする。石原氏は、「作者はこの日記の記事の七年前に帰朝した僧によってもたらされた神秘的な異郷の伝承(傍点―引用者)に、いち早く心を奪はれ、それに寄りかかりながら自身の絶望の果に新しい世界を希求した趣がよみとれる」(「反現実世界への傾動」一七頁)とし、「みみらくが何処かさだかでないが、噂や風聞によってのみであるが」、と「音」を強調するのである。しかしながら、そうした幻想のイメージは「みみらくの島が現に実名であるのだから、そのわが国西方の果てという距離感覚と、西方浄土という欒土意識を表わしている様相でもある」（前掲書一七頁）と考え、「僧たちが語る「いづくの国」

かのひびきには、天竺《てんぢく》、震旦《しんたん》に近い西方の島を訪れたい願望を秘めていて、実在するであろうが漠然とした不確定な仙境（傍点―引用者）のごとく意識されたのではないか」（前掲書一八頁）と、道綱母の「みみらくの島」の認識をとらえている。

石原氏は、道綱母にとって「みみらくの島」は遙かな遠い西方の浄土であり、いまの悲痛を超え、解放する世界があるかも知れぬ、「兼家を中心とした京の都や貴族社会から解き放たれた異次元への垣間見であった」（前掲書二〇頁）とみて、道綱母が初瀬や石山・唐崎への神仏詣を志向する精神的基盤や発端となったとしている。たしかに道綱母は、自己の解放のために、みみらく伝説と同様に、異次元の世界にいち早く飛びつく性向をもっていることは、日記中の記事からもみてとれるのだが、それは、松村氏の規定された「放たれて自由になった魂が祖先や神々の住む故土を恋ひ慕って復帰」して赴くレベルではなく、浄土教的なものでもない。

石原氏の指摘されるように、「新しい思考は持ちえず、ただ異郷の習俗として死者再来の島としか映じなかった。それは現実に執し、現実に苦渋しつつ遁れたいと、幸いを求め救われることを願いながらも達せられず、非現実の世界を希求するという態度」（前掲書一八頁）でしかありえなかった。平安貴族社会のなかでの苦悩と、その果ての異次元の世界への希求ということになるのだろうか。

しかしながら、死者に逢える伝説を、母の死という人生でも最大の悲しみのなかで、取り上げた道綱母の感性に対して、値嘉島の土蜘蛛耳族の末裔《まつえい》の一人である筆者は、心よりの敬意を表したい。閉鎖的な平安貴族社会のなかにあって、西方浄土への魂の解放を求めた道綱母の創作によって、文字をもたない土蜘蛛族の伝承が、歴史となったのである。

古代のみみらくは、遙けき西方の海の彼方にある日本人の本《もと》つ国であり、死者のおもむく処であった。そして大林太良氏によると、

> 舟葬《しゅうそう》とか海上他界の観念が、海辺の住民の文化に属することは容易に想像されるところであるが、内地における改葬およびそれから変化したと考えられる両墓制などの分布は、海岸に多い。しかも、浄福の島ミミラクの島の位置は、九州西北部の複葬地帯にあるし、また天鳥船《あめのとりふね》の珍敷塚《めずらしづか》も複葬地帯に接している。
>
> （『葬制の起源』二〇六頁）

ことから、みみらくの島と天鳥船や海上他界の観念の結びつきを示唆され、松前健氏の説を提示している。松前氏は、

> 海洋漁撈民族であった海部《あまべ》に取って、神霊や死霊が海を越えて去来するという信仰は、最も自然であったであろう。こうした観想とその太陽崇拝とが結合して、そのような海の果ての太陽の

島というような観想となったのかも知れない。しかし舟葬《しゅうそう》の風が早く廃《すた》れ、神社の舟祭りや御船代なども形式化するに従って常世やニライが単なる海上の仙島のごとくなったのであろうが、そうなった原因の一つは、この信仰を奉じていた海人《あま》がもともと他の種族に比してそれ程多くなく、その分布の広範囲なのに拘わらず、比較的少数であったということによるのかも知れない。死霊の往く場所を、地下あるいは山とするような信仰なども、他の種族には行なわれていたらしいから、そうした他界観念のため、何時か圧倒され消滅してしまったのか知れない。しかしまたその一部は仏教信仰と習合して、盆の精霊《しょうろう》流しや、西方浄土信仰、あるいはミロクの世・ミロクの船などという構想となって残ったのであろう。

（「海人族と日月崇拝」一一〇〜一頁）

こうした五島の海人の信仰がベースにあって、遣唐使船の相次ぐ遭難と結びつき、日本の西のはてみみらくに行けば亡くなった人に逢えるという伝説がうまれたのではないかと想像している。

辺境の地に住み、文字をもたない少数派の五島の海人族、耳族、土蜘蛛族の伝説の伝承は、口伝えでしか行なわれなかったため、現地では語る人もいなくなり、その痕跡はほとんど残されていない。わずかに奈良時代に編述された『肥前国風土記』松浦郡値嘉郷条の記事から、五島の白水郎《あま》の生活の一端を伺い知ることができるだけである。

島《しま》には、檳榔《あぢまさ》・木蘭《もくらに》・枝子《くちなし》・木蓮子《いたび》・黒葛《つづら》・篁《なよたけ》・篠《しの》・木綿《ゆふ》・荷《はちす》・莧《ひゆ》有り。海《うみ》には、蚫《あはび》・螺《にし》・鯛《たひ》・鯖《さば》・雑魚《くさぐさのうを》・海藻《め》・海松《みる》・雑海菜《くさぐさのもは》有り。彼《そ》の白水郎《あま》、馬《うま》・牛《うし》に富《と》み、或いは一百余《ももあまり》の近き島を有《たも》ち、或いは八十余《やそあまり》の近き島を有《たも》つ。（中略）此の島の白水郎《あま》、容貌《かほ》は隼人《はやひと》に似《に》て、恒《つね》に騎射《うまゆみ》を好《この》む。其《そ》の言語《ことば》は、俗人《くにひと》に異《こと》なり。

（山川出版社　五六～七頁）

この白水郎については、武田佐和子氏の卓見に従い、「伴造《とものみやつこ》に統率され、漁撈活動や航海技術を大和政権へ供進する人々」（「二つのチカシマに関する覚え書き」一六頁）と位置づけ、「まつろわぬ民である土蜘蛛」にかわって、値嘉島に流入、定住した人々なのである。この白水郎が遣唐使の水手《かこ》として徴集され、遣唐使船に乗っていたのだろうか。国史には、松浦郡の柂師《かぢとり》・川部酒麻呂《かはべのさかまろ》の叙位の記事がみえるだけだが、南路を通った遣唐使船が六回も遭難し、多数の死者を発生させていることから、五島の海人のあいだに、仲間の霊魂が西のはて「みみらくの島」に住み、そこへ行けば「遠くからではあるが姿がみえる」という伝説が、新たにうまれたとの推測が許されるのではないだろうか。

この伝説がうまれた背景には、みみらくが古代人の意識のなかに、東のはて常陸国鹿島に対応する、西のはての根ノ国＝死者の国という認識があったことに、注意を払う必要があろう。柳田国男氏が、みみらくの島を「日本に古くから伝わっている死者の国、それも海の彼方《かなた》に隔絶して、稀々《まれまれ》に生者も往《ゆ》き通うと信じられていた第二の世界が、我々の古典においてはネノクニ」（「根の国の話」一二五～六頁）

との境としたように、みみらくは『万葉集』よりもはるかな大昔から「それが海上の故郷であるが故に、単に現世において健闘した人々のために、安らかな休息の地を約束するばかりでなく、なおくさぐさの厚意と声援とを送り届けようとする精霊が止住《しじゅう》し往来する拠点」（柳田氏前掲書一五三頁）だったから、八、九世紀の遣唐使人の遭難によって誕生した死者に逢える海人の伝説も、容易に受け容れられたとの推測も許されるのではないだろうか。

そして、この伝説は、「海人《あま》の宰《みこともち》」である阿雲連《あずみのむらじ》によって、都へ伝へられたとする原田敦子氏の論考に従いたい。原田氏は、阿雲氏が奈良時代から平安時代にかけて、内膳司《ないぜんし》として宮廷の神事や御膳《ごぜん》のことに関与し、朝廷と親近関係にあったことを指摘したうえで、

阿雲氏は宗像氏と異なり各地に移住して行ったが為に、氏族の故地志賀島や、更にそこから西の果にある、一族にとって記念すべき地値嘉島を想う気持も強かったと思われる。特に遣唐使船での出発は華々しいだけに、往きて還らぬ人への思いも痛切で、忘れがたいものがあったろう。阿曇氏の栄光の歴史は、裏返せば海での死の歴史であると言っても過言ではない。例の万葉集巻十六の志賀白水郎も、疑いなく阿曇氏の一族である。各地に移住した阿曇氏はその生活の中で、海上他界観や舟葬《しゅうそう》の習俗に、海での死を恐れる意識と実際に海で愛する人を喪った数々の記憶を重ね合わせて、我国の西の果なる、そして大海への渡海点であると同時に、時として死への渡海

点ともなったみみらくの崎の彼方に、死者に逢える島の幻想を生んでいったのではないか。そのような伝承が宮廷社会に進出した阿曇連の手によって貴族化され、文学的な洗練を経た後、都の貴族達の間に持ち込まれたと考えられる。

（傍線―引用者）（「死者に逢える島」三八九頁）

原田氏の論考に従うと、九世紀中ばから後半にかけて、阿曇氏によって都へ持ち込まれ、法要などの席で話題になっていたものとの推測が成り立つのではないだろうか。

みみらくの地名

井上通泰氏は、『肥前風土記新考』（一九三四年）のなかで、

萬葉集巻十六筑前国志賀白水郎歌十首の左註に自二肥前国松浦縣美禰良久埼一（傍点―井上氏）発船とあり。続後紀の旻楽もミネラクとよむべきなり。なほ後に云ふべし。このミネラクノ埼を平安期時代末期の京人はミミラクと聞誤り又島と誤伝へ、甚しきは海外と誤伝へきと見えて蜻蛉日記には文にも歌にもミミラクノ島といひ俊頼の歌にはミミラクノワガ日ノモトノ島ナラバとよめり。その日本の内なる事は顕昭の袖中抄にはやく辨じたれどミミラクがミネラクの聞誤なる事には心附かで郤《かえ》（郤《きゃく》が字本）りて（反対に、逆にの意）萬葉集に美禰良久とある禰を彌の誤とし、宣長《のりなが》す

らその地名字音転用例なるンの韻をミに用ひたる例の中に続後紀の旻楽を挙げて

萬葉十六に美彌良久とある是なり。旻呉音ミンをミミに用ひたり

といへり、又久老は先入に泥みて本風土記の美禰良久の禰を彌に改めて頭注に旧本彌為レ禰非也

といへり。夙《はや》く関政方《マサミチ》の傭字例に辨じたる如く旻の音はミヌなればそのヌを転じてミネの借字と

はすべく、ミムにあらねばミミとは訓むべからず。萬葉集にも本風土記にも美禰良久とあり続日

本後紀に旻楽と書けるにて此地名のミネラクなる事は疑ふべからず。

（傍線―引用者）（『肥前風土記新考』一一六〜七頁）

との持論を展開されているが、従えない。

これに対して、入江庄一郎氏は、その著『みみらく史考』のなかで、風土記の美祢良久の祢は、弥の誤記であるとしたうえで、五島言語の構成にN音からM音への転化がないことを論拠として、

ここに於て「みみらく」が「みいらく」に換えられたと考えるのは誤りで、たとえ今日、美弥良久の文学を用いていたとしても、発言は「ミーラク」と長音になるので発声のまま、三井楽の文学を用い当てているのであってこれが五島語法の研究者なら直ちに分る風土記につながる「みみらく」呼名の一貫論である。

（『みみらく史考』一四頁）

と、五島弁での発言「ミーラク」一貫論を展開されている。現場からの説得力のある論考である。当て字の美弥良久→旻楽→旻美楽への変化は、中央国家のみみらくに対する地域認識の変化と考えるべきであろう。八世紀の「美弥良久」から、九世紀の「旻楽」、「旻美楽」への変更の背景には、みみらくの沖での遣唐使人の多数の遭難死により、「冥土《めいど》」、「冥福《めいふく》」を連想させる「旻」の字が当てられるようになったと、筆者は推測している。

また、片山剛氏は、「旻楽埼《みみらくのさき》」を次のように解説している。

肥前国松浦郡値嘉郷の地名。「美禰良久《みねらく》」とも記す。現在の長崎県南松浦郡三井楽町（福江島北西部）に名を遺す。古く奈良時代より対馬への航路、そして遣唐使の停泊地として重要であった。一方、夜になると死者が現れるという俗信が都人に伝えられた。これは「身見《みみ》らく」という言葉の連想によるものか。あるいは最西端の地であることが西方浄土を連想させたか。また「ひひらこ」ともいわれたが、これは「美」の訓み違えによるものであろう。

（『平安時代史事典（下）二四八一頁』）

平安貴族社会に影響を持ち始めた天台浄土教の西方浄土への往生へのあこがれと相俟って、亡き人に逢えるみみらく伝説が、都びとの間で語られるようになるのは、十世紀に入ってからではないだろうか。寛平《かんぺい》六年（八九四）に遣唐使が停止になっても、貴族の「唐物」の流入や巡礼僧の渡海ルートは、五島経由であったので、都でも五島やみみらくのことが話題になることがあり、遣唐使の遭難の昔話とともに、亡き人に逢えるみみらく伝説も語られるようになったと想像している。

亡き人に逢える伝説は、天台浄土教の平安貴族社会への浸透によって西方浄土への往生願望が強くなってくる十世紀に入って、始めて都びとの間に受け入れられる下地ができたのではないかと推測している。「西方の弥陀《みだ》の浄土に押しせばめられて、弥勒《みろく》の天国はだんだんと高く遠のき、そのまぼろしはいよいよ幽《かす》かになって、そこに往生を期する者」（柳田国男氏「みろくの船」一〇九頁）が稀《まれ》になる状況になって、都びとの間にこの伝説が語られ始め、十世紀中ばすぎの『蜻蛉日記』康保《こうほう》元年（九六四）七月の母の死に登場するのである。

柳田国男氏が考証したミミラクが、「根の国と根本一つの言葉であり信仰であること」、「それが海上の故郷である故に、単に現世において健闘した人々のために、安らかな休息の地を約束するばかりでなく、なおくさぐさの厚意と声援とを送り届けようとする精霊が止住《しじゅう》し往来する拠点でもあると、昔の人たちは信じていたらしいこと」（「根の国の話」一五三頁）を足掛りに、今一度みみらく伝説誕生の歴史をたどる必要があるのだが、残念ながら史料・伝承も移動の激しい少人数の海人が対象とあって、その足跡をたどるのは困難を極める状況になっている。これ以上憶測を重ねるのは止め、五島の現地に、二十一世紀の新しい聖地伝説誕生を期待して筆を擱《お》くこととする。

昨今の「聖地」巡礼ブームのなか、そのルーツであるみみらく伝説誕生の背景と伝承の系譜を探求する旅を、これからものんびりと続けていきたい。奥はまだまだ深い。

参考・引用文献（敬称略）

- 柳田国男『海上の道』岩波文庫　一九七八年
- 松村武雄『日本神話の研究第四巻―総合研究篇』培風館　一九五八年
- 石原昭平「反現実世界への傾動―「みみらくの島」「唐崎」「さくな谷」をめぐって」（『武蔵野文学　第二十五集』一九七七年十二月号所収）
- 大林太良『葬制の起源』角川選書　一九七七年
- 松前健「海人族と日月崇拝」（『日本神話の新研究』桜楓社　一九六〇年所収）
- 『肥前国風土記』（沖森卓也・佐藤信・矢嶋泉編著）山川出版社　二〇〇八年
- 武田佐知子「二つのチカシマに関する覚え書き―古代の国際的交通をめぐって―」（勝藤猛編『世界史上における人と物の移動・定着をめぐる総合的研究』一九九二年所収）
- 原田敦子「死者に逢える島―みみらく伝承の成立と展開」（『日本古代論集』笠間書院　一九八〇年所収）
- 井上通泰『肥前風土記新考』巧人社　一九三四年
- 入江庄一郎『みみらく史考』一九七六年
- 片山剛「旻楽埼」（『平安時代史事典（下）』角川書店　一九九四年所収）

あとがき

昨今、聖地ツアーが人気を博しているが、そのルーツともいえる「亡き人に逢えるみみらくの島」は、都びとにとって、遠くからではあるが、亡き父や母の姿がみえる憧れの場所だった。天皇の治める西のはての聖地みみらくは、遭難した遣唐使人の魂が止住する浄福の島であり、最澄・空海らの入唐僧がみた日本の本涯（西界）の地であるイメージが、「死後の幸せの最たるものを極楽往生とする」浄土教の教えと結びつき、みみらく伝説が平安貴族社会に受け容れられていく背景と経緯を、筆者なりの視点で考察してみた。また、古代から西の方角は、人の死する場所であった。それは太陽の沈む方角であることから、古代人に自然に受容された他界観であり、現代でも生き続けている観想と考え、比叡山、二上山、故郷五島の夕日に、道綱母、源信僧都ら都びとと筆者の故郷への想いを託して、表紙や口絵に採用してみた。叡山は、畏友岡猛君の本拠地であり、取材に便利であった。

定年退職を機に故郷の歴史をまとめることを思い立ち、図書館通いを始めた。素人ゆえの回り道、失敗を重ねながらも、平成二十一年十月に『みみらく雑稿《くさぐさ》』を、二十三年八月には『勝宝《しょうほう》の遣唐使　私考』を、仲間の協力・支援を得て、出版することができた。今回、故郷三井楽《みいらく》の古代史の集大成として、『蜻蛉日記』に取り上げられたみみらく伝説をまとめてみたのだが、実に沢山の方々にお世話になった。大阪府立中之島図書館の司書の方々には、他の図書館から資料を取り寄せいただいたり、筆者の幼稚な質問にもイヤな顔をみせずに親切に答えていただき、感謝しています。また、福岡在住の兄貴にも、福岡県立図書館での貝原益軒の『玩古《がんこ》目録』のコピーを依頼したり、と色んな方々のご協力により、一冊の本にすることができました。

写真については、前回に引続き五島ふるさと大使の川端久志君に、表紙を含め、全面的な協力をいただいた。彼の熱意と高い技術力に心より謝意を表したい。彼のおかげで、紙面の充実を図れた。

さらに、今回も筆者の、まとまりのない手書きの原稿を、根気よくデータ入力していただいた藤室印刷株式会社の横山孝子さんと、ボランティアで三冊の出版に協力してくださった藤室紳二社長に、心より御礼を申し上げたい。

引退を先に延ばして、老骨に鞭打って装丁してくださったアート・yの横井恒紀氏にも、心から感謝申し上げます。三部作の完成です。おかげて内容以上に立派な装丁の本を出版できました。

株式会社清文社の玉江博取締役のご協力で、ネットと大手書店での販売が、前回に引続き出来ることを大変嬉しく思っています。沢山の方々のご支援に心より御礼を申し上げます。

故郷への想いは、尽きることはないが、しばらくは愛犬アトリと一緒に、のんびりと読書三昧の日々をすごすこととしたい。

故郷を離れて五十年となる節目の平成二十四年初夏

著者略歴
昭和22年　長崎県五島市三井楽町に生まれる
昭和45年　長崎大学経済学部卒業後住友金属工業株式会社入社
平成20年　同社定年退職 現在に至る
著　　書　「みみらく雑稿《くさぐさ》」（私費 平成21年）
「勝宝の遣唐使 私考」（清文社 平成23年）

亡き人に逢える――**みみらく【私考】**

発行――平成二十四年八月十五日
著者・発行者――櫻井　隆
〒六三九―一〇五六　奈良県大和郡山市泉原町四〇―十一
電話〇七四三（五三）六二九五
発売所――株式会社清文社
〒一〇一―〇〇四七　東京都千代田区内神田一―六―六（MIFビル）
電話〇三（六二七三）七九四六　FAX〇三（三五一八）〇二九九
〒五三〇―〇〇四一　大阪市北区天神橋二丁目北二―六（大和南森町ビル）
電話〇六（六一三五）四〇五〇　FAX〇六（六一三五）四〇五九
URL http://www.skattsei.co.jp/
印刷――藤室印刷株式会社
製本――有限会社平田製本
ISBN978-4-433-49162-8

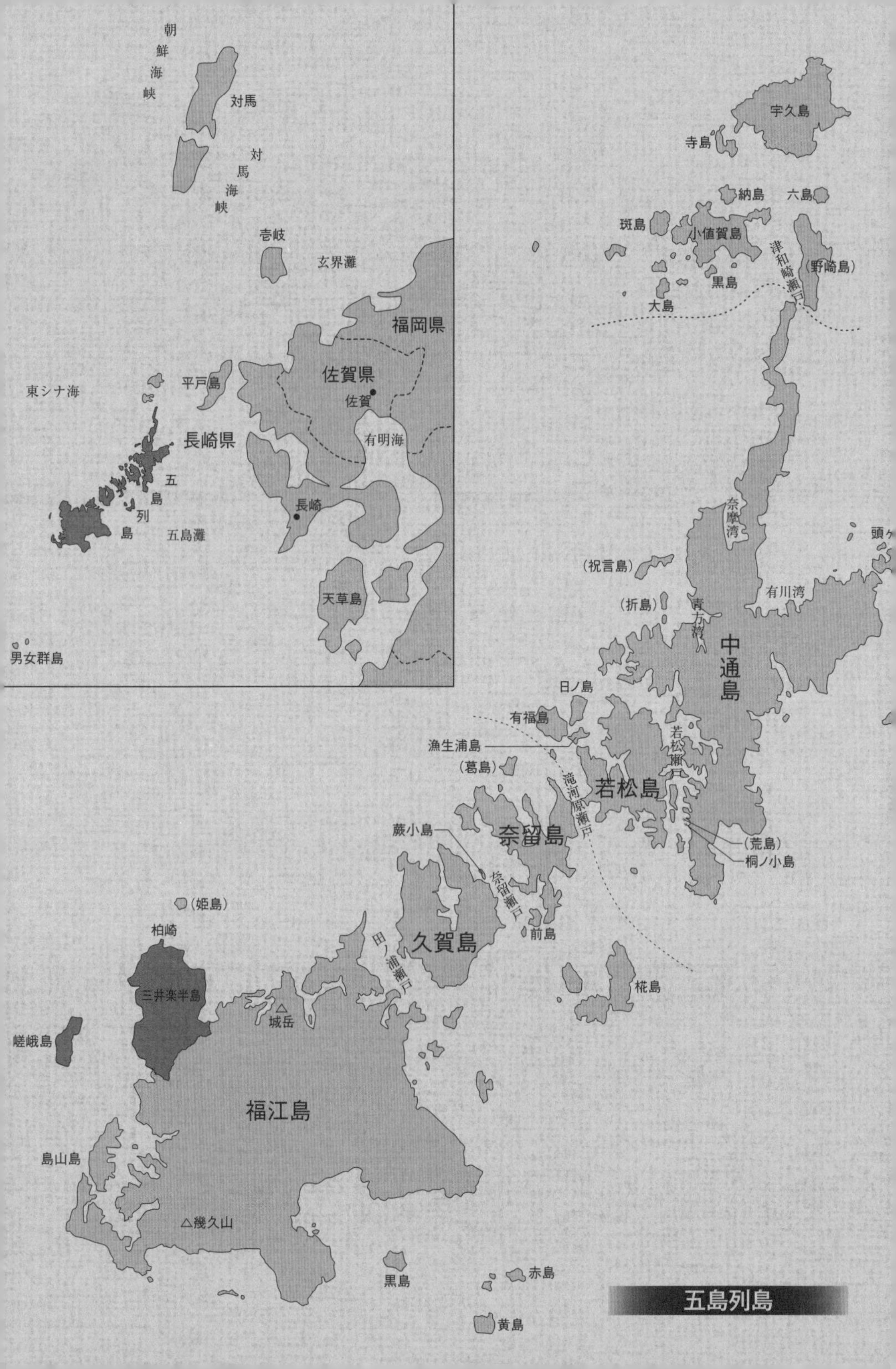
朝鮮海峡
対馬
対馬海峡
壱岐
玄界灘
福岡県
東シナ海
平戸島
佐賀県
佐賀
長崎県
有明海
五島列島
長崎
五島灘
天草島
男女群島
宇久島
寺島
納島
六島
斑島
小値賀島
津和崎瀬戸
(野崎島)
黒島
大島
奈摩湾
頭ヶ
(祝言島)
有川湾
(折島)
青方湾
中通島
日ノ島
有福島
漁生浦島
若松瀬戸
(葛島)
滝河原瀬戸
若松島
蕨小島
奈留島
(荒島)
桐ノ小島
奈留瀬戸
(姫島)
柏崎
田ノ浦瀬戸
久賀島
前島
椛島
三井楽半島
城岳
嵯峨島
福江島
島山島
幾久山
黒島
赤島
黄島
五島列島